Werner Rau

MOBIL REISEN

KROATIEN

Werner Rau

MOBIL REISEN

KROATIEN

Mobile Touring Highlights

Mit Auto, Caravan, Wohnmobil, Van-Camper
unterwegs auf den schönsten Reiserouten

Istrien
Dalmatinische Küste
und Inseln
Dubrovnik
Plitvicer Seen
Zagreb

Mit vor Ort ermittelten GPS-Koordinaten

WERNER RAU VERLAG

Idee, Layout, Text, Karten, Stadtpläne und Fotos (falls nicht anders gekennzeichnet): Werner Rau
Titelgestaltung: HitzArtworks, 72667 Schlaitdorf
Titelfoto: Dubrovnik

8. überarbeitete, aktualisierte Auflage 2019/2020

Herstellung: Druckerei & Verlag Steinmeier, 86738 Deiningen
Printed in Germany

ISBN 978-3-926145-81-9
Geo Nr. 663 10182

INHALT

Zum Kennen Lernen

Anreise

Mobil Reisen: KROATIEN – Die schönsten Auto- & Wohnmobil-Touren

Anreise durch Slowenien

Istrien

Kvarner Bucht

Dalmatinische Küste

Extrainfos

Karten und Stadtpläne

EIN KURZPORTRÄT KROATIENS

Die **Republika Hrvatska**, Republik Kroatien, grenzt im Norden an Slowenien und an Ungarn, im Osten an die Bundesrepublik Jugoslawien (Serbien und Montenegro) und an Bosnien-Herzegowina und im Südwesten an die Adriaküste des Mittelmeers.

Den südlichsten Teil des kroatischen Staatsgebietes nimmt die Region um Dubrovnik ein. Dieser Landesteil ist eigentlich eine Exklave Kroatiens, da es keinen direkten Landzugang zum übrigen Kroatien hat. Es ist durch einen nur wenige Kilometer breiten Landkorridor, der zum Staatsgebiet von Bosnien-Herzegovia gehört, getrennt.

Zu Kroatien gehört der größte Teil der östlichen Adriaküste mit fast allen Inseln.

Größe des Landes

Insgesamt umfasst Kroatien mit seiner großen Halbinsel Istrien und allen Inseln ein **Territorium** von 56.594 qkm.

Dem Festland sind in der Adria 1.244 größere und kleinere **Inseln** und Felseilande vorgelagert, von denen 47 bewohnt sind. Die Gesamtfläche aller Inseln beläuft sich auf rund 3.300 qkm.

Gewaltig ist der **Küstenanteil** Kroatiens, er misst 1.778 km. Mit allen seinen mehr als tausend Inseln summiert sich die Gesamtlänge der kroatischen Küste auf sage und schreibe runde 6.280 km.

Die Fläche der zu Kroatien gehörenden Küstengewässer wird mit 31.479 qkm angegeben.

Die **größten Inseln** sind **Krk** und **Cres** mit jeweils ca. 405 qkm Fläche.

Die nächst größeren Inseln sind Brač (ca. 400 qkm), Hvar (ca. 300 qkm), Pag (ca. 280 qkm), Korčula (ca. 270 qkm), Mljet (ca. 100 qkm) und Rab mit annähernd 90 qkm Fläche.

Der **höchste Berg** ist der 1.831 m hohe **Dinara**. Darüber hinaus gibt es in Kroatien etwa 100 Berggipfel, die eine Höhe über 1.500 m erreichen.

Die **längsten Flüsse** Kroatiens sind die 560 km lange **Sava** (Save) und die etwas über 500 km lange **Drava** (Drau).

Im Nordosten des Landes bildet die Duna (Donau) auf eine Länge von rund 190 km die Grenze zur serbischen Teilrepublik Vojvodina.

Bevölkerung

Die **Gesamteinwohnerzahl** beträgt derzeit ca. 4,19 Mio. Davon sind rund 90 % Kroaten, 4,3 % Serben, 5 % andere nationale Minderheiten sind Bosniaken, Italiener, Albaner, Roma, Ungarn, Slowenen, Tschechen, Slowaken, Montenegriner, Mazedonier, Deutsche.

Mehr als die Hälfte der Gesamtbevölkerung (rund 56 %) lebt in Städten.

Die **Bevölkerungsdichte** beläuft sich auf statistische 74 Einwohner pro qkm (Bundesrepublik Deutschland: 231 Einw./qkm).

86,4% der Einwohner gehören der **römisch-katholischen Konfession** an, während 4,4% serbisch-orthodoxe Christen und 1,5% Moslems sind.

Hauptstadt ist **Zagreb** mit annähernd 790.000 Einwohnern (knapp 1 Mio. Einw. im Grossraum der Stadt).

Als nächstgrößere Städte folgen Split mit ca. 178.000, Rijeka mit ca. 128.000, Osijek mit ca. 108.000, Zadar mit ca.75.000, Slovenski Brod mit ca. 59.000 und Pula mit ca. 57.500 Einwohnern.

Die **Amtssprache** ist Kroatisch. Man verwendet die lateinische Schrift. Englisch und Deutsch werden verstanden. Besonders in Istrien ist die italienische Sprache weit verbreitet.

Nationalfeiertag ist der 25. Juni, der Tag der Staatswerdung 1991.

Es gilt die **mitteleuropäische Zeit** (MEZ) und die europäische Sommerzeit, so dass kein Zeitunterschied besteht.

Kroatiens **Nationalflagge** trägt die Farben Rot, Weiß und Blau in drei horizontalen Feldern und mit dem Staatswappen, der „Sahovnica" in der Mitte. Das Staatswappen besteht aus 25 schachbrettartig angeordneten, abwechselnden roten und weißen Feldern. Darüber wölbt sich ein Bogen mit fünf Wappen, die sich zu einer Art Krone gruppieren.

Staatswesen und Verwaltung

Kroatien hat als Staatsform die **Parlamentarische Republik** mit demokratischer Regierungsform gewählt. Die Republik basiert auf der Verfassung von 1990, die 1999 Änderungen erfuhr.

Das **Parlament „Sabor"** ist ein Einkammerparlament, bestehend aus dem Repräsentantenhaus „Zastupnički Dom" mit 151 Abgeordnetensitzen. Das ehemals neben dem Repräsentantenhaus existierende Oberhaus „Županski Dom" mit 68 Sitzen wurde im Mai 2001 abgeschafft. Das Parlament wird alle vier Jahre neu gewählt (Verhältniswahl). Regierungschef ist der Premierminister. Seit Oktober 2016 hat Andrej Pleković das Amt inne.

Staatsoberhaupt ist der **Staatspräsident.** Er wird alle 5 Jahre gewählt. Seit 2015 ist das Kolinda Grabar-Kitarović, die erste Frau in diesem Amt.

Wirtschaftliche Schwerpunkte

Die ehemalige Teilrepublik Kroatien hatte eine aufstrebende **Wirtschaft**. Nach Ausbruch des Bürgerkrieges im Juni 1991 begann jedoch eine wirtschaftliche Talfahrt des Landes. Die Kriegszerstörungen verursachten Schäden, die sich nach Schätzungen auf über 20 Milliarden US-Dollar belaufen.

Auch dem einst so profitablen Fremdenverkehr, der Ende der achtziger Jahre mehr als 80 Prozent des Wirtschaftsaufkommens ausmachte, setzte der Krieg ein Ende. Inzwischen erholt sich dieser Wirtschaftszweig zusehends, insbesondere an der Ad-riaküste. Kriegswunden, wie etwa in Dubrovnik, wurden längst geheilt, nicht zuletzt durch Unterstützung der EU.

Eine wichtige Zäsur erlebte die alte kroatische Planwirtschaft am 28. Juni 2000. Damals erklärte der staatliche Privatisierungsfond 208 Staatsunternehmen für bankrott. Allen Unternehmungen, die nicht nachweisen konnten, dass sie tatsächlich wirtschaftlich arbeiteten und für ihre Produkte einen Absatzmarkt hatten, drohte die Streichung der staatlichen Subventionen, was für die meisten der unsicheren Unternehmungen das Aus bedeutete. Das Ziel dieser strikten Reform ist die Hinwendung zur Marktwirtschaft.

Das Handelsbilanzdefizit belief sich 2017 auf 18,2 USDollar. Aus Exporten wurden zuletzt 33,1 Mrd. USDollar erzielt. Davon entfällt der größte Anteil, nämlich gut 30 % auf Maschinen und Transportausrüstungen. Importe schlagen mit 51,2 Mrd. USDollar zu Buche. Auch hier beläuft sich der Anteil an Maschinen auf mehr als ein Drittel.

Die wichtigsten Handelspartner sind Italien (Import 12 %, Export 14 %), Slowenien (Import 11%, Export 12%), Deutschland (Import 16 %, Export 12 %), Bosnien-Herzegowina (Export 9%), Österreich (Import 7,9%, Export 6,3%), Ungarn (Import 7,1 %, Export 4,2%) und Serbien (Export 4%).

Die wichtigsten **Industriezweige** der Republik Kroatien sind Erdöl- und Erdgasindustrie, die Kohleförderung, sowie die Nahrungsmittel- und Textilproduktion. Maßgeblichen Anteil haben auch der Schiffsbau, die Metallverarbeitung und die Chemie.

Von der **Landwirtschaft** werden annähernd die Hälfte Landfläche genutzt. Angebaut werden in erster Linie Getreide und Südfrüchte. Außerdem wird in den dazu geeigneten Landesteilen Viehzucht betrieben.

Nach Investitionen in Milliardenhöhe (Euro) in die touristische Infrastruktur (u. a. Straßenbau) ist der **Tourismus** auf bestem Wege, zu einem der wichtigsten Wirtschaftszweige in Kroatien zu werden. Jährlich reisen ca. 17 Mio. Menschen nach Kroatien, woraus ein Umsatz von ca. 10 Mrd. Euro erzielt werden.

Landesnatur

Kroatien erstreckt sich von den äußersten Ostausläufern der Alpen im Nordwesten bis weit hinein in die **Pannonische Tiefebene** und bis an die Donauufer im Osten.

In der Mitte des sich nach Südosten ausdehnenden Landesteils dominiert das **Bergmassiv Dinara** während der südliche Teil an der langen Küste des **Adriatischen Meeres** endet.

Das insgesamt rund 700 km lange **Dinarische Gebirge** (auch Dinariden oder Dinarische Alpen) reicht von den Südostalpen bis Albanien und fungiert nebenbei als Wasserscheide zwischen Adria und Donau. Nach Osten dehnt sich das Gebirge bis zur Pannonischen Ebene, wobei es sich aber mehr und mehr abflacht. Höchste Erhebung ist der 2.692 m hohe Maja Jezerce. Die höchste Erhebung der Dinaren auf kroatischem Gebiet ist der 1.831 m hohe Dinara.

Die Dinarischen Alpen durchziehen Kroatien der Länge nach von Nordwest nach Südost. Das Gebirge teilt das Land nicht nur geologische sondern auch klimatisch. Während an der Küste mediterranes Klima herrscht, ist an der Nordostseite der Berge mit gemäßigtem kontinentalen Klima zu rechnen, das sich durch warme, ja heiße Sommer, aber auch durch kalte, schneereiche Winter auszeichnet.

Ein Großteil des kroatischen Territoriums erstreckt sich auf der **Pannonischen Tiefebene**, ein vornehmlich flaches Landschaftsgebiet mit einigen Höhenzügen. Dieser Teil Kroatiens umfasst die Landschaftsgebiete Nordkroatien und **Slavonien** zwischen den Flüssen Sava (Save) und Drava (Drau) und erstreckt sich von Slowenien im Westen und zwischen Ungarn im Norden und Bosnien-Herzegowina im Süden bis zur serbischen Grenze im Osten.

Charakteristisch für einige Landschaftsgebiete ist der **Karst**, der besonders entlang der Küste mit oft undurchdringlicher Macchia bewachsen ist. Ein Großteil der Ebenen und Täler sind mit Buchen und Eichen bewachsen. Man findet über 50 geschützte Pflanzenarten. Vom Aussterben bedrohte **Tiere** wie Braunbären, Wölfe, Wiesel, Luchse und andere Wildkatzen, wilde Schafe u.v.a. bevölkern die Wälder und Wiesen abgelegener Landesteile.

Die einladenden Küsten Kroatiens und das vorgelagerte Labyrinth seiner Inselwelt sind es in erster Linie, die jährlich Millionen von Urlaubern an ihre felsigen, karstigen Strände mit immer noch ungemein klarem Wasser locken. Für Badeurlauber und Wassersportler, Taucher und Freizeitkapitäne ist Kroatien nach wie vor erste Wahl.

Die **Halbinsel Istrien** bietet mit den Städten Poreč, Rovinj und Pula Anziehungspunkte besonderer Art. Entlang der **Adriaküste** sind u. a. die Städte Zadar, Šibenik, Trogir, Split und Dubrovnik besuchenswert.

Im **Inland** sind es vor allem die Wasserfälle der Krka bei Šibenik, die weltberühmten Plitvicer Seen, 27 km nördlich der Stadt Korenica nahe der östlichen Landesgrenze, und der Nationalpark Paklenica, die eine Reise lohnen.

KUNST UND GESCHICHTE – IN STICHWORTEN

Erste Anzeichen einer werdenden steinzeitlichen Kultur wurden in Krapina (Kroatien) ausgegraben. Aus der Zeit um 6000 v. Chr. stammen Funde, die man im Donaugebiet bei Lepenski Vir nahe dem Eisernen Tor machte.

Eingehender besiedelt wurde der südliche Donauraum etwa zweitausend Jahre vor unserer Zeitrechnung. Stämme, die den illyrischen und thrakischen Völkern zuzurechnen sind, machten sich in den fruchtbaren Niederungen sesshaft und gründeten im Laufe der Zeit Siedlungen von der nördlichen Adriaküste bis Griechenland. Die **Region Illyrien** entstand.

Die ältesten Keramikfunde stammen etwa aus dem 3. Jahrtausend. Die illyrische Kultur macht sich ab 1200 v. Chr. das Eisen als Werkstoff zunutze.

Die Halbinsel Istrien wird von Histriern bevölkert. Später gewinnt die ionische Kultur aus Griechenland an Einfluss. Eines der frühen Siedlungs- und Kulturzentren ist **Nesactium** bei Pula.

6. – 4. Jh. v. Chr. – Griechische Handelsfahrer gründen Kolonien an der adriatischen Küste und auf den Inseln. Um 500 v. Chr. wird von den Griechen die istrische Stadt Pula gegründet. Außerdem entstanden in jener Epoche Städte wie Trogir, Zadar, Korčula, Hvar.

3. Jh. v. Chr. – 2. Jh. n. Chr. – Der Einfluss des römischen Imperiums wird stärker. Immer mehr Küstenstädte fallen unter seine Herrschaft. Schließlich wird ganz Illyrien unter Kaiser Augustus römische Provinz.

Das Gebiet des heutigen Kroatien gehörte vom ersten bis ins 4. nachchristliche Jahrhundert zur römischen Provinz Pannonien.

1. Jh. n. Chr. – Zwischen 79 und 81 wird das römische Amphitheater in Pula vollendet.

3. – 4. Jh. n. Chr. – *Aurelian*, römischer Kaiser um 270, wird 214 in Dalmatien geboren. 243 wird im heutigen Solin bei Split (Diokletianpalast) *Diokletian* geboren. Er ist zwischen 284 und 305 römischer Kaiser. Bei der Aufgliederung des Römischen Reiches im Jahre 395 kommt Dalmatien zum Weströmischen Reich.

Kulturgeschichtlich werden die Gebiete westlich einer Linie, die etwa dem 19. Längengrad entspricht, von der lateinisch sprechenden Welt, die Gebiete östlich davon von der griechisch und mehr orientalisch beeinflussten Welt geprägt. Kunstgeschichtlich interessant aus jener Zeit sind das römische Amphitheater in Pula, der Diokletianpalast in Split und die Ausgrabungsstätten in Solin bei Split.

5. – 6. Jh. – Slawische Stämme wandern über die Donau nach Süden. Ragusa, das heutige Dubrovnik, wird gegründet. Slowenen siedeln entlang der Drava (Drau) bis an den Rand der Ostalpen und bis Ungarn. Kroaten, ein südslawisches Volk, vertreiben die Awaren und lassen sich zwischen Sava und Adria nieder. Serben siedeln östlich davon und Makedonier im Grenzgebiet zu Griechenland.

Ab Mitte des 6. Jh. byzantinische Verwaltung. Ausgangs des 6. Jh. besetzen Langobarden die Halbinsel Istrien.

7. – 8. Jh. – Karolinger bringen das Christentum zu den Slawen. Der Katholizismus verbreitet sich unter Slowenen und Kroaten. Makedonien dagegen wird von der orthodoxen Glaubensrichtung beeinflusst.

9. – 10. Jh. – 852 erlässt *Fürst Trpimir* eine Urkunde, in der erstmals der Name Kroatien erwähnt wird.

Mitte des 9. Jh. gründen die Kroaten ein eigenständiges Königreich. *Tomišlav* wird 925 in Split zum ersten kroatischen König gekrönt. Er vereint das Pannonische und das Dalmatinische Kroatien. In Bosnien entsteht im 10. Jh. unter Bogomil die religiöse Sekte der Bogomilen. Sie treten später zum Islam über.

Ebenfalls im 10. Jh. greift Venedig nach den begehrten Stützpunkten für seine Handelsflotte auf den kroatischen Adriainseln und gründet auch an der dalmatinischen Küste Handelsniederlassungen. 952 kommt Istrien an das Herzogtum Bayern.

10. – 11. Jh. – Unter Zar Samuel entsteht in Makedonien ein Reich, das aber rasch wieder von Byzanz unterworfen wird.

12. – 13. Jh. – 1102 stirbt der letzte kroatisch-stämmige *König Petar Svačić* ohne einen Erben zu hinterlassen. Kroatien geht daraufhin eine Personalunion mit der Stephanskrone Ungarns ein, die – mit einigen Unterbrechungen während der Türkenkriege – bis 1918 besteht.

Ende des 12. Jh. beginnen die Serben die byzantinische Herrschaft abzuschütteln. *Stefan Nemanja* schafft ein selbständiges Serbien, das unter seinem Sohn *Stefan Prvovenčani* (der Erstgekrönte) Königreich und ein Machtfaktor auf dem Balkan wird.

Zu Beginn des 13. Jh. werden unter *Enrico Dandolo*, dem Dogen von Venedig, Städte an der adriatischen Küste zerstört, darunter Zadar. 1205 wird Ragusa (Dubrovnik) eingenommen.

14. – 15. Jh. – Zar *Stefan Dušan* schafft 1346 das großserbische Reich, das sich bis nach Griechenland ausdehnt und im Nordwesten Dalmatien mit einschließt. Unter Dušans Sohn Uroš zerfällt das mächtige Reich wieder, was die Invasion der aus Südosteuropa eindringenden Osmanen (Türken) erleichtert.

1389 Schlacht auf dem Amselfeld. Die Serben unter Fürst Lazar werden vernichtend geschlagen. Den Türken unter Sultan Murat I. steht nichts mehr im Wege, ihr Machtgebiet auszuweiten. Rasch fallen ganz Serbien, Bosnien, die Herzegowina und Teile Montenegros, Kroatiens und Ungarns unter ihre Herrschaft. Lediglich die Küstenregion bleibt zum größten Teil von türkischen Übergriffen verschont.

Venedig ist in allen wichtigen Hafenstädten die dominierende Macht. Allein die selbständige Republik Ragusa (Dubrovnik) kann sich durch eine geschickte Politik seine Unabhängigkeit bewahren.

Nicht zuletzt die regen Verbindungen mit Venedig über das Adriatische Meer bringen westeuropäische Stilrichtungen der Architektur – wenn auch etwas verspätet – auf den Balkan. Wie stark die Küstenregion vom Hinterland – durch die geographischen Gegebenheiten bedingt – getrennt war, zeigt sich auch auf dem Gebiet der Kunst. Romanik, Gotik und Renaissance beeinflussten stark die Küstenstädte (Trogir, Pula, Šibenik, Korčula, Pag, Dubrovnik, Zadar), aber kaum das Hinterland. Hingegen wird sich später die Kunst des Islam in erster Linie im Binnenland, aber kaum an der Küste entfalten.

16. – 18. Jh. – 1526 fällt Ungarns *König Ludwig II.* in der Schlacht bei Mohács gegen die Türken, die scheinbar unaufhaltsam nach Westen vorrücken. Durch Ludwigs Tod fällt Ungarns Krone an Habsburg. Von nun an sind es die Habsburger, denen die Abwehr der vorrückenden Türken obliegt.

1527 beschließt Kroatien angesichts der drohenden Türkengefahr, dass die Habsburger Dynastie auch auf den Thron Kroatiens kommt. Die anfänglich tolerante türkische Herrschaft entwickelt sich mehr und mehr zur Tyrannei. Die Weiterentwicklung zumindest des Binnenlandes sinkt auf den Nullpunkt.

1683 stehen die Türken abermals vor Wien und werden endgültig geschlagen. Habsburger Truppen dringen nach Ungarn und nach Serbien vor. Eine Massenflucht der Serben aus dem osmanischen Südserbien in habsburgische, nördlichere Gebiete setzt ein. Albaner siedeln sich in den Tälern Südserbiens an. 1699 ist Kroatien größtenteils von der türkischen Herrschaft befreit.

19. Jh. – Die selbständige Republik Ragusa wird 1808 aufgelöst. Ein Jahr später wird Dalmatien bis zum Wiener Kongress 1814 ein Teil des napoleonischen Imperiums, um danach ebenso wie Istrien an Österreich zu fallen. Unter der k. u. k. Monarchie wird Pula zur Marinebasis ausgebaut.

Anfang des 19. Jh. bildet sich unter den nach Norden geflohenen Serben unter dem „schwarzen Georg" *Karadjordje* eine wachsende Nationalbewegung gegen die Türken. Konstantinopel gesteht – durch Aufstände dazu gedrängt – Serbien eine gewisse Autonomie zu. Das Nationalbewusstsein wächst und das Streben nach Unabhängigkeit innerhalb der Balkanländer wird stärker.

1847 – Das Kroatische wird Amtssprache in Kroatien.

1848 – *Banus Josip Jelačić* verteidigt Kroatien gegen den Versuch einer ungarischen Besetzung und vereint alle kroatischen Provinzen.

1878 – Die Türken erleiden auf dem Balkan eine erneute Niederlage. Serbien und Montenegro proklamieren für sich die Unabhängigkeit. Im Norden widersetzen sich Kroaten und Slowenen, beflügelt durch das Gedankengut der Französischen Revolution über Freiheit, Gleichheit, Brüderlichkeit, in zunehmendem Maße der Habsburger Herrschaft. Auf dem Berliner Kongress von 1878 wird den Österreichern zugestanden, Bosnien und die Herzegowina zu besetzen.

1908 – Bosnien wird von Österreich offiziell annektiert. Ein folgenschwerer Schritt, der auch Serbien gegen die Habsburger aufbringt.

1912/1913 – Balkankriege. Montenegro, Serbien, Bulgarien und Griechenland kämpfen gemeinsam gegen die Türken und drängen sie endgültig aus Europa.

1914 – Am 28. Juni, dem Jahrestag der Schlacht auf dem Amselfeld (Kosovo), Attentat in Sarajevo. Der österreichisch-ungarische Thronfolger *Franz Ferdinand* wird von einem jungen Bosnier namens *Gavrilo Princip* erschossen.

Am 28. Juli 1914 Kriegserklärung der Österreicher an Serbien. Serbiens Verbündeter Russland tritt in den Krieg ein. Erster Weltkrieg.

1918 – Ende des 1. Weltkriegs und Zusammenbruch der habsburgischen Monarchie. Kroatien versucht sich von der habsburgischen Vorherrschaft zu lösen, was Italien ermuntert, kroatische Städte an der Adriaküste zu besetzen. Um dem entgegenzuwirken, beschließt Kroatien, Teil des unabhängigen „Königsreichs der Serben, Kroaten und Slowenen" zu werden. König wird der Serbe Nicolas. Nach seiner Absetzung schließt sich auch Montenegro dem Königreich an. Nachfolger von Nicolas wird König Alexander I. Belgrad wird Hauptstadt.

1928 – Politische Zwistigkeiten führen schließlich dazu, dass Stjepan Radić, Fraktionsführer der Kroaten, im Parlament erschossen wird.

1929 – König Alexander I. löst das Parlament auf und ernennt sein Reich eigenmächtig zum „Königreich Jugoslawien". Dieses Königreich der vier Länder wird zum offiziellen Staat „Jugoslawien", was soviel wie „Südslawien" bedeutet.

Nationalistische Tendenzen und eine Politik Belgrads, die lediglich Serbien begünstigt, führen aber zu Differenzen unter den vier Volksgruppen. Viele Kroaten lehnen die Monarchie ab und fordern die Gründung einer Republik.

1929 – 1931 – Serbische Militärdiktatur

1934 – König Alexander I. wird ermordet. Viele Kroaten verlassen ihr

Land und schließen sich der Ustaša-Bewegung an, deren Ziel die Abschaffung des Königreichs Jugoslawien ist.

1937 – 1939 – Freundschaftspakte mit Bulgarien und Ungarn. Nichtangriffsvertrag mit Italien.

1939 – Abgrenzung eines Gebiets, das den Namen Kroatien erhält und dem heutigem Territorium Kroatiens entspricht.

1941 – Militärputsch in Belgrad. König Peter II. übernimmt die Regierung. Deutsche und italienische Truppen besetzen das damalige Jugoslawien. Der am 25. Mai 1892 geborene Kroate *Josip Broz Tito*, Generalsekretär der damals noch illegalen Kommunistischen Partei, organisiert den Partisanenkrieg gegen die Besatzer.

1942 – Gründung des „Antifaschistischen Rates zur Befreiung Jugoslawiens" in Bihać.

1943 – Gründung des „Nationalen Volksbefreiungskomitees". Dem König wird die Rückkehr nach Jugoslawien untersagt.

1944 – Mit Hilfe der Roten Armee gelingt es den Anhängern Titos, Belgrad einzunehmen. Im Oktober übernimmt Tito die Regierung.

1945 – Am 29. November wird die „Föderative Volksrepublik Jugoslawien" ausgerufen, in der Kroatien eine föderative Republik ist.

1947 – Neue Verfassung.

1948 – Distanzierung von Moskau mit dem Ziel von Blockfreiheit und Neutralität.

1953 – Tito wird Staatspräsident.

1963 – Umbenennung in „Sozialistische Föderative Republik Jugoslawien" (SFRJ). Der sozialistische, demokratische Bundesstaat wird von den sechs gleichberechtigten sozialistischen Republiken getragen. Es sind dies Slowenien, Kroatien, Bosnien und Herzegowina, Serbien mit den autonomen Provinzen Vojvodina und Kosovo, Montenegro und Makedonien. Vertreter der sechs Republiken und der beiden autonomen Provinzen bilden das Präsidium der SFRJ. Jährlich wird ein neuer Vorsitzender gewählt, der für den Zeitraum eines Jahres die Funktion des Staatsoberhaupts ausübt. Das Parlament besteht aus dem Rat des Bundes und aus dem Rat der sechs Republiken und der beiden Provinzen.

1974 – Neue Verfassung. Einzig zugelassene Partei ist der Verband der Kommunisten Jugoslawiens.

1980 – Tod Josip Broz Titos. Die Spannungen zwischen Kroatien und der serbisch dominierten jugoslawischen Regierung nehmen zu.

1988 – Aufstände und Streiks in Serbien und Montenegro im Oktober des Jahres.

1989 – Wegen Differenzen zwischen serbischen und albanischen Volksgruppen kommt es im Februar im Kosovo zu Streiks und Aufständen. Mit einer Verfassungsänderung beschließt Serbien am 28. März 1989 die Eingliederung des Kosovo und der Vojvodina. Die albanische Mehrheit im Kosovo fühlt sich diskriminiert. Es kommt immer wieder zu teils blutigen Aufständen.

1990 – Intensive Autonomiebestrebungen der einzelnen Teilrepubliken. Freie Wahlen in Kroatien. Die bürgerliche Opposition gewinnt die Mehrheit.

Am 11. Dezember 1990 finden in Jugoslawien Parlamentswahlen statt. Präsident bleibt *Slobodan Milošević* von der Sozialistischen Partei.

Nach Wahlen am 26. Dezember 1990 erklärt sich Slowenien mit Präsident Milan Kučan als souveräner Staat und von Belgrad unabhängig.

Nur ca. 1,3 % der in den ehemaligen jugoslawischen Teilrepubliken lebenden Bevölkerung bezeichnen sich als „Jugoslawen", sondern lieber als Kroaten, Slowenen, Serben, Bosnier etc.

1991 – Anfang März 1991 erlebt Belgrad Unruhen und Massende-

monstrationen gegen die serbische Regierung. Am 15. März tritt der jugoslawische Staatschef und Oberbefehlshaber der Armee, *Borisav Jović*, zurück. Sein Nachfolger wird *Stjepan Mesić*. Er sollte der letzte Staatschef des zerfallenden Jugoslawien werden.

Am 2. Mai 1991 kommt es zu Zusammenstößen zwischen Serben und Kroaten.

Nachdem das kroatische Parlament alle jugoslawischen Bundesgesetze außer Kraft gesetzt hat proklamiert es im Juni 1991 die Unabhängigkeit Kroatiens von Jugoslawien. Damit hat 47 Jahre nach der Gründung durch Josip Broz Tito die Sozialistische Föderation Republik Jugoslawien praktisch aufgehört zu existieren. Während der Unabhängigkeitsbestrebungen Kroatiens kommt es im Sommer 1991 zu Kämpfen in der ehemaligen Teilrepublik. Beginn des Bürgerkriegs.

Am 3. Juli 1991 rücken Panzerverbände von Belgrad nach Zagreb vor. Touristen werden von Pula nach Triest gebracht.

Anfang September wird nach Interventionen einer EU-Kommission ein Waffenstillstand erzielt. Stationierung von UN-Friedenstruppen zur Überwachung der Friedensvertragselemente. Trotzdem erneuter Ausbruch der Bürgerkriegskämpfe.

Ab Oktober 1991 wird Dubrovnik von der jugoslawischen Nationalarmee belagert. Das auf der Unesco-Liste schützenswerten Weltkulturerbes stehende Dubrovnik wird in den kommenden Jahren bis 1995 fast jeden Tag mit einem mörderischen Hagel aus Granaten überzogen. Man liest, dass es Tage gegeben haben soll, an denen nicht weniger als 600 Einschläge registriert wurden. Durch den Beschuss starben in den vier Jahren alleine in Dubrovnik fast hundert Zivilisten und 129 Soldaten.

1992 – Im April 1992 wird eine neue Bundesrepublik Jugoslawien ausgerufen. Sie besteht aus Serbien und Montenegro. Slowenien, Kroatien, Bosnien-Herzegowina bekräftigen ihren Status als selbständige Staaten. Offizielle Anerkennung Kroatiens durch die EU-Staaten und ab Mai 92 Vollmitgliedschaft der Republik in der UNO

1995 – Rückeroberung der serbisch besetzten Gebiete von Westslawonien und der Krajina. Die serbische Bevölkerung wird vertrieben.

Im Dezember Unterzeichnung des Friedensvertrages in Paris im Elysée-Palast. Unmittelbar danach beginnt die Nato-Operation „Joint Endeavour". Zunächst werden 1000 in Vicenza (Italien) stationierte US-Fallschirmjäger nach Tuzla geflogen. Insgesamt werden über 60.000 Soldaten aus 15 Nato- und fast noch einmal so vielen Nicht-Nato-Staaten im ehemaligen Jugoslawien stationiert, um für die Aufrechterhaltung des Waffenstillstands zu sorgen.

1997 – Wiederwahl des kroatischen Präsidenten Franjo Tudjman von der Kroatischen Demokratischen Gemeinschaft (HDZ).

1999 – Am 10. Dezember 1999 stirbt Präsident Tudjman. Er gilt als der große, alte Mann Kroatiens, der das Land nach seiner Unabhängigkeit – sich des Rückhalts im Militär gewiss – mit harter Hand, wenn auch nicht immer lupenrein demokratisch, regierte.

In den Reihen der Opposition, die sich aus sechs Parteien zusammensetzt, allen voran die sozialdemokratische SDP um den früheren KP-Chef Ivica Račan, wird Tudjmans Regierungsstil hart kritisiert. Bei den Parlamentswahlen nach Tudjmans Tod erleidet dessen Regierungspartei HDZ denn auch eine vernichtende Niederlage. Die Opposition erringt weit über 65 % der Wählerstimmen.

2000 – Im Januar 2000 wird der SDP-Vorsitzende Ivica Račan zum neuen Ministerpräsidenten und Regierungschef gewählt.

Und im Februar 2000 wird Stipe Mesić zum Nachfolger Tudjmans als Staatspräsident und zum neuen Staatsoberhaupt Kroatiens gewählt.

Die neu gewählte Regierung sagt eine enge Zusammenarbeit mit dem UNO-Kriegsverbrechtribunal in Den Haag zu.

2001 – Kroatien unterschreibt Ende Oktober 2001 einen Assoziierungsvertrag mit der EU. Drei Viertel aller Kroaten haben sich für einen Beitritt zur EU ausgesprochen.

2002 – Im Juli 2002 verweigert der stellvertretende Ministerpräsident Dražen Budiša (Chef der sozialliberalen Partei HSLS) die Zustimmung zu dem kroatisch-slowenischen Abkommen über das Kernkraftwerk Krško, was zum Auseinanderbrechen der aus sechs Koalitionsparteien zusammengesetzten Regierung führt. Ministerpräsident Račan tritt zurück, wird aber von Staatspräsident Mesić zur Bildung einer neuen Regierung beauftragt, der Račan seit Juli 2002 wieder als Ministerpräsident angehört. Dražen Budiša und seine Partei HSLS sind an der neuen Regierung allerdings nicht mehr beteiligt.

2003 – Das Uno-Kriegsverbrechtribunal in Den Haag verurteilt im Februar 2003 die ehemalige Präsidentin der bosnischen Serben, Biljna Plavsic, zu elf Jahren Haft.

Im Dezember 2003 übernimmt Ivo Sanader das Amt des Ministerpräsidenten.

2004 – Kroatien erhält im Juni 2004 den Status eines EU-Kandiaten.

2005 – Stjepan Mesić wird im Januar für eine zweite Amtsperiode als Staatspräsident wiedergewählt.

Im Oktober 2005 beginnen Verhandlungen über einen EU-Beitritt Kroatiens. Ein gefordertes Kriterium für den Beitritt ist die „vollständige Zusammenarbeit" bei der Aufspürung von flüchtigen Kriegsverbrecher des Bosnienkriegs. Tatsächlich wird im Dezember 2005 General Ante Gotovina verhaftet und dem Haager Gerichtshof für Menschenrechte ausgeliefert.

2008 – Im Juli wird Radovan Karadžić verhaftet und dem Haager Kriegsverbrechertribunal ausgeliefert. Er war von 1990 bis 1992 Parlamentspräsident der sozialistischen Republik Bosnien und Herzegowina und von 1992 bis 1996 Präsident der Republik Srpska in Bosnien und Herzegowina. Man klagt ihn an, während seiner Amtszeit als Präsident den Völkermord und viele andere Verbrechen gegen die Menschlichkeit während des Bosnienkriegs befohlen zu haben.

2010 – Im Januar 2010 gewann Ivo Josipović von der SDP (Sozialdemokratische Partei) in einer Stichwahl die Präsidentschaftswahlen.

2011 – Nach fünfzehnjähriger Flucht konnte man Ratko Mladić im Mai in Serbien festnehmen und dem Internationalen Gerichtshof für das ehemalige Jugoslawien (ICTY) in Den Haag zuführen. Die Anklage lautet, zusammen mit Radovan Karadžić die vierjährige Belagerung von Sarajewo und den Völkermord an mehr als 8.000 bosnischen Männer und Jugendlichen in Srebrenica im Juli 1995 verantwortet zu haben.

Im Dezember gewinnt Zoran Milanović, Vorsitzender der Partei SDP (Sozialdemokratische Partei Kroatiens), die Parlamentswahlen und wird am 23. Dezember als Nachfolger von Jadranka Kosor zum Premierminister Kroatiens gewählt.

Im Dezember 2011 unterzeichnet Kroatien den EU-Beitrittsvertrag.

2013 – Nach zehnjährigem Warten tritt am 1. Juli 2013 Kroatien als 28. Mitglied der Europäischen Union bei. Allerdings ist das Land nicht Teil des Schenkenraums und auch nicht Teil der Währungsunion. Es gilt noch immer die Kuna (HRK) als Landeswährung.

2015 – Mit der Politikerin und Diplomatin Kolinda Grabar-Kitarović aus der konservativen Oppositionspartei HDZ erhält Kroatien sein erstes weibliches Staatsoberhaupt. Im Januar gewinnt sie den 2. Wahlgang mit 50,7% der Stimmen und wird am 15. Februar als Staatspräsidentin vereidigt. Sie löst damit den sozialdemokratischen Staatspräsidenten Ivo Josipović ab.

2017 – An 20 verschiedenen Stellen bedrohen Waldbrände die Urlaubsregion um Split. Mehr als 400 Feuerwehrleute und Soldaten bekämpfen die Feuer. Viele Häuser und mehrere Autos brennen aus. Es wird Brandstiftung vermutet.

2018 – Im Juli ist Kroatien Teilnehmer an der FIFA-Fussballweltmeisterschaft in Russland, erreicht das Endspiel, verliert gegen Frankreich 4:2 und ist damit Vizeweltmeister.

NAMHAFTE KROATISCHE PERSÖNLICHKEITEN

Staatsmänner, Künstler und Erfinder

Die folgende Auflistung in alphabetischer Reihenfolge der Namen basiert auf einer Veröffentlichung der Kroatischen Touristischen Gemeinschaft *Hvratska turistička zajednica*.

Bošković, Ruđer (1811 - 1887) - Physiker, Mathematiker und Astronom, einer der Wegbereiter der modernen Physik, Gründer der dynamischen Atomistik.

Držić, Marin (1508 - 1567) - Schriftsteller und Chronist der Republik Dubrovnik (Ragusa), einer der großen Autoren von Komödien in der Zeit der Renaissance.

Generalić, Ivan (1914 - 1992) - Maler der naiven Kunst, Gründer der Hklebiner Kunstschule.

Getaldić, Marin Ghetaldus (1566 - 1606) – Mathematiker und Pionier in der Herstellung konischer Glaslinsen.

Gundulić, Ivan (1498 - 1578) - Schriftsteller, Verfasser der Erzählung „Osman", in der er den Freiheitsgeist von Dubrovnik feiert.

Klović, Julije (1498 - 1578) - gilt als einer der größten Miniaturenmaler seiner Zeit, u. a. porträtierte er den Papst und Mitglieder der Familie Medici in Florenz.

Krleža, Miroslav (1893 - 1981) - einer der großen modernen kroatischen Schriftsteller, Begründer der kroatischen Lexikographie.

Lupis-Lukić, Ivan oder **Giovanni** (1813 - 1875) - Marineoffizier aus Rijeka, gilt als Erfinder des Torpedos. Der erste Torpedo wurde nach Plänen von Lupis-Lukić 1866 und Robert Whitehead in der Whitehead-Fabrik in Rijeka gebaut.

Marin (4. Jh.) Steinmetz von der Insel Rab, ist in Chroniken als Gründer von San Marino zu finden, der ersten Republik in Europa.

Meštrović, Ivan (1893 - 1962), kroatischer Bildhauer, der wegen seiner Monumentalskulpturen mit nationaler Thematik bekannt wurde, lebte in den USA. Eines seiner Werke, „Die Indianer", ist in Chicago zu sehen.

Penkala, Slavoljub (1871 - 1922) - erfand 1906 den Kugelschreiber und den Füllfederhalter und baute das erste kroatische zweisitzige Flugzeug.

Polo, Marco (1254 - 1324) - der Überlieferung nach soll Marco Polo in Korčula das Licht der Welt erblickt haben.

Später lebte seine Familie in Venedig, von wo aus Marco Polo als Kaufmann und Abenteurer nach China aufbrach. Dort bekleidete er Jahrzehnte lang (1271 - 1295) höchste Staatsämter. Seine Reiseaufzeichnungen über das mittelalterliche China, die er nach seiner Rückkehr weitgehend im Gefängnis verfassen musste, wurden berühmt und 1477 erstmals in Deutsche übersetzt.

Prelog, Vladimir (1906 - 1998) - Chemiker, arbeitete in der Schweiz, 1975 Nobelpreis.

Radić, Stjepan (1871 - 1928) - Politiker und Gründer der Kroatischen Bauernpartei Hrvatska seljačka stranka (HSS). Radić erlag in der Volksversammlung des Königreichs Jugoslawien einem Attentat.

Ružička, Lavoslov (1887 - 1976) - Chemiker und Nobelpreisträger (1939).

Schwartz, David (1852 - 1897) - Konstrukteur eines starren Luftschiffs mit einer Tragekonstruktion aus Metall. Ferdinand Graf von Zeppelin erwarb die Arbeit und entwickelte daraus die „Zeppeline".

Starčević, Ante (1823 - 1896) - Verfechter der Unabhängigkeit Kroatiens und dort auch bekannt als „Vater der Heimat", Politiker und Begründer Kroatischen Partei des Rechts Hrvatska stranka prava (HSP).

Stepinac, Alojije (1896 – 1960) – Theologe, Kardinal und Erzbischof von Zagreb. Während des 2. Weltkrieges verfolgt und öffentlich verurteilt und nach der Machtübernahme durch die Kommunisten verhaftet. Er starb in Gefangenschaft und wurde zum Märtyrer erklärt.

Tesla, Nikola (1856 – 1943) – bedeutender Physiker und Erfinder auf dem Gebiet der Elektrotechnik, lebte in den USA. Dort projektierte er das erste Wasserkraftwerk an den Niagarafällen.

Tesla schuf die Grundlage für die Herstellung von Radargeräten. Nach ihm ist die Einheit für eine Magnetinduktion benannt.

Tito, Josip Broz (1892 – 1980) – Kommunistischer Politiker, Marschall und Staatsmann, organisierte 1941 den antifaschistischen Aufstand (Partisanenbewegung) im ehemaligen Jugoslawien während des II. Weltkrieges.

Tito war Begründer der Föderativen Volksrepublik Jugoslawien.

1945 bis 1963 Ministerpräsident, ab 1953 Staatspräsident.

Tito bricht 1948 mit der UdSSR und versucht die Unterstützung der Westmächte zu gewinnen (Balkanpakt) und eine gewisse Eigenständigkeit Jugoslawiens mit sozialistischer Gesellschaftsordnung zu erreichen.

Als „Titoismus" wurde die jugoslawische Variante des Kommunismus bekannt – politische Unabhängigkeit nach außen, Dezentralisierung und Selbstverwaltung im Inneren.

Tudjman, Franjo (1922 – 1999) – Politiker, Historiker und Mitglied der antifaschistischen Bewegung. Gründer der Partei der Kroatischen demokratischen Gemeinschaft Hrvatska demokratska zajednica, mit der er die ersten demokratischen Wahlen im Jahre 1990 gewann. Tudjman war der erste Präsident des unabhängigen kroatischen Staates.

Vrančić, Faust (1551 – 1617) – Philosoph und Erfinder diverser technischer Neuigkeiten, darunter einen Vorläufer des Fallschirms.

Vučetić, Ivan (1858 – 1925) – Erfinder der Daktyloskopie, der Methode zur Identifikation von Personen aufgrund des Fingerabdrucks.

WIE KOMMT MAN HIN?

Mit dem Auto

Der direkteste Anfahrtsweg führt auf der A8/E52 über **München** nach **Salzburg**.

Weiter durch Österreich über die vor allem in den Ferienmonaten sehr stark frequentierte **Tauernautobahn** A10/E55 vorbei an Hallein, Radstadt und **Spittal** nach **Villach**.

Nicht nur der Verkehr in die Kärntner Feriengebiete und nach Slowenien und Kroatien, sondern auch der Reisestrom nach Griechenland und in die Türkei fließt zu einem großen Teil über diese Route.

Zwischen Salzburg und Spittal sind zwei Tunnels zu passieren. Die Radstädter Tauern unterquert bei Flachau der 6,8 km lange **Tauerntunnel** (mautpflichtig).

Wenig später durchfährt man nach St. Michael i. Lungau den 5,8 km langen **Katschbergtunnel** (mautpflichtig) und gelangt dann über **Gmünd** ins Kärntnerland und hinunter nach Spittal.

Die Mautgebühr für Fahrzeuge bis 3,5 t beträgt für die beiden Tunnels € 11,50 (Änderungen möglich!).

Abblendlicht auch am Tage!

Warnwestenpflicht!

Achtung: In Österreich ist für Fahrzeuge bis 3,5 Tonnen eine **Autobahn-Maut-Vignette** erforderlich. Vignetten gibt es als Jahresvignette zu € 87,30, als 2-Monats-Vignette zu € 26,20 oder als 10-Tages-Vignette zuletzt zu € 9,00. Für Motorräder 10-Tages-Vignette € 5,20.

Für Anhänger ist keine separate Vignette notwendig.

Zusätzlich zu den Vignetten sind die Mautgebühren für die Tunnels zu bezahlen.

Vor allem für große Gespanne oder große Wohnmobile über 3,5 t, die statt einer Vignette eine **GoBox** erwerben müssen, kann sich die Gesamtgebühr, Maut plus Tunnelgebühren, zu stattlichen Beträgen summieren.

Ab Villach bieten sich zwei Alternativrouten zur Weiterreise nach Kroatien an:

Der direktere und wohl auch am häufigsten benutzte Weg, vor allem wenn man – wie in diesem Reiseführer vorgeschlagen – die Reise durch Kroatien in Istrien beginnt, führt von **Villach** auf der Autobahn A11 nach **St. Jakob i. Rosental**, wenige Kilometer weiter südlich bei Rosenbach durch das 7.864 m lange **Karawanken-Tunnel** nach Slowenien (mautpflichtig, zuletzt EUR 7,-).

Vignettenpflicht auch in Slowenien. Eine Wochenvignette (7 Tage) für Wohnmobil bis 3,5 t (und auch über 3,5 t) kostete zuletzt € 15,- (Tarif 2A), (Preisänderungen möglich!). Man erhält die Vignette zu Hause bei den Automobilclubs oder an der Mautstation Karawankentunnel.

Die gut ausgebaute Autobahn A2/E61 führt weiter über **Jesenice** und **Kranj** nach **Ljubljana**.

Sloweniens Hauptstadt Ljubljana umfährt man auf einer Autobahn im Westen und folgt südlich der Stadt der Autobahn A1/E61 über **Postojna** bis **Koper/Capodistria.**

Von dort südwärts auf der Straße 11 zur slowenisch-kroatischen Grenze und weiter nach **Umag** in Istrien.

Will man Istrien umgehen und direkt zur Kvarner Bucht fahren, verlässt man die Autobahn bei Postojna und folgt der Straße 6/8/E-61/A7 südwärts bis **Matulji** bei Opatija.

Die zweite Möglichkeit führt von Villach westwärts durch Italien und über **Udine** und **Trieste** nach **Koper** in Slowenien und von dort, wie oben beschrieben, nach **Umag** in Istrien.

Die **gebührenpflichtigen Autobahnabschnitte in Kroatien** können auch mit Euro bezahlt werden.

Einfahrt in den 7.864 m langen Karawanken-Tunnel

Campingplätze und Stellplätze für Wohnmobile entlang des Anreiseweges

Campingplätze zwischen München und Villach, die sich vor allem wegen ihrer günstigen Lage nahe der Anfahrtsroute nach Kroatien als Etappenplätze anbieten, liegen bei:

München-Obermenzing

Waldcamping München-Obermenzing [N48° 10' 30.21" E11° 26' 47.63"], Tel. +49 (0)89-811 22 35; www.campingplatz-muenchen.de; Ende März – Ende Okt.; nahe Autobahnkreuz München-Westende A99 Ausfahrt München-Lochhausen, dann ostwärts weiter auf der Lochhausenerstraße.

Großseeham

Camping Seehamer See [N47° 51' 5.53" E11° 51' 41.48"], Tel. +49 (0)8020-14 00; www.camping-seehamer-see.de; ganzjährig; A8 (München-Salzburg) ca. 35 km südöstlich München, über Ausfahrt Autobahnparkplatz „Seehamer See-Ost" zu erreichen. Nicht der Navi-Anweisung Ausfahrt Weyarn folgen! Zwischen Autobahn und See gelegen.

Bad Feilnbach

Kaiser Camping [N47° 47' 23.2" E12° 0' 22.36"] Tel. +49 (0)8066-88 44 00; www.kaiser-camping.com, ganz jährig; A8 Ausfahrt 100/Bad Aibling noch 3,5 km südwärts. Komfortabel ausgestattet, V & E für Wohnmobile.

Prien am Chiemsee

Panorama Camping Harras [N47° 50' 26.16" E12° 22' 24.01"], Tel. +49 (0)8051-90 46 13; www.camping-harras.de; 14. Apr. – 31. Okt.; A8 Ausfahrt 106/Bernau am Chiemsee, 2,7 km weiter Richtung Prien/Chiemsee, am Kreisverkehr weiter Richtung Harras und noch 2 km. Gute Ausstattung, Restaurant. V & E für Wohnmobile.

Piding

Camping Staufeneck [N47° 44' 46.72" E12° 53' 48.42"], Tel. +49 (0)8651-21 34; www.camping-staufeneck.de; 1. Apr. – 28. Okt.; A8 Ausfahrt 115/Bad Reichenhall, 3 km Richtung Bad Reichenhall. Am Fluss Saalach ansprechend gelegen und gut ausgestattet, V + E für Wohnmobile.

Österreich

St. Michael im Lungau

Camping St. Michael im Lungau [N47° 5' 48.15" E13° 38' 13.03"], Tel. +43(0)6477-82 76; www.camping-sanktmichel.at; ganzjährig; A10/E55 Exit 104/St. Michael und noch 1 km zum Ort; Standardausstattung.

St. Michael im Lungau

Wohnmobilstellplatz Raststation „Lungau-Zederhaus" [N47° 7' 50.92" E13° 32' 56.27"], A10/E55 (Salzburg – Villach) bei St. Michael, ganzjährig zugänglich, kostenlos, 6 Stellplätze für Wohnmobile, Wasser, Abfall, Entsorgungsstation, Tankstelle, Raststätte, Parkplatz.

Malta

Terrassencamping Maltatal [N46° 56' 57.83" E13° 30' 33.69"], Tel. +043 (0)4733-2340, www.camping-maltatal.at; geöffnet 25. April – 14. Okt.; A10/E55 Exit 130/Gmünd, bis Gmünd und weiter ca. 6 km Richtung Maltatal. Schöne Lage, sehr gute Ausstattung, WLAN, V + E für Wohnmobile.

Seeboden/Millstätter See

Strandcamping Winkler [N46° 48' 54.75" E13° 31' 13.11"], Tel. +43(0)4762-81822; 1. Mai – 1. Okt.; A10/E55 Ausfahrt Knoten Spittal/Millstätter See, beschilderter Abzweig zum See, geneigtes Wiesengelände, durch Platzstraßen unterteilt. Neue, moderne Sanitärausstattung. V+ E für Wohnmobile.

Annenheim/Ossiacher See

Campingbad Ossiacher See [N46° 39' 20."4 E13° 53' 31.5"], Tel. +43 (0)4248-2757; www.camping-osiachersee.at; 1. Apr. – 15. Okt.; A10/E55 Ausfahrt Villach/Ossiacher See, weiter B94 Richtung Feldkirchen, im Ort beschildert, liegt am Westufer des Sees; gute Ausstattung, V + E für Wohnmobile.

Spittal

Camping Draufluss [N46° 47' 6.06" E13° 29' 12.56"], Schwaig 10, Tel. +43(0)4762 2466; www.drauwirt.com; 1. Mai – 30. Sept.; Zufahrt von der A10 über Ausfahrt Spittal Ost Richtung Goldeck-Seilbahn, am südlichen Ortsrand Einfahrt an der Drau-Brücke; schmales Wiesengelände mit einzelnen Laubbäumen am Ufer der Drau, Rezeption in der Gaststätte „Drauwirt" am Platz; ca. 1 ha – 50 Stpl.; Standard-Sanitärausstattung.

Wohnmobil-Stellplätze zwischen München und Villach:

München

Wohnmobilstellplatz Allianz Arena [N48° 13' 18.37" E11° 37' 28.40"], Werner-Heisenberg-Allee 25, Tel. +49 (0)89-20051008; am Busparkplatz „Mitte" der Allianz Arena mit 110 Stpl. Frischwasserhahn und Entsorgungsmöglichkeit, WC. Ganzjährig, vor oder an einem Fußballspieltag und während des Oktoberfestes nicht zugänglich. Gebühr.

Taufkirchen bei München

Wohnmobilstellplatz Dulipphof [N48° 2' 22" E11° 37' 16"], Hochstr. 11, Tel. +49(0)89-61 21 266; www.dulipphof.de; ganzjährig; A995 (Taufkirchen-West – Kreuz München Süd) Ausfahrt Oberhaching und noch ca. 1,5 km. 10 parzellierte Stellplätze mit Strom beim Bauernhof Dulipphof, Ver- und Entsorgung. Gebühr.

Übersee-Almau am Chiemsee

Wohnmobilstellplatz Herbert Steiner [N47° 48' 34.71" E12° 29' 33.51"], Stegen, Almfischer 11, Tel. +49 (0)8642-13 83; www.chiemsee-wohnmobile-steiner.de; 1. März – 31. Nov.; A8 (München – Salzburg) Ausfahrt 109/Grabenstätt, weiter 3,5 km Richtung Grassau. 23 geschotterte Stellplätze auf Wiese beim Bauernhof Steiner, Strom, Ver- und Entsorgung, Dusche, WC, Müllentsorgung.

Übersee-Stegen am Chiemsee

Wohnmobilstellplatz Bauernhof Schmid (Dusen) [N47 48' 44.17" E12° 29' 18.50"], Stegen 4, Tel. +49 (0)8642-226; Anf. März – Ende Dezember; von der A8 (München – Salzburg) Ausfahrt 109/Grabenstätt, weiter ca. 3 km Richtung Grassau. 28 parzellierte, geschotterte Stellplätze auf Wiese beim Bauernhof Schmid. Ver- und Entsorgung, Strom, Dusche. Gebühr.

Piding-Kleinhögl

Wohnmobilstellplatz am Kochhof [N47° 47' 30.1" E12° 54' 3.1"], Högler Str. 60, Tel. +49(0)8656-546; www.kochhof.de. Anf. Mai – Ende Okt. A8 (München – Salzburg) Ausfahrt 115/Bad Reichenhall, nach Piding, hier ca. 2,5 km nordwärts weiter nach Kleinhögl. 3 Stellplätze auf Gittersteinen bei einem Bauernhof. Ver- und Entsorgung, Strom, Dusche, WC. Gebühr.

Österreich

Altenmarkt im Pongau

Wohnmobilstellplatz Kellerbauer [N47° 22' 13.3" E13° 25' 45.1"], Kellerdörfl 18, Tel. +43(0)6452 71 21; www.kellerbauer.co.at; ganzjährig; A10 (Salzburg – Villach) Ausfahrt Altenmarkt West oder Ost bis Ortsmitte Altenmarkt, weiter Zauchenseestraße und Zefferergasse. Dann beschildert. 10 Stellplätze auf Wiese und Schotter, Ver- und Entsorgung, WC. Müllentsorgung, WLAN, Waschmaschine, Trockner.

Rosegg bei Villach
Stellplatz Gasthof Roseggerhof [N46° 35' 23.70" E14° 1' 13.32"], Schulweg 4, Tel. +43(0)4274 27 22; www.roseggerhof.com; 1. Apr. – 31. Okt.; A11 (Villach – Karawankentunnel) Ausfahrt St. Niklas/Faaker See, weiter über St. Martin nach Rosegg. 30 Stellplätze auf Wiese, Ver- und Entsorgung, Strom, WLAN.

Anreise mit dem Schiff

Autofähren der größten kroatischen Reederei **Jadrolinija (www.jadrolinija.hr)** verkehren **zwischen Italien und Kroatien** auf folgenden Strecken:

Ancona – Split,
Ancona – Zadar,
Bari – Dubrovnik,
Ancona – Bar.

Die Fahrzeit von Ancona nach Split beträgt z. B. ca. 11 Stunden.

Zwischen Ancona und Zadar bestehen in der Sommersaison (Juni bis Ende September) zwischen 4 und 7 Abfahrten pro Woche, Fahrzeit 9 Stunden.

Von Ancona über Stari Grad (Hvar) nach Split gibt es im August eine Abfahrt pro Woche.

Und von Bari nach Dubrovnik bestehen von Ende März bis Ende November zwischen 2 und 4 Abfahrten pro Woche, Fahrzeit 10 Stunden.

Der Fahrpreis (Änderungen möglich!) für eine Deckspassage auf den Strecken Ancona – Split oder Bari – Dubrovnik belief sich zuletzt pro Person in der Hochsaison auf rund € 50,- eine Zweibettkabine gibt es ab ca. € 100,- aufwärts.

Für ein Wohnmobil von 5 bis 7 m Länge werden in der Hochsaison je nach Wochentag zwischen rund € 125,- und € 148,- verlangt.

Von April bis Oktober verkehrt die Reederei **SNAV (www.snav.it)** von Ancona nach Split sechs mal wöchentlich. Fahrzeit ca. 11 Stunden.

Die Reederei **BlueLine (www.blueline-ferries.com)** unterhält regelmäßige Fährverbindungen von Ancona nach Split und Hvar.

Internet-Portale für Fährbuchungen:
www.faehren.de
www.ocean24.com
www.aferry.de
www.directferries.de

Informationen zum lokalen Inselverkehr sind jeweils in der entsprechenden Tour angegeben, siehe aber auch unter www.croatiaferries.com.

KROATIEN

Mobile Touring Highlights

Rovinjes Altstadt

ISTRIEN

3 Touren – ca. 6 Tage

Seite 40

Taxiboot in Opatija

KVARNER BUCHT

1 Tour – 4 Inseln

ca. 6 Tage

Seite 90

Makarska

DALMATINISCHE KÜSTE

4 Touren mit zahlr. Abstechern

ca. 10 Tage

Seite 117

Die schönsten Auto-, Van-Camper- und Wohnmobil-Touren in Kroatien

Dubrovnik

DUBROVNIK

1 Tour – ca. 3 Tage

Seite 183

Nationalpark Plitvicer Seen

PLITVICER SEEN

1 Tour – ca. 2 Tage

Seite 202

Zagreb. Foto: NTB Zagreb

ZAGREB UND UMGEBUNG

2 Touren – ca. 4 Tage

Seite 217

TOUR 1: DURCH SLOWENIEN NACH UMAG/ISTRIEN

Länge der Tour: Rund 170 km.

Die Route: Über die A2/E65 bis **Ljubljana** – A1/E70/61 bis **Kozina** – Straßen 10 und 11 bis zur slowenisch-kroatischen Grenze – Landstraße über **Savudrija** bis **Umag**.

Reisedauer: Mindestens ein Tag.

Höhepunkte: Der **Bleder See** *** und der **Triglav Nationalpark** *** – ein Spaziergang durch **Ljubljanas Altstadt** * – die Tropfsteinhöhlen **Postojnska jama** *** und **Škocjanske jame** ** – das slowenische Küstenstädtchen **Piran** * – die **istrische Küste** bei Umag.

Tour 1: DURCH SLOWENIEN NACH UMAG/ISTRIEN

ANREISE DURCH SLOWENIEN

ROUTE: Von der Staatsgrenze zwischen Österreich und Slowenien und der Mautstation für den 7.864 m langen Karawankentunnel führt die Autobahn A2/E61 bis kurz vor ***Bled****. Der genaue Anreiseweg über* ***Villach, Ljubljana*** *nach* ***Umag*** *ist unter der Rubrik „Wie kommt man hin?" noch detaillierter beschrieben.*

Kurzporträt Sloweniens

Slowenien, die nördlichste der Balkanrepubliken, die sich gerne auch als das „Land auf der Sonnenseite der Alpen" bezeichnet, grenzt im Norden an Österreich, im Osten an Ungarn, im Westen an Italien und im Süden an Kroatien. Auf dem überaus gebirgigen Territorium Sloweniens, das rund 20.273 qkm umfasst, leben kaum mehr als 2 Mio. Einwohner. Hauptstadt ist Ljubljana mit annähernd 288.000 Einwohnern.

Im Juni 1991 erklärte sich Slowenien unabhängig von der Sozialistischen Föderativen Republik Jugoslawien und bestimmt seitdem seine politischen und wirtschaftlichen Geschicke als autonomer Staat. Seit Mai 2004 ist Slowenien Mitglied der EU und führte am 1. Januar 2007 den Euro als Landeswährung ein.

Trotz Jahrhunderte langer Fremdherrschaft haben sich die Slowenen – übrigens eines der kleinsten Völker Europas – ihre ursprüngliche Sprache und ihre eigenständige kulturelle Traditionen erhalten.

Touristisch gesehen ist Slowenien vor allem ein Land für Wanderlustige und Bergbegeisterte. Hunderte von Kilometern markierter Bergpfade führen durch die tierreiche Alpenlandschaft. Der höchste Berg der Julischen Alpen, der 2.863 m hohe Triglav, ist hier ebenso zu finden wie die malerischen Alpenseen Blejsko jezero bei Bled oder der Bohinjsko jezero bei Sveti Janez im Triglav Nationalpark.

Slowenien ist aber auch das Land der Höhlen und Grotten. Ein Drittel des Landes ist unterhöhlt. Und von den 10.000 bislang bekannten unterirdischen Höhlen ist erst die Hälfte erforscht. Berühmte Beispiele sind die

Bled am See Blejsko jezero, mit der Kirche Mariä Himmelfahrt auf der Insel Blejski otok

Höhlen von Postojna (Adelsberger Grotte) und die Grotten von Skocjan (Höhlen von St. Kanzian).

Untrennbar mit Slowenien ist der Name des 400 Jahre alten **Gestüts Lipica** verbunden. Die rassige, schneeweiße Pferderasse Lipizzaner wurde hier vor allem während der Zeit der Habsburger Monarchie für die Spanische Hofreitschule in Wien gezüchtet.

Abstecher nach Bled

Wer mit seinen Reisetagen nicht zu geizen braucht, dem empfiehlt sich ein Abstecher in den Ferienort **Bled** und evtl. weiter bis in den **Nationalpark Triglav**.

Dieses Natur- und Landschaftsschutzgebiet breitet sich um den höchsten Gebirgsstock der Julischen Alpen aus, den 2.863 m hohen **Triglav**.

Triglav Nationalpark Informationszentrum TNP „Triglav Rose", Ljubljanska cesta 27, SI-4260 Bled, Tel. + 386(0)4 578 02 05. *Geöffnet: 16. Apr. - 15. Okt. tgl. 8 -18 Uhr, 16. Okt. - 15. Apr. tgl. 8 - 16 Uhr; www.tnp.si.*

Der 501 m hoch gelegene Bade- und Erholungsort **Bled** gilt als der hübscheste seiner Art in ganz Slowenien. Zu verdanken hat er dieses Prädikat seiner ansprechenden Lage am **Blejsko jezero**, dem Bleder See.

Der knapp 2 km lange und im Sommer oft über 23°C warme See ist von Bergen umgeben und weist in der Mitte eine romantische kleine Insel mit Kirche auf. In der Ferne sieht man die Gipfel der Julischen Alpen im Westen mit dem markanten Triglav und die der Karawanken im Nordosten aufragen.

Die Parkplatzsituation ist streng reglementiert. So gut wie alle öffentlichen Parkplätze sind gebührenpflichtig.

Die **Burg Blejski grad [N46° 22' 14.68" E14° 6'2.91"]** *(Museum geöffnet Jan. - März + Nov. - Dez. tgl. 8 - 18 Uhr, Apr. - Juni + Sept. - Okt. tgl. 8 - 20 Uhr, Juli + Aug. 8 - 21 Uhr; www.blejski-grad.si/de/)* – man genießt von dort einen schönen Blick auf See und Berge – hoch auf einem Felsstock über dem Nordufer des Sees erinnert an die Zeit, als Bled ein wichtiger Sitz slowenischer Adliger war. In der Burg gibt es ein Restaurant, in dem Sie angesichts eines herrlichen Bergpanoramas vorzüglich essen können.

Blejski grad, die Burg von Bled

PRAKTISCHE HINWEISE – BLED UND BOHINJSKO JEZERO

Infocenter Triglavska roža Bled, Ljubljanaska cesta 27, SI-4260 Bled, Tel. +386 (0)4 578 02 05; www.bled.si. *Geöffnet 15. Apr. - 15. Okt. tgl. 8 - 18 Uhr, 16. Okt. - 14. Apr. tgl. 8 - 16 Uhr.*

HOTELS

Rikli Balance Hotel (früher Golf Hotel) ****, 150 Zi., Cankarjeva 4, Tel. +386 (0)4 579 17 00; www.sava-hotels-resorts.com/de/; zentral gelegenes Stadthotel der gehobenen Preisklasse mit Restaurant, Terrasse, Bar und einem Wellness-Center mit Innen-und Außenpool, Tennis, Fahrradverleih, WLAN. Parkmöglichkeit.

Park ****, 217 Zi., Cesta Svobode 14, Tel. +386 (0)4 579 18 00; www.sava-hotels-resort.com; gutes Haus der gehobenen Mittelklasse an der Uferpromenade, teuer, von den meisten Zimmern Seeblick, Bar, Restaurant, Fitnesscenter, Schwimmbad, Fahrradverleih, WLAN. Parkplatz.

Jelovica Bled ***, 89 Zi., Cesta Svobode 8, Tel. +386 (0)4 579 60 00; www.hotel-jelovica.si/de/; ein angenehmes, fast direkt am See gelegenes Mittelklassehotel, von den meisten Zimmern Seeblick, Terrasse, Restaurant, Bar, Fahrradverleih. WLAN. Parkplatz. Keine Haustiere.

CAMPING

Bled / Blejsko jezero

Camping Bled [WP 001 / N46° 21′ 42.1″ E14° 4′ 56.3″], Kidrićeva 10C, Tel. +386 (0)4 575 20 00; www.sava-camping.com/de/; 1. Apr. – 15. Okt.; Wiesengelände im Wald, am Südwestende des Sees und der Bahnlinie; 2 km vom Ort entfernt; ca. 6 ha – ca. 250 Stpl.; Standardsanitärausstattung; Laden, Restaurant, Imbiss, Waschmaschine, Trockner, Tauchschule, Fahrrad- und E-Bikeverleih, WLAN, Internetecke. Miethütten. V & E für Wohnmobile.

Bohinjsko Bistrica

Camping Danica [WP 002 / N46° 16′ 26.2″ E13° 56′ 55.2″], Triglavska 60, Tel. +386 (0)4 572 17 02; www.camp-danica.si; 1. Jan. – 31. Dez.; von der E61 (Karawankentummel - Kranj) Ausfahrt Lesce und über Bled weiter ca. 4 km zum Ort; Wiesengelände am Fluss Sava Bohinjska am westlichen Ortsrand von Bohinjska Bistrica; ca. 4 ha – ca. 160 Stpl.; Standardsanitärausstattung; Laden, Restaurant, Waschmaschine, Trockner, Boots- und Fahrrad- sowie E-Bikeverleih, Tennis, WLAN, Internetecke. V & E für Wohnmobile.

Ukanc / Bohinjska jezero

Camping Zlatorog [WP 003 / N46° 16′ 45.1″ E13° 50′ 10.1″], Ukanc 2, Tel. +386 (0) 59 92 36 48; www.camp-bohinj.si; Ende Apr. – Mitte Okt.; von Bohinjska Bistrica westwärts Richtung Savica und Ukanc; Waldgelände im Triglav-Nationalpark am Westende des Bohinjer Sees; ca. 2 ha – ca. 250 Stpl.; Standardsanitärausstattung; Restaurant, Waschmaschine, Trockner, Boots- und Fahrradverleih, WLAN, Internetecke. Mietzelte.

Ein empfehlenswerter Ausflug führt über den hübsch gelegenen Kurort **Bohinjska Bistrica** hinein in die herrliche Landschaft der Julischen

Alpen bis zum 525 m hoch und sehr malerisch gelegenen See **Bohinjsko jezero (Wocheiner See)**, dem größten See in Slowenien.

Bohinj ist Ausgangspunkt für Bergtouren zu den sieben Triglav-Seen, dem Quellgebiet des Sava-Flusses oder zum Wasserfall der Savice. Es bieten sich außerdem eine ganze Reihe von Wandermöglichkeiten durch den Triglav Nationalpark. Mit einer Kabinenseilbahn gelangt man von Ukanc am Westende des Sees bequem auf den 1.922 Meter hohen Vogel.

HAUPTROUTE

*ROUTE: Weiterreise auf der A2/ E61 vorbei an **Kranj (Krainburg)** nach **Ljubljana (Laibach)**, rund 55 km.*

Kranj (Krainburg), mit rund 56.000 Einwohner Sloweniens drittgrößte Stadt wartet mit einer bemerkenswerten **Altstadt** auf, die einen Besuch durchaus lohnt.

Zu den Sehenswürdigkeiten zählt in erster Linie die im gotischen Stil Mitte des 15. Jh. errichtete **Kanzianskirche [N46° 14′ 18.25″ E14° 21′ 19.70″]**, am Glavni trg. St. Kanzian stammt aus dem 15. Jh. und gilt als eines der bedeutendsten gotischen Baudenkmäler Sloweniens. Fresken aus der Mitte des 15. Jh.

Im **Rathaus**, Tomšičeva 42, ist das **Gorenjski muzej Kranj**, das **Oberkrainer Museum**, ein Regionalmuseum, eingerichtet, u. a. „Volkskunst in Oberkrain“, Kunst- und Skulpturenausstellung *(geöffnet Di - So 10 - 18 Uhr; www.gorenjski-muzej.si)*.

Sloweniens größter Dichter, France Prešeren (1800 – 1849), lebte zuletzt bis zu seinem Tode in Kranj. Das Haus, in dem er wohnte, liegt in der Prešernova ulica 7, ganz in der Nähe des Rathauses. Heute ist hier das **Prešeren-Gedenkmuseum** eingerichtet *(geöffnet Di - So 10 - 18 Uhr)*.

Ljubljana mit ca. 288.000 Einwohnern, seit 1945 Hauptstadt der Republik Slowenien und fast fünfhundert Jahre lang bis zum Ende der Donaumonarchie unter österreichischer Herrschaft, bietet in seinen nach dem Kriege rasch gewachsenen Außenbezirken das Bild einer modernen Verwaltungs- und Industriestadt. Das Zentrum der Universitätsstadt dagegen, mit ihrer besuchenswerten Altstadt und den stattlichen Barock- und Jugendstilbauten, erinnert mehr an ein eher beschauliches Relikt aus der Zeit der k. u. k. Monarchie. Das Bild von Ljubljanas Altstadt wird vor allem durch Bauwerke des slowenischen Architekten Plečnik geprägt.

Die **Ljubljana Tourist Card**, die es für 24, 48 und 72 Stunden zu erwerben gibt, ermöglicht freien Eintritt zu 19 Museen der Stadt, Leihfahrrad für 4 Stunden, Stadtführung, freie Nutzung der Stadtbusse, des Panoramaboots und der Standseilbahn. Die Tourist Card ist in allen Touristen-Informationszentren und in Hotels erhältlich. Preis zwischen 27 und 39 Euro. Der Online-Kauf ist 10% billiger.

Ljubljanas Altstadt wird überragt vom 75 m hohen **Burgberg**.

Mit einer **Standseilbahn** gelangt man bequem auf den Burgberg *(Juni - Sept. tgl. 9 - 23 Uhr, April, Mai, Okt. tgl. 9 - 21 Uhr, Jan - März + Nov. tgl. 10 - 18 Uhr, Dez. tgl. 10 -22 Uhr; www.visitljubljana.com/de/besucher/aktivitaeten/sightseeing/burg-von-ljubljana)*. Von Süden her lässt sich der Burgberg auch per Auto erreichen **[Parkplatz, WP 004 / N46° 02′ 54.65″ E14° 30′ 34.16″]**.

Schon im 12. Jh. entstand auf dem markanten Hügel die erste Festung. Die heutige Form des Kastells **Ljubljanski grad** stammt aus dem 16. und 17. Jh. *(geöffnet Jan. - März + Nov. tgl. 10 - 20 Uhr; Apr., Mai + Okt. tgl. 9 - 21 Uhr; Juni - Sept. 9 - 23 Uhr; www.visitljubljana.com/de/aktivitaeten/kultur-kunst/1365/poide-*

tail.html; freier Eintritt mit der Ljubljana Tourist Card). Die **Burgkapelle St-Georg** mit sehenswerten Fresken aus dem 15. Jh. zählt zu den ältesten Gebäuden der Burganlage. Vom **Burgturm** hat man einen prächtigen Panoramablick auf die Stadt.

Im Turm wurde das sog. **Virtuelle Museum** eingerichtet, das sich der Technologie der virtuellen Realität bedient und auf diese Weise die Geschichte der Stadt zeigt. Ein Puppentheater-Museum ist angeschlossen *(Turm, beide Museen und Kapelle sind geöffnet Juni - Sept. tgl. 9 - 21 Uhr; April, Mai, Okt. tgl. 9 - 21 Uhr; Jan. - März, Nov. 10 - 18 Uhr; Dez. tgl. 10 - 19 Uhr, Aussichtsturm 10 - 21 Uhr).*

Am Fuße des Burgberges, am Knie des Flüsschens Ljubljanica, liegt der **Altstadtkern** mit sehenswerten Barockbauten, Renaissance- und Jugendstilfassaden. Da ist z. B. das **Mestna hiša**, das alte **Rathaus,** mit dem schönen Arkadenhof, dem Uhrturm und dem berühmten **Brunnen** davor.

Die mächtige Brunnenschale steht auf einem Treppenrondell. In der Mitte erheben sich drei allegorische Männerfiguren, die die drei slowenischen Flüsse Sava, Krka und Ljubljanica symbolisieren. Überragt wird das Ganze, ein Werk Francesco Robbas, von einem hohen Obelisken.

Das Rathaus liegt unweit südlich der alten **Dreibrücke Tromostovje** am zentralen **Stadtplatz Mestni trg**

PRAKTISCHE HINWEISE – LJUBLJANA

Turistično Information Ljubljana [N46° 03' 3.2" E14° 30' 23.5"], Adamič-Lundrovo nabrežje 2, 1000 Ljubljana, Tel. +386 (0)1 306 12 15; www.visitljubljana.si/de/. *Geöffnet Juni - Sept. tgl. 8 -22 Uhr; Okt. - Mai tgl. 8 - 19 Uhr.*

HOTELS

Grand Hotel Union ****, 194 Zi., Miklošiceva cesta 1, Tel. +386 (0)1 308 12 70; www.union-hotels.eu/de/grand-hotel-union/; renommiertes, sehr komfortables Traditionshotel im Stil der Jahrhundertwende, erbaut 1903, zentral Nähe Franziskanerkirche, Prešernov trg und Fußgängerzone gelegen, gepflegtes Restaurant, einladendes Café, mittlere bis gehobene Preisklasse. Schwimmbad, Sauna, Fitness- und Wellnesseinrichtungen, Fahrradverleih. WLAN. Parkmöglichkeit.

Best Western Premier Hotel Slon ****, 170 Zi., Slovenska Cesta 34, Tel. +386 (0)1 470 11 00; www.hotelslon.com; sehr komfortables, alteingesessenes Haus mit langer Tradition in zentraler Lage, hervorgegangen aus der k. u. k.- Nobelherberge „Zum Elefanten", gehobene Preislage; Restaurant, einladendes Kaffeehaus, Fitness- und Wellnesscenter, Fahrradverleih. WLAN. Parkmöglichkeit.

M Hotel ****, 154 Zi., Derceva ulica 4, Tel. +386 (0)1 513 70 00; www.m-hotel.si; modernes Stadthotel, Restaurant, Terrasse, WLAN. Parkmöglichkeit.

CAMPING

Camping Resort Ljubljana [WP 005 / N46° 05' 51" E14° 31' 4"], Dunajska cesta 270, Tel. +386 (0)1 589 01 30; www.ljubljanaresort.si; 7. Jan. – 4. Dez.; Zufahrt von der A2/E61 (Ljubljana – Jesenice) Ausfahrt Brod und weiter Richtung Ježica; teils schattenloses Wiesengelände an der Sava, an ein Ferienzentrum grenzend; ca. 3 ha – 170 Stpl.; Standardsanitärausstattung; Restaurant, Imbiss, Waschmaschine, Trockner, WLAN, Internetecke, Fahrradverleih, öffentliches Freibad. Miethütten und Mietcaravans. Mit den Bussen Nr. 6, 8 zur Slovenska cesta im Stadtzentrum. V & E für Wohnmobile.

[N46° 3′ 0.59″ E14° 30′ 25.13″], der Mittelpunkt der Altstadt Ljubljanas. Hier finden Sie eine ganze Reihe einladender Cafés, Kneipen und Restaurants, wie das „Rotovž", ein alteingesessenes, traditionsreiches Lokal.

Unweit östlich, vorbei am **Škofijski dvorec**, dem **Fürstbischöflichen Palais** (Barockbau aus dem 18. Jh. mit sehr schönem Arkadenhof) und hinter der Nikolay-Kathedrale führt vom **Platz Vodnikov trg [N46° 03′ 2.8″ E14° 30′ 34.6″]** (bunter Obstmarkt) die recht steile Gasse Študentovska hinauf zum Burgberg.

Zu den bemerkenswerten Kirchenbauten Ljubljanas zählt z. B. die mit korinthischen Säulen geschmückte, beeindruckende Fassade der **Ursulinen Kirche**, Slovenska cesta 21, aus dem frühen 18. Jh. mit einem vom Bildhauer Francesco Robba gestalteten Marmoraltar, ganz in der Nähe des Kongressplatzes am westlichen Ljubljanica-Ufer gelegen.

Weiter ist die **St. Jakobskirche** aus dem frühen 17. Jh. von Bedeutung, Gornji trg 18. Sie liegt ein gutes Stück südlich des Burgberges.

Schließlich ist die im Barockstil auf den Resten einer von den Türken im 17. Jh. zerstörten Kirche errichtete **Nikolaj-Kathedrale [N46° 03′ 02.6″ E14° 30′ 28.5″]**, Dolničarjeva ulica 1, im Altstadtviertel nördlich der Burg von Interesse. Der nach Plänen des Baumeisters Andrea Pozzo zu Beginn des 18. Jh. errichtete Kirchenbau enthält Werke des aus Italien stammenden und im 18. Jh. in Ljubljana lebenden Barockmeisters Francesco Robba sowie sehenswerte Fresken regionaler und italienischer Künstler. Sehenswert sind auch die Altäre in den Querschiffen.

Die Ljubljanica wird von mehreren Brücken überspannt. Eine der historischen davon ist die gewaltige, zum Wahrzeichen der Stadt avancierte **„Drei Brücken" Tromostovje [N46° 03′ 04.6″ E14° 30′ 22.2″]** mit ihren typischen Drachenstatuen, die auf den weiten **Platz Prešernov trg** mündet. Das Denkmal auf dem Platz erinnert an den slowenischen Dichter France Prešeren, der in der ersten Hälfte des 19. Jh. lebte.

Ganz in der Nähe der Brücke erhebt sich an der Nordseite des Platzes die im italienischen Barockstil des 17. Jh. erbaute **Franziskanerkirche Mariä Verkündigung,** Prešernov trg 4, eindrucksvoller Hauptaltar, Fresken aus dem 19. und 20. Jh.

Bemerkenswert am Prešernov trg sind die **Jugendstilfassaden** der Häuser „Ura" und „Centromerkur".

Vom Prešernov trg führen verkehrsberuhigte Fußgängerzonen (z. B. die Čopova ulica) westwärts zu kleinen Plätzen und Parks in der Innenstadt.

Vom alten Rathaus kaum 500 Meter flussabwärts liegt auf der westlichen Uferseite der Ljubljanica der **Trg francoske revolucije**, der Platz der Französischen Revolution. Die illyrische Säule dort erinnert an die Zeit Napoleons, als Ljubljana von 1809 bis 1813 Hauptstadt der illyrischen Provinzen „les provinces illyriennes" war.

An diesem Platz liegt auch das ehemalige **Kloster Križanke [N46° 02′ 49.0″ E14° 30′ 12.4″]**. Es entstand auf den Mauern eines Kreuzfahrerklosters aus dem 13. Jh. und ist heute Schauplatz der Ljubljaner Festspiele (Juni bis August).

Mein Tipp! Im **Plečnikov hram**, einer Studentenkneipe in der ehemaligen Klosteranlage, isst man recht gut und darüber hinaus auch noch relativ preiswert!

Interessante Museen in Ljubljana

Stadtmuseum Mestni muzej Ljubljana Gosposka ulica 15 *(geöffnet ganzjährig Di - So 10 - 18 Uhr, Do bis 21 Uhr; www.mgml.si; freier Eintritt mit der Ljubljana Tourist Card)* gegenüber des ehemaligen Klosters Križanke. Eingerichtet ist das Museum in einem repräsentativen Renaissancepalais. Hauptausstellung „Gesichter Ljubljanas".

Unweit westlich des Parlamentsgebäudes liegt das **Slowenische Nationalmuseum, Narodni muzej Slovenije,** Muzejska ulica 1 *(geöffnet So - Mi + Fr 10 - 18 Uhr, Do + Sa 8 - 22 Uhr; www.nms.si; freier Eintritt mit der Ljubljana Tourist Card)* mit naturhistorischer Abteilung.

Nationalgalerie, Prešernova cesta 24 *(geöffnet Di - So 10 - 18 Uhr, Do bis 20 Uhr; www.ng-slo.si; freier Eintritt mit der Ljubljana Tourist Card)*. Sloweniens größte Kunstsammlung mit Werken slowenischer und europäischer Meister aus der Zeit des Mittelalters bis ins 20. Jh.

Die **Moderne Galerie** mit moderner Kunst des 20. Jh. aus Slowenien, findet man in der Cankarjevi 15 *(geöffnet Di - So 10 - 18 Uhr; www.mg-lj.si; freier Eintritt mit der Ljubljana Tourist Card)*.

Museum der Neueren Geschichte, Muzej novejše zgodovine Slovenije, Palais Cekinov grad; Celovška cesta 23 *(geöffnet Di - So 10 - 18 Uhr; www.muzej-nz.si; freier Eintritt mit der Ljubljana Tourist Card)*. Schildert die Geschichte Sloweniens ab Beginn des 20. Jh., Sammlungen aus dem 1. und 2. Weltkrieg, der Zeit des Sozialismus, die gesellschaftliche und politische Entwicklung des Landes, Fotosammlung, Kunst des 20. Jh.

Eisenbahnmuseum, Parmova ulica 35 *(geöffnet Di - So 10 - 18 Uhr; www.slo-zeleznice.si/podjetje/onas/zelezniskimuzej)*. Auf Führungen sind Dampflokomotiven, Waggons, Uniformen, Signalanlagen, historische Fahrzeuge, Ausstellungen zum Streckenbau etc. zu sehen.

Museum für Architektur und Design, Muzej za arhitekturo in oblikovanje, im Schloss Fužine, Pot na Fužine 2 *(geöffnet Di - So 10 - 18 Uhr; www.mao.si)*. Das Museum ist im einzigen, erhalten gebliebenen Renaissanceschloss in Lubljana aus dem 16. Jh. eingerichtet.

*ROUTE: Über die mautpflichtige (Vignette) Autobahn A1/E61 erreicht man nach 47 km südwestlich von Ljubljana die **Ausfahrt Postojna**. Sofort nach der Mautkontrollstation rechts ab Richtung **Jama/Grotte** und noch ca. 2,5 km weiter bis zur gut beschilderten Grotte **Postojnska jama** fahren.*

Postojnska jama, Adelsberger Grotte [Parkplatz, WP 006 / N45° 46' 53.4" E14° 12' 07.9"] *(mehrsprachige Höhlenführungen jeweils zur vollen Stunde im Mai, Juni + Sept. von 9 - 17 Uhr, im Juli + Aug. 9 - 18 Uhr, Apr. + Okt. 10 - 16, sonst um 10, 12 und 15 Uhr. Im Juli und August bis zu 10 Führungen täglich, sonst weniger, im Winter nur 3 mal täglich. Dauer rund 1 ½ Stunden. Letzte Tour eine Stunde vor Schließung. Relativ teurer Eintritt; www.postojnska-jama.eu/de/.)*

Die Existenz des gewaltigen Höhlensystems der **Postojnska jama** ist schon seit dem 13. Jh. bekannt. Aber erst seit Beginn des vorletzten Jahrhunderts hat man begonnen, seine Besucher zu zählen. Seither haben mehr als 20 Mio. Menschen diese unterirdische Wunderwelt aus Flussläufen, Hallen, Gängen und den bizarrsten Tropfsteingebilden besucht.

Erst 23 km des scheinbar nicht enden wollenden Höhlenlabyrinths sind erforscht. Fest steht, dass Verbindungen zu zwei weiteren Tropfsteinhöhlen bestehen, zur Pivka-Grotte und zur Schwarzen Grotte (Crna jama). Touristen ist ein Teil des Höhlensystems bequem zugänglich. Eine Besichtigung mit obligatorischer Führung (in verschiedenen Sprachen, darunter auch deutsch) dauert rund eineinhalb Stunden. Da die Temperatur untertage hier

Die eindrucksvolle Tropfsteinsäule „Brillant" (Mitte), das Wahrzeichen der Postojna jama. Foto: Postojnska jama, mit freundlicher Genehmigung

nie mehr als 8 bis 9 Grad beträgt, empfiehlt sich ein warmes Kleidungsstück. Wer dies vergisst, kann an der Kasse warme Pelerinen leihen.

Der Besuch beginnt mit einer rund 3 km langen Fahrt mit einer modifizierten, offenen elektrischen Grubenbahn, die tief in die Höhle hineinfährt. Nun folgt ein etwa 45-minütiger Rundgang durch die schon seit 1883 beleuchtete Höhle mit wunderbaren Formationen der über Jahrmillionen gewachsenen Stalagmiten und Stalagtiten. Schließlich fährt man per Bahn wieder zum Ausgang. Am Ende sieht der Besucher in einem gewaltig großen Höhlendom tief unter sich den Verursacher des Ganzen – den unterirdischen Fluss Pivka dahinströmen.

Viele der Höhlenräume haben enorme Ausmaße, manche eine exzellente Akustik. Der sog. „Konzertsaal" ist über 50 Meter hoch und fasst anlässlich hier gelegentlich dargebotener Konzerte bis zu 10.000 Menschen.

Das erst kürzlich eröffnete Museum „Proteus Vivarium" ist nicht nur den in der Finsternis der Höhle lebenden, blinden Grottenolmen (proteus anguieus) gewidmet, sondern beschäftigt sich im allgemeinen mit dem unterirdischen Lebensraum.

Die Burg Predjama [Parkplatz, WP 007/ N45° 48′ 50.7" E14° 07′ 43.2"] *(geöffnet tgl. Mai, Juni + Sept. 9 - 18 Uhr, Juli + Aug. 9 - 19 Uhr, Apr. + Okt. 10 - 17 Uhr, übrige Zeit 10 - 16 Uhr. Führungen Predjama Höhle Mai - Sept. um11, 13, 15 und 17 Uhr, Dauer 45 Min.; www.postojnska-jama.eu/de/besuchen-sie-uns/burg-predjama/)* liegt ungefähr 9 km westlich Postojna. In die Aushöhlung einer steilen, 123 Meter hohen Felswand wurde hier eine trutzige Burg gebaut, die bis ins beginnende 15. Jh. von Rittern bewohnt wurde und als uneinnehmbares Versteck galt. Besonders um den Ritter

PRAKTISCHE HINWEISE – POSTOJNA

Informationszentrum/Postojnska jama [N45° 46′ 55.57″ E14° 12′ 16.88″], Jamska cesta 30, 6230 Postojna, Tel. +386 (0)5 70 00 100; www.postojnska-jama.eu/de.

RESTAURANT

Jamski Dvorec - Höhlenpalais, Tel. +386 (0)5 70 00 181; sehr schönes Lokal neben dem Eingang zur Höhle. Es wird auf traditionelle Art herzhaft gekocht.

HOTELS

Kras ****, 27 Zi., Trzaska cesta 1, Tel. +386 (0)5 70 02 300; www.hotel-kras.su/en/; Mittelklassehotel der gehobenen Klasse. Garni, Coffee Shop. Parkplatz. Ganz in der Nähe der berühmten Höhle.

WOHNMOBIL-STELLPLATZ

Wohnmobil-Stellplatz Postojna-Grotte [WP 008 / N45° 46′ 49.9″ E14° 12′ 10.6″]: Ausstattung: Gebührenpflichtiger, geteerter Parkplatz. 20 nummerierten Stellplätze, neben dem großen allgemeinen Parkplatz. Mehrere Stromanschluss- und Wasser-Ausgusssäulen. **Gebühr:** Parkticket an der Einfahrtsschranke ziehen und am Kiosk oder an der Rezeption des Hotels Jama, nahe des Höhleneingangs, bezahlen. Die Tagesgebühr von rund 20 Euro beinhaltete zuletzt auch Strom und Ver- und Entsorgung. **Geöffnet:** 1. März – 30. Sept.

Erasmus ranken sich abenteuerliche Legenden. Nach einer Belagerung wurde das Raubritternest zerstört und im 16. Jh. vom Geschlecht derer von Kobenzl in der heutigen Form wieder aufgebaut. Heute Museum. Unter der Burg befindet sich eine Höhle, die auf Führungen zu besichtigen ist.

Schloss Predjamski Grad bei Postojna

CAMPING – PIVKA JAMA

Camping Pivka jama [WP 009 / N45° 48′ 18.4″ E14° 12′ 15.5″], Veliki Otok 50, Tel. +386 (0)5 72 03 993; www.camping-postojna.com/en/; 15. Apr. - 31. Okt.; ca. 5 km nordwestlich der Postojna-Grotte; weitläufiges, hügeliges Waldgelände mit asphaltierten Platzwegen, bei der Pivka-Höhle (Führungen Juli + Aug. um 9 und 17 Uhr), nur wenige für große Wohnmobile und Gespanne gut geeignete Stellplätze; 2,5 ha – ca. 180 Stpl.; Standardsanitärausstattung. Restaurant, Laden, Tennis, Schwimmbad. V + E für Wohnmobile. Aus Naturstein gemauerte Mietbungalows im Eingangsbereich.

*ROUTE: Auf der Weiterfahrt über die A1/E70/E61 bietet sich rund 29 km südwestlich von Postojna bei **Divača** nochmals Gelegenheit zu einer Höhle abzuzweigen.*

Falls Sie dem nachstehend beschriebenen Abstecher zur Höhle Škocjanske jame nicht folgen wollen, bitte weiter mit **Hauptroute**.

Abstecher zur Höhle Škocjanske jame

Der Abstecher führt zur 2,5 Kilometer östlich der Autobahn A1/Ausfahrt Divača beim Dorf **Matavun** gelegenen **Škocjanske jame [Parkplatz, WP 010 / N45° 39′ 46.4″ E13° 59′ 19.4″]**, der Höhle von Škocjan, die mit einem tosenden, unterirdischen Fluss und atemberaubend steilen, grundlos erscheinenden Schluchten mit senkrechten, in der Dunkelheit der Tiefe verschwindenden Felswänden überrascht.

Seit 1986 gehört sie als einzige Höhle in Europa zum UNESCO Weltkulturerbe neben den beiden Tropfsteinhöhlen Carlsbad Caverns und Mammoth Caves in den USA.

Der Besucher kann auf einer 1,5 stündigen Führung zu Fuß ca. 3 km durch die Höhle wandern. Der Weg führt allerdings über hoch in die Felsen gehauene, natürlich gesicherte, Galerien und schmale Brücken. Wer große Höhen nicht so gerne mag und nicht ganz schwindelfrei ist, wird an einer Tour durch die Škocjanske jame nicht die helle Freude haben.

Höhlenführungen finden tgl. von Juni bis September zwischen 10 und 17 Uhr immer zur vollen Stunde statt. Im April, Mai und Oktober um 10, 12, 13 und 15.30 Uhr, übrige Zeit tgl. 10 und 13 Uhr, So um 15 Uhr; www.park-skocjanske-jame.si/de/.

HAUPTROUTE

*ROUTE: Die Autobahn A1 endet bei Koper-Semedela. Von dort kann man entweder über die in Küstennähe verlaufende Straße 111 und über **Izola (Isola)**, **Piran (Pirano)** und **Portorož (Portorose)** weiterreisen oder den etwas kürzeren und direkteren Weg über die Straße 11 südwärts zur slowenisch-kroatischen Grenze bei Dragonja nehmen.*

Das slowenische **Piran (Pirano)**, 18 km westlich Koper gelegen, lohnt einen Besuch. Es ist eines der typischen, anziehenden Küstenstädtchen an der knapp 50 km langen „Slowenischen Riviera". Vom **Parkplatz [WP 011 / N45° 31′ 20.0″ E13° 34′ 00.0″]** zu Fuß in den Ort.

Der denkmalgeschützte Ort, einer der hübschesten seiner Art am Golf von Triest im nordwestlichsten Teil der istrischen Halbinsel, besticht durch seine hübschen Gassen und Plätze, die sich eng um einen Hügel auf einer Landzunge und einen kleinen Ha-

PRAKTISCHE HINWEISE

Turist Biro Piran [N45° 31' 43.22" E13° 34' 4.64"], Tomažičeva 3, Si-6330 Piran, Tel. +386 (0)5 67 32 509; www.turistbiro-ag.si.

CAMPING

Ankaran

Camping Adria [WP 012 / N45° 34' 41.46" E13° 44' 8.34"], Jadranska Cesta 25, Tel. +386 (0)5 66 37 350; www.adria-ankaran.si; 1. Apr. – 12. Okt.; an der Küstenstraße Richtung ital. Grenze; weitläufiges Wiesengelände durch zahlreiche Bäume schattig, am Meer; Sportanlagen beim angeschlossenen Hotel; ca. 7 ha – 300 Stpl. + zahlr. Dau., die das Bild des Platzes prägen; Standardsanitärausstattung; Laden, Restaurant, Imbiss, Waschmaschine, Trockner, öffentliches Meerwasserschwimmbecken, Boots- und Fahrradverleih, Tennis, Sauna, Bootsslipanlage, WLAN, Internetecke. V & E für Wohnmobile.

Izola

Camping Belvedere [WP 013 / N45° 31' 51.25" E13° 38' 2.21"], Dobrava 1a, Tel. +386 (0)5 66 05 100; www.belvedere.si/de/camping/; 1. März – 30. Sept.; Straße 111 südlich Izola; von Dauercampern geprägter Terrassenplatz mit Meerblick; 2,5 ha – 200 Stpl.; einfache Standardausstattung.

Portorož

Camp Lucija [WP 014 / N45° 30' 7.69" E13° 36' 3.02"], Seča 204, Tel. +386 (0)5 69 06 000; www.camp-lucija.si/de/; 1. Apr. – 5. Nov.; südlich des Ortes beschilderter Abzweig zum Meer; steiniges Terrain vor einem Hang mit Pinien, teils eben, teils in Terrassen, am Meer, Steinmole mit Liegeflächen, neben dem Sportboothafen; ca. 6 ha – 300 Stpl. plus zahlreiche Dau.; einfache Standardsanitärausstattung; Laden, Restaurant, Waschmaschine, Trockner, Boots- und Fahrradverleih, WLAN, Internetecke. V & E für Wohnmobile.

WOHNMOBIL-STELLPLATZ – PORTOROŽ

Wohnmobil-Stellplatz Marina Portorož [WP 015 / N45° 30' 18.2" E13° 35' 54.9"], Cesta Solinarjev 8. **Zufahrt/Lage:** Am östlichen Ortsrand von Portoroz an der Bootswerft, beim Restaurant „Marina". Schattenloser, ebener, geschotterter, sandiger Platz für 40 Wohnmobile. **Ausstattung:** Frischwasser, Strom, Grauwasser- und Chemikaltoilettenausguss, WLAN. Ortszentrum In Gehnähe. **Gebühr:** Pauschale, beim Hafenmeister zu bezahlen. **Geöffnet:** Ganzjährig.

fen scharen und von einem stattlichen Kirchenbau überragt werden.

Am besten parkt man sein Auto auf einem der gebührenpflichtigen Parkplätze am Stadtrand und nimmt einen der in die Innenstadt verkehrenden Pendelbusse.

Eine Stadtbesichtigung kann man z. B. am zentralen **Hauptplatz Tartinijev trg / Piazza Giuseppe Tartini [N45° 31' 43.15" E13° 34' 4.76"]** am Hafen beginnen. Der Platz ist nach dem italienischen Musiker und namhaften Violonisten Giuseppe Tartini (Denkmal) benannt, der 1692 in Piran geboren worden war. Auf dem Platz stehen ein **venezianisch-gotischer Palast** aus dem 15. Jh., die **Petruskirche Sv. Petra** aus dem 19. Jh. und das **Rathaus**. Zudem findet man dort neben Restaurants, dem einladenden Hotel Tartini und der Hauptpost auch das **Tartini-Museum** und ein Büro der **Touristeninformation**.

Oben erhebt sich der **Georgsdom** (Sveti Jurij) aus dem 14. Jh. mit achteckiger **Taufkapelle** und freistehendem **Glockenturm**, der leicht die venezianische Vergangenheit Pirans erahnen lässt. Auf der Turmspitze erkennt man eine große Figur, die als Wetterfahne dient und den Erzengel Michael darstellt.

Ganz anders präsentiert sich das nur wenige Kilometer weiter südöstlich gelegene Städtchen **Portorož (Portorose)**. Der fast mondän wirkende Badeort hat zwar weniger historische Baudenkmäler aufzuweisen, dafür um so mehr Hotels, ein Casino und eine schöne **Strandpromenade** mit Jachthafen.

ISTRIEN / KROATIEN

ROUTE: Weiterreise ab der slowenisch-kroatischen Grenze über ***Savudrija (Salvore)****, dem westlichsten Punkt Kroatiens mit dem markanten Leuchtturm, einem der ältesten im Lande, und entlang der istrischen Westküste nach* ***Umag (Umago)****.*

Umag (Umago) präsentiert sich als ein betriebsamer Ferienort, der seine Identität dem Tourismus geopfert hat. Neben dem alten Städtchen, das sich auf einer Landzunge erstreckt, früher Sommersitz des Bischofs von Triest war und später – wie alle istrischen Küstenorte – unter Venedigs Herrschaft fiel, dehnt sich der touristische Teil Umags aus, mit ausgedehntem Freizeithafen, mit Hotels, Appartementhäusern, Strandanlagen und zahlreichen Unterhaltungsmöglichkeiten.

Überragt wird Umags Altstadtkern von der Pfarrkirche Mariä-Himmelfahrt, die zudem dem hl. Peregrinus, dem Schutzpatron der Stadt, geweiht ist.

Entlang der Hafenpromenade findet man auf dem Weg in die Altstadt eine Reihe einladender Lokale.

Leider ist die Einfahrt zur Innenstadt für den allgemeinen Verkehr gesperrt.

Ausflüge bieten sich an zum 13 km entfernten **Buje**, dann ins 20 km entfernte, sehenswerte Künstlerdomizil **Grožnjan** oder ins 40 km entfernte **Motovun**. Siehe nächste Etappe.

PRAKTISCHE HINWEISE – UMAG (UMAGO)

Tourist Office of Umag/Turistička zajednica grada Umaga [N45° 26' 0.03" E13° 31' 19.81"], Trgovačka ulica 6, 52470 Umag, Tel. +385 (0)5 74 13 63; www.coloursofistria.com.

HOTELS

Melia Sol Umag ****, 209 Zi., Jadranska bb, Tel. +385 (0)5 27 74 14 000; www.melia.com/de/hotels/croacia/umag/sol-mag/index.html; zeitgemäßes Ferienhotel an der Punta gelegen, Terrasse, Garten, Restaurant, Schwimmbad, Fitnesscenter, Strand. Parkplatz. Keine Haustiere.

CAMPING

Kanegra/Savudrija

FKK-Camping Kanegra [WP 016 / N45° 29' 11.62" E13° 33' 45.94"], Kanegra bb 2, Tel. +385 (0)5 27 09 000; www.istracamping.com/de/campingplatze/kanegra/; 20. Apr. – 16. Sept.; beschilderter Abzweig von der Küstenstraße 7 km südöstlich von Savudrija; an felsigen Buchten gelegenes, steiniges Gelände mit Pinienwald; ca. 3 ha – 130 Stpl. + Dau.; Standardsanitärausstattung. Supermarkt, Restaurant, Waschmaschine, Tennis, Bootsslipanlage, Boots- und Fahrradverleih, Internetecke. V & E für Wohnmobile. Mietbungalowsiedlung.

Camping Pineta Umag [WP 017 / N45° 29' 08.7" E13° 30' 03.0"], Istarska 19, Basanija, Tel. +385 (0)5 27 00 700; www.istracamping.com/de/campingplatze/pineta; 20. Apr. – 23. Sept.; zwischen Savudrija und Meer rund 9 km nördlich von Umag gelegen; sehr weitläufiges Pinienwaldgelände an langer Felsküste, im Sommer häufig überlaufen; ca. 10 ha – 300 Stpl. + ca. 120 Dau.; Standardsanitärausstattung; Laden, Restaurant, Waschmaschine, Trockner, Boots- und Fahrradverleih, Tennis, Minigolf, WLAN, Internetecke. Bungalowdorf mit Schwimmbad und Sportanlagen angeschlossen. V & E für Wohnmobile.

Umag

Camping Stella-Maris Umag [WP 018 / N45° 27' 2" E13° 31' 22"], Stella Maris 9A, Monterol, Tel. +385 (0)5 27 10 900; www.istracamping.com/de/campingplatze/stella-maris/; 15. Mai – 30. Sept.; an der Küstenstraße ca. 2 km nördlich Umag; weitläufiges Gelände, teils im Pinienwald nahe dem Meer mit Felsküste. Ca. 6 ha – 450 Stpl., davon rund 20% Dauercamper. Komfortausstattung; der Platz ist Teil eines riesigen Ferienhauszentrums mit Restaurant, Waschmaschine, Schwimmbad, Animation, Boots- und Fahrradverleih, Internetecke, zahlreiche Tennisplätze und Freizeiteinrichtungen, die von den Campern mit benutzt werden können. Segel- und Tauchschule. V & E für Wohnmobile.

Camping Finida [WP 019 / N45° 23' 32.7" E13° 32' 31.4"], Krizine br. 55A, Tel. +385 (0)5 27 13 950; www.istracamping.com/de/campingplatze/finida/; 20. Apr. – 23. Sept.; an der Küstenstraße ca. 6 km südlich Umag; fast ebenes Gelände mit Erdstraßen, mit Waldanteil am Meer, Felsküste; ca. 3,5 ha – 150 Stpl. + Dau.; gute Standardsanitärausstattung; Laden, Restaurant, Waschmaschine, Boots- und Fahrradverleih, Segel- und Tauchschule, Bootsslipanlage, Bootssteg, WLAN. Internetecke. V & E für Wohnmobile.

Camping Park Umag [WP 020 / N45° 22' 01.9" E13° 32' 52.3"] (ehem. Ladin Gaj), Ladin gaj 132a, Tel. +385 (0)5 27 13 740; www.istracamping.com/de/campingplatze/park-umag/; 20. Apr. – 30. Sept.; 8 km südlich Umag zwischen Küstenstraße und Meer; sehr weitläufiges, leicht zum Meer geneigtes Wiesengelände an einer hübschen Bucht gelegen, teils schattig durch niedere Bäume, teils schattenlos. Moderner Versorgungstrakt im Eingangsbereich. Kilometerlanger Küstenanteil, meist felsig, kleine Bootsmole mit betonierten Liegeflächen; ca. 120 ha – 1.900 Stpl. + ca. 100 Dau.; Komfortausstattung. Supermarkt, zwei Restaurants, Imbiss, Waschmaschine, Trockner, Tennis, Sportzentrum mit Schwimmbad, Boots- und Fahrradverleih, Bootssteg, Slipanlage, Minigolf, WLAN, Internetecke. V & E für Wohnmobile. Mietbungalows.

ISTRIEN

Rovinj

TOUR 2: UMAG – ROVINJ

Länge der Tour: Rund 75 km, mit Alternativroute ca. 140 km.

Die Route: Küstenstraße über **Novigrad, Poreč** und **Vrsar** nach **Rovinj.**

Alternativtour: Ins Hinterland Istriens.

Reisedauer: Mindestens ein Tag.

Höhepunkte: Das Hafenstädtchen **Novigrad** * – der alte Stadtkern von **Poreč** * – die **Tropfsteinhöhle Baredine** ** – der **Blick auf die Küste** ** von Vrsar aus – das Stadtbild und die Lage von **Rovinj** ***.

ROUTE: 15 km südlich von Umag erreichen wir auf der recht schmalen Küstenstraße Novigrad.

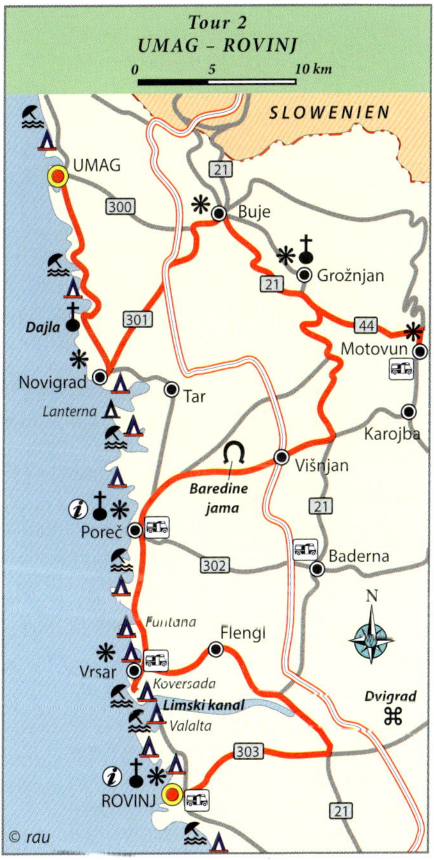

Novigrad (Cittanova), das antike *Eumonia*, liegt auf einer Halbinsel an der Mündung des Flusses Mirna. Griechische Seefahrer errichteten auf einer Insel an der geschützten Hafenbucht eine erste kleine Handelskolonie, die von den Römern später ausgebaut und befestigt wurde.

Bereits im frühen 6. Jh. wurde Novigrad Bischofssitz. Dieses Privileg sollte die Stadt mehr als 1.300 Jahre bis 1831 behalten.

Erst im 18. Jh. wurde die Insel, auf der die Stadt liegt, mit dem Festland verbunden.

Parkplätze [WP 021 / N45° 19′ 01.2″ E13° 33′ 48.7″] findet man an der Promenade des hübschen Hafens von Novigrad.

Ein kurzer Bummel durch die Gassen der Innenstadt bis zur markanten Pfarrkirche am Westende der Halbinsel, die dort durch einen kleinen Park abgeschlossen wird, lohnt allemal. Dort findet man auch einladende Hotels wie das „Laguna". Die Pfarrkirche, die auf einer frühchristlichen Basilika mit romanischer Krypta basiert und später im Barockstil umgebaut wurde, hat gleich drei

PRAKTISCHE HINWEISE – NOVIGRAD (CITTANOVA)

Turistička Zajednica Novigrad Cittanova [N45° 18' 59.01" E13° 33' 39.49"], Mandrač 29a, 52466 Novigrad, Tel. +385 (0)5 27 58 011; www.istria-novigrad.com. *Geöffnet Mai + Sept. tgl. 8 - 19 Uhr; Juni 8 - 20 Uhr; Juli + Aug. 8 - 21 Uhr; sonst Mo - Fr 8 - 15 Uhr, Sa 9 - 13 Uhr.*

RESTAURANT

Konoba Amfora, Ribarnička 12, Novigrad, Tel. +385 (0)5 27 62 98; www.konoba-amfora.hr; hübsches Fischrestaurant direkt am Meer, freundlicher Service, am westlichen Ortsrand.

HOTEL

Nautica ****, 42 Zi., Sv. Anton 15, Tel. +385 (0)5 26 00 400; www.nauticahotels.com/de/; komfortables Mittelklassehotel in maritimem Stil am Bootshafen mit Aussicht aufs Meer und auf die Altstadt von Novigrad. Restaurant mit Terrasse am Meer. Wellnesszentrum mit Whirlpool, Innenpool, Sauna. WLAN. Parkplatz.

CAMPING

Camping Aminess Park Mareda [WP 022 / N45° 20' 36" E13° 32' 55"], Mareda bb, Tel. +385 (0)5 28 58 690; www.aminess-campsites.com/de/campingplatz-aminess-park-mareda; Mitte Apr. – Ende Sept.; Abzweig von der Küstenstraße bei Dajla; weitläufiges, steiniges Waldgelände mit Wiesen am Meer, teilweise parzelliert, Felsstrand mit betonierten Liegeflächen; ca. 19 ha – 600 Stpl. + ca. 300 Dau.; gute Standardsanitärausstattung; Laden, Restaurant, Imbiss, Waschmaschine, Trockner, Schwimmbad, Boots- und Fahrradverleih, Bootssteg und -slipanlage, Tennis, Minigolf, WLAN. V & E für Wohnmobile. Mietcaravans.

Camping Aminess Sirena [WP 023 / N45° 18' 55" E13° 34' 32"], Terre 6, Tel. +385 (0)5 28 58 670; www.aminess-campsites.com/de/campingplatz-aminess-sirena; 1. Apr. – 31. Okt.; östlich von Novigrad gelegen; geneigtes Gelände im Pinienwald am Meer, zahlreiche Stellplätze auch auf schattenloser Wiese; Felsstrand; ca. 7 ha – 300 Stpl. + zahlr. Dau.; gute Standardsanitärausstattung. Laden, Restaurant, Waschmaschine, Trockner, Freibad, Hallenbad, Tennis, Fitnessraum, Boots- und Fahrradverleih, Slipanlage, WLAN, Internetecke. V & E für Wohnmobile. Mietcaravans.

Kirchenpatrone. Sie ist der hl. Maria und den Heiligen Maximilian und Pelagus geweiht.

Im Ortskern, der teilweise noch mit einer zinnenbewehrten Stadtmauer umgeben ist, findet man Gebäude im Stil der venezianischen Gotik wie die Reste einer Loggia oder den ehemaligen Palast Urizzi, des Barocks und der Renaissance.

Falls Sie auf den Umweg durchs Hinterland verzichten, bitte weiter mit **Hauptroute** weiter hinten!

Alternativroute ins Hinterland

Bei ausreichend zur Verfügung stehender Zeit lohnt ein kleiner Umweg und Abstecher ins Hinterland der istrischen Küste.

*ALTERNATIVROUTE: Von Novigrad auf der Straße 301 nach Nordosten. Schon nach 15 km kommt man nach **Buje (Buie)** und **Grožnjan (Grisignana)** an der Hauptstraße 21/E751 nach Pula.*

Die Stadtloggia in Grožnjan, einer der romantischen Winkel des kleinen Ortes

Buje ist ein sehr malerisch auf einem Hügel gelegener Ort.

Auf der recht kurvenreichen Hauptstraße 21 fahren wir in Halbhöhenlage durch eine beschauliche Hügellandschaft mit Weinfeldern weiter in südöstlicher Richtung ins rund 12 km entfernte, sehenswerte Künstlerdomizil **Grožnjan (Grisignana)**. Der in 300 m Höhe gelegene Ort ist über eine ansteigende, teils schmale, 3 km lange Straße zu erreichen. **Parkplatz [WP 024 / N45° 22′ 52.29“ E13° 43′ 25.12“]** am Ortsrand.

Ein Spaziergang durch das lange vom Verfall bedrohte Städtchen mit heute kaum 200 Einwohnern lohnt allemal. Immer wieder werden Sie auf Ateliers und Galerien von Malern und Bildhauern stoßen.

Vor allem in der Zeit um 1965, als sich der Bildhauer Aleksandar Rukavina mit seiner Schule in Grožnjan niederließ, folgten viele Künstler seinem Beispiel. Und im Jahre 1969 verlegte die Kroatische Sommerschule für Musik ihren Sitz nach Grožnjan. Diese Wiederbelebung bewahrte den Ort letztendlich vor dem endgültigen Verfall.

Zu den Sehenswürdigkeiten des hübschen, vielbesuchten Ortes zählt gleich am Stadttor die **Stadtloggia** (Ende 16. Jh.) mit dem Marktspeicher, der Barockpalast Spinotti Morteani und schließlich die mittelalterliche **Festung** aus dem 14. Jh.

Das Stadtbild wird beherrscht von den Türmen der **St. Vitus Kirche** mit sehenswertem Chorgestühl.

Übrigens – Falls Sie mal einen schiefen Turm sehen wollen – auch Istrien hat einen. Er liegt gut 7 km (teils enge Landstraße) nordöstlich von Grožnjan in dem so gut wie verlassenen Weiler **Završje**. Der gut 22 m hohe Kirchturm des Ortes neigt sich rund 40 cm nach Norden.

*ALTERNATIVROUTE: 2 km südlich von Grožnjan stößt man wieder auf die Hauptstraße 21/E751 und zweigt unmittelbar danach ostwärts ab auf die Straße 44. Nach 8 km kommt man zum Abzweig nach **Motovun**, das kaum 2 km weiter südlich liegt.*

Motovun, ein mittelalterliches Städtchen in aussichtsreicher Lage,

Motovun liegt malerisch auf einem Hügel

liegt, wie viele Orte im Hinterland der istrischen Halbinsel, hübsch auf einem Hügel, dessen Anhöhe bis vor noch nicht allzu langer Zeit nur über einen Treppenweg mit 1.053 Stufen zu erreichen war. In alten Legenden ist Motovun die Stadt des legendären Riesen Veli Joze. Im historischen Zentrum mit Kirchen, Rathaus und Befestigungsanlagen erinnern einige alte Stadtpaläste an die längst vergangenen Zeiten einer Feudalherrschaft.

Gebührenpflichtige **Parkmöglichkeiten [WP 025 / N45° 20' 4.0" E13° 49' 30.1"]** gibt es an der Zufahrtsstraße, etwas südwestlich des Ortskerns, den man von dort zu Fuß erreicht. Gleich neben dem Parkplatz liegt der Stellplatz für Wohnmobile.

Das wohl bedeutendste Baudenkmal in Motovun ist die **Renaissancekirche Sveti Stjepan**, die im 17. Jh. von Venezianer Baumeistern errichtet wurde. Von dem ebenfalls aus Venedig stammenden Bildhauer Francesco Bonazzo sollen die beiden Marmorskulpturen des Hl. Stephan und des Hl. Laurentius stammen. Die Kirche

WOHNMOBIL-STELLPLATZ – MOTOVUN

Stellplatz Camping Motovun [WP 026 / N45° 20' 4.5" E13° 49' 30.7"], HR-52424 Motovun, Rižanske skupštine 1a, Tel. +385 (0)5 26 81 607; www.motovun-camping.com. **Zufahrt/Lage:** Ca. 500 m südwestlich von Motovun an der Zufahrtsstraße zum Ort, neben dem öffentlichen Parkplatz gelegen. **Ausstattung:** Ebener, gekiester Platz (ca. 0,2 ha) mit Reihen niederer Laubbäume, ansprechende Lage am Waldrand mit Blick ins Hügelland; 12 nummerierte Stellplätze; Rezeption, Sanitäranlagen, Stromanschlüsse, V & E für Wohnmobile. **Gebühr:** Für ein Mobil, plus Gebühr für Wasser, Strom, Dusche, Entsorgung, WLAN. Hotel Kaštel mit Restaurant und Wellnesseinrichtungen (Nutzung gegen Gebühr möglich) in Gehnähe. **Geöffnet:** Ganzjährig.

beherbergt darüberhinaus kostbare sakrale Kunstgegenstände (Prozessionsaltar und Passionskreuz aus dem 14. Jh., Kelch aus dem 15. Jh. u. a.). Der Kirchturm kann bestiegen werden. Von oben weiter, prächtiger Panoramablick. Ebenfalls herrliche Ausblicke bietet ein Spaziergang auf der **Stadtmauer**.

*ALTERNATIVROUTE: Von Motovun führt unser Reiseweg wieder hinab zur Hauptstraße 44. Ihr folgen wir südwärts Richtung Poreč, verlassen die Hauptstraße aber nach ca. 8 km schon wieder und nehmen die Landstraße über **Vižinada, Labinći** und **Gedići** Richtung **Poreč**, das man nach 19 km erreicht.*

Nach etwa 13 km passiert man den Ort **Gedići**. Knapp einen Kilometer südlich des Ortes liegt bei dem Dorf **Nova Vas** die sehenswerte **Tropfsteinhöhle Baredine [Parkplatz, WP 027 / N45° 16′ 12.1″ E13° 39′ 41.9″]** *(geöffnet Juli + Aug. tgl. 10 - 18 Uhr; Mai, Juni + Sept. 10 - 17 Uhr; Apr. + Okt. 10 - 16 Uhr; März 11 - 14 Uhr, 40-minütige Führungen alle 30 Minuten, auch in deutscher Sprache, Eintrittsgebühr nur in kroatischen Kuna; www.baredine.com).*

Macht man den oben geschilderten Abstecher über Buje etc. nicht, empfiehlt es sich sehr, ab Novigrad oder ab Poreč den Umweg über die Baredine Grotte nachzuholen!

Versehen Sie sich mit rutschfestem Schuhwerk und verstauen Sie Ihre Utensilien möglichst in einem kleinen Rucksack oder in einer Umhängetasche, damit Sie beide Hände frei haben zum Festhalten an den Seilgeländern.

Wie die allermeisten Höhlen im istrischen Karst, so ist auch die Baredine Grotte eine Trichterhöhle. Das bedeutet, dass der Einstieg in die Höhle zwar über gesicherte, aber schmale Stahltreppen steil in die Tiefe geht. In der Baredine Grotte, die 1974 geöffnet wurde und seit 1995 Besuchern zugänglich ist, steigt man über 50 m tief ins Erdinnere, bevor man die sehr schönen Stalaktiten- und Stalagmitenformationen und die wie Schleier geformten Kalksteinformationen zu Gesicht bekommt, darunter die 10 m lange sog. „Gardine", ein „schiefer Turm von Pisa" oder der einem Schneemann ähnelnde „Fackelträger.

Nur wenige hundert Meter bevor man die Höhle erreicht, passiert man die Ausstellung **„Traktor Story" [N45° 16′ 7.33″ E13° 39′ 38.98″]**, *geöffnet Apr. + Okt tgl. 10 - 15 Uhr; Mai, Juni + Sept. tgl. 10 - 16 Uhr; Juli + Aug. tgl. 10 - 17 Uhr, letzter Eintritt 45 Minuten vor Schließung; www.traktorstory.com.* Wer sich für alte Landmaschinen interessiert findet hier eine sehenswerte Ausstellung von 50 Traktoren, Zugmaschinen, Dreschmaschinen und anderen landwirtschaftlichen Gerätschaften „der ersten Stunde".

HAUPTROUTE

Poreč (Parenzo) gilt als das bedeutendste Touristikzentrum an der istrischen Westküste. Den sehenswerten **alten Stadtkern** auf einer Halbinsel mit engen, verwinkelten Gassen und einer Strandpromenade erreicht man, wenn man die ausgedehnte, vorgelagerte Neustadt durchquert.

Besuchern steht am Nordostrand der Altstadt nahe des Nordtors ein großer, gebührenpflichtiger **Parkplatz [N45° 13′ 38.1.0″ E13° 36′ 08.7″]** zur Verfügung, der allerdings nur für Fahrzeuge **bis 2,50 m Höhe** zugänglich ist.

Ein weiterer großer gebührenpflichtiger **Parkplatz ohne Höhenbeschränkung [WP 028 / N45° 13′ 16.1″ E13° 36′ 26.6″]** findet sich am südlichen Ortsrand von Poreč beim

Poreč

Friedhof an der Straße 75 nach Vsar. Zu Fuß zur Altstadt ca. 1 km.

Als Poreč 1861 istrische Hauptstadt und Sitz des von der Habsburger Donaumonarchie eingesetzten Landesparlaments wurde, begann auch die Karriere des Städtchens als Ferienort. Der österreichisch-ungarische Adel und Offizierskreise entdeckten damals Poreč als Sommerfrische. Das Renommee des Hafenstädtchens steigt beträchtlich, als 1886 die Jacht „Phantasie" der österreichischen Erzherzogin Stephanie im Hafen festmacht. Schon ein Jahr später verbringen die Erzherzogin und Erzherzog Karl Ludwig einige Ferientage in Poreč.

Ermuntert durch den Zuspruch der hochherrschaftlichen ersten Urlauber, entschlossen sich die Stadtoberen auf der vorgelagerten Insel Sv. Nikola das erste Strandbad zu bauen, das 1895 unter dem Namen „Bagno Partino" eröffnet wurde. Der Grundstein für die Entwicklung zum prominenten Ferienort war gelegt und wurde mit dem Bau eines Strandbades südlich von Poreč, an dem anfangs Damen und Herren noch getrennt in die Fluten stiegen, noch gefestigt.

Der steigende Zustrom von Feriengästen machte natürlich auch den Ausbau des Herbergswesens notwendig. Bis dahin gab es lediglich ein unbedeutendes Hotel und private Gästehäuser. Eine nette Anekdote erzählt man sich über den Bau des ersten größeren Hotels in Poreč.

Ein betuchter Hotelier namens F. Klein aus Opatija hatte mitbekommen, was sich in Poreč bezüglich des Fremdenverkehrs tat und entschloss sich zum Bau eines Hotels dort. Die Leute in Poreč aber, die lieber selber investieren wollten, hintertrieben listig alle Versuche des Herrn Klein, an ein Grundstück zu kommen.

Aber Herr Klein wäre kein erfolgreicher Entrepreneur geworden, hätte er nicht einen Ausweg gefunden. Er ging nach Triest und erwarb vom Österreichischen Lloyd einen Uferzipfel am äußersten Ende der Halbinsel, auf der sich Poreč erstreckt. Dort ließ er das Meer aufschütten und gewann so eine Baufläche für sein Hotel „Riviera", das im Frühjahr 1910 rechtzeitig zu Saisonbeginn mit großem Pomp eröffnet wurde.

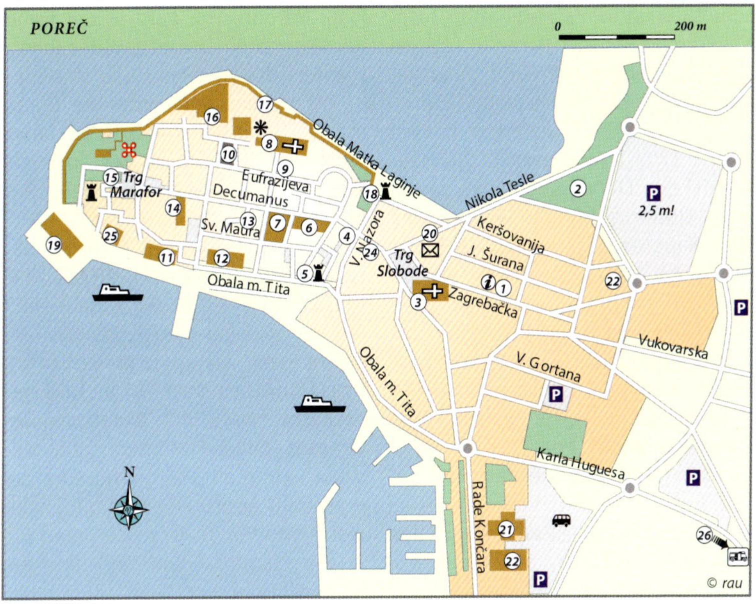

*POREČ – **1** Information – **2** Olge Ban Park – **3** Engelsmutter-Kirche – **4** Fünfeckiger Turm Peterokutna kula – **5** Runder Turm Okrugla kula – **6** Gotisches Haus Gotička kuća – **7** Palais Sinčić, Stadtmuseum – **8** Euphrasius-Basilika, Baptisterium, Turm – **9** Kanoniker Haus – **10** Park Jurja Dobrile – **11** Hotel Parentino – **12** Hotel Riviera – **13** Haus der Zwei Heiligen – **14** Romanisches Haus – **15** ehem. Forum, Tempelreste – **16** Istrischer Landtag – **17** Stadtmauer – **18** Nordost-turm – **19** Grand Hotel Palazzo – **20** Postamt – **21** Hotel Poreč – **22** Markt – **23** Busbahnhof – **24** Café Bar Cotton Club – **25** Hotel Jadran – **26** zum Wohnmobil-Stellplatz*

Heute besuchen Poreč, ein Städtchen mit kaum mehr als 17.000 Einwohnern, jährlich wieder fast eine Million Urlauber.

Als Touristenort ist Poreč ein gutes Jahrhundert alt.

Die Geschichte der Stadt reicht aber über 2.000 Jahre zurück. Erste Aufzeichnungen über einen kleinen Fischerhafen, sagen die Geschichtsforscher, finden sich in altgriechischen Schriften aus dem 6. vorchristlichen Jahrhundert.

Eine größere Siedlung entstand dann in der Römerzeit, vornehmlich im 2. und 1. Jh. v. Chr., als Tiberius und Caligula die Kolonie *Julia Parentium* gründeten. Die Anlage des regelmäßigen Straßenrasters in der Altstadt stammt im Wesentlichen aus jener Zeit. Die Zeit des Christentums wird in Poreč mit dem Martyrium des Bischofs Mauro, der noch heute Schutzpatron der Stadt ist, eingeläutet.

Im 6. Jh. wurde neben dem Versammlungsort der ersten Christengemeinde der Grundstein zu einer Basilika, der späteren Kathedrale, gelegt. Im Laufe der Zeit wurde sie um ein Baptisterium, den Glockenturm und ein Bischofspalais erweitert. Heute zählt die dem Heiligen Euphrasius geweihte Basilika zur größten Sehenswürdigkeit in Poreč, die 1997 in die UNESCO-Liste über das Weltkulturerbes aufgenommen wurde.

In der Zeit nach dem 6. Jh. sieht Istrien und damit auch Poreč viele Herren. Ostgoten unter Odoaker ziehen durchs Land, später während der Herrschaft des oströmischen Kaisers Justinian gehört Poreč zu Byzanz. Es folgen Langobarden, Franken und im ausgehenden 13. Jh. dann die Venezianer.

Nach dem Fall Venedigs kommt Istrien 1797 an Österreich. Die Herrschaft der Donaumonarchie dauert – mit Unterbrechungen während der Zeit Napoleons zwischen 1805 und 1815 – bis 1918. Danach ist Istrien bis 1943 italienisch. Es folgen zwei Jahre deutscher Besatzung bis Poreč am 30. April 1945 von Titos Partisanenarmee befreit wird.

Ausgangspunkt für unseren **Spaziergang durch Poreč** ist der große gebührenpflichtige Parkplatz am Ostrand der Altstadt. Von dort gehen wir durch die kleine **Parkanlage Olge Ban (2)** bis zur Uferpromenade Nikole Tesle, weiter am Wasser entlang und wenig später, da wo das Hafenbecken einen Knick macht, hinein in die Altstadt zum zentralen Platz der Freiheit Trg Slobode. An der Ostseite des Platzes sieht man die aus dem 18. Jh. stammende **Engelsmutter-Kirche (3).**

Noch ein kurzes Stück weiter östlich findet man in der Straße Zagrebačka das Büro der **Touristeninformation (1) [N45° 13' 36.63" E13° 35' 51.02"]**.

Vom Platz Slobode gehen wir rechts (westwärts) über die Hauptstraße Decumanus hinein in die Altstadt.

Schon nach wenigen Metern sieht man am Beginn der Hauptstraße linkerhand den **Peterokutna kula (4)**, den sog. **Fünfeckigen Turm**. Er stammt aus dem 15. Jh. und bewachte bis zur Zeit der französischen Besatzung zu Beginn des 19. Jh. den östlichen Zugang zur Stadt. Oben ist an einer Seite des Turms ein Relief mit dem venezianischen Markuslöwen zu sehen.

Ein anderer mittelalterlicher Wachturm, der **Okrugla kula (5)**, der sog. **Runde Turm** (Terrassencafé) liegt einen Straßenzug weiter südlich am Platz Narodni Trg, ganz in der Nähe der Hafenpromenade und des Stadttheaters, das aus dem 19. Jh. stammt.

Wir gehen weiter über die Decumanus. Haus Nr. 5 links ist ein altes venezianisches Stadtpalais, das als **Gotička kuća, Gotisches Haus (6),** bekannt ist.

Kurz darauf passiert man das **Barockpalais Sinčić (7) [N45° 13' 40.52" E13° 35' 35.53"],** Haus Nr. 9 *(bis auf weiteres wegen Renovierung geschlossen; www.muzejporec.hr/en/).* Es stammt aus dem 18. Jh. und beherbergt heute das **Stadtmuseum Gradski Muzej**. Das interessante Museum wurde als „Heimatmuseum der Poreština" gegründet und gilt als ältestes Museum Istriens.

Die Sammlungen und Ausstellungen dokumentieren Kulturepochen von der Frühzeit, über die Antike und das Mittelalter bis zur Gegenwart. Spezielle Abteilungen befassen sich mit Volkskunde oder mit der Zeit der Befreiungskriege. Das Museum wird derzeit umgebaut und nach dem Renovierungsende des Gebäudes in neuer Form wiedereröffnet.

Schräg gegenüber vom Stadtmuseum folgen wir der Gasse Sv. Eleuterija bis zur Straße Eufrazijeva und zur **Eufrazijeva bazilika, Euphrasius-Basilika (8) [N45° 13' 42.57" E13° 35' 35.81"]**, der Kathedrale von Poreč *(geöffnet Juli + Aug. Mo - Sa 9 - 21 Uhr; Apr. - Juni + Sept. - Okt.Mo - Sa 9 - 18 Uhr; sonst Mo - Sa 9 - 16 Uhr; Turm tgl. 10 - 19 Uhr).*

Die dreischiffige Euphrasius-Basilika, deren Anfänge ins 6. Jh. zurückreichen, ist das größte und bedeutendste Kulturdenkmal aus der bewegten, über 2000-jährigen Vergangenheit der Stadt.

Schon im 3. Jh. hatte sich in Poreč eine frühchristliche Gemeinde zusammengefunden, die an der Stelle, an der sich heute die Basilika erhebt, ihre Versammlungsstätte hatte. Ihr erster Bischof war der Hl. Maurus, der unter Kaiser Valerian Mitte des 3. Jh. den Märtyrertod starb. Im Jahre 313, so die Chroniken, wurde das Versammlungshaus in eine erste Kirche umgewandelt, in die später die Reliquien des Hl. Maurus überführt wurden.

Im 5. Jh. dann wurde an der selben Stelle die sog. Voreufrasianische Basilika erbaut. Von diesem Kirchenbau sind Reste herrlicher Bodenmosaiken erhalten, die heute unter dem jetzigen Kirchenboden verborgen liegen. Im 6. Jh. schließlich ließ Bischof Eufrasius „um sein Ansehen zu stärken" wie es heißt, die alte Basilika abreißen und an ihrer Stelle die dreischiffige Basilika errichten, die man heute sieht.

Beachtung verdienen die unterschiedlich gearbeiteten Kapitelle der Säulen, die den Kirchenraum in drei Schiffe gliedern.

Von großer kunstgeschichtlicher Bedeutung aber sind die sehenswerten byzantinischen Mosaiken in der Altarapsis. Über dem Triumphbogen ganz oben sieht man Christus den Erlöser in der Mitte, flankiert von jeweils 6 Aposteln.

An der Innenseite das Apsisbogens sieht man eine Reihe runder Medaillons mit Portraits der Jungfrau Maria und von Märtyrern. Das Hauptmotiv innen in der Wölbung der Halbkuppel schließlich zeigt die Muttergottes auf der Himmelssphäre sitzend mit dem Jesuskind auf dem Schoß. Rechts und links wird Maria von Erzengeln flankiert. Über dem Haupt der Maria erkennt man eine Hand, die Hand Gottes des Vaters, die Maria den Kranz ewigen Ruhmes reicht. Rechts der Muttergottes (links aus der Sicht des Betrachters) sieht man neben dem Erzengel drei Gestalten in wallenden Gewändern – ganz außen Erzdiakon Claudius (CLAV-DIVS ARC), der Bruder von Bischof Eufrasius, in einer

Die Euphrasius-Basilika, Poreč

weißen Tunika, daneben sein kleiner Sohn Eufrasius, neben diesem, in der dunklen Tunika, der Erbauer der Basilika, Bischof Eufrasius, der ein Model des Kirchenbaus hält und neben ihm schließlich sieht man den Märtyrer Maurus (SCS MAVRVS), erster Bischof von Poreč.

An den Wänden der Apsis sieht man das Mosaik mit dem biblischen Motiv „Mariä Verkündigung" und „Maria bei Elisabeth".

Durch das **Atrium**, einem säulenumstandenen Vorhof an der Westfassade der Basilika, kommt man zur **Taufkapelle** oder Baptisterium. Dort führen Treppen auf den **Campani-**

le (Eintritt). Der Glockenturm stammt aber größtenteils aus der Zeit um 1522. Oben genießt man vom Turm einen weiten **Panoramablick** über die Stadt und die Buchten.

In einem Gebäudeteil nördlich des Atriums, dem ehemaligen Bischofssitz, ist ein Museum eingerichtet, in dem u. a. diverse Mosaiken zu sehen sind.

Am Eingangsportal zum Komplex der Euphrasius-Basilika – daneben (Eufrazijeva Nr. 22) liegt das **Kanoniker Haus (9)**, ein romanisches Gebäude aus dem 13. Jh. – halten wir uns rechts und folgen der Straße Eufrazijeva nach Westen. Schon wenig später passiert man den linkerhand gelegenen kleinen **Park Jurja Dobrile (10)**.

Kurz nach dem Park gehen wir links durch die Gasse Cardo Maxima zurück zur Hauptstraße Decumanus.

Würde man geradeaus weitergehen, käme man zum Platz Trg M. Gupca und zum Hafen. Dort liegt rechts das **Hotel Parentino (11)** und links das **Hotel Riviera (12)**.

Wer sich sehr für die alte Stadtarchitektur in Poreč interessiert, geht auf der Decumanus ein kurzes Stück zurück und rechts zum Trg Grabara.

Unweit östlich des Platzes findet man in der Sv. Maura Straße das **Haus der Zwei Heiligen, Kuća Dva sveca (13)**, ein kleines einstöckiges Gebäude, das im romanischen Stil errichtet ist und aus dem 14. Jh. stammt. Seinen Namen hat das Haus von den beiden Steinreliefs mit Heiligenbildnissen an den Fenstern.

Wir gehen auf der von Besuchern immer dicht bevölkerten Hauptstraße Decumanus stadtauswärts weiter nach Westen und kommen zum **Romanička kuća**, dem **Romanischen Haus (14)**, das auf der linken (südlichen) Straßenseite liegt. Das Haus aus dem 13. Jh. fällt durch seine Freitreppe und durch seinen großen, fast um das ganze Haus laufenden Holzbalkon unter dem Dach auf.

Aber auch aus der Römerzeit und der späteren venezianischen Epoche sind Zeugen vorhanden. So z. B. Reste eines Neptun- und Marstempels. Einige Häuser stehen noch, wie zur Römerzeit üblich, unmittelbar auf dem Pflaster des Forums.

Kurz darauf endet die Hauptstraße Decumanus auf den **Trg Marafor**. Den Platz gab es schon zu Zeiten, als sich die Römer hier niedergelassen hatten. Damals war es das **Forum Romanum (15)** und der Mittelpunkt des antiken Poreč.

Gebäude und Tempelreste aus römischen Tagen findet man noch etwas weiter westlich in einem kleinen Park. Dort sind Fragmente eines dem Meeresgott Neptun geweihten Tempels, sowie Mauerreste des sog. Großen Tempels (1. Jh.) zu sehen.

Vom Trg Marafor gehen wir durch die Lj. Gaja nordwärts zur Uferstraße Obala Matka Laginje.

Kurz vor dem Durchgang durch die Stadtmauer sieht man linkerhand das Gebäude des **Istrischen Landtages Istarska sobornica (16)**. Im 13. Jh. vom Franziskanerorden als Kirche genutzt, diente der Bau später und bis ins vergangene Jahrhundert hinein dem Landtag von Istrien als Tagungsstätte. Heute wird das Anwesen für Kunstausstellungen, Chorfestivals oder während öffentlicher Feierlichkeiten genutzt.

Die Uferstraße Obala Matka Laginje führt außerhalb der Stadtmauer zurück zur Nikole Tesle. Dort gehen wir den bekannten Weg zurück zum Parkplatz.

Bei Interesse kann ein Besuch im relativ neuen **Aquarium Poreč** in der F. Glavinica 4 empfohlen werden *(geöffnet Juli + Aug. tgl. 9 - 23 Uhr; Mai, Juni, Sept. tgl. 9 - 21 Uhr; Apr. + Okt. 10 - 17 Uhr; www.akvarij-porec.comhr/aquarium-terrarium-porec-istrien.html).* In 25 Becken und Aquarien wird man dem Thema Flora und Fauna des Adriatischen Meeres gerecht.

Bei ausreichend zur Verfügung stehender Zeit lohnt ein **Bootsausflug** ab dem Porečer Hafen zur vorgelagerten **Insel Sveti Nikola**.

Großen und kleinen Wasserratten steht eine Attraktion neuerer Art, der Aquapark **Aquacolors [N45° 11′ 53.69″ E13° 36′ 23.64″]** *(geöffnet Mai - Juni + Sept. tgl. 10 - 18 Uhr; Juli + Aug. 10 - 19 Uhr; www.aquacolors.eu/de/)* südlich von Porec an der Straße 75 (Poreč – Vrsar) zur Verfügung. Mit seinen 12 Wasserrutschen und seinem 2.700 qm großen Wellenbad ist er einer der größten Wasserparks Kroatiens.

Vrsar ist ein hübsch auf einem Hügel gelegenes Städtchen mit Hafen an der Nordseite der Einfahrt des weit ins Land reichenden Limfjords.

Parkmöglichkeiten findet man in Vrsar vor allem am Südrand der Stadt neben dem Busbahnhof **[WP 029 / N45° 8′ 52.04″ E13° 36′ 20.42″]** und dem Supermarkt an der Straße zum Hafen. Am Hafen und in den Gassen dahinter liegen auch eine ganze Reihe von Restaurants.

Lange war Vrsar nicht viel mehr als ein kleines Fischerdorf mit einer Handvoll, vornehmlich aus Italien stammenden Einwohnern. Als Istrien 1943 dann zu Jugoslawien bzw. Kroatien kam, entschlossen sich viele Bewohner zurück nach Italien zu gehen. Dafür siedelten sich nun in und um Vrsar Familien aus Dalmatien, vornehmlich von der Insel Brač an. Geblieben aber ist, wie in nahezu allen istrischen

PRAKTISCHE HINWEISE – POREČ (PARENZO)

Tourist Board Poreč [N45° 13′ 36.63″ E13° 35′ 51.02″], Zagrebačka 9, 52440 Poreč, Tel. +385 (0)5 24 51 293; www.myporec.com/de/.

Feste, Folklore

Stadtfest „Tag der Stadt Poreč", am 30. April.

Mavrova, am 21. November, Volksfest mit religiösem Hintergrund zu Ehren des Heiligen Mauro, dem Schutzpatron der Stadt.

RESTAURANTS

Istra, Ul. Bože Milanovića 30, Tel. +385 (0)5 24 34 636; ein gemütliches Restaurant mit gutbürgerlicher Küche, das außer den üblichen Fischgrilladen und Pasta mitunter auch regionale Spezialitäten wie Fisch ‚Pod Pekom' oder Tintenfisch ‚Buzara' anbietet. Überdachte Terrasse.

Dvi Murve, Grožnjanska 17, Tel. +385 (0)5 24 34 115; www.dvimurve.hr; im istrischen Stil eingerichtetes Restaurant mit Terrasse unter Maulbeerbäumen (danach der Restaurantname). Serviert werden Fisch und Krustentiere sowie Wild- und Pilzgerichte.

Zlatna Ribica, Nicole Tesle 21, Tel. +385 (0)5 24 52 272; Hummersalat in Kokosnuss oder gefullte Fischfilets, auch Spaghetti a la marina werden serviert.

HOTELS

Vila Laguna Galijot ****, 103 Zi., Plava Laguna, Tel. +385 (0)5 24 15 800; www.lagunaporec.com; angenehmes, komfortables Mittelklassehotel in Plava Laguna, zahlreiche Bungalows, Restaurant, Bar, Schwimmbad, Bar, Tennis, WLAN. Parkplatz. Themenabende mit Folklore.

Poreč, ***, 54 Zi., Rade Končara 1, Tel. +385 (0)5 24 51 811; www.hotelporec.com; komfortables Mittelklassehotel in einem modernen Gebäude gegenüber der Marina südöstlich der Altstadt, Restaurant mit Terrasse, Bar, Casino. WLAN. Parkplatz.

CAMPING

Tar - Lanterna

Camping Lanternacamp [WP 030 / N45° 17' 50.01" E13° 35' 39.86"], Tar, Lanterna 1, Tel. +385 (0)5 24 65 010; www.camping-adriatic.com/de/lanterna-camp-porec; 28. Apr. – 30. Sept.; von der D75 zwischen Novigrad und Poreč beschilderter Abzweig; komfortabler Großcampingplatz; sehr weitläufiges, von Steineichen, Pinien und Laubbäumen bestandenes, zum Meer hin geneigtes Gelände, das sich entlang einer weiten Bucht mit Sandstrand und auf einer langen Landzunge mit Fels- und Kiesstrand erstreckt, der Untergrund der Stellplätze, die teilweise durch Hecken parzelliert sind, ist oft erdig und steinig, auf einem Platzteil gilt Hundeverbot; ca. 75 ha – 1.900 Stpl. + zahlr. Dauercamper; gehobene Komfortausstattung; 2 Restaurants, Pizzeria, Strandbar, drei Supermärkte, Kioske. Fahrrad- und Bootsverleih, Schwimmbad, Waschmaschine, Trockner; umfangreiches Service- und Sportangebot, Segel-, Surf- und Tauchschule, Bootsslipanlage, Tennis, Minigolf, WLAN an einigen Plätzen, Internetecke. V & E für Wohnmobile. Zahlreiche Mietcaravans, Mietbungalows und -zelte.

Camping Solaris Naturist, FKK [WP 031 / N45° 17' 26" E13° 35' 05"], Tar/Vabriga, Solaris 1, Tel. +385 (0)5 24 65 010; www.camping-adriatic.com/de/solaris-naturist-resort.porec; 20. Apr. – 30. Sept.; von der D75 zwischen Novigrad und Poreč beschilderter Abzweig; Teil einer riesigen FKK-Ferienanlage mit Appartement- und Bungalowsiedlung; kilometerlanger Kies- und Felsstrand; ca. 40 ha – ca. 1.000 Stpl. + ca. 400 Dau.; Komfortausstattung; Supermarkt, Restaurant, Schwimmbad, Waschmaschine, Trockner, Boots- und Fahrradverleih, div. Sportmöglichkeiten, Internetecke, WLAN auf einigen Plätzen, Bootsslipanlage, Tennis, Internetecke. V & E für Wohnmobile. Mietcaravans. Reitstall mit Reitschule in 200 m Entfernung.

Istra Premium Campingresort – Die ehemalige FKK-Anlage Istra Sunny Camping soll zu einem Familiencampingplatz mit Kinderprogrammen und großer Badelandschaft umgestaltet werden.

Poreč

Camping Zelena Laguna [WP 032 / N45° 11' 47.1" E13° 35' 21.3"], Zelena Laguna, Tel. +385 (0)5 24 10 102; www.lagunaporec.com; 14. Apr. – 30. Sept.; 2 km südlich Poreč beschildert; von Pinienwäldern umgebenes Wiesengelände an einer Felsbucht; bei der gleichnamigen Hotelanlage; 15 ha – ca. 650 Stpl. + 150 Dau.; Standardsanitärausstattung; Supermarkt, Restaurant, Imbiss, Waschmaschine, Trockner, Schwimmbad, Boots- und Fahrradverleih, Bootsslipanlage, Bootssteg, Tennis. V & E für Wohnmobile. Mietcaravans.

Camping Bijela Uvala [WP 033 / N45° 11' 30.4" E13° 35' 48.9"], Zelena Laguna, Tel. +385 (0)5 52 41 05 51; www.lagunaporec.com; 21. Apr. – 30. Sept.; 3 km südlich Poreč beschildert; unebenes Gelände mit Laubbäumen und Wiesen, teils auf Terrassen, auf einer Landzunge; 45 ha – ca. 1.450 Stpl. + 200 Dau.; Komfortausstattung; Laden, Restaurant, Imbiss, Schwimmbad, Tennis, Minigolf, Boots- und Fahrradverleih, Bootsslip und -steg, Bogenschießen, Reitstall mit Reitschule 100 m entfernt. WLAN. V & E für Wohnmobile. Zahlreiche Mietcaravans und Mietzelte.

Camping Ulika Naturist, FKK [WP 034 / N45° 15' 24" E13° 34' 57"], Ćervar Porat, Tel. +385 (0)5 24 10 102; www.lagunaporec.com; 14. Apr. – 30. Sept.; 5 km nördlich Poreč; ausgedehntes FKK-Gelände, mit Busch- und Baumgruppen; langer Felsstrand; ca. 26 ha – ca. 900 Stpl. + 100 Dau.; Standardsanitärausstattung; Supermarkt, Restaurant, Imbiss, Waschmaschine, Trockner, Schwimmbad, Bootsverleih, Bootsslipanlage, Bootssteg, WLAN, Internetecke. Sportmöglichkeiten. V & E für Wohnmobile. Mietcaravans.

Funtana

Camping Puntica [WP 035 / N45° 10' 38.5" E13° 36' 16.0"], Tel. +385 (0)5 24 10 102; www.lagunaporec.com; Ende Apr. – Anf. Okt.; in Funtana beschildert; im Pinienwald auf einer Halbinsel, teils betonierte und gemauerte Strandflächen; 4,5 ha – ca. 150 Stpl. + 120 Dau.; Standardsanitärausstattung. Laden, Restaurant, Waschmaschine, WLAN. Bootsslipanlage. V & E für Wohnmobile.

Camping Polidor Park [WP 036 / N45° 11' 28.22" E13° 35' 55.68"], Bijela Uvala, Tel. +385 (0)5 22 19 495; www.campingpolidor.com; Jan. – Dez.; zwischen Hauptstraße 75 (Poreč – Vrsar) und Camping Bijela Uvala 1,5 km nördlich von Funtana gelegen; kleines, gepflegtes Wiesengelände, durch junge Hecken parzelliert, geschotterte Stellplätze, wenig Schatten; Shuttlebus zum 800 m entfernten Privatstrand; ca. 1,4 ha – ca. 50 Stpl.; gehobene Standardsanitärausstattung. Restaurant, Laden, Waschmaschine, Trockner, Fahrradverleih, Schwimmbad. V & E für Wohnmobile. Mietcaravans.

WOHNMOBIL-STELLPLÄTZE

Baderna-Katun

Wohnmobil-Stellplatz Farm Pino [WP 037 / N45° 13' 12.4" E13° 43' 44.5"], Katun 1, Tel. +385 (0) 98 25 42 96; www.farmpino.hr. **Zufahrt/Lage:** Von Poreč ca. 12 km auf der Straße 302 ostwärts Richtung Baderna, über die Autobahn und links nach Katun, beschildert; 20 geschotterte Stellplätze beim Weingut Farm Pino. **Ausstattung**: V & E für Wohnmobile, Dusche, Stromanschlüsse, WLAN. Gebühr pro Person, Wohnmobil, V + E, Strom, Wasser zzgl. Gebühr für Dusche. Ganzjährig geöffnet. Kostenlose Olivenöl- und Weinverkostung.

Poreč

Wohnmobil-Stellplatz Parking Poreč [WP 038 / N45° 13' 15.84" E13° 36' 26.04"], Ulica Karla Huguesa, Tel. +385 (0)5 24 51 293. **Zufahrt/Lage:** Am östlichen Ortsrand von Poreč beim Friedhof. Schattenloser Großparkplatz mit 25 Wohnmobilstellplätzen. **Ausstattung:** Außer Strom keine Einrichtungen. **Geöffnet:** Ganzjährig. **Gebühr.**

Küstenstädtchen, dass Italienisch für viele der annähernd 2.500 Einwohner nach wie vor Alltagssprache ist.

Interessant ist die Deutung, die Heimatkundler der Herkunft des Namens „Vrsar" geben. Früher war es Brauch, dass sich die Seefahrer an den küstennahen Quellen zwischen Funtana und Vrsar mit Trinkwasser versorgten. Mit der Zeit bürgerte sich für die Gegend der Name *Ursaria, Orsaria, Vrsarium* ein. Und das alte Wort „ur", so erfährt man aus den Stadtchroniken, das in den Ortsbezeichnungen enthalten ist, bedeutet nichts anderes als „Quelle".

Funde in Höhlen an den Ufern des Limfjords belegen, dass die Gegend schon in vorgeschichtlicher Zeit besiedelt gewesen sein muss. Interessant ist es, ein paar Worte über den

Vrsar

geschichtlichen Werdegang Vrsars zu verlieren, da er identisch ist mit dem der meisten istrischen Städte.

Erste Grundsteine für eine kleine Hafen- und Handelssiedlung wurden während der Römerzeit gelegt. Im 4. nachchristlichen Jahrhundert wird Vrsar zu einem frühchristlichen Zentrum und kommt, wie ganz Istrien, Mitte des 6. Jh. ans Byzantinische Reich.

Später ziehen Langobarden und Franken durch Istrien, bis Vrsar auf Geheiß von Rom dem Einflussbereich der Bischöfe von Poreč zugesprochen wird. Sie haben in Vrsar bis ins 18. Jh. das Sagen, was einen Herrn namens Giacomo Casanova aber nicht davon abhält, in Vrsar im 18. Jh. wiederholt Quartier zu nehmen. Vermutlich war der legendäre Frauenheld aus Venedig wieder einmal auf der Flucht vor Gläubigern oder rachsüchtigen Ehemännern.

Ab der zweiten Hälfte des 18. Jh. weht die Markusfahne Venedigs über dem Hafen von Vrsar, allerdings nicht sehr lange, denn schon bald wird Istrien von Österreich beherrscht. Nach dem Zusammenbruch der österreichisch-ungarischen Monarchie wird Istrien Teil des Königreichs Italien. Dies bleibt so bis Jugoslawien von 1941 von deutschen Truppen und Verbänden Mussolinis besetzt wird.

1945 wird Vrsar von Partisanen befreit. Istrien schließt sich der Republik Kroatien an.

Es lohnt sich, einen **Spaziergang** hinauf zur **St. Martinskirche** zu unternehmen. Die auf dem höchsten Punkt des Ortes gelegene Kirche entstand zu Beginn des 19. Jh. und konnte erst 1935 fertig gestellt werden. Der freistehende Glockenturm wurde gar erst 1991 erbaut.

Wesentlich älter ist dagegen das neben der St. Martinskirche gelegene **Kastell**. Es entstand im 12. Jh. an der Stelle einer römischen Befestigung und diente bis ins 18. Jh. den Bischöfen von Poreč als mit Türmen und Mauern befestigter Palast.

Links von der St. Martinskirche findet man einen hübschen **Aussichtspunkt**, der einen weiten **Blick auf die Inseln**, die Küstenlandschaft und Bootshäfen freigibt.

Ein paar Gassen weiter Richtung Hafen findet am Südrand des Ortskerns ein altes romanisches **Stadttor** aus dem 12. Jh. und ganz in der Nähe die **Kirche des Heiligen Anton von Padua** mit kleiner Säulenvorhalle aus dem 17. Jh.

Am Westrand des Hafens trifft man auf ein interessantes Baudenkmal, die **Basilika Sv. Marija od Mora**, ein der Heiligen Maria von der See geweihtes, einfaches Kirchlein, das aus dem frühen 8. Jh. stammt und somit einer der ältesten Sakralbauten der Gegend sein dürfte.

Unweit westlich der kleinen Kirche liegt der alte **Steinbruch von Montraker**, der einstmals das Material für viele Monumentalbauten z. B. in Ravenna oder Venedig lieferte. Heute wird der Steinbruch im Sommer von Freizeitsteinmetzen wiederbelebt, wenn die alljährliche **„Internationale Sommerschule für Bildhauer"** in der letzten Septemberwoche stattfindet.

Wer sich für moderne Skulpturen interessiert, findet unweit nördlich von Vrsar im Ortsteil St. Valkanela den **Skulpturenpark von Dušan Džamonja** *(geöffnet Juni – Aug. Di - So 9 - 20 Uhr; März - Mai + Sept. - Okt. Di - So 9 - 19 Uhr; sonst Di - So bis 17 Uhr, Eintritt frei).*

Zu sehen sind hier in erster Linie Arbeiten des kroatischen Künstlers Dušan Džamonja. Džamonja wurde 1928 in Strumica, Mazedonien, geboren. Zwischen 1945 und 1951 studierte er an der Kunstakademie in Zagreb, später lebte und arbeitete er in Brüssel und in Vrsar. Er starb 2009 in Zagreb.

ROUTE: Auf der Weiterfahrt von Vrsar führt die Straße nun landeinwärts und auf schöner Strecke hoch über dem türkisfarbenen Limski zaljev, dem Limski Kanal oder Limfjord entlang. Die Gewässer des Meeresarms werden zur Austernzucht genutzt. Unten am Wasser liegt ein bekanntes Austernlokal „Fjord".

*Wir stoßen auf die Hauptstraße 21, folgen ihr rund 5 km, zweigen bei **Brajkovići** westwärts ab und fahren hinaus zur Küste nach **Rovinj (Rovigno)**.*

Rovinj ist ein malerisches, altes Fischerstädtchen, das mit Fug und Recht als hübschester aller istrischen

PRAKTISCHE HINWEISE VRSAR

Turistička zajednica [N45° 8' 59.88" E13° 36' 20.03"], Rade Končara 46, 52450 Vrsar, Tel. +385 (0)5 24 41 746; www.infovrsar.com.

Feste, Märkte

In den Monaten April, Mai, Juni, Juli, August und September findet jeweils an einem Tag des Monats (die Termine variieren) ein **Fischerfest** am Hafen statt.

Am 11. November feiert man den **Tag des hl. Martin**, es ist gleichzeitig das größte Stadtfest von Vrsar.

RESTAURANT

Dvi Palme, Dalmatinska 12, Tel. +385 (0)5 24 41 203; www.2palme.com/de/; geöffnet 12 - 23 Uhr; Hausspezialitäten sind gemischte Meeresfrüchteplatten, Grillgerichte und Pizzas. Hübsche Terrasse. Man vermietet Zimmer und Apartments.

HOTELS VRSAR

Belvedere ****, 134 Zi. + 176 App., Petalon 1, Tel. +385 (0)5 28 00 250; www.maistra.com/de/belvedere-vrsar; modernes Mittelklassehotel in Hanglage unweit des Ortszentrum mit schöner Aussicht, Restaurant, Bar, Schwimmbad mit Poolbar, Fitnesscenter, Sauna, Fahrradverleih, Strand, WLAN. Parkplatz.
Pineta ***, 99 Zi., Pineta 1, Tel. +385 (0)5 28 00 250; www.maistra.com/de/hotel-pineta-vrsar; angenehmes Mittelklassehotel neueren Stils, Zimmer mit Balkon, oberhalb des Hafens, 50 Meter vom Strand entfernt gelegen; 2 Restaurants, Cafeteria, Schwimmbad, Tauchzentrum Tennis, Bootsverleih. Pianobar mit Terrasse, WLAN. Parkplatz.

CAMPING VRSAR

Camping Orsera [WP 039 / N45° 09' 20.1" E13° 36' 37.5"], Sveti Martin 2/1, Tel. +385 (0)5 24 08 035; www.camping-adriatic.com; 20. Apr. – 30. Sept.; nördlich Vrsar, 500 m hinter dem Skulpturenpark Dusan Dzamonja; durch öffentliches Strandbad zweigeteilt, teils in engen Terrassen in altem Steinbruch, teils auf leicht abfallenden Wiesen; ca. 9 ha – ca. 400 Stpl. + 80 Dau.; Standardsanitärausstattung; Restaurant, Supermarkt, Waschmaschine, Trockner, Bootsverleih, Segel- und Tauchschule, Bootsslip- und steg, WLAN auf Teilen des Platzes, Internetecke. V & E für Wohnmobile. Mietcaravans.
Camping Porto Sole [WP 040 / N45° 8' 29.9" E13° 36' 7.9"] Petalon 1, Tel. +385 (0)5 24 26 500; www.campingrovinjvrsar.com; 1. Jan. – 31. Dez.; beschilderter Abzweig zwischen Vrsar und Koversada; zur Feriensiedlung Petalon gehörender Platz, auf Wiesengelände mit niederem Baumbestand, Fels- und Kiesstrand; ca. 19 ha – 800 Stpl. + 80 Dau.; Komfortausstattung; Restaurant, Imbiss, Laden, Waschmaschine, Trockner, Schwimmbad, Tennis, Fahrradverleih, Bootsslipanlage, Tauchschule, Fitnessraum, WLAN auf Teilen des Platzes, Internetecke; V & E für Wohnmobile. Mietbungalows und -zelte.
Camping Valkanela [WP 041 / N45° 09' 54.1" E13° 36' 29.0"], Valkanela, Tel. +385 (0)5 24 06 640, www.campingrovinjvrsar.com; 20. Apr. – 30. Sept.; nördlich Vrsar; hügeliges, weites Gelände, teils terrassiert, mit Laubbäumen gut schattig; langer Strand mit Sandbuchten und betonierten Flächen; ca. 50 ha – ca. 1.100 Stpl. + ca. 400 Dau.; Komfortausstattung; Restaurants, Imbiss, Supermarkt, Waschmaschine, Trockner, Boots- und Fahrradverleih, Bootsslipanlage, Bootssteg und Bootskran, WLAN auf einigen Plätzen, Internetecke, div. Sportmöglichkeiten. V & E für Wohnmobile. Mietcaravans. **Spezieller Stellplatz für Wohnmobile.**
Camping Koversada Naturist Park, FKK, [WP 042 / N45° 08' 9.0" E13° 36' 50.3"] Koversada, Tel. +385 (0)5 24 41 378; www.campingrovinjvrsar.com; 20. Apr. – 30. Sept.; am südlichen Ortsrand von Vrsar beschildert; größte und älteste FKK-Anlage Kroatiens mit vielfältigem Sport- und Unterhaltungsangebot, teils schattenloses Wiesengelände, teils schattig durch Niedergehölz; langer, zerklüfteter Felsstrand mit Naturstein- und Betonliegeflächen; 80 ha – ca. 1.600 Stpl. + ca. 200 Dau.; gute Standardsanitärausstattung; Restaurants, Imbiss, Supermarkt, Waschmaschine, Trockner, Boots- und Fahrradverleih, Bootsslipanlage, Sportmöglichkeiten, Tauchschule, WLAN auf einigen Plätzen, Internetecke. V & E für Wohnmobile. Zahlreiche Mietbunglows.
Camping Mini Camp Tina, Sv. Martin 2/3, Tel. +385 (0)5 24 42 376; www.campingtinavrsar.com; Anf. Apr. – Ende Sept.; 10 teils parzellierte, ge-

kieste Stellplätze; einfache Sanitärausstattung. Mietbungalows, WLAN. Neben Camping Orsera gelegen.

Küstenorte bezeichnet werden kann. Rovinj liegt auf einer ehemaligen Insel, die erst vor rund 200 Jahre mit dem Festland verbunden wurde.

Am Nordostrand der Stadt findet man unmittelbar an der Zufahrtsstraße größere, gebührenpflichtige **Parkplatzareale** am Hafen, die allerdings mit einer **Durchfahrtshöhenbegrenzung bis 2,50 m** versehen sind.

Weiter außerhalb der Altstadt am östlichen Ortsrand ist ein **für Wohnmobile** und Busse zugänglicher, gebührenpflichtiger **Parkplatz [WP 043/ N45° 05' 18.9" E13° 38' 41.4"]** eingerichtet. Von dort ist die Altstadt zu Fuß in ca. 15 Minuten zu erreichen.

Das Häuser- und Dächermeer der **Altstadt**, die von schmalen, schattenkühlen Straßenschluchten durchwoben ist, gruppiert sich malerisch um einen Hügel, der stolz überragt wird von der mächtigen Kathedrale Sveta Eufemija mit ihrem schlanken Turm auf der Hügelspitze, der genauso gut nach Venedig passen würde.

*ROVINJ – **1** Information – **2** Kathedrale Sveta Eufemia – **3** Kulturhistorisches Museum – **4** Franziskanerkonvent, Museum – **5** Aquarium – **6** Hotel Angelo d'Oro – **7** Batana Eco-Museum – **8** Hotel Adriatic – **9** Boote zu den Stränden und Inseln – **10** Balbi-Bogen*

Das **historische Straßenbild** ist seit Jahrhunderten unverändert erhalten geblieben. Die oft vier und mehrstöckigen Häuserfronten am überaus fotogenen Nordrand der Stadt z. B. sind bis unmittelbar ans Meer gebaut. Keine Balustrade, kein Gehweg trennen die Häuser vom Wasser.

Sehr reizvoll ist ein **Spaziergang** durch die engen Gassen der Stadt, ab und zu unterbrochen von Treppen und kleinen Plätzen bis hinauf zur **Kathedrale Sveta Eufemia (2) [N45° 4' 59.69" E13° 37' 50.28"]**.

Der imposante, das Stadtbild beherrschende venezianisch-barocke Kirchenbau mit seinem 60 m hohen, frei stehenden Campanile stammt aus dem 18. Jh. Auf der Turmspitze sieht man eine große, als Wetterfahne gestaltete Figur der Heiligen Eufemia, die den zahlreichen Seglern schon von weitem die Windrichtung signalisiert.

Im Inneren der Kirche ist in einer der Seitenkapellen der Sarkophag mit den Reliquien der Heiligen Eufemia zu sehen. Jedes Jahr am 16. September findet zu ihren Ehren eine feierliche Wallfahrt statt.

Neben der Kathedrale zählt vor allem das **Kulturgeschichtliche Museum (3) [N45° 4' 56.80" E13° 38' 3.39"]** am Platz Trg Maršala Tita 11 am Ostrand der Altstadt zu den Sehenswürdigkeiten der Stadt *(geöffnet tgl. 10 - 22 Uhr; www.muzej-rovinj.com)*. Das sog. Heimatmuseum ist in einem Barockbau im Stadtzentrum untergebracht. Neben wechselnden Ausstellungen zeitgenössischer Künstler sieht man Werke alter Meister aus der Zeit vom 15. bis zum 19. Jh., umfangreiche archäologische Sammlungen mit Funden aus der Gegend um Rovinj, darunter antike Gräberfunde aus Veštar und Exponate aus der verlassenen Stadt Dvigrad (siehe Tour 3), weiter die Bibliothek „Stancoviciana", bestehend aus einer interessanten Sammlung von Druckraritäten aus der Zeit vom 16. bis ins 19. Jh.

Breiten Raum nehmen Sammlungen zeitgenössischer kroatischer Kunst mit einer Sammlung von Werken des Malers Vilko Šeferov ein. Außerdem sieht man Trachten, Werkzeuge etc.

Das **Batana Eco-Museum (7) [N45° 4' 53.84" E13° 37' 58.77"]** unweit in der Obala Pino Budicina 2 im

Rovinjes Altstadt wird überragt vom Campanile der St. Eufemia Kathedrale

Haus der Batana *(geöffnet Juni - Sept. tgl. 10 - 14 + 19 - 23 Uhr, sonst Di - So 10 - 13 + 16 - 18 Uhr; Jan. + Feb. geschlossen; www.batana.org/en/)* ist das erste Museum am Mittelmeer, das einem Fischerboot gewidmet ist. Die ‚Batana' ist ein typisches, aus dieser Gegend stammendes Holzboot, mit dem über lange Zeit auf Fischfang gefahren wurde. Auf interaktive Weise wird der Besucher über dieses traditionelle Fischerboot, seine Fischer, die besondere Bauweise mit flachem Schiffsboden und das Leben der Bewohner von Rovinj informiert.

In unmittelbarer Nähe des Museums liegt der barocke **Balbi-Bogen (10)** aus dem 17. Jh. Der Bogen mit dem venezianischen Markuslöwen über dem Portal ist nach der Familie Balbi benannt und markiert heute den wichtigsten Zugang in die malerische Altstadt von Rovinj. Früher stand an dieser Stelle das äußere Stadttor, das wichtigste von einstmals sieben Stadttoren.

Kunstinteressierte sollten dem **Franziskanerkonvent Franjevački samostan (4)**, das weiter nordöstlich liegt und über die Ulica de Amicis zu erreichen ist, einen Besuch abstatten. Kirche und Kloster stammen aus den Anfängen des 18. Jh. Sie wurden im barocken Stil errichtet. Zu den Sehenswürdigkeiten zählt die **Klosterbibliothek** mit kostbaren Buchraritäten sowie ein Museum mit sakralen Kunstgegenständen, Gemälden und Skulpturen. Konvent, Kirche und Ausstellungen waren zuletzt allerdings nur an Sonntagen während und nach der hl. Messe zugänglich.

Bei längerem Aufenthalt oder bei ausreichend zur Verfügung stehender Zeit lohnt ein Besuch im **Aquarium von Rovinj (5) [N45° 05′ 8.1″ E13° 38′ 22.1″]** in der G. Paliaga 5 sehr *(geöffnet Juli + Aug. tgl. 9 - 21 Uhr; Ostern - Juni + Sept. - Okt. tgl. 9 - 20 Uhr; istriasun.com)*.

In den Bassins und Aquarien, die im traditionsreichen Zentrum für Meeresforschung des Instituts „Ruder Bošković" in der Straße Obala Giordana Paliage 5 am Nordwestrand der Stadt untergebracht ist, können Flora und Fauna der Nordadria sowie die gesamte Vielfalt der adriatischen Unterwasserwelt bestaunt werden.

Vor allem an einem schönen Abend ist ein Bummel entlang des malerischen Bootshafens an der Südseite der Stadt empfehlenswert. Hier findet man eine ganze Reihe von Restaurants und man hat von dort einen sehr schönen Blick auf die ansteigende Altstadt, die sich besonders im Nachmittagslicht als sehr fotogen erweist.

Unweit östlich des Südhafens liegt am Platz Trg na Lokvi die **Taufkirche der Hl. Dreifaltigkeit.** Der siebeneckige Bau stammt aus dem 13. Jh. und gilt als bedeutendstes Beispiel der romanischen Kirchenarchitektur in Rovinj.

Falls Sie Zeit für einen Spaziergang haben, gehen Sie vom Südhafen immer weiter am Wasser entlang nach Süden, vorbei am Anleger der Fähren zu den Inseln Crveni Otok und Sveta Katarina und dem Schwimmbad, vorbei am Hotel Sol Park und am Jachthafen bis zum **Naturpark „Zlatnirt"** (Punta Corrente), was soviel wie „Goldenes Kap" bedeutet. Die überwiegend felsige Küste ist hier mit schönen alten und exotischen Bäumen (Aleppo-Kiefern, Zedern, Zypressen etc.) bestanden, die mit dazu beitragen, dass dieses Fleckchen Erde als eines der schönsten in Istrien gilt.

Hier können Sie baden, zu den vorgelagerten Klippen schwimmen oder einfach den Herrgott einen guten Mann sein lassen.

Ursprünglich angelegt wurde der Park übrigens Ende des 19. Jh. von Baron Hütterodt, einem Admiral aus der Zeit der Donaumonarchie, der auf der Insel Sv. Aandrija sein Schloss hatte.

In der Stadt Rovinj selbst findet man keinen Strand. Wer baden will, fährt besser mit den regelmäßig ab dem **Südhafen (9)** verkehrenden Booten auf eine der vorgelagerten Inseln, z. B. zur **Insel Sveta Katarina**, die in kaum fünf Minuten zu erreichen ist, oder zur **Insel Sv. Andrija** (Schlosshotel, ursprünglich Benediktinerabtei aus dem 6. Jh., dann ab dem 15. Jh. Franziskanerkloster, später ab dem 19. Jh. Schloss des Barons Hütterodt, heute Hotel) oder zur **Insel Maškin** mit FKK-Strand.

PRAKTISCHE HINWEISE – ROVINJ

i

Tourismusverband der Stadt Rovinj-Rovigno (1) [N45° 4′ 54.48″ E13° 38′ 4.53″], Obala Pina Budičina 12, 52210 Rovinj, Tel. +385 (0)5 28 11 566; www.rovinj-tourism.hr.

RESTAURANTS

Veli Jože, Svetoga Križa 1, Tel. +385 (0)5 28 16 337; www.velijoze.net; am Südrand der Altstadt, ein einladendes, uriges Lokal mit guter istrischer Küche zu relativ erschwinglichen Preisen, man kann auch im Freien sitzen, eine der Spezialitäten ist z. B. Stockfisch (Kabeljau) in Weißweinsauce oder Lammfleisch aus dem Ofen.

Masèra, Polari 14, Tel. +385 (0)5 24 34 391; www.masera.hr; Restaurant mit ausgezeichneter Küche, die sich der traditionellen istrischen Küche verschrieben hat.

HOTELS

Heritage Angelo D'Oro ****, 23 Zi.; Via Vladimira Svalba 38 - 42, Tel. +385 (0)5 28 53 920; www.angelodoro.com/de/; Haus der gehobenen Mittelklasse, stilvoll eingerichtet in einem ehemaligen Bischofspalais aus dem 17. Jh. am Nordrand der Altstadt, lauschiger Hotelgarten, Restaurant, hoteleigenes Taxiboot zu den Stränden, Parkmöglichkeit lt. Hotelangabe.

Adriatic ****, 18 Zi., Obala Pina Budicina, Tel. +385 (0)5 28 00 250; www.maistra.com/de/hotel-adriatic-rovinj; 1912 erbautes Traditionshotel, das jüngst renoviert wurde und in ein Boutiquehotel umgewandelt wurde mit Designermöbeln, direkt im Ortszentrum am Hafen gelegen, Restaurant, Café und Pianobar, Terrasse, WLAN. Teuer. Parkplatz außerhalb der Fußgängerzone. Keine Haustiere.

Grand Hotel Park ***, 167 Zi., I. M. Ronjgova bb, Tel. +385 (0)5 28 00 250; www.maistra.com/de/grand-park-hotel-rovinj; Mittelklassehotel am südlichen Ortsrand neben dem Jachthafen. Schöne Ausblicke auf die Altstadt und die Insel St. Katarina. Restaurant, Cafeteria, Bar, Frei- und Hallenbad, Sauna, Fitnesscenter. WLAN. Parkplatz. Keine Haustiere.

CAMPING

Camping Val Saline [WP 044 / N45° 6' 53.77" E13° 37' 43.98"], Cesta Za Valalta-Lim 7, Tel. +385 (0)5 28 04 850; www.campvalsaline.hr; 28. Apr. – 30. Sept.; von Rovinj rund 7 km nach Nordwesten, neben FKK-Camping Valalta; ausgedehntes, terrassiertes Wiesengelände, durch Hecken parzelliert, langer Fels-, Sand- und Kiesstrand; ca. 11 ha – ca. 280 Stpl.; Komfortausstattung; Restaurant, Imbiss, Supermarkt, Waschmaschine, Trockner, Fahrradverleih, Bootsslipanlage, Bootssteg, WLAN, Internetecke. V & E für Wohnmobile. Mietcaravans. Spezialangebot für Wohnmobilfahrer.

Camping Amarin [WP 045 / N45° 6' 31.2" E13° 37' 11.2"], Monsena bb, Tel. +385 (0)5 28 02 200; www.campingrovinjvrsar.com; 20. Apr. – 30. Sept.; ca. 3 km nördlich Rovinj; ebenes Wiesengelände mit lichtem Baumbestand, langer Küstenanteil mit Liegewiesen und Betonflächen sowie Bade- und Bootssteg; angeschlossene große Bungalowsiedlung; 14 ha – 620 Stpl. + 100 Dau.; Standardsanitärausstattung; Restaurant, Imbiss, Supermarkt, Waschmaschine, Trockner, Schwimmbad, Boots- und Fahrradverleih, Bootsslipanlage, Bootssteg, Sportmöglichkeiten, Internetecke. V & E für Wohnmobile. Mietcaravans und zahlr. Mietbungalows.

Camping Porton Biondi [WP 046 / N45° 05' 42.6" E13° 38' 29.1"], Tel. +385 (0)5 28 00 200; www.portonbiondi.com; Mitte März – Ende Okt.; 1 km nordwestlich von Rovinj; unebener, felsiger Berghang in einem Pinienwald; 8 ha – 350 Stpl. + Dau.; Standardsanitärausstattung. Laden, Restaurant, Waschmaschine, Trockner, WLAN, Internetecke. V & E für Wohnmobile. Mietcaravans und Mietzelte.

Camping Polari [WP 047 / N45° 03' 47.3" E13° 40' 29.9"], Textil und FKK, Polari bb, Tel. +385 (0)5 28 01 501; www.campingrovinjvrsar.com; 20. Apr. – 30. Sept.; 3 km südlich Rovinj; ausgedehntes Wiesengelände mit südländischer Vegetation; Felsstrand mit FKK-Teil; 60 ha – ca. 1.200 Stpl. + ca. 250 Dau.; gute Standardsanitärausstattung; Restaurant, Imbiss, Supermarkt, Waschmaschine, Trockner, Schwimmbad, Boots- und Fahrradverleih, Bootsslipanlage, Segel- und Tauchschule, WLAN auf Teilen des Platzes, Internetecke. Sportmöglichkeiten. V & E für Wohnmobile. Mietcaravans. Spezialangebot für Wohnmobile:

Camping Veštar [WP 048 / N45° 03' 14.8" E13° 41' 11.0"], Veštar bb, Tel. +385 (0)5 28 03 700; www.campingrovinjvrsar.com; 20. Apr. – 30. Sept.; 5 km südlich Rovinj; überwiegend naturbelassenes Wiesen- und Hügelgelände mit niederem Bewuchs; 15 ha – ca. 550 Stpl. + ca. 40 Dau.; langer Kies- und Felsstrand mit FKK-Teil; Komfortausstattung. Restaurant, Supermarkt, Waschmaschine, Trockner, Boots- und Fahrradverleih, div. Sportmöglichkeiten, Bootssteg, Slipanlage, Sportmöglichkeiten, WLAN, Internetecke. V & E für Wohnmobile. Mietcaravans und -zelte.

Camping Mini Camp Mon Paradis [WP 049 / N45° 2' 57.10" E13° 41' 22.44"], Veštar, Tel. +385 (0)5 28 29 107; www.monparadis-rovinj.com/en/; 10. Mai – 7. Okt.; leicht welliges Gelände mit alten Olivenbäumen an der Bucht von Veštar. Ca. 1,5 ha – 40 Stpl.; einfache Sanitärausstattung. Laden und Restaurant in der Nähe.

Camping Mini Camp Ulika [WP 050 / N45° 03' 54" E13° 40' 35"], Polari bb; Tel. +385 (0)5 28 17 320; www.dn-rovinj.com; Jan. – Dez.; ca. 3 km östlich von Rovinj, in ehemaligem Weinberg, von Feldern umgeben; 0,7 ha – 20 Stpl.; einfache Ausstattung, Schwimmbad, WLAN. Mietbungalows.

WOHNMOBILSTELLPLATZ

Wohnmobil-Stellplatz Rovinj [WP 051 / N45° 5' 19.06" E13° 38' 40.59"], Aleja Ruđera Boškovića. **Zufahrt/Lage:** Von der Straße 303 (Kanfanar – Rovinj) beschilderter Abzweig. **Ausstattung:** Ca. 30 für Wohnmobile vorgesehene gebührenpflichtige Stellplätze auf ebenem, asphaltiertem, schattenlosem Großparkplatz am Nordostrand des Ortes. Zum Zentrum ca. 20 Min. Fußweg. Frischwasser, Grauwasser- und Chemikaltoilettenausguss, WC. **Geöffnet:** Ganzjährig. **Gebühr.**

Über den Dächern von Motovun

TOUR 3: ROVINJ – PULA

Länge der Tour:	Rund 110 km.
Die Route:	Über die Straße 303 bis **Kanfanar** – Abstecher auf Landstraßen nach **Dvigrad** – Straße 3 über **Žminj** bis **Pazin** – Straße 48 nach **Beram** und zurück nach **Pazin** und weiter bis **Gračišće** – Landstraße bis **Žminj** – Straße 3 über **Svetvinčenat** bis **Vodnjan** – Straße 21 bis **Pula.**
Ausflug:	**Bootsausflug** zu den **Brijuni-Inseln**.
Reisedauer:	Mindestens ein Tag.
Höhepunkte:	Die **Burg in Pazin** – der **Freskenzyklus von Beram** ** – **Pula** und sein **Amphitheater** ***.

(Routenkarte siehe nächste Seite!)

*ROUTE: Weiterreise auf der Straße 303 landeinwärts Richtung **Pazin**. In **Kanfanar** verlassen wir die Hauptstraße und fahren rund 3 km nordwestwärts bis zum Ruinendorf **Dvigrad**.*

In **Kanfanar**, einem kleinen Ort mit Bahnstation, wird jedes Jahr zehn Tage um den 25. Juli, dem Tag des Hl. Jakob, das **Fest „Jakovlja"** gefeiert. Dieses Volksfest bietet dem Besucher gute Gelegenheit, noch ursprüngliche istrische Musik mit dem „Mih", einer Art Sackpfeife oder Dudelsack, und der „Roženice" zu hören. Nach alter Tradition wird anlässlich dieses Festes auch ein großer Ochsenmarkt abgehalten.

Die Reste von **Dvigrad (Duecastelli) [Parkplatz, WP 052 / N45° 07' 35.1" E13° 48' 46.8"]**, die in einem abgeschiedenen Taleinschnitt liegen, werden von einer trutzigen **Burgruine** dominiert. Besucher konnten zuletzt nur auf eigene Gefahr um einen Teil der Mauerreste herumgehen. Ein Zugang hinein in die recht baufällig wirkenden Ruinen war bislang nicht möglich. Dvigrad wurde 1630 wegen einer lange währenden Pestepidemie verlassen und danach nicht wieder besiedelt. Seitdem ist der Ort dem Verfall preisgegeben.

*ROUTE: Von Dvigrad zurück bis **Kanfanar** und auf der Straße 3 nordostwärts ins 6 km entfernte **Žminj**.*

Žminj liegt hübsch auf einem Hügel. In Žminj wird seit über hundert Jahren schon jedes Jahr am letzten Samstag im August zu Ehren des Hl. Bartholomäus das **Fest „Bartulja"** gefeiert, das von einem großen Viehmarkt begleitet wird. Bekannt ist das Fest für sein reiches Angebot an Speisen und Getränken.

Berühmt berüchtigt ist die sog. „Istrische Supa", eine in der „Bukaleta", einem irdenen Trinkkrug, angesetzte Weinspezialität. Temperiertem Rotwein der Sorte Teran oder Borgonja werden Zucker, Olivenöl, Pfeffer und auf dem Holzkohlegrill stark getoastete Brotscheiben beigegeben. Löffel rein, umrühren, fertig zum Trinken und Löffeln.

*ROUTE: Ab Žminj folgen wir der nach Nordwesten führenden Landstraße nach **Sveti Petar u. Šumi**, das man nach rund 5 km erreicht.*

Wer sich sehr für Kirchenarchitektur interessiert, findet in **Sveti Petar u. Šumi** unmittelbar an der Straße

eine sehenswerte **Kirche [N45° 10' 54.4" E13° 51' 50.3"]** mit Rokokoaltar. Bei unserem Besuch konnte leider nicht ermittelt werden, ob die Kirche auch außerhalb der Gottesdienste zugänglich ist.

ROUTE: *Wir fahren zurück zur Straße 3 und weiter nordwärts bis* ***Pazin*** *und folgen südlich der Stadt der Straße 48 westwärts Richtung* ***Poreč.*** *Schon nach etwa 4 km zweigt man von der Hauptstraße ab und fährt auf schmaler Straße hinauf in das kleine Kirchdorf* ***Beram.*** *Noch vor dem Kirchplatz führt am Ortsrand bei dem hohen Steinkreuz*

Totentanz-Fresken in der Kirche Sv. Marija

[N45° 15' 10.5" E13° 54' 01.6"] eine schmale, einspurige Straße scharf links hinab. Sie endet nach knapp einem Kilometer vor der Friedhofskapelle von Beram. Die Auffahrt zum Dorf Beram und der Weg zur Friedhofskapelle Sv. Marija ist m. E. für Caravangespanne und große Wohnmobile ungeeignet.

Die kleine, unscheinbare Friedhofskapelle **Sv. Marija na Škrilinah [WP 053 / N45° 15' 21.2" E13° 54' 22.7"]** 1 km außerhalb von **Beram** ist gewöhnlich nur mit einem Schlüssel zugänglich, den Frau Sonja in Beram, Haus Nr. 38 am Kirchplatz neben der Kirche, Tel. 00385 (0) 52 622 903, oder Mobil 00385 (0) 91 580 6093 verwaltet.

Die Kapelle weist in ihrem einschiffigen, bescheidenen Inneren eine Reihe ganz bemerkenswerter **Fresken** auf. Sie stammen aus der zweiten Hälfte des 15. Jh. von einem Meister namens Vincento aus Kastav. Dieser spätgotische Freskenzyklus, der zu den bedeutendsten Freskenmalereien in ganz Istrien und darüber hinaus gilt, ist der Grund für den Abstecher hierher.

Die Motive und Bildfolgen zeigen Szenen eines sog. **Totentanzes** an der westlichen Wand im hinteren Teil des Kirchenraumes, weisen auf der einen Seite Szenen aus dem Leben Mariäs und auf der anderen Seite Bilder aus der Apostelgeschichte auf.

*ROUTE: Zurück nach **Pazin**.*

Pazin (Touristenbüro [N45° 14' 23.87" E13° 56' 2.84"], Ulica Veli Jože 1, Tel. +385 (0)526 22 460; www.central-istria.com/de/) ist die Verwaltungshauptstadt der Region Istrien. Istriens Wappentier ist übrigens die Ziege. Urkundlich erwähnt wird Pazin schon im Jahre 963 in einer Urkunde König Ottos II. Dort erscheint die Stadt als *Castrum Pisinum*.

Pazin

Das für den durchreisenden Besucher Auffälligste am altertümlichen Pazin ist dessen **Kastell [N45° 14' 25.7" E13° 55' 51.2"]**, das hoch auf einem Felsstock liegt und das lange die Geschicke der Stadt bestimmte. Von hier aus wurde die Grafschaft Pazin verwaltet, die bereits 1374 von der österreichischen Dynastie der Habsburger übernommen wurde.

Die stark befestigte Burg mit ungleichmäßigem Grundriss und Innenhof erhielt ihr gegenwärtiges Aussehen im wesentlichen im 15. und 16. Jh. Zu Zeiten ihrer größten Ausdehnung umfasste sie einen Viereckturm, Teile der Stadtmauer, einige der umliegenden Häuser und einen halbkreisförmigen Turm mit dem Zugang zum unteren Teil der Anlage. Etwa ab dem 19. Jh. begann der Niedergang der stolzen Burg von Pazin. Bollwerke und Türme werden ganz oder teilweise abgerissen, die Burggräben zugeschüttet, größere Fensteröffnungen bringen mehr Licht in die Hallen und Säle, die Burg öffnet sich zur Stadt hin.

Nach dem Zweiten Weltkrieg wurden im Kastell das **Ethnographische Museum Istriens** und das **Museum der Stadt Pazin** eingerichtet *(geöffnet tgl. 10 - 18 Uhr; www.emi.hr)*. Bemerkenswert ist eine große Sammlung alter Kirchenglocken, die während des 1. und des 2. Weltkrieges vor dem Einschmelzen bewahrt werden konnten.

Eine weitere Sehenswürdigkeit ist ein gotisches Sanktuarium aus der Zeit um 1266 in der Pfarrkirche von Pazin.

Unterhalb der Felsen, auf der sich die Festung erhebt, verschwindet das Flüsschen Pazinčica gurgelnd in den dunklen, geheimnisvollen Tiefen des istrischen Karsts und soll bis zum Limfjord und somit bis zum Meer führen.

Es haben sich Grotten gebildet und Höhlenforscher entdeckten unterirdische Seen und Galerien.

Teils fallen die Felsen hundert Meter senkrecht ab. Die **Höhle Pazinska jama** kann besichtigt werden *(ge-*

öffnet Di - So 10 - 19 Uhr; www.pazinska-jama.com). Ein Fußweg führt ab dem Hotel Lovac an der Straße 48 am westlichen Ortsrand hinab zum sog. Schluckloch (Ponor).

Der zweite Fußweg führt im Tal der Pazinčica bei der Flussbrücke zur Höhle. Der Eingang in die Schachthöhle ist durch einen halbrunden Hohlraum (Dantes Vorhalle) überwölbt. Nach ca. 100 Metern erweitert sich der Durchgang und man erreicht den ersten 80 x 20 Meter großen Höhlensaal mit dem sog. Martelsee, benannt nach dem Entdecker der Höhle dem Franzosen E. A. Martel, und danach den zweiten Saal mit dem sog. Mitar-See.

Übrigens, die Stadt Pazin ist eng verbunden mit dem Schriftsteller phantastischer Romane, **Jules Verne**. Es gibt sogar einen Jules Verne Verein, der sich um die Pflege dieser einstigen Verbindung kümmert.

Es heißt, Jules Verne habe sich durch die Burg und die Grotte von Pazin zu gewissen Szenen in seinem Roman „Mathias Sandorf" inspirieren lassen. Bei der Schilderung der Burg und der Grotte soll er sich an einer Fotografie, die er vom damaligen Bürgermeister von Pazin erhalten hatte, orientiert haben.

Bei ausreichend zur Verfügung stehender Zeit kann man von Pazin auf der Straße 48 ein Stück ostwärts Richtung Labin fahren. Nach ca. 3 km bietet sich Gelegenheit einen Abstecher hinauf nach **Lindar** zu unternehmen. Die sehr enge Ortsdurchfahrt endet an der schön restaurierten **Ortskirche**.

Gut 5 km weiter östlich liegt recht schön zwischen Weinfeldern der Ort **Gračišće**, dessen Silhouette von nicht weniger als vier Kirchen geprägt wird.

*ROUTE: Der weitere Verlauf unseres Reiseweges durch Istrien führt von Pazin durch bäuerlich geprägtes Hügelland über **Žminj** an der Straße 3 zunächst bis **Svetvinčenat**.*

Der kleine Ort **Svetvinčenat** (www.istria-svetvincenat.com) wird von einem gewaltigen, alles beherrschenden **Stadtschloss,** dem **Kastell Morisini-Grimani [N45° 5′ 17.45″ E13° 52′ 54.49″],** dominiert. Direkt am kleinen Stadtplatz mit Postamt, Markt (Markt ist samstags einmal im Monat) und Steindenkmal erheben sich die stolzen, zinnenbewehrten und teils schön restaurierten Ecktürme und die Schlossmauern.

Auf einem kurzen Spaziergang um das Stadtschloss hat man den beschaulichen Ort, der vom Tourismus bislang ziemlich verschont geblieben ist, seine beiden Kneipen, den Brunnen und die alten, einen morbiden, vermodernden Charme ausstrahlenden Stadthäuser, die an eine glanzvollere und offensichtlich längst vergangene Zeit in Svetvinčenat erinnern, auch schon gesehen.

*ROUTE: Weiterreise auf der Straße 3 südwärts bis **Vodnjan (Dignano)** und über die Straße 75 schließlich nach **Pula**, das nach rund 45 km (ab Pazin) erreicht wird.*

***Verzichtet man auf den Umweg über Pazin**, fährt man von Rovinj nach Südosten, trifft bei **Bale** (Reste der Stadtbefestigung, Tore und Türme, bemerkenswerte Pfarrkirche, Volksfest „Nacht von Bale" am ersten Samstag im August) auf die Hauptstraße 75 und erreicht über **Vodnjan**, eine alte Stadt mit einigen noch im Stil der venezianischen Gotik erhaltenen Häuser, in der in früheren Zeiten die äußeren Häuserreihen die Stadtmauer ersetzten, wenig später **Pula**.*

Pula, eine wichtige Hafen- und Industriestadt mit annähernd 60.000

Einwohnern, ist heute das wirtschaftliche Zentrum und die heimliche Hauptstadt Istriens. Das war keineswegs immer so in der bewegten Vergangenheit Pulas.

Die Gründung der Stadt **Pula** verliert sich im mystischen Nebel von Sagen und Legenden. So wird in der Argonautensage über die Gründung einer Fluchtburg namens *Polai* berichtet: „Am Fluss Illyria ließen sich nieder die Ruderer zur Rast am Grabstein der weißhaarigen Schlange Harmonia ... Eine Stadt wurde gegründet, die sie in ihrer Sprache Polai nannten ...".

Die Sage erzählt vom Schiff „Argo", dessen Besatzung das legendäre Goldene Vlies geraubt hatte und auf dem Rückweg nach Kolchis verfolgt wurde. Während der Kämpfe mit den Verfolgern fiel der Sohn des Königs von Kolchis. Die Überlebenden der „Argo" befürchteten nun, dass sie bei ihrer Rückkehr in Kolchis vom König für den Tod des Prinzen verantwortlich gemacht und bestraft würden.

Aus Angst vor den zu erwartenden Repressalien verzichteten die Argonauten auf die Rückkehr und ließen sich dort nieder, wo der Prinz gefallen war und gründeten die Siedlung Polai, die Keimzelle der Stadt Pula, wie kein geringerer als der große griechische Geograph Strabo (63 vor bis 26 nach Chr.) behauptet. Er meinte, dass aus jener vor etwa 3.000 Jahren gegründeten Siedlung der Hafen von Pula entstanden ist.

Bis zur Ankunft der Römer in Istrien war Pula nicht viel mehr als ein „Vorort" der nicht weit nordöstlich gelegenen antiken Stadt *Nesactium*. Zur Zeit des römischen Imperiums dann erlebte Pula, das damals als *Pietas Julia* bekannt war, eine glanzvolle Epoche. Die großen Sehenswürdigkeiten der Stadt stammen aus jener Zeit.

Mit dem Untergang des Römischen Reiches verblasste auch der Stern Pulas. Die Stadt konnte weder unter byzantinischer, noch später unter fränkischer Herrschaft wieder an die goldenen Zeiten anknüpfen.

Unter der Republik Venedig sank das Ansehen und die Wirtschaftskraft der Stadt zur Bedeutungslosigkeit herab, obwohl Pula schon 1150 einen Treuepakt mit der Dogenrepublik geschlossen hatte. Darin wurden Pula aber mehr Pflichten als Rechte auferlegt, z. B. die Abgabe von Steuern, der Bau und die Ausrüstung von Schiffen und die Unterstützung Venedigs in Kriegszeiten.

Schließlich besetzten venezianische Truppen Pula im Jahre 1331. Die Herrschaft der Republik Venedig sollte bis 1797 andauern. Diese Jahrhunderte prägten das Gesicht der Stadt. Auf den Resten römischer Gebäude entstanden neue Stadtbauten im Stil der jeweiligen Epoche, von der Romanik über die Gotik bis hin zur Renaissance.

In jener Zeit arbeiteten und wirkten Künstler wie Michelangelo oder Dante in Pula.

Über die Jahrhunderte sah sich Pula immer wieder feindlichen Attacken ausgesetzt, Genuesen, Kroatien-Ungarn und schließlich die Truppen der Habsburger Monarchie tauchten vor ihren Mauern auf. Die Bevölkerung der Stadt litt aber nicht nur unter den Angreifern, sondern wurde im 15. und 16. Jh. auch durch Pest-, Malaria-, Typhus- und Pockenepidemien dezimiert.

Nach dem Niedergang Venedigs wurde die Istrische Halbinsel an Österreich abgetreten. Die neuen Herren walteten hier allerdings zunächst nur sechs Jahre lang. 1805 wurde Istrien nämlich als Provinz Illiricum dem napoleonischen Reich einverleibt. In Pula lebten damals wenig mehr als 1.000 Menschen.

Erst als Pula Mitte des 19. Jh. Hauptkriegshafen des Habsburger Kaiserreiches wurde, erlebte die Stadt eine neue Blütezeit. Innerhalb von nur

*PULA – **1** Information – **2** Amphitheater – **3** röm. Stadttor Porta Gemina – **4** Archäol. Museum – **5** Festung – **6** Herkulestor – **7** Triumphbogen der Sergier – **8** Rimski Mosaik – **9** Franziskanerkirche – **10** Forum – **11** Augustustempel – **12** Marienkathedrale – **13** Kleines römisches Theater – **14** Giardini Park – **15** Kapelle Marije Formoze – **16** Rathaus – **17** Kirche Sv. Nicole – **18** Postamt – **19** Bahnhof – **20** Hotel Riviera*

50 Jahren stieg die Einwohnerzahl auf weit über 40.000. Unter dem Habsburger Protektorat – in Pula war damals Deutsch Amtssprache, Umgangssprache aber blieb nach wie vor Italienisch – wurde aus dem verschlafenen Küstennest eine aufblühende, wohlhabende Hafenstadt.

Während des Zweiten Weltkrieges tat sich Pula als antifaschistische Hochburg hervor. Und nach dem Partisanen- und Widerstandskampf gegen die deutschen Besatzungstruppen kam Pula unter anglo-amerikanische Verwaltung und 1947 endlich an Kroatien. Übrigens: Der irische Schriftsteller *James*

Joyce (Roman „Ulysses", 1922) lebte von 1904 bis 1905 in Pula und verdiente dort seinen Unterhalt mit Englischunterricht.

Sehenswertes in Pula

Größte Sehenswürdigkeit ist das römische **Amphitheater (2) [N44° 52' 23.4" E13° 50' 58.0"]** im nördlichen Stadtbereich, das man bei der Einfahrt in die Stadt linkerhand, ganz in der Nähe des Hafens, liegen sieht *(geöffnet Juli + Aug. tgl. 8 - 24 Uhr, Apr. tgl. 8 - 20 Uhr; Mai, Juni, Sept. tgl. 8 - 21 Uhr; Okt. tgl. 9 - 19 Uhr; Jan., Feb., März, Nov., Dez. tgl. 9 - 17 Uhr; www.pula-info.hr/de/where/arena-amphitheater-2)*.

Es gibt gebührenpflichtige **Straßenparkplätze** an den Zufahrtsstraßen zum Amphitheater und unterhalb davon **[Parkplatz, WP 054 / N44° 52' 25.7" E13° 50' 54.1"]**.

Begonnen wurde mit dem Bau des römischen Amphitheaters von Pula im 1. Jh. unter Kaiser Vespasian. Es entstand eine 132,5 m lange, 105 m breite und bis 30 m hohe ellipsenförmige Arena. Sie war neben dem Kolosseum in Rom, das zur gleichen Zeit entstand, die bedeutendste **Gladiatorenkampfbahn** der damaligen Zeit. Bis zu 23.000 Zuschauer, die teilweise unter riesigen Sonnensegeln, velum genannt, saßen, für deren Bedienung eigens eine Mannschaft von sog. Arenamatrosen, den *classiarii*, zuständig war, fanden auf den steil ansteigenden Rängen Platz. Viele der Sitzplätze waren von reichen Römern fest abonniert und mit ihren in den Stein gemeißelten Initialen versehen. Der Platz des gemeinen Volkes war ganz oben in der um die ganze Arena verlaufende Bogengalerie, die von außen durch die rechteckigen Fenster erkenntlich ist.

Zentrum des Amphitheaters war die Arena. Sie maß rund 68 m in der Längs- und etwa 42 m in der Querachse, war durch eine drei Meter hohe Mauer und einen 1,16 m breiten Gang von den Zuschauerrängen getrennt und mit Sand gefüllt.

Die Arena war der zentrale Kampfplatz der Gladiatoren, die durch große Tore an den langen Enden des Ovals einmarschierten. Durch diese Tore wurden auch die wilden Tiere (Löwen, Tiger, Stiere, Bären, Panther) in die Arena getrieben, gegen die die Gladiatoren zu kämpfen hatten. Aber auch Verbrecher und Christen wurden völlig unbewaffnet mit den Bestien konfrontiert, was das sichere Todesurteil für die Verurteilten bedeutete. Eine andere Volksbelustigung in den Arenen der damaligen Zeit war der Kampf wilder Tiere gegeneinander. Der Name Gladiator leitet sich übrigens ab von dem römischen Kurzschwert, dem *gladius*, mit dem die Gladiatoren bewaffnet waren. Gladiatoren waren meist gefangen genommene Krieger fremder Heere, aber auch Verbrecher oder Aufständische, die nicht römische Bürger waren. Einer der legendärsten rebellischen Gladiatoren ist Spartakus, der 79. v. Chr. einen gewaltigen Aufstand anführte, den Rom nur mit größter Mühe und brachialer Gewalt beenden konnte. 70.000 Sklaven

Pulas Amphitheater aus der Römerzeit

Gladiatorenspiele zur Römerzeit, riesige Spektakel und ein Staatsmonopol, zu denen die Zuschauer nicht nur aus der Stadt, sondern auch von weit her kamen. Für gewöhnlich wurden Gladiatorenspiele anlässlich von Triumphfeiern oder zu Ehren des Imperators abgehalten und sie begannen immer mit einem Wagenrennen. Danach signalisierten Fanfarenstöße den Beginn der blutigen Kämpfe – Gladiatoren einzeln oder in Gruppen gegeneinander, Gladiatoren gegen wilde Tiere, Tiere gegen Tiere, unbewaffnete Christen oder Verbrecher gegen Tiere.

Verwundete Gladiatoren konnten den Kaiser oder die Zuschauer um Begnadigung bitten, die mit Handzeichen Daumen nach oben gewährt oder, Daumen nach unten – man hat die Bilder einschlägiger Monumentalstreifen aus Hollywood vor Augen – verweigert wurden.

Ob ein toter Gladiator auch wirklich tot war, wurde mit glühenden Eisen überprüft.

Gladiatorenkämpfe wurden bis ins 5. nachchristliche Jahrhunderte durchgeführt. Erst 404 wurden sie durch ein Dekret von Kaiser Honorius endgültig verboten.

und Arme hatten sich damals Spartakus angeschlossen.

In späteren Jahrhunderten diente das Amphitheater von Pula als willkommener Steinbruch voller fertig behauenem Baumaterials. Endlich wurde den Stadtoberen von Pula dieses Treiben zu dumm. Ausgangs des 13. Jh. stellte man das Entfernen von Steinen aus dem Amphitheater unter Strafe.

Später hatten sich die Venezianer gar in den Kopf gesetzt, das Monument Stein für Stein abzutragen und in ihrer Heimat wieder aufzubauen. Dass der ernsthaft beschlossene Plan der Venezianer nicht durchgeführt wurde, ist einem Senator namens Gabriele Emo zu verdanken, der seinen offenbar nicht geringen Einfluss geltend machte und den Beschluss wieder zu Fall brachte. Die Bürger von Pula dankten es ihm mit einer Gedenktafel, die man oben am nordwestlichen Turm noch sieht. Die lateinische Inschrift auf der Tafel lautet: „Die ganze Bevölkerung von Pula dankt Gabriele Emo, dem Sohn von Peter, dem berühmten und erhabenen venezianischen Senator, für das ewige Bestehen des altstädtischen Amphitheater-Denkmals, 1587".

Heute dient die erstaunlich gut erhaltene Ruine des imposanten Amphitheaters mit immer noch 5.000 Sitzplätzen als Kulisse für das alljährliche Filmfestival und für Konzerte.

In unterirdischen Gewölben und Katakomben unter dem Theater befindet sich ein **Museum** über die Wein- und Ölproduktion zur Römerzeit.

Stadtspaziergang

Geht man vom Amphitheater über die Amfiteatarska Ulica nach Süden durch den Park Pobjede (Park kralja Petra Krešimira IV) auf den alten Stadtteil zu, stößt man auf die nach links (ostwärts) abzweigende Carrarina Ulica in die wir einbiegen. Kurz darauf sieht man auf der rechten Seite das **Doppeltor Dvojna Vrata** oder **Porta Gemina (3)**, das Teil der römischen bzw. mittelalterlichen Stadtmauer war. Ein Stück der alten Stadtmauer, die, nach dem sie unnütz geworden war, zu Beginn des 19. Jh. größtenteils abgetragen wurde, ist zwischen dem Doppeltor und dem Giardini Platz noch erhalten.

Einstmals führten zehn Tore in die Stadt, von denen einige auf dem Wege unseres Stadtspaziergangs liegen.

Hinter dem Doppeltor, das aus dem 2. nachchristlichen Jahrhundert stammt, liegt das **Arheološki Muzej Istre**, das **Archäologische Museum Istriens (4) [N44° 52′ 13.74″ E13° 50′ 51.21″]** in der Carrarina ulica 3 *(voraussichtlich nach Renovierungsarbeiten ab 2019 wieder geöffnet; www.ami-pula.hr/en/)*.

Das Archäologische Museum Istriens, das im Gebäude des früheren Deutschen Gymnasiums untergebracht ist, wurde 1902 ins Leben gerufen und 1930 hierher verlegt. Ausgestellt sind in erster Linie Funde, die bei der Erforschung des Amphitheaters, des Augustustempels und des Forums in Pula sowie bei Ausgrabungen in Nesactium gemacht wurden.

Hinter dem Museum gelangt man durch einen Skulpturengarten zu den Resten des **Malo Rimsko Kazalište**, des **„Kleinen Römischen Theaters" (13) [N44° 52′ 12.40″ E13° 50′ 49.28″]**.

Von dort kann man hinauf zu den Festungsmauern der Zitadelle, der um 1630 zum Schutze der Stadt und des Hafens angelegten **Festung/ Kaštel (5) [N44° 52′ 12.81″ E13° 50′ 43.87″]** von Pula, gehen *(geöffnet Apr. - Sept. tgl. 8 - 21 Uhr; Okt. - März tgl. 9 - 17 Uhr; www.ppmi.hr/en/locations/kastel/about-castle/*. In den Gemäuern ist das **Povijesni Muzej Istere,** das **Historische und Maritime Museum Istriens**, untergebracht. Auch wenn die Exponate des Museums, das sich hauptsächlich mit der Seefahrtgeschichte der Stadt befasst, nicht sonderlich spektakulär sind, so kann der Blick auf die Stadt den Weg hierher lohnen.

Vom Kastell geht es entweder westwärts direkt hinab zum Forum oder zurück zum Doppelbogen und von dort über die Carrarina Ulica, vorbei am **Herkulova Vrate**, dem **Herkulestor (6)** und an der **Parkanlage Giardini (14)** bis zur Laginjina Ulica. Dort sieht man rechts den **Slavoluk Sergijevaca,** den **Triumphbogen der Sergier (7) [N44° 52′ 05.86″ E13° 50′ 49.40″].** Das monumentale Portal wurde zwischen 29 und 27 v. Chr. von Mitgliedern der Sergier-Familie zum Ruhme von drei Mitgliedern des Familienclans errichtet, der damals in Pula wichtige öffentliche Ämter innehatte. Bemerkenswert ist, dass nur die der Innenstadt zugewandte Westseite des Portals reich dekoriert ist.

Der Sergiusbogen in Pula

Wir gehen durch den Triumphbogen, der auch als Goldenes Tor bekannt ist, hindurch und über die Haupt- und Geschäftsstraße Ulica Sergijevaca hinein in die Altstadt.

Kurz bevor man den weiten Platz des Forums erreicht, sollte man ei-

Der Augustustempel (links) und das Rathaus auf dem Forum in Pula

ne der Gassen links (südwärts) gehen. Nur unweit vom Parkplatz am Westrand der Innenstadt findet man dort, völlig unzureichend beschildert, in einem staubigen, unaufgeräumten Hinterhof und versteckt unter einem vergitterten Überbau das **Rimski Mozaik (8) [N44° 52' 08.19" E13° 50' 38.50"]**. Das Motiv des wunderschönen Bodenmosaiks aus Römertagen zeigt „Die Bestrafung der Dirke".

Nur ein kurzes Stück weiter sieht man die kleine **Kapelle Marije Formoze (15)**. Die byzantinische Kapelle ist der bescheidene Rest eines Benediktinerklosters, das seit dem 6. Jh. lange Zeit hier existierte. Die kostbaren Mosaiken, welche die Kirche zierten, sind heute im Archäologischen Museum zu sehen.

Wir gehen zurück zur Hauptstraße Ulica Sergijevaca und links (westwärts) weiter. Schon wenig später kann man einen kurzen Abstecher zum **Franjevački Samostan**, der **Kirche des Franziskanerklosters (9) [N44° 52' 10.93" E13° 50' 37.11"]** machen, die in einer Seitenstraße unweit nördlich der Ulica Sergijevaca liegt. Beachtenswert ist das romanische **Portal** mit schöner Fensterrosette.

Die Straße Ulica Sergijevaca endet schließlich auf dem weiten **Forum (10) [N44° 52' 11.64" E13° 50' 32.40"]**, heute Trg Republike, Platz der Republik, dem wichtigsten Stadtplatz Pulas und Zentrum der Altstadt.

In unmittelbarer Nähe südöstlich des Forums liegt ein immer stark frequentierter und für Fahrzeuge über 6 m Länge kaum zugänglicher **Parkplatz [N44° 52' 08.27" E13° 50' 30.93"]**, Zufahrt von der Uferstraße Flaciusova.

Am Forum findet man das Büro der **Touristeninformation (1) [N44° 52' 11.9" E13° 50' 33.2"]**, das **Rathaus** oder **Stadtpalast Gradska Palača (16)** mit seinen markanten Arkadenbögen und links daneben den säulengeschmückten **Augustov Hram,** den römischen **Augustustempel (11),** aus dem 1. Jh. n. Chr., der zu Ehren von Kaiser Augustus errichtet worden war.

Nach dem Niedergang des Römischen Imperiums, als die Verehrung der römischen Imperatoren obsolet geworden war, nutzte man den Tempel als christliches Gebetshaus. Später diente der Bau als Getreidespeicher und im 19. Jh. zeitweise als Ausstellungshalle antiker Steinmonumente. 1944 wurde der antike Tempel durch eine Bombe fast vollständig zerstört, nach dem Krieg aber wieder rekonstruiert. Heute beherbergt der Säulenbau eine kleine Ausstellung antiker Bronze- und Steinskulpturen.

Zu Römerzeit standen auf dem Forum noch zwei weitere Tempel. Einer stand mitten auf dem Forum und war Jupiter, Juno und Minerva geweiht und ist längst verschwunden. Der andere lag neben dem Augustustempel und glich diesem aufs Haar. Wahrscheinlich war dieser Tempel, von dem Reste im alten Rathaus verbaut wurden, der Göttin Diana geweiht.

Vom Forum kann man über die nach Nordosten weiter führende Kandlerova Ulica zurück zum Ausgangspunkt des Rundgangs am Amphitheater gehen. Unterwegs passiert man in Hafennähe die sehenswerte **Marienkathedrale (12) [N44° 52′ 17.00″ E13° 50′ 40.22″]**. Mit dem Bau des Gotteshauses wurde schon im 4. Jh. begonnen. Sein heutiges Ausse-

PRAKTISCHE HINWEISE – PULA

Turistička zajednica [N44° 52′ 11.9″ E13° 50′ 33.2″], Forum 3 (trg Republike), 52100 Pula, Tel. +385 (0)5 22 19 197; www.pulainfo.hr/de/. *Geöffnet: Sommer tgl. 8 - 22 Uhr, Winter tgl. 9 - 16 Uhr.*

Kroatischen Automobilclubs HAK/Auto Klub Pula, Stiglicheva 28, Tel. +385 (0)5 25 40 338; www.hak.hr.

Festival

Filmfestspiele in der Arena, im Juli; www.pulafilmfestival.hr.

RESTAURANT

Bodulka, Franja Mosnje 3b, Tel. +385 (0)5 23 00 621; www.velanera.hr/en/; ausgezeichnetes Lokal mit schöner Terrasse am Meer. Die Spezialität des Hauses: Seebarsch in Salz oder Schwarze Ravioli in Weißwein, es werden aber auch Wildgerichte serviert. Gehört zum Hotel Velanera.

HOTELS

Park Plaza Arena Pula ***, 175 Zi., Verudela 31, Tel. +385 (0)5 23 75 00; www.arenaturist.com/de/hotel/park-plaza-arena; außerhalb der Stadt in schöner Lage am Meer, Restaurants, Bar, Garten, Terrasse, Schwimmbad, WLAN. Parkplatz.

Scaletta **, 12 Zi., Flavijevska 26, Tel. +385 (0)5 25 41 599; www.hotel-scaletta.com; verkehrsgünstig am Nordrand der Innenstadt in der Nähe des Amphitheaters gelegen, WLAN. Parkplatz.

CAMPING

Camping Arena Stoja [WP 055 / N44° 51′ 34.8″ E13° 48′ 52.7″], Stoja 37, Tel. +385 (0)0 23 87 144; www.arenacamps.com; 13. Apr. – 8. Okt.; 3 km westlich Pula; hügeliges Pinienwaldgelände auf einer Halbinsel mit kilometerlangem Felsstrand, teils Steilküste; 14 ha – ca. 650 Stpl.; Standardsanitärausstattung. Restaurant, Supermarkt, Waschmaschine, Boots- und Fahrradverleih, Bootsslipanlage, Tauchschule. WLAN auf Teilen des Platzes und im Rezeptionsbereich. V & E für Wohnmobile. Mietcaravans.

Camping Brioni (ex Puntižela) [WP 056 / N44° 53' 53.4" E13° 48' 29.6"], Puntižela 155, Tel. +385 (0)5 24 08 035; www.camping-adriatic.com/de/brioni-camp-pula; 24. März – 4. Nov.; nordwestlich von Pula Richtung Fažana abzweigen; unebenes Gelände um einen bewaldeten Hügel, teils im Pinienwald, Fels- und Kiesstrand; 10 ha – ca. 350 Stpl. + Dau.; Standardsanitärausstattung. Restaurant, Laden, Waschmaschine, Trockner, Bootsverleih, Bootssteg, Tauchschule, WLAN auf Teilen des Platzes, Internetecke. V & E für Wohnmobile. Mietcaravans.

Fažana, ca. 7 km nordwestlich von Pula

Camping Bi Village [WP 057 / N44° 55' 02.1" E13° 48' 39.8"], Dragonja 115, Tel. +385 (0)5 23 00 305; www.bivillage.com; 19. Apr. – 1. Okt.; ca. 300 m südlich Fažana an der Straße nach Pula; weitläufiges, überwiegend naturbelassenes, durch Erdwege in größere Stellplatzfelder unterteiltes Gelände, teils mit dichten Baumgruppen und einzelnen Pinien bestanden, nummerierte Stellplätze, jeder Platz mit Strom- und Wasseranschluss; ca. 45 ha – ca. 900 Stpl.; Komfortausstattung. Mehrere zeitgemäße Sanitärgebäude; Supermarkt und Schwimmbad im Eingangsbereich, Boots- und Fahrradverleih, Restaurant am Meer, Waschmaschine, WLAN, Internetecke, Segel-, Tauch- und Surfschule, Bogenschießen, Bootsslipanlage, Bootssteg und Bootsslipanlage. Langer, steiniger Kiesstrand. V & E für Wohnmobile. Zahlreiche Mietcaravans und -bungalows.

Banjole, ca. 8 km südlich von Pula

Camping Arena Indije [WP 058 / N44° 49' 26.0" E13° 51' 4.0"], Indije 96, Tel. +385 (0)5 25 73 066; www.arenacamps.com; 20. Apr. – 24. Sept.; 9 km südöstlich von Pula Richtung Premantura, naturbelassenes Pinienwald- und Wiesengelände, teils steil abfallender, über Treppen begehbarer Felsstrand; 18 ha – 350 Stpl.; einfache Sanitärausstattung. Restaurant, Laden, Waschmaschine, Boots- und Fahrradverleih. Bootsslipanlage mit Steg, Tauchschule, WLAN auf Teilen des Platzes, Internetecke. V & E für Wohnmobile. Mietcaravans und -bungalows.

Camping Mini Camp Diana [WP 059 / N44° 49' 31.1" E13° 51' 33.0"], Kaštanjez 100, Tel. +385 (0)9 92 93 19 63; www.camp-diana.com/de/; 1. Mai – 1. Okt.; erdige, gut schattige Wiese mit Schwimmbad. Grillplatz. Ca. 0,7 ha – 30 Stpl.; einfache Sanitärausstattung.

Prematura, ca. 9 km südlich von Pula

Camping Arena Stupice [WP 060 / N44° 47' 51.5" E13° 54' 49.1"], Premantura bb, Tel. +385 (0)5 25 75 111; www.arenacamps.com; 13. Apr. – 8. Okt.; im Ort beschildert; ausgedehntes Gelände im Pinienwald und schattenlose Wiese auf einer Halbinsel, langer Felsstrand mit Kiesbuchten; 25 ha – ca. 900 Stpl. + Dau.; Standardsanitärausstattung. Restaurant, Supermarkt, Waschmaschine, Trockner, Boots- und Fahrradverleih, Bootsslipanlage, Segel-, Surf- und Tauchschule, Minigolf, Tennis. V & E für Wohnmobile. Mietcaravans.

Pomer, ca. 7 km südöstlich Pula

Camping Arena Pomer [WP 061 / N44° 49' 12.7" E13° 54' 8.8"], Pomer 22, Tel.+385 (0)5 25 73 746; www.arenacamps.com; 20. Apr. – 8. Sept.; Terrassengelände mit Pinien und schattenlosen Flächen auf einer Halbinsel;

4 ha – 200 Stpl. + Dau.; einfache Sanitärausstattung. Restaurant, Supermarkt, Boots- und Fahrradverleih, Segel- und Surfschule, WLAN.

Medulin, ca. 11 km südöstlich Pula
Camping Arena Kažela [WP 062 / N44° 48' 24.9" E13° 57' 00.8"], Textil und FKK (FKK auf separatem Platzteil), Tel. +385 (0)5 25 29 400; www.arenacamps.com; 13. Apr. – 1. Okt.; riesiges, nahezu schattenloses, abfallendes Wiesen- und Pinienwaldgelände, mit Bungalowdorf; langer Kies- und Felsstrand; ca. 100 ha – ca.1.000 Stpl.; Standardsanitärausstattung. Restaurant, Supermarkt, Waschmaschine, Boots- und Fahrradverleih, Bootsslipanlage, Segel-, Tauch- und Surfschule, Tennis, Internetecke. V & E für Wohnmobile. Mietcaravans und -bungalows.
Camping Arena Medulin [WP 063 / N44° 48' 52.0" E13° 55' 55.2"], Osipovica 30, Tel. +385 (0)5 25 72 801; www.arenacamps.com; 11. Apr. – 8. Okt.; ausgedehntes Pinienwaldgelände auf einer Insel und auf einer Halbinsel, die mit einem Damm miteinander verbunden sind, kilometerlanger, teils steiler Fels- und Kiesstrand mit Sandbuchten; ca. 25 ha – ca. 900 Stpl.; Standardsanitärausstattung. Restaurant, Supermarkt, Boots- und Fahrradverleih, Bootsslipanlagen, Bootssteg, Segel-, Tauch- und Surfschule, WLAN, Internetecke. V & E für Wohnmobile. Mietcaravans.

hen erhielt der Kirchenbau allerdings vornehmlich im 14. Jh. als die Bodenmosaiken geschaffen und die Fassade neu gestaltet wurde. Der frei stehende Kirchturm kam erst in der zweiten Hälfte des 17. Jh. hinzu. Zum Bau wurden Steine aus dem Amphitheater verwendet.

Ausflug zur Insel Veli Brijuni

Die Brijuni-Inseln, in der Antike als *Pullariae* bekannt, eine Gruppe aus zwei großen, Veli Brijun und Mali Brijun, und 12 kleineren Inseln vor der Westkuste Istriens nordwestlich von Pula wurden 1984 zum **Nationalpark Brijuni** erklärt.

Bemerkenswert sind die **mediterrane Vegetation**, das **Wildgehege** und die landschaftliche Schönheit der Inseln ebenso wie die erhaltenen antiken Kulturdenkmäler in Form von Resten einer **römischen Villa** in der Bucht von Verige und Ruinen eines byzantinischen Castrums, einer Befestigungsanlage, bis hin zum **Inselmuseum** mit archäologischen und kulturhistorischen Sammlungen, Kopien istrischer Freskomalereien, glagolitischen Inschriften in der Kirche St. German und einer Fotoausstellung zum Thema „J. B. Tito auf Brijuni".

Nach dem Zweiten Weltkrieg bis zu seinem Tode im Jahre 1980 hielt sich Staatspräsident Marschall Tito jedes Jahr viele Monate in seinen Sommerresidenzen – Tito hatte mehrere Villen hier – auf Veli Brijun auf.

Auf Brijuni empfing der Staatschef nicht nur Präsidenten und Könige aus aller Welt, sondern auch Stars aus der Filmwelt Hollywoods und Roms, wie Elizabeth Taylor oder Sophia Loren.

Die Einrichtungen werden zwar noch heute anlässlich von Staatsbesuchen benutzt. Dennoch können Teile der Insel besichtigt werden.

Am besten schließt man sich einer Bootstour zu den Brijuni-Inseln an, die ab Fažana starten.

Die Ausflugsboote legen auf der Hauptinsel Veli Brijuni beim Hotel Istra-Neptun an. Von dort startet eine dreistündige Rundfahrt zu den oben erwähnten Sehenswürdigkeiten.

Information: Nacionalni park Brijuni, Brionska 10, 52212 Fažana, Tel. +385 (0)5 25 25 888; www.brijuni.hr.

TOUR 4: PULA – OPATIJA

Länge der Tour: Rund 120 km.

Die Route: Über die Straße 66/E751 bis **Abzweig Richtung Valtura** – Abstecher auf Landstraßen über **Valtura** bis **Nesactium** – Straße 66/E751 bis Abzweig nach **Labin** – Landstraße bis **Rabac** und zurück – Straße 66/E751 über **Mošćenička** und **Lovran** bis **Opatija**.

Abstecher: In den **Nationalpark Risnjak**.

Reisedauer: Mindestens ein Tag.

Höhepunkte: Das antike **Nesactium** – das Bergbaustädtchen **Labin** * und seine Lage – **Rabac** und sein Strand – das Seebad **Opatija * – Wandern im Nationalpark Risnjak.**

ROUTE: Ab Pula auf der Straße 66/E751 nordostwärts Richtung ***Rijeka/Labin****. Nach rund 8 km verlassen wir die Hauptstraße, um auf kleiner Landstraße – vorbei am Flughafen – ostwärts 5 km bis* ***Valtura*** *zu fahren.*

In **Valtura** weist eine Beschilderung rechts der gelben Kirche zur archäologischen Stätte von **Nesactium [WP 064 / N44° 54' 58.7" E13° 58' 05.9"]**, die nur knapp zwei Kilometer nördlich des Ortes liegt. Schmale Straße, zuletzt 200 m Schotterstraße *(geöffnet Mo - Fr 9 - 18.30 Uhr, Sa 9 - 15 Uhr; Eintritt frei)*.

Ihre Blütezeit erlebte die bedeutende römische Siedlung Nesactium während der Regentschaft des istrischen Königs Eupulon um das zweite vorchristlichen Jahrhundert. Heute sind lediglich einige Fundamentsreste und restaurierte Grundmauern erhalten geblieben, die dem Besucher heute noch die Anlage der wichtigsten Gebäude, darunter eine Basilika und eine Taverne skizzieren. Historikern und Archäologen war aus anti-

Die Reste der römischen Siedlung Nesactium

ken Aufzeichnungen des römischen Historikers und Geographen Titus Livius schon lange bekannt, dass im südlichen Istrien bedeutende römische und frühchristliche Städte existiert haben mussten.

Von Mutila, Faveria und eben von Nesactium war da die Rede. Nur wusste man nicht, wo man suchen sollte. Die in den alten Texten gemachten Angaben waren so allgemein, dass sie auf viele Gegenden passten.

Im Jahre 1900 schließlich begann man nördlich von Valtura mit ersten Grabungen und wurde tatsächlich fündig. Nur um welche Stadt es sich handelte wusste man immer noch nicht.

Erst als man auf einen Monumentsockel stieß, der zu Ehren von Kaiser Gordianus III. errichtet worden war (er regierte um des Jahr 238) war man sich sicher, auf das antike Nesactium gestoßen zu sein.

Als letzter Beweis galt die Inschrift auf dem gefundenen Sockel, in der von der „R P NES" (res publica nesactium), der Volksgemeinschaft der Nesactianer, die Rede ist.

Bei unserem jüngsten Besuch war der Eintritt in die archäologische Stätte noch frei. Im Haus des Aufsehers auf dem Gelände ist ein kleines Museum eingerichtet, in dem einige Funde ausgestellt sind. Alle wichtigen Ausgrabungsstücke sind aber im Archäologischen Museum in Pula zu sehen. Es sind auch interessante Broschüren mit geschichtlichen Hintergründen über das antike Nesactium zu erwerben.

ROUTE: *Zurück zur Hauptstraße 66/E751, die durch Agrarland weiter nach Norden führt. Ab* ***Barban*** *geht es in weiten Kehren hinab ins bewaldete, weite, ebene* ***Raša-Tal****. Rund 10 km danach bietet sich Gelegenheit, einen Abstecher ostwärts hinauf nach* ***Labin*** *und weiter zur Küste und zum Ferienstädtchen* ***Rabac*** *zu unternehmen.*

Labin (Touristenbüro [N45° 5' 11.10" E14° 7' 22.27"], Alda Negrija 20, 52220 Labin, Tel. +385 (0)5 28 55 560; www.rabac-labin.com) war bis zur Stilllegung der Minen und Gruben im Jahre 1980 ein wichtiges Bergbauzentrum. Die sehenswerte, noch von Stadtmauern bewehrte **Altstadt** erhebt sich auf einem 320 m hohen Hügel.

Für den Besucher von Labin gestaltet sich das Parken in dem engen Städtchen etwas schwierig. Die Altstadt ist für Autos sowieso tabu. Einen großen öffentlichen **Parkplatz [WP 065 / N45° 04' 38.9" E14° 07' 28.3"]** findet man beim Friedhof knapp 1 km südöstlich des Ortszentrums an der Straße nach nach Sveti Marina.

Labin ist ein uraltes Städtchen, das seinen Namen von einer keltisch-illyrischen Siedlung herleitet, die schon im 4. Jh. entstand und als *Albona* bekannt war. Albona bedeutet soviel wie „Stadt auf dem Hügel" oder „hohe Siedlung".

Später schreibt der römische Historiker und Geograph Titus Livius, dass die Bewohner von Albonessium ihren Lebensunterhalt vor allem als Seeräuber bestritten hätten.

Eine wirtschaftliche Blütezeit begann für Labin und seine Bevölkerung zu Beginn des 19. Jh. als nach einem Dekret Eugène Bonapartes, seines Zeichens Vizekönig in Italien, im April 1807 die Ausfuhr von Steinkohle erlaubt wurde.

Zwar waren die reichen Steinkohlevorkommen schon seit dem 17. Jh. bekannt, was durch ein Dokument belegt ist, das, vom Venezianischen Rat der Zehn 1626 ausgefertigt, einem Unternehmer namens Filippo Veranzi die Kohleförderung erlaubt. Aber erst durch Bonapartes Ausfuhrgenehmigung lebte der Bergbau richtig auf und brachte Geld in die Stadt.

Das kleine Provinzstädtchen Labin verfügte schon bald über ein eigenes Theater, über eine Musikschule, einen Lesesaal und es gab eine deutsche Schule, in der nicht nur die Sprösslinge der deutschen Bergbauingenieure Unterricht erhielten.

Und seit 1836 konnte man sogar auf eine eigene Blaskapelle stolz sein.

Bahn- und Straßenverbindungen wurden angelegt, um die Steinkohle über den Hafen im Mündungstrichter

Labin

Lohnt einen Besuch, das Stadtmuseum in Labin

des Raška-Flusses verschiffen zu können. Das Geschäft blühte. Und unter den Mineneigentümern und Großaktionären tauchten Namen wie Salomon M. Rothschild, der Wiener Bankier, und später auch der Automobilkonzern FIAT auf. 1942 erreichte die Kohleförderung einen Rekordwert von 1,15 Mio. Tonnen.

Labin ist der Geburtsort von Matthias Flacius Illyrikus, einem protestantischen Kirchenhistoriker, Verfechter der Reformationsbewegung und Mitstreiter Martin Luthers.

Illyrikus war am 3. März 1520 in Labin geboren worden, studierte in Venedig und befasste sich bald engagiert mit dem aufkommenden Protestantismus. Illyrikus studierte deshalb in Basel, Tübingen und Wittenberg weiter, wo er Martin Luther kennen lernte.

Seine kämpferische Natur und seine unverhohlene Gegnerschaft zu Papst und Kaiser machten ihn zu einem bei der Obrigkeit wenig gelittenen Zeitgenossen. Illyrikus musste immer wieder ausweichen und fliehen, von Jena nach Regensburg, von da nach Antwerpen und Strasbourg und schließlich nach Frankfurt am Main, wo er am 11. März 1575 starb.

Wir gehen vom kleinen Stadtplatz Titov trg durch das Stadttor und über Treppengassen hinauf in die verwinkelte **Altstadt**. Man passiert den aus dem 18. Jh. stammenden barocken **Adelspalast der Battiala-Lazzarini,** Ulica prvog maja 6, in dem heute das **Volksmuseum** eingerichtet ist *(geöffnet Juni - Juli + Aug. Mo - Sa 10 - 13 + 18 - 22 Uhr; Juni + Sept. Mo - Sa 10 - 13 + 17 - 20 Uhr; Mai Mo - Sa 10 - 14 Uhr)*. Ein Besuch des Museums mit seiner umfangreichen archäologischen Abteilung und seiner Ausstellung über die Epoche des 2. Weltkriegs in der Region lohnt allemal. Vor allem der Gang durch einen sehr realistisch nachgebauten **Bergbaustollen** aus der Zeit der Jahrhundertwende ist recht interessant.

Beachtung verdient weiter, falls geöffnet, die **Kirche Marias Geburt**. Der dreischiffige Kirchenbau stammt aus der Mitte des 14. Jh. An der Westfassade mit schöner Fensterrosette sieht man über dem Eingangsportal den venezianischen Markuslöwen. Bei genauerem Hinsehen erkennt man, dass

CAMPING

Sveti Marina bei Labin

Camping Marina [WP 066 / N45° 02' 00.1" E14° 09' 28.9"], Sveti Marina bb, Tel. +385 (0)5 24 65 010; www.camping-adriatic.com/de/marina-camp-labin/; 30. März – 27. Okt.; rund 10 km südöstlich von Labin; weitgehend schattenloses, erhöht gelegenes Wiesenplateau in abgeschiedener, ruhiger Lage auf einer Halbinsel mit zerklüftetem Felsstrand; ca. 5 ha – 220 Stpl. + Dau; Standardsanitärausstattung. Restaurant, Laden, Waschmaschine, Trockner, WLAN, Internetecke, Fahrradverleih, Tauchschule. V & E für Wohnmobile. Mietcaravans.

der Löwe einen Ball im Maul hat, ein Symbol für die Anerkennung der Herrschaft Venedigs über Labin. Im Inneren der Kirche werden in einem der sechs marmornen Seitenaltäre die Reliquien des Hl. Justus aufbewahrt.

Das Palais rechts der Kirche war der Stadtpalast der einflussreichen Patrizierfamilie Scampicchio.

Im östlichen Ortsbereich von Labin führt die Straße 5104 steil bergab ans Meer und ins rund 6 km entfernte **Rabac.** Rabac ist ein hübscher, jedoch recht beengter Ferienort, der sich – umgeben von Wohn- und Hotelbauten – eng an die Steilhänge einer schönen Bucht schmiegt. Der hübsche Hafen mit seinen malerischen Booten bietet ein schönes Fotomotiv.

Wer einen wirklich einsamen, ruhig gelegenen Campingplatz sucht, fährt ab Labin rund 20 km südwärts Richtung **Koromačno**. Etwa zwei Kilometer davor zweigt man in **Viškovići** rechts ab und kommt nach rund 3 km zum Campingplatz Tunarica.

*ROUTE: Zurück hinauf nach **Labin** und weiter auf der Hauptstraße 66/E751 nordwärts über **Mošćenička Draga, Lovran** und **Ičići** nach **Opatija**.*

Man erreicht bei **Plomin [Aussichtspunkt, N45° 08' 13.3" E14° 10' 50.0"]**, einem kleinen Dorf, das sich hübsch um einen Hügel gruppiert, wieder die Küste am schmalen Plomin-

Der Ferienort Rabac und sein Strand

HOTEL

Mošćenicka Draga

Mediteran ***, 69 Zi., Trg Slobode 1, Tel. +385 (0)5 17 10 444; www.liburnia.hr/de/hotel-mediteran; Abzweig zum Ort von der Straße 66 (Plomin – Opatja), modernes Haus am Strand gelegen. Restaurant, Bar mit Terrasse, WLAN. Parkplatz.

CAMPING

Rabac

Camping Oliva [WP 067 / N45° 04' 50.9" E14° 08' 45.0"], Tel. +385 (0)5 28 72 258; www.maslinica-rabac.com; 22. Apr. – 7. Okt.; am südlichen Ortsrand von Rabac, ebenes Wiesengelände im Olivenhain an schöner Bucht; Kiesstrand; ca. 6 ha – 300 Stpl. + Dau.; Standardsanitärausstattung. Restaurant, Imbiss, Waschmaschine, Bootsverleih, Bootssteg - und Bootskran, Bootsslipanlage, Tennis, teilweise WLAN, Internetecke, V & E für Wohnmobile. Mietcaravans.

Koromačno

Camping Tunarica [WP 068 / N44° 58' 10.0" E14° 06' 00.0"], Rudarska 1, Tel. +385 (0)9 82 90 310; www.camping-adriatic.com/tunarica-camp-labin/; 28. Apr. – 30. Sept.; nur zum Teil erschlossenes, unebenes Buschgelände mit sehr schöner Felsbucht an einem längeren, verschwiegenen Meereseinschnitt des Raša-Fjords; ca. 3 ha – 120 Stpl. + Dau.; einfache Standardausstattung; Restaurant, Laden, Waschmaschine, Trockner, Bootsverleih, Bootsslipanlage und -steg. V & E für Wohnmobile.

Mošćenicka Draga

Camping Autocamp Draga [WP 069 / N45° 14' 22.2" E14° 15' 04.0"], A. Slatina bb, Tel. +385 (0)5 17 37 523; www.autocampdraga.com; 15. Apr. – 1. Okt.; im Ortsbereich unterhalb der Küstenstraße; gestufte, ansteigende Baumwiese, ca. 2 ha – 100 Stpl. + Dau.; Standardsanitärausstattung. Laden, Waschmaschine, teilweise WLAN; nebenan gelegenes Hotel-Schwimmbad kann gegen Gebühr mitbenutzt werden, dort auch Restaurant und Laden. V & E für Wohnmobile.

Medveja

Camping Medveja [WP 070 / N45° 16' 14.8" E14° 16' 08.4"], Medveja bb, Tel. +385 (0)5 17 10 444; www.liburnia.hr; Ende Apr. – Mitte Okt.; im Ortsbereich; schattiges Wiesengelände in bewaldeter Talmulde, zu einer Kiesbucht über die Straße; 8 ha – 200 Stpl. + Dau.; Standardsanitärausstattung. Restaurant, Laden, Waschmaschine, Trockner, Fahrradverleih, Internetecke. V & E für Wohnmobile. Mietcaravans.

Ičići

Camping Opatija [WP 071 / N45° 18' 36.6" E14° 17' 04.4"], Tel. +385 (0)5 17 10 444; www.rivijera-opatija.com; Anf. Apr. – Mitte Okt.; im Ortsbereich; Terrassengelände mit schönem Baumbestand, teilweise Meerblick; 3 ha – 200 Stpl.; einfache Standardsanitärausstattung.

fjord. Am Ende des Meeresarm entstand ein riesiges Kohlekraftwerk mit seinen weithin sichtbaren Schloten.

Die Straße 66 erreicht an der Landspitze Rt. Mašnjak die **Kvarner Bucht**. Von hier herrliche Ausblicke bis zur Insel Cres **[Parkplatz, Aussicht, N45° 7' 19.83" E14° 12' 14.76"]**.

Die Reise führt nun hoch über dem Kvarner Meer entlang und auf sehr kurvenreicher, aber gut befahrbarer Straße Richtung Opatija. Immer wieder bieten sich von der von Zypressen gesäumten Straße schöne Ausblicke.

Die **Autofährstation nach Porozina** auf der Insel Cres befindet sich unten in **Brestova**. Siehe nächste Etappe.

Ab **Mošćenička Draga** beginnt die sog. „Riviera von Opatija", ein 30 km langer, teilweise malerischer Küstenabschnitt mit reicher subtropischer Vegetation.

Lovran ist ein Bade- und Winterkurort mit etwas verblühter Villenpracht und zahlreichen Hotels. Der Beton-, Fels- und Kiesstrand an einer Promenade reicht fast bis Opatija.

Im alten Stadtzentrum von Lovran sind Reste einer mittelalterlichen Befestigungsmauer und die Pfarrkirche mit gotischer Decke und einem Freskenzyklus aus dem 15. Jh. zu finden.

*ROUTE: Über **Ika** und **Ičići** erreichen wir **Opatija**.*

Opatija ist eines der ältesten und nach wie vor sehr beliebtes und renommiertes Seebad an der nördlichen Adriaküste. Im Sommer platzt das hübsche Städtchen aus allen Nähten.

Ihren Namen leitet die Stadt von einer dem Hl. Jakob geweihten Benediktiner-Abtei ab, die 1453 erstmals urkundlich erwähnt wird.

Der Aufstieg zum Ferienzentrum begann, als sich 1844 ein wohlhabender Kaufmann aus Rijeka namens Iginio Scarpa hier für seine Frau Angiolina eine Villa bauen ließ. Das machte Schule in betuchten Kreisen. Weitere prächtige Villen und Palais entstanden, wie die Villa Esperia, Villa Madonna und andere.

Zunächst wurde Opatija wegen seines milden Klimas vornehmlich als Winterkurort geschätzt. 1884 entstand das erste Hotel. Das Kvarner, das Imperial, das Bellevue oder das Astoria entstanden, alles stattliche Nobelherbergen, die im Renaissance-, Barock oder im Neoklassizistischen Stil errichtet wurden. Opatija wurde im 19. Jh. zum Stelldichein des europäischen Adels. Gäste aus dem mondänen Umfeld des Wiener Kaiserhofs machten Opatija dann zum exklusiven Seebad.

Im Goldenen Gästebuch der Stadt aus jener Epoche tauchen die Namen von gekrönten Häuptern, Künstlern und Würdenträgern aus ganz Europa auf. Kaiser Franz Josef I. von Österreich hat sich dort ebenso verewigt wie der Kronprinz Franz Ferdinand, der Erzherzog Ferdinand Maximilian, auch Kaiser Wilhelm II., die belgische Prinzessin Stephanie, König Edward von England, König Vittorio Emanuele III. von Italien, die Ballerina Isadora Duncan, der Komponist Gustav Mahler, die Schauspielerin Simon Signoret und viele andere mehr.

Mittlerweile ist der heute etwas betulich wirkende Ferienort am Fuße des bewaldeten Berges Učka (1.396 m) mit seinen schönen Parkanlagen, Luxushotels, alten Belle-Époque-Villen, Alleen und Strandpromenaden, Spielkasinos, Nachtclubs, Kabaretts, Festivals, seinen Einrichtungen für Seewasserheiltherapien und mit einer Klientel, die vornehmlich der gesetzteren Altersgruppe anzugehören scheint, aber dabei, seine einstige Exklusivität dem Massentourismus zu opfern.

Badegästen steht das öffentliche **Strandbad „Slatina"** mit großen betonierten Liegeterrasse, Restaurant, Sonnenschirm- und Liegestuhlverleih an der Uferpromenade mit mehreren großen Meerwasserschwimmbecken zur Verfügung.

Ein schöner **Promenadenweg** führt angesichts einladender Hotels und stattlichen Villen vom Strandbad weiter am Meer entlang.

Ausgedehnte Spaziergänge können Sie auf der 12 km langen **Ufer-**

In Opatija

promenade Lungomare zwischen Opatija und Lovran unternehmen.

Beachtung unter den zahlreichen, vielfach einen vergangenen Charme verströmenden Stadtpalais und Villen aus der großen Zeit Opatijas während der Donaumonarchie verdient z. B. die hübsche **Villa Angiolina** im Botanischen Garten oder die **Kaiservilla Amalia** daneben.

Eines der führenden Häuser am Platz ist das traditionsreiche **Hotel Kvarner,** das am 27. März 1884 erstmals öffnete und als ältestes Hotel an der Adria gilt. Und direkt am Strandbad findet man das **Hotel Mozart**, das durch seine adrette Jugendstilfassade auffällt.

Übrigens: Sollte es Sie in der Zeit so um Mitte Januar bis Ende Februar in die Gegend verschlagen, können Sie in den **Dörfern um Kastav** nordöstlich von Opatija noch einem uralten Brauch beiwohnen. In dieser Zeit nämlich ziehen die **Zvončari** durch die Straßen und treiben ihr Unwesen. Die jungen Männer der Gegend verkleiden sich dann mit Schafsfellen und furchterregenden Masken mit Hörnern in grimmige Gestalten, die ihren Schabernack mit den Leuten treiben und mit ihren umgehängten Schellen während ihrer Umzüge einen fürchterlichen Lärm vollführen.

Das Ganze erinnert irgendwie an die Umzüge und an die Figuren, Hästräger und Masken unserer allemannischen Fassnacht.

Der Brauch geht zurück auf ein vorchristliches Ritual, mit dem die Bauern und Landleute in freudiger Erwartung der wärmeren Jahreszeit den Winter und die bösen Geister, die in den Köpfen der Leute in langen Nächten herumspukten, austreiben wollten.

Seit altersher kündigten die Zvončari eine neue, freundlichere Jahreszeit an. Auch bei den großen internationalen Karnevalsumzügen in Opatja und Rijeka nehmen Zvončari teil.

PRAKTISCHE HINWEISE – OPATIJA

Opatija Tourist Information Center [N45° 20' 3.72" E14° 18' 21.66"], Maršala Tita 128, 51410 Opatija, Tel. +385 (0)5 12 71 310; www.visitopatija.com. *Geöffnet Juli + Aug. tgl. 8 - 21 Uhr, Mo - Sa 8 - 20 Uhr, So 9 - 15 Uhr.*

Feste, Folklore

Opatija - Die Kaiserliche Stadt, Mitte Juli. Bühnen - und Musikspektakel, das die Stadt in die Zeit der aristokratischen Kurgäste des vorletzten Jahrhunderts zurückversetzt; www.visitopatija.com/de/opatija-die-kaiserstadt/.

RESTAURANTS

Bevanda, Zert ulica 8, Tel. +385 (0)5 14 93 888; www.bevanda.hr/de/; bestes Fischrestaurant der Stadt am östlichen Stadtrand gelegen, Spezialitäten des Hauses: Marinierter Seeteufel und frische Meeresfrüchte. Erlesene Weinkarte. 10 Hotelzimmer.

Vongola, Maršala Tita 113, Tel. +385 (0)5 17 11 854; gutes Lokal am Meer mit großer Terrasse, die Küche serviert Meeresfrüchte aller Art.

HOTELS

Amadria Park Hotel Milenij *****, 83 Zi., M. Tita 109, Tel. +385 (0)5 12 02 000; www.amadriapark.com/de/hotels/hotel-milenij; elegantes First-class Hotel in schöner Lage direkt am Park Sv. Jakov und in unmittelbarer Nähe des öffentlichen Strandbades. Restaurant, Café, Pools, Wellnesscenter, WLAN. Parkplatz, Garage.

Remisens Premium Heritage Hotel Imperial ****, 127 Zi., M. Tita 124/3, Tel. +385 (0)5 17 10 444; www.liburnia.hr/de/hotel-imperial; verkehrsgünstig direkt an der Hauptstraße und ganz in der Nähe des öffentlichen Strandbades gelegen. Das alteingesessene Haus im Stil der Sezzessionszeit beherbergt seit 1885 Gäste. Restaurant, Café mit Terrasse, Bar, Wellnesscenter, WLAN. Parkplatz.

CAMPING

Camping Autocamp Preluk, siehe unter Rijeka weiter hinten.

Abstecher nach Rijeka

Durch Vororte mit hässlichen Hochhäusern erreicht man schließlich **Rijeka,** Kroatiens wichtigsten Hafen, Ausgangspunkt vieler Schiffsreisen, Knotenpunkt des Straßen-, Eisenbahn- und Luftverkehrs, bedeutendes Industriezentrum mit Schiffswerften und Raffinerien und Universitätsstadt.

Den großen öffentlichen **Parkplatz „Delta" [WP 072 / N45° 19' 28.30" E14° 26' 48.25"]** findet man am östlichen Rand der Innenstadt am Mrtvi Kanal in der Ulica Slavka Cindrića beim Busbahhof. Etwas umständlich anzufahren wegen des Einbahnstraßensystems in der Stadt.

Zur Römerzeit war die heutige Bezirkshauptstadt als *Tarsatica* bekannt. Aus jener Zeit stammt übrigens auch der Name für die Region Kvarner. Er leitet sich ab aus dem lateinischen Wort *Quarnarius*, womit die vier Zugänge in die Bucht aus allen vier Himmelsrichtungen bezeichnet wurde.

Im 13. Jh. wurde Rijeka dem Heiligen Römischen Reich einverleibt, später von etlichen Adelsgeschlechtern verwaltet. 1509 brennen Venezianer die Stadt nieder. 1511 kommt Rijeka

Mit dem Taxiboot kommt man in die schönsten Badebuchten

zu Österreich, 1717 wird es Freihafen und 1779 quasi als Exklave mit der ungarischen Krone verbunden. Von 1809 bis 1813 steht die Stadt unter französischem Diktat und ist bis 1918 wieder ungarisch. Nach einem Putsch 1919 Anschluss an Italien. 1945 endlich kommt Rijeka zu Kroatien.

In einer Hinterhofschmiede in Rijeka soll es übrigens gewesen sein, wo in der zweiten Hälfte des 19. Jh. ein Herr namens Giovanni Lupis den ersten Torpedo konstruiert haben soll. Zusammen mit dem Ingenieur Robert Whitehead baute er den ersten Prototypen, der bei seiner Erprobung vor der Küste Rijekas im wahrsten Sinne des Wortes voll einschlug. Der erfolgreiche, Aufsehen erregende Test rief österreichische und später auch englische Marineexperten auf den Plan, die die beiden Erfinder offenbar mit reichlich Aufträgen versorgten. Denn bald schon entstand in Rijeka eine Torpedofabrik, die bis zum Ende des Zweiten Weltkrieges bestand.

Außer einem Spaziergang entlang der Geschäftsstraße am Hafen mit ihren Büropalästen von Handelshäusern und Schifffahrtsgesellschaften, einem Bummel durch den älteren Teil der Stadt gegenüber den Passagierkais oder einer Fahrt hinauf zur alten **Frankopanen-Festung Trsat [N45° 19' 57.57" E14° 27' 19.13"]** (Aussichtsrestaurant) über der Stadt, bietet Rijeka wenig touristisch Interessantes.

In der Nähe liegt ein Franziskanerkloster und das Heiligtum der Trester Madonna, Unsere Liebe Frau von Trsat, (wertvolle Handschriften). In der Kirchengruft dort findet man viele Gräber von Mitgliedern des Fürstengeschlechts der Frankopane (12. bis 15. Jh.) und anderer kroatischer Adeliger.

Zu den bemerkenswerten Bauwerken in der Stadt zählen der alte **Stadtturm**, das **Römische Tor**, der barocke **St. Vitus Dom [N45° 19' 39.79" E14° 26' 39.12"]** und die **Kirche Mariä Himmelfahrt [N45° 19' 35.66" E14° 26' 43.75"]**.

In diesem Zusammenhang muss auch das Kroatische **Volkstheater „Ivan Pl. Zajc" [N45° 19' 27.83" E14° 26' 40.63"]** erwähnt werden. Es ist be-

PRAKTISCHE HINWEISE – RIJEKA

Tourist Information Center [N45° 19' 36.56" E14° 26' 33.04"], Korzo 14, 51000 Rijeka, Tel. +385 (0)5 13 35 882; www.visitrijeka.hr. *Geöffnet Juni - Sept. tgl. 9 - 20 Uhr, Okt. - Mai tgl. 9 - 17 Uhr.*
Offizielle Vertretung des **Kroatischen Automobilclubs HAK**, Dolac 11, Rijeka, Tel. +385 (0)1 19 87; www.hak.hr.

Feste, Folklore
Karneval in Rijeka, Mitte Januar bis Anfang Februar, wird als eines der spektakulärsten und attraktivsten Faschingsfeste in Europa genannt; www.rijeka-karneval.hr/en/.

RESTAURANT

Spagho, Ivana Zajca 24A, Tel. +385 (0)5 13 11 122; am Hafen gelegen, modernes Ambiente, große Auswahl an italienischen Speisen.

HOTELS

Grand Hotel Bonavia ****, 121 Zi., Dolac 4, Tel. +385 (0)5 13 57 100; www.bonavia.hr/en/; das zentral gelegene Mittelklassehotel ist kürzlich renoviert worden und bietet einen zeitgemäßen Komfort. Restaurant, Café, Wellnesscenter, Sauna, WLAN. Parkplatz.
Hotel Jadran ****, 66 Zi., Šetalište XIII Divizje 46, Tel. +385 (0)514 94 000; www.bestwestern-ce.com/jadran; 3 km östlich des Stadtzentrums am Meer gelegen mit eigenem Strand. Restaurant, Bar, Terrasse, WLAN. Parkplatz. Keine Haustiere.

CAMPING

Camping Autocamp Preluk [WP 073 / N45° 21' 09.8" E14° 19' 58.9"], Preluk 1, Tel. +385 (0)5 16 21 913; www.autocamp-preluk.com; 15. Apr. – 15. Okt.; zwischen Rijeka und Opatija gelegen, Bus 32 nach Opatija; unebenes Wiesengelände mit Nadel- und Buschwald auf einem Landvorsprung an der Ostseite der Preluk-Bucht mit Kiesstrand, die Preluk-Bucht wird von Surfern als gutes Revier gelobt, angeblich morgens besonders gute Windverhältnisse; 2 ha – 90 Stpl. + Dau.; einfache Standardausstattung. Laden. V & E für Wohnmobile.

nannt nach Komponisten und Dirigenten, der der italienischen Operntradition sehr verbunden war. Zajc war 1832 in Rijeka geboren worden und starb in Zagreb im Jahre 1914. Zajc hinterließ weit über tausend musikalische Werke, von denen die Oper „Nikola Šubić Zrinski" einen besonderen Platz einnimmt.

Abstecher in den Nationalpark Risnjak

Weiter nordöstlich von Rijeka (Luftlinie kaum mehr als 20 km) erstreckt sich um den 1.528 m hohen Berg **Veliki Risnjak** die dicht bewaldete Gebirgslandschaft des **Nationalparks Risnjak**. Der Parkname stammt vom Wort *ris* („ris" bedeutet in Kroatisch Luchs).

Das rund 64 qkm große Schutzgebiet in den Bergen Gorski Kotar umschließt auch das Quellgebiet des Flusses Kupa. Es wird eine Eintrittsgebühr verlangt, die zum Schutz und zur Erhaltung des Parks dient; www.risnjak.hr/ger.

Interessant ist die Gegend hinsichtlich ihrer Flora, die vor allem wegen der Lage des Gebietes am Übergang von den Alpen zum Dinarischen Gebirge auf relativ kleinem Raum einen

Ein Halstuch erobert die Welt

Die Krawatte, oder der Weg vom Söldnerkragen zum Modeartikel.

Söldner früherer Tage kleideten sich offenbar weniger zweckmäßig als vielmehr schön bunt und farbig, damit im Kampfgetümmel Freund und Feind besser zu unterscheiden waren.

Kroatische Krieger des 17. Jh. z. B. trugen gerne ein buntes Halstuch. Aber wie in Militärkreisen üblich, rang- und standesgemäß und qualitativ schön unterschiedlich. Der Offizier konnte sich Seide leisten, der gemeine Soldat nur grobes Leinen. Allen gemeinsam aber war, wie sie dieses Halstuch mit einem kunstvollen Knoten banden.

Während des Dreißigjährigen Krieges war König Ludwig XIII. auf der Suche nach Verstärkung für seine Truppen. Überall in Europa warb des Königs Premierminister Kardinal Richelieu Söldner an. Unter anderen kamen über 6.000 Soldaten aus Kroatien.

Nun waren die französischen Kriegsherren nicht nur strategische Experten, sondern offenbar auch sehr modebewusst. Jedenfalls fanden sie rasch Gefallen an den schick gebundenen Halsbinden der kroatischen Soldaten und imitierten sie. Und es dauerte nicht lange, bis man nicht nur bei Hofe sondern „tout le monde" das Halstuch „á la croate" trug.

Umgangssprachlich redete man bald von „la cravate". Und das ursprünglich kroatische Halstuch konnte als Modeartikel „Krawatte" seinen Siegeszug um die Welt beginnen.

Wie zu erfahren war, hat man auch in Kroatien selbst die nationale „Errungenschaft" wieder entdeckt und erhob besonders feine Krawattenexemplare gar zum Präsent für Staatsgäste.

großen Artenreichtum aufweist. Außerdem leben hier noch Tierarten, die in der Welt der Alpen seltener geworden sind, wie z. B. Braunbären, Schlangenadler oder Luchse.

Das dünn besiedelte Gebiet, das sich seit vielen Generationen seine Ursprünglichkeit bewahren konnte, ist ein beliebtes Ziel für erfahrene Kletterer und Bergwanderer. In **Razloge** beginnt z. B. ein **Wanderweg** zur 80 m tiefen **Karstquelle der Kupa**, die man in etwa einer Stunden erreicht.

Der Fluss Kupa, der längste Wasserlauf in den Bergen von Gorski Kotar, sowie die benachbarte Dobra werden von Kanuten und Kajakfahrern wegen ihrer Stromschnellen favorisiert.

Eine längere Tour von etwa drei Stunden startet am Nationalparkhaus Bela Vodica auf 690 m Höhe und führt hinauf zum Gipfel des Risnjak.

Der erste Teil bis zur Berghütte in 1.448 m Höhe ist ein leicht ansteigender Wanderweg, der ohne allzu große Mühe zu begehen ist. Auf festes Schuhwerk, einen Wetterschutz und einen Getränkevorrat sollte man aber dennoch nicht verzichten.

Schwieriger, steiler und anstrengender ist der Rest des Weges durch Felsen hinauf zum Gipfel. Hier sollte man schon etwas Erfahrung im Bergwandern haben und über gute Trittsicherheit verfügen. Der Lohn für die Anstrengungen aber ist bei klarem Wetter ein weiter Ausblick über die Wälder bis hin zur Kvarner Bucht mit ihren Inseln.

Information: Nacionalni park Risnjak, Bijela Vodica 48, 51317 Crni Lug, Tel. +385 (0)5 18 36 133; www.risnjak.hr.

KVARNER BUCHT

Insel Cres, Strand am Camping Lopari

TOUR 5: KVARNER BUCHT INSELN CRES, LOŠINJ, KRK UND RAB

Länge der Tour: Rund 165 km Inseln Cres und Lošinj. Rund 90 km Insel Krk. Rund 25 km Insel Rab.

Die Route: **Fähre** nach **Porozina/Insel Cres** – Straße 100 über **Cres** bis **Osor** – Straße 100 über **Mali Lošinj** bis **Veli Lošinj** und zurück über **Cres** bis **Merag** – **Fähre** nach **Valbiska/Insel Krk** – Straße 104 bis **Krk** – Straße 102 und Landstraße nach **Vrbnik** – Landstraße über **Dobrinj** bis **Rudine** – Straße 102 bis **Baška** – evtl. **Fähre** von **Valbiska** nach **Lopar/Insel Rab**.

Reisedauer: Mindestens ein Tag je Insel.

Höhepunkte: Die **Küstenlandschaften** der Inseln – die Hafenstädtchen **Mali Lošinj** und **Veli Lošinj** – ein **Schiffsausflug** zu den Inseln Unije, Susak oder Ilovik – ein **Spaziergang durch Krk** – die **Tropfsteinhöhle „Biserujka"** – ein Ausflug zur **Insel Košljun** – der **Sandstrand von San Marino/Rab** – ein Bummel durch die **Altstadt von Rab**.

Routenkarte siehe nächste Seite

INSEL CRES

Autofähren verkehren ab **Brestova [Fähranleger, WP 074 / N45° 08′ 40.7" E14° 13′ 23.6"]** an der istrischen Ostküste nach **Porozina** an der Nordwestseite der Insel Cres. Es gibt von Mitte April bis Ende September zwischen 6.45 Uhr und 21 Uhr 11 Abfahrten etwa in eineinhalbstündigen Intervallen. Im Juli und August sogar bis zu 13 Abfahrten zwischen 5.30 Uhr und 00:30 Uhr. Rest des Jahres weniger häufige Abfahrten. Die Überfahrt dauert ca. 20 Minuten; https://www.jadrolinija.hr/de/faehren-kroatien.

Die Straße 100, die einzige Straße von Bedeutung auf der **Insel Cres**, führt – anfangs teils schmal und schlecht – vom Fährhafen Porozina südwarts und stetig aufwärts in eine steinige und ziemlich unwegsame Landschaft, die zu nichts nutze erscheint.

Unterwegs hat man weite Ausblicke auf die Gewässer der Kvarner Bucht. So z. B. nach rund 13 km vom 639 m hohen Sis aus, in der Nähe des Abzweigs der Straße nach **Beli**.

Falls Sie hinab fahren wollen ins malerische, aber etwas schwierig zugängliche **Beli** (Parkplatz am Ortsrand und zu Fuß in den Ort), das auf einer Anhöhe an der Nordostseite von Cres liegt, wo die Küste steil ins Meer abfällt passieren Sie den Weiler **Sv. Petar [Parkmöglichkeit, N45° 5′ 26.72" E14° 21′ 5.68"]**. Besonders stolz ist man dort auf eine fast 20 m hohe Eiche, deren Alter auf weit über vierhundert Jahre geschätzt wird.

Wenn man das kleine Städtchen Beli heute sieht, lässt sich nur schwer vor Augen führen, dass der Ort um das Jahr 1000 eine unabhängige Stadt war. Aber die Ursprünge des Ortes reichen weit vor die Römerzeit zurück, als die Siedlung als *Caput insulae* bekannt war, voraus später „Caisole" wurde. Der heutige Ortsname Beli aber ist auf den ungarischen König Bela IV. zurückzuführen, der hier vor den Tataren Schutz fand.

Unweit südlich des Ortes liegt an einem kleinen Strand mit Bootshafen

Camping Brajdi na Moru [N45° 6′ 27.30″ E14° 21′ 24.14″], Juni – Sept, ca. 50 Stpl., abgeschieden, einfach.

Beli, wo heute kaum noch 100 Menschen leben, ist Sitz des Umweltzentrums Caput Insulae (Ausstellung), die eine Schutzstation für Gänsegeier betreiben. Gänsegeier kann man am Himmel über Cres durchaus noch ihre Kreise ziehen sehen. Am Umweltzentrum beginnen viele, meist recht anspruchvolle Wanderwege durch die überaus waldreiche Landschaft von Tramuntana mit Jahrhunderte altem Laubbaumbestand.

Cres ist eine schmale, nur zwischen 2 und 12 km breite und 66 km lange Insel mit einer Fläche von fast 406 qkm, die sich in Nordsüd-Richtung mitten in der Kvarner-Bucht erstreckt. An ihrem Südende schließt sich die, nur durch den

Gänsegeier

Der Herr der Lüfte über der Hochebene von Cres ist der **Gänsegeier**, in den meisten Regionen Europas schon ausgestorben, aber über Cres zieht der gewaltig große Vogel mit Flügelspannweiten bis fast drei Meter am blauen Himmel über der Adria noch seine Kreise.

Die Geier, die vor allem in den Küstenklippen des nördlichen Cres, aber auch auf Krk und Prvić nisten, können im Fluge bis zu 120 Stundenkilometer schnell werden. Ihre Sehkraft ist neunmal stärker als die eines Menschen.

Warum der Gänsegeier gerade auf Cres noch relativ stark vertreten ist, bringen Ornithologen in Zusammenhang mit der auf der Insel immer noch umfangreich betriebenen Schäferei. Noch heute gibt es auf Cres und Lošinj rund 30.000 Schafe! Und seit altersher ist der Geier den Hirten kein Feind, sondern ein eher gern gesehener Gast. Denn die Aasfresser sorgen für Ordnung auf den kärglichen Weiden und säubern sie von toten Tieren.

engen Kvuda-Kanal getrennt, noch schmälere Insel Lošinj (75 qkm) an.

Geologisch gesehen ist die Insel Cres eine Fortsetzung und ein Ausläufer des Učka-Gebirges. Im höher gelegenen Norden von Cres ist das zerrissene Felsterrain mit Laubwald (Eichen, Kastanienbäume, Buchen) bestanden. In der Inselmitte findet man Weingärten und Olivenhaine, während der Süden mit mediterraner Macchia bewachsen ist. Dazwischen dehnen sich karge Weiden.

Die höchste Erhebung ist der 648 m hohe Gorice im Norden.

Die Küste der Insel ist sehr stark gegliedert und misst insgesamt fast 250 km. Vor allem im Nordosten von Cres fällt die Küste, die den kalten Bora-Winden besonders ausgesetzt ist, recht steil zum Meer hin ab.

Das Archipel Cres-Lošinj ist mit all seinen zahlreichen größeren und kleineren Inseln und Klippen die größte Inselgruppe in der Adria.

Schon in der Antike waren die Adria-Inseln in der Kvarner Bucht wichtige Anlaufpunkte der frühen Seefahrer. Damals navigierte man ja ungern über offene See, sondern blieb lieber unter Land und tastete sich von Insel zu Insel weiter. Diesem Umstand verdankt z. B. Osor auf Cres seine Entstehung.

Hauptort der Insel ist das Städtchen **Cres**, zur Römerzeit als „Res Publica Crepsa" bekannt, das in einer geschützten Bucht an der Westseite der Insel liegt.

Die 2.800-Seelen-Gemeinde befasst sich u. a. auch mit Schiffbau, Fischerei und Seefahrt. Wichtigste Einnahmequelle aber ist längst der Tourismus geworden. Der Fremdenverkehr hat lange Tradition. Schon 1845 kamen die ersten Sommergäste. Somit kann sich Cres, nach Opatija, der zweitlängsten Fremdenverkehrstradition rühmen.

Hübsch ist das **Stadtzentrum von Cres [Parkplatz am Hafen, WP 075 / N44° 57′ 25.5″ E14° 24′ 43.6″]** mit seinen drei **Stadttoren,** darunter das südliche Bragadina aus dem Jahre 1581 oder das nördliche Marcela aus dem Jahre 1588, dem befestigten, runden **Stadtturm**, dem **Rathaus** und einem **Glocken- und Uhrenturm** aus dem 18. Jh. neben der **Marienkirche [N44° 57′ 36.88″ E14° 24′ 31.08″]** (15. Jh.).

Erwähnung verdient auch das **Stadtmuseum [N44° 57′ 33.69″ E14° 24′ 32.74″]**, das im gotischen

PRAKTISCHE HINWEISE – CRES

Turistička zajednica grada Cresa [N44° 57' 30.73" E14° 24' 33.46"], Cons 10, 51557 Cres, Tel. +385 (0) 15 71 535; www.tzg-cres.hr/de/.

RESTAURANT

Konoba Bonaca, Cres, Creskog statuta 13, Tel. +385 (0)51 572 215; www.island-cres.info/bonaca/index.php; alteingesessenes, gemütliches, familiengeführtes Fischlokal, direkt neben dem Fischmarkt gelegen. Übrigens: Auch Lammgerichte stehen auf der Karte. Lammgerichte sind eine Spezialität der Insel Cres.

CAMPING

Camping Kovačine [WP 076 / N44° 57' 51.1" E14° 23' 53.6"], Textil und FKK (rechts der Platzstraße), Melin I/20, Tel. +385 (0)51-57 31 50, www.camp-kovacine.com/de/; 23. März – 14. Okt.; nördlich des Ortes beschilderte Zufahrt; weitläufiges, steiniges und weitgehend naturbelassenes zum Meer hin geneigtes Gelände, teils im Olivenhain, für große Wohnmobile teils schwierige Stellplatzverhältnisse, langer Kiesstrand; ca. 23 ha – 900 Stpl. + 120 Dau.; Standardsanitärausstattung. Restaurant, Supermarkt, Waschmaschine, Trockner, Boots- und Fahrradverleih, Tennis, Bootssteg und -kran, WLAN, Internetecke. V & E für Wohnmobile. Mietcaravans und -bungalows.

Palais der Petris-Familie aus dem 16. Jh. untergebracht und für seine wertvolle Amphorensammlung bekannt ist. Die meisten der Amphoren wurden vom Meeresgrund vor dem Kap Pernat westlich von Cres gehoben. Zudem wartet das Museum mit einem Lapidarium, mit Steininschriften, mittelalterlichen Ikonen, Schmuckgegenständen und einer Münzsammlung auf.

Das **Petrispalais**, bei den Einheimischen auch als Arsenal bekannt, steht auf den Mauern eines ehemaligen Zeughauses und ist das Geburtshaus des Renaissancephilosophen und Schriftstellers Franjo Petrić (Franciscus Patritius), der hier 1529 das Licht der Welt erblickte und dem die Stadt ein Denkmal gewidmet hat. Andere bemerkenswerte Stadtpalais alter Patrizierfamilien sind das Rodinipalais oder das Moisepalais.

Weitere Sehenswürdigkeiten sind die Innenhöfe des Franziskanerklosters aus dem 13. Jh. mit den Grabstätten alteingesessener Creser Familien und dem ältesten bekannten Stadtwappen von Cres, das auf dem Brunnen im sog. inneren Klosterhof zu sehen ist. Das Klostermuseum zeigt eine Gemälde-sammlung alter Meister.

Die Inselstraße führt von Cres südwärts durch karstiges Hügelland.

Eine Rarität, die Tafel mit glagolitischer Inschrift in der Kirche Sveti Marija in Valun

Valun, Inseln Cres

Gut 8 km südlich von Cres zweigt die Straße nach **Valun [Parkplatz, WP 077 / N44° 54' 15.8" E14° 21' 32.1"]** ab, das ca. 7 km weiter westlich liegt. Vom obligatorischen, gebührenpflichtigen Besucherparkplatz geht man noch etwa 500 m steil hinab in den bezaubernden Ort. Das kleine Fischerdorf in einer Bucht mit Kiesstränden beherbergt in seiner Pfarrkirche Sveti Marija die berühmte **„Tafel von Valun"**, eine Steintafel mit glagolitischer Inschrift aus dem 11. Jh., die 1907 in der nahe gelegenen kleinen Markuskirche entdeckt wurde.

In der Erklärung zur „Tafel von Valun" heißt es: „Die Inschrift ist zweisprachig, geschrieben in zwei Schriftarten. Die erste Zeile ist in kroatischer Sprache in der ältesten Form der slawischen Schrift geschrieben, der sog. runden Glágoljica". Die zweite Zeile ist in mittelalterlichen Lateinschrift. Der Text lautet lt. Übersetzung der Infotafel: „Teha und ihr Sohn Bratohna, und Juna ihr Enkel".

Nur etwa 7 km südwestlich von Valun liegt das kleine Dorf **Lubenice**, eine der ältesten Ansiedlungen auf Cres. Der Ort mit gerade mal zwei Dutzend Einwohnern und seiner sehr wehrhaft wirkenden St. Antonius Kirche aus dem 15. Jh. liegt an einer steil zur Küste abfallenden Felskante fast 400 m hoch über dem Meer.

Von Lubenice über Valun zurück zur Hauptstraße fahren.

Später bei **Vrana**, etwa in der Mitte der Insel Cres, passiert man auf der Inselhauptstraße den tief unten liegenden, 5,7 qkm großen Süßwassersee **Vransko jezero**. Der tiefste Punkt am Grunde des 74 m tiefen Sees liegt 61 m unter dem Niveau der Meeresoberfläche.

Der See ist ein Phänomen, denn er hat keine oberirdischen Zuflüsse, trocknet aber doch nie aus. Des Rätsels Lösung dürften unterirdische Wasserläufe sein, die den See speisen. Das Gewässer ist für die Inseln Cres und Lošinj von größter Bedeutung, versorgt es doch den größten Teil der

Ein schmaler Kanal in Osor trennt die Inseln Cres und Lošinj

CAMPING

Martinšćica

Camping Slatina [WP 078 / N44° 49' 15.2" E14° 20' 33.2"], Textil und FKK, Tel. +385 (0)5 12 37 027; www.camp-slatina.com; Ende März – Mitte Okt.; an der Westküste von Cres; Terrassen im meist steinigen Buschwald; langer Felsstrand mit Kiesbuchten, ein Teil davon für FKK reserviert, kleiner Hafen; ca. 25 ha – 500 Stpl. + 100 Dau.; Standardsanitärausstattung. Supermarkt, Restaurant, Imbiss, Waschmaschine, Trockner, Fahrradverleih, Bootsslipanlage und -steg, Minigolf, teilweise WLAN, Internetecke. V & E für Wohnmobile. Mietcaravans.

Osor

Camping Preko Mosta [WP 079 / N44° 41' 33.18" E14° 23' 31.50"], Osor 76, Tel. +385 (0)5 12 37 350; www.jazon.hr; 15. Apr. – 30. Sept.; an einer Bucht unmittelbar am Kanal zwischen Cres und Lošinj, gegenüber Osor; unebene Wiese und sandige Geländemulden am Hang, teils schattig durch Pinien; ca. 3 ha – 90 Stpl.; einfache Standardausstattung.

Camping Bijar [WP 080 / N44° 41' 57.8" E14° 23' 48.5"], Tel. +385 (0)5 12 37 027; www.camp-bijar.com/de/; 21. Apr. – 1. Okt.; nördlich von Osor; meist terrassiertes Pinienwaldgelände an der Bucht Bijar; ca. 4 ha – 180 Stpl. + 40 Dau.; einfache Standardsanitärausstattung; Restaurant, Laden, Waschmaschine, Bootsslipanlage, Boots- und Fahrradverleih, Internetecke, WLAN an einigen Plätzen. V & E für Wohnmobile. Mietcaravans.

Punta Križa

Camping Naturist Baldarin (FKK) [WP 081 / N44° 36' 56.0" E14° 30' 28.7"], Tel. +385 (0)5 112 35 680; www.camps-cres-losinj.com; 21. Apr. – 30. Sept.; südöstlich von Osor, Zufahrt ca. 15 km auf teils enger Straße;

naturbelassenes Gelände im Mischwald abgeschieden, ruhig, schön gelegen; Felsstrand mit Kiesbuchten; ca. 19 ha – 300 Stpl. + 70 Dau.; Standardsanitärausstattung. Restaurant, Laden, Waschmaschine, Trockner, Boots- und Fahrradverleih, Bootsslipanlage und -steg, Tennis, WLAN auf Teilen des Platzes, Internetecke. V & E für Wohnmobile. Mietcaravans.

Bevölkerung mit Trinkwasser. Baden ist im See deshalb strikt verboten!

Unterwegs Richtung Osor bietet sich Gelegenheit nach **Martinšćica,** einem kleinen beschaulichen Dorf an einer schönen Bucht an der Westküste der Insel Cres mit touristischen Einrichtungen wie Campingplatz, Touristeninformation oder Marina, abzuzweigen, ca. 9 km .

Ab **Belej** wird die von Steinmauern und Wachholderfeldern übersäte Landschaft weiter.

32 km südlich von Cres liegt fast am Ende der Insel Cres das Städtchen **Osor**. Die Inseln Cres und Lošinj sind hier lediglich durch einen schmalen Schifffahrtskanal getrennt, über den eine Drehbrücke führt. Der Kanal wurde wohl schon vor mehr als 2000 Jahren gegraben und so die enge Passage für Schiffe passierbar gemacht. Der 11 m breite, 3 m tiefe und rund 100 m lange Kanal ersparte und erspart kleinen Booten noch heute auf dem Weg z. B. zur Insel Rab in die Kvarner Bucht den langen Umweg um Lošinj.

Vor Beginn unserer Zeitrechnung war Osor als *Apsoros* bekannt. Historiker vermuten, dass der alte Stadtname mit der Argonautensage zusammenhängen könnte. Absirto hieß nämlich der Bruder der unglücklichen Medea, der Gattin von Jason, die zusammen mit den Argonauten das Goldene Vlies entwendet hatten.

Osor ist ein historisches Hafenstädtchen mit alter Seefahrertradition, dessen Spuren sich von Illyrern, über Griechen, Römer und Byzantiner bis zur Zeit der Frankopane verfolgen lassen. Darüber hinaus war Osor zwischen dem 6. und 16. Jh. ein bedeutender Bischofssitz. Aus dem 16. Jh. gut erhalten ist das **Bischofspalais** und der im Stil der Renaissance errichtete **Dom** (Kirchenschatz). Im mittelalterlichen **Rathaus** ist das Stadtmuseum untergebracht.

Von Osor kann man hinausfahren zum **Kap Punta Kriča [N44° 38′ 15.7″ E14° 29′ 39.3″]** am südöstlichsten Ende der Insel Cres mit schönen Badebuchten, Restaurants und Campingmöglichkeiten, auch für FKK-Anhänger (siehe oben Camping Baldarin).

INSEL LOŠINJ

Die erstaunlich vegetationsreiche Insel Lošinj war trotz ihres angenehmen milden Klimas offenbar lange Zeit so gut wie unbesiedelt. Zwar schätzten schon die Römer die Insel als Standort für ihre Sommervillen, aber bleibende Siedlungen entwickelten sich daraus bis weit in die Zeit des Mittelalters hinein nicht. Nur in **Nerezine** etablierte sich ein Franziskanerkloster. Mali Lošinj und Veli Lošinj, die beiden Hafenstädtchen von einiger Bedeutung werden etwa ab dem 14. Jh. erwähnt.

Wer gerne wandert, kann von **Nerezine** aus hinauf zum 589 m hohen **Televrina** in den Osoršćica-Bergen wandern. Vom Televrina aus, der höchsten Erhebung im Norden der Insel, auf der eine winzig kleine Steinkapelle steht, genießt man bei klarem Wetter prächtige Ausblicke.

Nehmen Sie sich für die Tour mindestens einen halben Tag Zeit. Auf einer längeren Wanderung kann man den Bergstock auch ganz umwandern und die Tour bis zum Kap Rat Osor, dem nördlichsten Ende der Insel, ausdehnen.

Steinmäuerchen

Wenn man etwas abseits der Hauptverkehrswege wandert, stößt man nicht nur auf Krk, sondern auch auf den anderen Inseln in der Kvarner Bucht gelegentlich auf kunstvoll aus Bruchsteinen aufgeschichtete **Trockenmäuerchen**, die kleine Pferche umgeben, die zum Trennen von Schafsherden nach Zugehörigkeit der einzelnen Besitzer dienen. Oft gruppieren sich mehrere dieser **Gromače** genannten Pferche ringförmig um eine Art Innenhof und nehmen sich, könnte man sie aus der Vogelschau betrachten, wie die Reste eines antiken Städtchens aus.

Mali Lošinj, Hauptort der Insel Lošinj, ist ein betriebsames, hübsches Hafenstädtchen mit einer ganzen Reihe einladender Cafés und Restaurants vor allem rund um den Hafen.

Parkplätze findet man am Nordrand der Stadt am **Hafen [Parkplatz, WP 082 / N44° 32′ 20.7″ E14° 27′ 52.6″]**, am Ostrand der Stadt sowie am südlichen Ortsrand. Von dort geht man zu Fuß in etwa 10 Minuten hinein ins Zentrum am Hafen. Gegen Gebühr (Schlagbaum) kann man näher zum Stadtzentrum fahren und dort parken.

Mali Lošinj kann auf eine lange Tradition als **Seefahrer- und Kapitänsstadt** zurückschauen. Spätestens seit dem ausgehenden 18. Jh. befuhren Kapitäne aus Lošinj mit ihren schnellen Seglern die Weltmeere. In der Folge ließen sich hier Reedereien und Schiffswerften nieder. Eine Seefahrtsschule, ein Wetteramt und eine Sternwarte wurden gegründet. Noch heute ist der Hafen mit seiner einladenden Promenade ein beliebtes Ziel für die stattlichen Jachten reicher Freizeitkapitäne.

In Mali Lošinj

Bei Veli Lošinj

Als die Aera der Handelssegler ausgangs des 19. Jh. zu Ende ging, wandte sich Mali Lošinj einem noch jungen, aber vielversprechenden Wirtschaftszweig zu, dem Fremdenverkehr. Wie in Poreč und Opatija waren es auch auf Lošinj anfangs die gesellschaftlichen Eliten, der österreichische Adel und betuchte Kaufleute, die das milde Klima schätzten. Schon 1866 hatte Mali Lošinj eine Fremdenverkehrsorganisation und ein Sanatorium zur Kur von Atmungserkrankungen. Das erste Hotel, das „Vindobane", eröffnete 1887.

Einen schönen Blick auf die Stadt und ihren hübschen Hafen hat man von der Bastei aus dem 16. Jh. und vom erhöht gelegenen Dom aus.

Ein etwa 3 km langer betonierter Fußweg, der schön am Meer entlang führt, lädt zu einem längeren Spaziergang von Mali Lošinj bis in das kleine, fast romantisch zu nennende Fischer- und Seefahrerstädtchen **Veli Lošinj** ein. Besucher, die mit dem Auto unterwegs sind, parken am besten schon vor dem Ort Veli Lošinj auf dem unbefestigten Platz **[Parkmöglichkeit, WP 083 / N44° 31' 08.5" E14° 29' 53.7"]** rechts der Straße am Waldrand und gehen auf dem Fußweg hinab in das Dorf. Die überschaubare Ortsmitte wird vom langgestreckten Hafenbecken und von einer mächtigen Kirche dort, die mit ihrem Turm das Stadtbild beherrscht, dominiert.

Nur wenige Schritte vom Hafen entfernt erhebt sich ein **Wehrturm** aus dem 15. Jh. In drei Etagen ist das **Tower Museum-Gallery**, das **Stadtmuseum,** untergebracht *(geöffnet Juli + Aug. Di - So 10 - 13 + 19 - 22 Uhr; 15. - 30. Juni + 1. - 15. Sept. Di - So 10 - 13 Uhr + 18 - 21 Uhr; Apr. - 14. Juni + Okt. Di - Sa 10 - 13 Uhr; www.muzej.losinj.hr).* Von der oberen Etage hat man von einem Balkon aus einen schönen Blick auf den Ort.

Der Wehrturm in Veli Lošinj wurde ursprünglich von den Venezianern im Jahre 1455 zum Schutze des Hafens

PRAKTISCHE HINWEISE – LOŠINJ

Tourismusverband der Stadt Mali Lošinj [N44° 31' 59.12" E14° 27' 56.70"], Priko 42, 51550 Mali Lošinj, Tel. +385 (0)5 12 31 884; www.visitlosinj.hr. *Geöffnet Mo - Sa 8 - 20 Uhr, So 9 - 13 Uhr.*

RESTAURANT

Mali Lošinj

Tavern Corrado, Tel. +385 (0)5 12 32 487; beliebtes Lokal mit schöner Terrasse, man serviert neben gutbürgerlichen Gerichten die nach einem „Geheimrezept" der Großmutter zubereiteten Spaghetti in Hummersauce.

HOTELS

Mali Lošinj

Hotel Villa Diana ****, 8 Zi., Čikat Bucht 8, Tel. +385 (0)5 12 32 055; www.losinj-hotels.com; gutbürgerliches Mittelklassehotel an der Čikat Bucht, Restaurant mit Terrasse, WLAN. Parkplatz nahebei. Keine Haustiere.

Hotel Bellevue *****, 205 Zi., Čikat Bucht 9, Tel. +385 (0)1 16 79 000; www.bellevuelosinj.com; Hotelkomplex im Pinienwald am Meer gelegen, Frei- und Hallenbad, Spa- und Wellnesseinrichtungen, Restaurant, Bar, WLAN. Parkplatz.

Veli Lošinj

Vitalhotel Punta ****, 289 Zi., Sestavine 17, Tel. +385 (0)5 16 62 000; www.losinj-hotels.com; Ferienhotel am Nordrand des Ortes an schöner Badebucht, alle Zimmer mit Meerblick, Innen- und Außenpool, Restaurant, Bar, Wellness- und Fitnesscenter, Sauna, Fahrradverleih, WLAN. Parkplatz.

CAMPING

Mali Lošinj

Camping Čikat [WP 084 / N44° 32' 09.3" E14° 27' 04.2"], Drazina 1, Tel. +385 (0)5 12 32 125; www.camp-cikat.com; Anf. Apr. – Mitte Okt.; auf einer Halbinsel 2 km westlich des Ortes, unebenes Pinienwaldgelände, teils gemauerte Geländestufen, Felsstrand mit Betonflächen und Kiesbuchten; ca. 30 ha – 700 Stpl. + ca. 250 Dau.; Standardsanitärausstattung; Restaurant, Imbiss, Laden, Waschmaschine, Trockner, Fahrradverleih, WLAN auf Teilen des Platzes. V & E für Wohnmobile. Mietbungalows und -caravans. Öffentlicher Aquapark mit 6 Meerwasserschwimmbecken und öffentlicher Family Fun Park angeschlossen.

Camping Poljana [WP 085 / N44° 33' 19.2" E14° 26' 32.8"], mit FKK-Platzteil, Privlaka 19, Tel. +385 (0)5 12 31 726; www.campingpoljana.com/de/; 22. März – 5. Nov.; ca. 4 km nordwestlich des Ortes, naturbelassenes, teils terrassiertes Pinienwaldgelände, Felsstrand mit Betonliegeflächen; Komfortausstattung; Restaurant, Imbiss, Supermarkt, Waschmaschine, Trockner, Boots- und Fahrradverleih, Bootsslipanlage und Kran, Bootssteg, Bogenschießen, Surf- und Tauchschule, WLAN. V & E für Wohnmobile. Für Wohnmobile einige Plätze am Platzrand zu günstigem Angebot.

Nerezine

Camping Rapoća [WP 086 / N44° 39' 48.7" E14° 23' 52.5"], Tel. +385 (0)5 12 37 145; www.camping-rapoca.de; 30. März – 8. Okt.; Zufahrt von der neuen Umgehungsstraße nach Nerezine abzweigen, am westlichen Ortsrand neben der Kirche, unter Pinien und auf Wiese; ca. 3,5 ha – ca.

170 Stpl. + 50 Dau.; einfache Standardausstattung; Restaurant, Imbiss, Laden, Waschmaschine, Fahrradverleih, WLAN. V & E für Wohnmobile. Mietcaravans.

Camping Lopari [WP 087 / N44° 40' 52.0" E14° 23' 45.2"], Tel. +385 (0)5 12 37 127; www.losinia.hr/de/; 20. Apr. – 8. Okt.; 2 km nordwestlich Nerezine zwischen Inselstraße und Meer gelegen; überwiegend naturbelassenes, weitläufiges, gepflegtes, teils ebenes, teils leicht geneigtes Gelände und teils im niederen Eichenhain und unter hohen Pinien, bis an den langen Kiesstrand reichend. Gute, zeitgemäße Sanitäreinrichtungen im Eingangsbereich. Sand- und Kiesstrand; ca. 20 ha – 280 Stpl. + Dau.; gute Standardsanitärausstattung; Restaurant, Supermarkt, Waschmaschine, WLAN. Fahrradverleih. Windsurfschule. V & E für Wohnmobile. Mietbungalows und Mietcaravans.

gegen Angriffe von Piraten und den Uskoken aus Senj errichtet.

In der Nähe ist das **Delphinzentrum** (Lošinj Marine Eduaction Centre) eingerichtet, das sich für den Schutz der Tiere einsetzt und die Besucher einlädt, einen Delphin zu „adoptieren" *(geöffnet Juli - Aug. tgl. 10 - 21 Uhr; Juni tgl. 10 - 20 Uhr; Mai + Sept. Mo - Fr 10 - 18 Uhr, Sa 10 - 14 Uhr; Okt. - April Mo - Fr 10 - 14 Uhr; www.blue-world.org)*.

Bootsausflug zu vorgelagerten Inseln

Wenn Sie sich längere Zeit bei Mali Lošinj aufhalten können, empfiehlt sich ein **Schiffsausflug** zu einer der drei kleinen, vor der Westküste von Lošinj gelegenen Inseln Unije, Ilovik oder Susak.

Unije ist die größte der drei genannten Inseln. Sie wartet mit schönen, verschwiegenen Badebuchten auf. Andere lieben an Unije die weiten Olivenhaine, in denen ihnen höchstens ein Hase oder ein Fasan begegnet, bestimmt aber kein Auto. Denn bislang gab es auf Unije noch kein Auto.

Susak ist die kleinste der drei Inseln. Wie man liest, ist Susak eine der ganz wenigen Sandinsel im Mittelmeer. 50 m tief müssten Sie graben, um auf Felsen zu stoßen. Das Eiland war lange Zeit so abgelegen, dass sich dort viele alte Brauchtümer unverfälscht erhalten konnten. So heißt es, dass die alten Frauen auf Susak noch einen uralten Dialekt sprechen, den Kroaten vom Festland nicht oder kaum verstehen können.

Besonders hübsch ist die traditionelle **Tracht der Frauen** von Susak. Die aus einem wunderschön bestickten Mieder, einem nicht minder kunstvoll gearbeiteten kurzen, bunten Rock, einem Minirock mit Petticoat nicht unähnlich, und knallroten Strickstrümpfen besteht. Die Frauen von Susak konnten sich offenbar schon Miniröcke erlauben, als man im übrigen Europa noch nicht einmal daran dachte, Knöchel oder gar Knie zu zeigen.

Ilovik schließlich, die südlichste der drei Inseln ist für ihre sommerliche Blütenpracht bekannt. Und sie ist bei Sporttauchern beliebt. Denn in den Gewässern um Ilonak wurden schon Tausende von antiken Amphoren entdeckt, die darauf hinweisen, dass vor der Insel ein viel befahrener und offenbar auch gefährlicher Seeweg verlief.

Zu den Inseln verkehren ab Mali Lošinj sowohl Linien- als auch Ausflugsboote.

Autofähre Merag/Cres – Valbiska/Krk

*ROUTE: Von Lošinj oder Cres nordwärts bis zum Abzweig zum Fährhafen **Merag**, an der Ostküste der Insel Cres. Autofähre nach **Valbiska** auf der **Insel Krk**.*

INSEL KRK

Autofährverbindungen zur und von der Insel Krk bestehen zwischen **Merag/Cres [WP 088 / N44° 58' 48.2" E14° 26' 54.2"]** und **Valbiska/Krk** sowie zwischen **Valbiska/Krk** und **Lopar** auf der Insel Rab.

Zwischen **Merag/Cres und Valbiska/Krk** verkehren die Fähren täglich zwischen 5.00 Uhr und 22 Uhr 12 mal und in der Hochsaison 13 mal. Fahrzeit 20 Minuten; www.jadrolinija.hr/de/.

Zwischen **Valbiska/Krk und Lopar/Rab** verkehrt die Fähre von Ende Mai bis Ende Sept. um 7.45 Uhr, 11.45 Uhr, 16 Uhr und 20.30 Uhr. In der übrigen Zeit um 7.45 Uhr und um 18.20 Uhr. Fahrzeit 80 Minuten; www.jadrolinja.hr/de/. Die Fahrpläne können Änderungen unterliegen!

Darüber hinaus erreichen Autoreisende die Insel Krk von der Festlandseite her über die moderne, 60 m hohe und rund 1,4 km lange **Bogenbrücke Krčki Most** (mautpflichtig gewöhnlich nur von der Festlandseite her kommend). Seit 1980 überbrückt die Krčki Most den schmalen, kaum 1 km breiten Tihi-Kanal (Ausläufer des Vinodolski Kanals) und verbindet die Insel mit dem Festland bei **Kraljevica**.

Mit einer Fläche von 410 qkm ist Krk die größte der 1.200 Inseln in der kroatischen Adria. Das Eiland weist im rauen Nordteil – hier sind die Küsten steil – eine spärliche Vegetation auf, im Süden und Südwesten dagegen Grasland und einzelne Waldgebiete. Die Küstengestade sind hier flacher.

Krk war schon den Römern als *„Curicum"* bekannt. Um 600 kommen Kroaten auf die Insel und im weiteren Verlauf der Zeit gestaltet sich die Geschichte von Krk durch die verschie-

Die Frankopani, Herren im alten Kroatien

Krk ist das Stammland, die Heimatinsel, des Geschlechts der **Frankopani**, einem der mächtigsten Adelshäuser im alten Kroatien, die das Land über fast sechs Jahrhunderte regierten und beherrschten. In Urkunden aus dem 12. Jh. wurde ihr Name erstmals erwähnt.

Überall im Lande und vor allem in der Kvarner-Region trifft man auf Burgen, Festungen und befestigte Städte, die aus der Zeit der Frankopani stammen.

Frankopani-Fürsten kämpften gegen die Venezianer und stemmten sich gegen das Eindringen der Türken.

Ihr Einfluss festigte sich noch, als sie sich mit der Familie der Zrinski zusammentaten. Nun fühlte man sich sogar stark genug, gegen die Habsburger Krone zu opponieren. Bei einem konspirativen Unternehmen, das die Unabhängigkeit Kroatiens von Wien zum Ziel hatte, fanden Fran Krsto Frankopan und sein Schwiegersohn Petar Zrinski im Jahre 1671 aber ein tragisches Ende.

Der Tot der Clanfürsten läutete auch das Ende der Herrschaft der Frankopani ein. In der Bevölkerung aber bildete sich bald ein wahrer Mythos um die Frankopani, die in den Augen vieler Kroaten zum Symbol des nationalen Widerstandes gegen ausländische Herrschaftsgelüste wurden.

denen, sich abwechselnden Herrschaftsansprüche sehr wechselvoll.

Lange Zeit sind es die Venezianer, die die Insel den Fürsten Frankopani bis zum Ende des 15. Jh. zum Lehen geben. Danach nehmen die Dogen von Venedig selbst das Heft in die Hand. Nach dem Zerfall der politischen Macht Venedigs geben die Abgesandten der Habsburger Kaiserkrone bis zum 1. Weltkrieg auf Krk den Ton an. Krk hat eine mehr als hundert Jahre alte touristische Tradition.

Markuslöwe, venez. Brunnen, Krk

Rund 20 km südlich der Bogenbrücke zum Festland liegt der Hauptort der Insel, **Krk auf Krk**. Das hübsche Städtchen an einer weiten Bucht ist eine Gründung aus der Römerzeit (Veglia). Seit Beginn des 12. bis Ende des 15. Jh. war es Sitz der mächtigen Fürsten Frankopani.

Parkmöglichkeiten findet man evtl. an der Einbahnstraße Stjepana Radića, die von der Altstadt hinausführt, nördlich der Altstadt **[WP 089 / N45° 1' 42.3" E14° 34' 22.4"]** oder auf dem Parkplatz (offiziell nur für Pkw) hinter dem Konzum an der gleichen Straße.

Am besten beginnt man einen **Stadtspaziergang** am Hafen und geht durch das **Alte Stadttor [N45° 1' 33.99" E14° 34' 25.46"]** auf den hübschen **Stadtplatz Vela Placa**. Gleich neben dem Stadttor erhebt sich ein uralter Wachturm. Besagter Wachturm ist Teil der Stadtbefestigung aus der Zeit der Fürsten Frankopani. Erhalten sind noch große Teile der Stadtmauern und Bastionen sowie drei Stadttore und ein Rundturm mit dem Markuslö-

Die Stadtfestung der Frankopani (links) am Trg Kamplin in Krk

wen, dem Wappentier Venedigs. Mitten auf dem hübschen Stadtplatz Vela Placa sieht man einen schönen **venezianischen Brunnen**. Von dort gehen wir durch die Gassen hinein in die Altstadt.

Auf den Resten der römischen Thermen entstand im 5. und 6. Jh. eine Basilika. Sie wurde im 12. Jh. durch eine **Kathedrale** ersetzt, die Mariä Himmelfahrt geweiht ist. Sehenswertes dreischiffiges Inneres, vor allem ein Silberrelief der Madonna aus der Zeit der Frankopani, außerdem Renaissancekanzel, gotische Frankopanen-Kapelle.

Gleich gegenüber der Kathedrale sieht man die **Sv. Kvirin Kirche**. Sie ist dem Schutzpatron der Stadt, dem hl. Quirinus, geweiht und zeigt im Inneren eine Sammlung sakraler Kunstgegenstände.

Unweit östlich der Kathedrale liegen am langgezogenen Trg Kamplin (Kamplin-Platz) die Mauern der ehemaligen **Burg** der Fürsten Frankopan. Sie stammt größtenteils aus dem 12. Jh., war einstmals selbst Teil der Stadtbefestigung und fällt durch ihre beiden ungleichen Türme auf.

PRAKTISCHE HINWEISE – KRK

Tourismusverband der Stadt Krk [N45° 1' 34.26" E14° 34' 27.76"], Vela placa 1/1, 51500 Krk, Tel. +385 (0)5 12 21 414; www.tz-krk.hr/de/.

RESTAURANTS

Mehrere Restaurants findet man am Hafen, so z. B. das **Restoran „Galeb"**, Tel. +385 (0)5 12 21 261 oder die **Konoba „Šime"**, Tel. +385 (0)5 12 20 042.

HOTELS

Hotel Marina ****, 10 Zi., Obala hrvatske mornarice 8, Tel. +385 (0)5 12 21 128; www.hotelmarina.hr; in schöner Lage am Hafen am Ende der Promenade. Restaurant mit hübscher Terrasse am Meer, WLAN. Öffentliche Parkmöglichkeit. Keine Haustiere.

Hotel Dražica ***, 137 Zi., Ružmarinska 6, Tel. +385 (0)5 16 55 755; www.hotelikrk.hr/de/hotel-drazica/; modernes Urlaubshotel mit eigenem Strand, im östlichen Stadtgebiet, gut ausgestattete Zimmer. Restaurant, Swimmingpool, Fitnessstudio, WLAN. Parkplatz. Keine Haustiere.

CAMPING

Camping Ježevac [WP 090 / N45° 1′ 7.4″ E14° 34′ 1.0″], Plavnicka 37, Tel. +385 (0)5 24 65 010; www.camping-adriatic.com/de/jezevac-camp-krk; 28. Apr. – 30. Sept.; am Bootshafen von Krk vorbei südwestwärts zum Platz; leicht ansteigender Pinienhang und schattenlose Flächen; Felsstrand mit betonierten Liegebuchten; 10 ha – ca. 400 Stpl. + 160 Dau.; Standardsanitärausstattung; Restaurant, Imbiss, Laden, Waschmaschine, Trockner, Fahrradverleih, Bootsslipanlage, Tauchschule, Tennis, Bogenschießen, WLAN, Internetecke. V & E für Wohnmobile. Mietcaravans.

Camping Bor [WP 091 / N45° 1′ 20.8″ E14° 33′ 43.6″], Crikvenicka 10, Tel. +385 (0)5 12 21 581; www.camp-bor.hr; 1. Jan. – 31. Okt.; am Westrand von Krk gelegen, geneigtes Gelände mit Terrassen, Blick auf Stadt und Meer; ca. 2 ha – 130 Stpl.; einfache Standardausstattung. Restaurant, Laden, Waschmaschine, Schwimmbad, WLAN, V & E für Wohnmobile.

Camping Resort Krk (früher Camp Politin) [WP 092 / N45° 01′ 28.1″ E14° 35′ 30.3″], Tel. +385 (0)5 24 65 010; www.camping-adriatic.com/de/camp-krk-politin; 30. März – 27. Okt.; von Krk Richtung Baška, nach 2 km beschilderter Abzweig; naturbelassenes, terrassiertes Gelände mit Büschen, Sträucher und Bäumen, FKK nur auf separatem Strandbereich; ca. 10 ha – 280 Stpl. + Dau.; Standardsanitärausstattung. Restaurant, Imbiss, Laden, Waschmaschine, Trockner, Boots- und Fahrradverleih, Bootsslipanlage und -steg, Tennis, Minigolf, Outdoor-Fitnesspark, Sauna, WLAN, Internetecke, V & E für Wohnmobile. Mietcaravans. Spezialangebote für Wohnmobile. Krk-City-Bus Haltestelle am Eingang.

Punat

Camping Naturist Konobe (FKK) [WP 093 / N44° 59′ 28.8″ E14° 37′ 49.5″], Obala 94, Tel. +385 (0)5 18 54 036; www.hoteli-punat.hr/de/; 21. Apr. – 28. Okt.; 7 km südlich Punat; sehr weitläufiges Hanggelände mit schattigen Terrasseneinzelplätzen für Zelte und kleinerer, ebener, schattenloser Fläche für Caravans an kleiner Kiesbucht, sonst Felsküste; schöne Lage; 10 ha – ca. 300 Stpl. + 60 Dau.; Standardsanitärausstattung; Restaurant, Laden, Waschmaschine, Trockner, Bootsslipanlage, Tennis, Minigolf, WLAN auf Teilen des Platzes, Internetecke. V & E für Wohnmobile. Mietcaravans.

Camping Pila [WP 094 / N45° 0′ 58.1″ E14° 37′ 44.1″], Tel. +385 (0)5 18 54 020; www.hoteli punat hr; 20. Apr. – 7. Okt.; weitläufiges, leicht abfallendes bis an den Strand reichendes Gelände, teils im Pinienwald, teils weniger Schatten zwischen Feigenbäumen; ca. 8 ha – 300 Stpl. + 200 Dau.; Standardsanitärausstattung. Restaurant, Imbiss, Laden, Waschmaschine, Trockner, Bootsverleih, Bootssteg, WLAN, Internetecke. V & E für Wohnmobile.

WOHNMOBIL-STELLPLATZ

Wohnmobil-Stellplatz Camper Stop Felix Krk [WP 095 / N45° 1' 46.1" E14° 34' 53.6"], Ul. Narodnog preporoda 51, Tel. +385 (0)98 21 82 18; **Zufahrt/Lage:** Am östlichen Ortsrand von Krk Richtung Punat gelegen. **Ausstattung:** Privater, eingefriedeter Schotterplatz für 10 Wohnmobile. Grauwasser- und Chemikaltoilettenausguss, Frischwasser, Strom, Dusche. Beleuchtet, bewacht. **Geöffnet:** Ganzjährig. **Gebühr:** Pauschale inkl. Strom und Ver- und Entsorgung, Dusche.

Wohnmobil- Stellplatz Kamp Odmorište Krk [WP 096 / N45° 2' 9.11" E14° 34' 5.13"], Sv. Petar bb, Tel. +385 (0)5 18 67 880; www.camperstop-krk.com/de/. **Zufahrt/Lage:** Von Krk Richtung Malinska ca. 1 km nordwärts und zum Supermarkt Konzum westwärts abzweigen. **Ausstattung:** Asphaltierte Fläche für 16 Wohnmobile hinter dem Supermarktgebäude. Frischwasser, Grauwasser- und Chemikaltoilettenausguss, WC, Strom. **Geöffnet:** Ganzjährig. **Gebühr:** Pauschale inkl. 2 Personen, Fahrzeug, Strom, Camper Service.

Ausflug an die Südost- und Ostküste von Krk

Die Inselstraße 102 (Krk – Baška) führt südwärts nach **Punat** (Tourist Board Office, Pod Topol 2, 51521 Punat, Tel. +385 (0)5 18 54 860; www.tz-punat.hr).

Eine hübsche Abwechslung ist ein Abstecher zur in der Bucht von Punat gelegenen kleinen **Insel Košljun.** Zumindest im Sommer verkehren kleine Ausflugsboote vom Hafen in Punat zur Insel. Der Garten des dortigen Klosters haben Mönche des Franziskanerordens zu einem kleinen botanischen Paradies verwandelt. An die 400 Pflanzen- und mehr als 150 Pilzarten sollen hier gedeihen. Es gibt auch ein kleines **Museum**, das vor allem für seine Sammlung alter Bücher bekannt ist.

Der Ort **Baška** liegt im Südosten der Insel Krk. Das Städtchen ist Fundort der berühmten „Glagolitischen Schrifttafel". Die Tafel stammt aus dem Jahre 1100. Das Original findet man heute in Zagreb.

Glagoliza ist eine aus den Kleinbuchstaben des altgriechischen Alphabets entwickelte altslawische Schrift in kroatischer Sprache.

Rund 12 km östlich der Stadt Krk liegt hübsch auf einem Hügel am Meer der Ort **Vrbnik [Parkplatz, Badebucht, WP 097 / N45° 04' 33.2" E14° 40' 48.5"]**. Vrbnik ist ein altes Zentrum der ***Glagoljica***, der glagolitischen Schrift. Fast drei Viertel aller bislang wiederentdeckten Manuskripte in der alten, längst vergessenen Schrift, sollen aus Vrbnik stammen.

Überall in der Kvarner Gegend sind glagolitische Inschriften an Kirchtürmen, Mauern, in Kellern auf Grabsteinen entdeckt worden. Der größte Schatz an glagolitischen Handschriften, bislang 469 an der Zahl, wurde aber auf Krk entdeckt, davon alleine 105 in Vrbnik.

Die Glagoljica entwickelte sich wahrscheinlich ums 9. Jh. und war damals vermutlich die vor allem von den slawischen Völkern am häufigsten benutzte Schrift. Aber schon im 12. Jh. fand sie eigentlich nur noch an der kroatischen Küste Anwendung.

Die älteste glagolitische Inschrift wurde auf einer Steinplatte, dem Baščanska ploče, entdeckt, die auf die Zeit um das Jahr 1100 datiert wird. In dem Text, der in Altkroatisch abgefasst ist, wird erstmals der Name eines kroatischen Fürsten oder Herrschers genannt.

Knapp 15 km weiter nördlich von Vrbnik kommt man in den früheren

PRAKTISCHE HINWEISE – BAŠKA

Tourist Information Center, Kralja Zvonimira 114, 51523 Baška, Tel. +385 (0)5 18 56 817; www.tz-baska.hr. *Geöffnet Mai - Aug. Mo - Fr 7.30 - 20.30 Uhr, Sa 9 - 19 Uhr; Apr. + Sept. Mo - Fr 8 - 15 Uhr, Sa 8 - 13 Uhr, sonst Mo - Fr 7 - 15 Uhr.*

HOTEL

Hotel Corinthia Baška *,** 431 Zimmer, E. Geislicha 34, Tel. +385 (0)5 16 56 111; www.hotelibaska.hr; Hotelkomplex am Ortsrand von Baška. 300 Meter zum Kiesstrand. Restaurant, Bar, Schwimmbad, Fitness- und Wellnesscenter, WLAN. Parkplatz. Keine Haustiere.

CAMPING

Camping Naturist Bunculuka (FKK) [WP 098 / N44° 58' 09.5" E14° 46' 01.8"], Kricin 30, Tel. +385 (0)5 24 65 010; www.camping-adriatic.com/de/bunculuka-naturist-camp-baska; 20. Apr. – 1. Okt.; 1 km östlich Baška; teils steinige, schattenlose Terrassen am Hang in einem Talkessel, teils schattig im unteren Bereich; sehr schöne Lage; langer Kiesstrand; 4,5 ha - ca. 300 Stpl. + Dau.; Standardsanitärausstattung; Restaurant, Laden, Waschmaschine, Trockner, Bootsslipanlage, Boots- und Fahrradverleih, Tennis, Minigolf, WLAN auf Teilen des Platzes, Internetecke. V & E für Wohnmobile. Mietcaravans.

Camping Zablaće [WP 099 / N44° 57' 56.1" E14° 44' 52.1"], Put Zablaće 40, Tel. +385 (0)5 24 65 010; www.camping-adriatic.com/de/zablace-camp-baska; 28. Apr. – 29. Sept.; am westlichen Ortsrand von Baška; ebene, fast schattenlose Wiese, an einer Bucht mit Kiesstrand; 9 ha – ca. 400 Stpl. + Dau.; Standardsanitärausstattung. Restaurant, Imbiss, Laden, Waschmaschine, Trockner, Schwimmbad, Fahrradverleih, WLAN auf Teilen des Platzes, Internetecke. V & E für Wohnmobile. Mietbungalows.

WOHNMOBILSTELLPLATZ

Wohnmobil-Stellplatz Kamp Mali Kampiralište „Mali" [WP 100 / N44° 57' 57.70" E14° 44' 49.55"], Put Zablace 100, Tel. +385 (0)5 18 64 164; www.kamp-mali.hr. **Zufahrt/Lage:** Im Ort Baška südwärts Richtung Camping Zablaće, Platz liegt vor diesem Campingplatz. **Ausstattung:** Parzellierte, schattenlose Wiese mit 30 Stellplätzen. Strom, Frischwasser, Grauwasser- und Chemikaltoilettenausguss, WC, Dusche. WLAN. **Geöffnet:** 1. März - 30. Okt. **Gebühr:** Pauschale, teuer.

Fährhafen **Šilo** (Fährverkehr eingestellt).

In der Umgebung von Šilo wird übrigens ein vorzüglicher Weißwein angebaut.

Verzichtet man an der großen Kreuzung auf den Abstecher nach Šilo, sollte man aber noch ein Stück weiter zunächst Richtung Klimno, in **Soline** dann Richtung **Čižići** und weiter nach **Rudine** fahren, rund 9 km.

In Rudine findet man am Dorfrand auf einer weiten Karstebene den Zugang zur **Biserujka-Höhle [Parkplatz, WP 101 / N45° 11' 10.5" E14° 36' 37.0"]**, (Špilja Biserujka) *(geöffnet Juli + Aug. tgl. 9 - 18 Uhr; Mai + Juni tgl. 9 - 17 Uhr; Sept. 10 - 17 Uhr; Apr. + Okt. 10 - 15 Uhr; Besuchsdauer ca. 30 Minuten; spilja-biserujka.com.hr)*. Die Tropfsteinhöhle, eine Schachthöhle, wie fast alle Höhlen in Kroatien, kann auf 20- bis 30-minütigen Führungen besichtigt

HOTEL – NJIVICE

Hotel Jadran ***, 223 Zi., Primorska cesta 29, Tel. +385 (0)5 18 46 720; www.njiviceresort.com/de/; gutes Mittelklassehotel am Strand mit gut ausgestatteten Zimmern. Restaurant, Caféterrasse und Bar am Meer, Fahrradverleih, Tennis, Minigolf, WLAN. Parkplatz. Keine Haustiere.

CAMPING

Njivice

Camping Njivice [WP 102 / N45° 10' 10.1" E14° 32' 50.9"], Tel. +385 (0)5 18 46 168; www.kampnjivice.com/de/; 6. Apr. – 5. Nov.; nördlich des Ortes; teils steiniges, teils Grasgelände in einem Wäldchen, am Meer mit Felsküste und betonierten Liegeflächen; 10 ha – 400 Stpl. + zahlreiche Dau.; Standardsanitärausstattung. Restaurant, Laden, Waschmaschine, Bootsslip, Boots- und Fahrradverleih, E-Bike-Verleih, Tennis, WLAN, Internetecke. V & E für Wohnmobile. Mietcaravans.

Klimno bei Dobrinj

Camping Slamni [WP 103 / N45° 09' 13.2" E14° 37' 04.2"], Klimno 8a, Tel. +385 (0)5 18 53 169; www.kampslamni.com.hr; 20. Apr. – 8. Okt.; im nördlichen Inselbereich, ca. 4 km nördlich von Dobrinje gelegen; ebenes, leicht schattiges Gelände mit Badebucht; 7 ha –40 Stpl.; einfache Sanitärausstattung. Laden, Restaurant, Waschmaschine, Fahrradverleih, WLAN, Internetecke. V & E für Wohnmobile. Mietcaravans.

Malinska

Camping Mini Camp Draga [WP 104 / N45° 7' 13.55" E14° 31' 29.61"], Ulica Palih boraca 4, Tel. +385 (0)5 18 59 905; www.campdraga.com; 1. Apr. – 15. Okt.; kleine Wiese mit 10 Stpl. bei einem Ferien-Appartmenthaus mit einfacher Sanitärausstattung im Zentrum von Malinska. V & E für Wohnmobile.

Camping Glavotok [WP 105 / N45° 05' 37.9" E14° 26' 25.1"], Glavotok 4, Tel. +385 (0)5 18 67 880; www.kamp-glavotok.hr; 20. Apr. – 14. Okt.; ca. 7 km südlich von Malinska von der Straße 104 beschilderter Abzweig und noch 6 km, zuletzt auf 2 km schwierig für längere Gespanne; 5 ha – 160 Stpl. + 100 Dau.; Standardsanitärausstattung; Restaurant, Laden, Waschmaschine, Trockner, Boots- und Fahrradverleih, Tauchschule, WLAN. V & E für Wohnmobile. Mietbungalows.

werden. Die Höhlentemperatur liegt zwischen 10 und 13 °C.

Fähren Valbiska/Krk – Lopar/Rab

Alternativ zum nachstehend beschriebenen Weg über die Küstenstraße „Adria-Magistrale“ besteht die Möglichkeit, Lopar auf der Insel Rab direkt mit der Fähre zu erreichen.

Zwischen **Valbiska** im Südwesten der Insel Krk und **Lopar** auf der Insel Rab verkehren zwischen 1. Juni und 30. September viermal am Tag **Autofähren** – täglich um 7.45 Uhr, 11.45 Uhr, 16 Uhr und 20.30 Uhr; übrige Zeit Mo - Sa um 7.45 Uhr und um 18.20 Uhr, So 7.45 Uhr und um 19.15 Uhr. Fahrtdauer 80 Minuten; https://www.jadrolinija.hr/de/faehren-kroatien; Fahrplanänderungen sind möglich!

Weiterreise über die „Adria-Magistrale“

ROUTE: Alternativ zum Seeweg zur Insel Rab bietet es sich an (z. B. wegen der spärlichen Fährabfahrten zwischen der Insel Krk und der Insel Rab), über die Stadt Krk und die hohen Bogenbrücke zum Festland *bei **Kraljevica** zu fahren und von dort auf der Küstenstraße 8/E65, der „Adria-Magistrale“, südwärts zu reisen. Über **Crikvenica**, **Novi Vinodolski** und **Senj** erreicht man nach rund 115 km **Stinica**, den Fährhafen mit Verbindungen nach Mišnjak auf der Insel Rab.*

Ab Krk Stadt führt die Inselstraße 102 nordwärts Richtung Festland.

Nach rund 20 km kann man westwärts nach **Njivice** abzweigen, einem von Wein- und Olivenhainen umgebenen Ort mit einer Reihe von Ferienhotels und Campingmöglichkeiten.

Noch einige Kilometer weiter nördlich erreicht man in der Nähe des Flughafens die Zufahrtsstraße nach **Omišalj**, einem kleinen Ort an der Westküste, der oberhalb einer reizvollen Bucht liegt. Zu den bescheidenen Sehenswürdigkeiten zählt die **Pfarrkirche Mariä Himmelfahrt** aus den Anfängen des 13. Jh. mit bemerkenswerter Loggia aus dem 16. Jh.

Kies-, Fels- und Betonstrände mit Bademöglichkeiten findet man dort in vielen kleineren Buchten.

*ROUTE: Von Kraljevica auf der Küstenstraße 8/E65 nach Südosten. Nach rund 15 km erreicht man **Crikvenica**. Über **Selce** gelangt man nach weiteren 9 km nach **Novi Vinodolski**.*

Von **Crikvenica** (www.tzg-crikvenica.hr) aus bietet sich auf kurvenreichen Landstraßen Gelegenheit zu einem **Abstecher in die Berge** des Hinterlandes nach **Grižane**.

Das kleine Städtchen mit Frankopanen-Festung und bemerkenswerter Kirche ist Geburtsort des Künstlers **Julije Klović**, der als herausragender Miniaturenmaler in der Kunstwelt ganz Europas bekannt wurde. Klović, (ein Zeitgenosse El Grecos, dessen Karriere im spanischen Toledo Klović gefördert haben soll) der gelegentlich auch als „Michelangelo der Miniaturen“ bezeichnet wird, war 1498 geboren worden und malte für hohe Würdenträger in Rom ebenso wie für gekrönte Häupter wie den ungarischen König Ludwig II. Klovićs Werke sind heute in Museen in New York und London zu sehen. Klović starb im Jahre 1578.

Novi Vinodolski ist jedes Jahr am dritten Wochenende im Juli Schauplatz eines ausgelassen gefeierten **Sommerkarnevals**. Der Umzug durch die Stadt, an dem oft mehr als 3.000 Masken teilnehmen, dauert mehrere Stunden.

Novi Vinodolski hat aber auch ernsthafte historische Fakten aufzuweisen. So wurde hier im Jahre 1288 ein Vertrag zwischen Bauern und Adel ausgehandelt, welcher die Feudalherrschaft auf eine neue, für beide Seiten erträglichere Rechtsgrundlage stellte. Das Schriftstück, das wahrscheinlich älteste Dokument in dieser Angelegenheit in ganz Kroatien, ist als „Vinodoler Gesetz“ oder „Vinodolski Code“ in die Geschichtsbücher eingegangen.

Auf der Fahrt über die Küstenstraße oberhalb des Meeres erlebt man zwischen Novi Vinodolski und Senj sehr **schöne Küstenszenerien,** z. B. rund um den **Fjord Žrnovnica**

Senj (www.senj.hr), eine historische Stadt, eine der ältesten in Kroatien und noch heute ein Verkehrsknotenpunkt am Schnittpunkt von Land- und Wasserwegen, liegt am Ausgang eines Taleinschnitts zwischen den Gebirgszügen Velika Kapela und Velebit. Schon die Römer benutzten den Weg über das Gebirge an die Küste, wie Reste einer Römerstraße beweisen.

Ausgangs des Mittelalters war Senj der Zufluchtsort der Uskoken, Flüchtlinge aus den von Türken eroberten Landesteilen, die sich auch als engagierte Kämpfer gegen die Herrschaft Venedigs einen Namen machten.

Zum Besuch der Stadt parkt man am besten auf dem **großen Parkplatz [WP 106 / N44° 59' 24.0" E14° 54' 01.3"]** am Hafen (gebührenpflichtig). Zu den bemerkenswerten Bauwerken der Stadt zählt die romanische **Kathedrale,** die in ihren Ursprüngen aus dem 11. Jh. stammt, im 18. Jh. bis ins 19. Jh. aber komplett umgebaut wurde. Damals entstand auch der freiste-

PRAKTISCHE HINWEISE –NOVI VINODOLSKI, SELCE

Novi Vinodolski
Tourist Information, Kvarner Info Süd, Ulica kralja Tomislava 6, 51250 Novi Vinodolski, Tel. +385 (0)5 17 91 171; www.tz-novi-vinodolski.hr.

HOTELS

Selce
Hotel Katarina ****, 152 Zi., Mihovila Jelicica 14, Tel. +385 (0)5 18 00 480; www.jadran-crikvenica.hr/de/hotel-katarina-selce/; im Ortsbereich gelegenes, gut ausgestattetes Mittelklassehotel. Restaurant, Bar, 2 Swimmingpools, Wellnesscenter, Sauna, WLAN. Parkmöglichkeit. Keine Haustiere.

Novi Vinodolski
Hotel Lišanj **, 160 Zi., Lišanjska 1, Tel. +385 (0)5 16 65 600; www.hotel-lisanj.com; modernes Mittelklassehotel am Fels- und Kiesstrand. Restaurant, Café, Frei- und Hallenbad, Sauna. Tennis, Minigolf. Parkplatz.

CAMPING

Selce
Camping Selce [WP 107 / N45° 09' 13.3" E14° 43' 30.6"], Jasenova 19, Tel. +385 (0)5 17 64 038; www.jadran-crikvenica.hr/de/campingplatz-selce/; 1. Apr. – 15. Okt.; beschilderter Abzweig von der Straße 8/E65 am südlichen Ortsrand von Selce; zu einer ebenen Wiese am Meer abfallender Hang mit Olivenbäumen und Pinien; Lage durch Hotel- und Appartementbauten beeinträchtigt; ca. 7 ha – 300 Stpl. + 100 Dau.; Standardsanitärausstattung. Restaurant, Imbiss, Laden, Waschmaschine, WLAN auf Teilen des Platzes, Internetecke. V & E für Wohnmobile. Mietcaravans.

Klenovica
Camping Klenovica [WP 108 / N45° 05' 48.5" E14° 50' 44.3"], Tel. +385 (0)5 17 96 251; www.camp-klenovica.com; 1. Mai – 30. Sept.; bei km 31 der Straße 8/E65; naturbelassene Wiese mit einzelnen Olivenbäumen; an felsigem Strand; ca. 10 ha – 180 Stpl.; einfache Standardausstattung. Restaurant, Laden, WLAN auf Teilen des Platzes, Internetecke. V & E für Wohnmobile. Mietcaravans und -bungalows.

Camping Kozica [WP 109 / N45° 3' 25.1" E14° 52' 19.3"], Jadranska cesta bb, Tel. +385 (0)5 12 22 851; www.camp-kozica.com/de/; 1. Mai - 30. Sept.; 5 km südlich von Klenovica, Wiesengelände zwischen der Straße 8/E65 und Felsküste, teils mit niederem Baumbestand, Kies- und Felsstrand; 5 ha – 120 Stpl.; einfache Standardausstattung. Restaurant, Laden. V & E für Wohnmobile.

Senj
Camping Bunica [WP 110 / N45° 1' 34.88" E14° 53' 9.22"], Bunica bb, Tel. +385 (0)5 36 16 718; www.tz-senj.hr/de/camp-bunica-v; Anf. Apr. – 30. Sept.; ca. 10 km nordwestl. von Senj; kleines, privat geführtes Minicamp in einem Taleinschnitt mit Terrassen unterhalb der Straße an einer kleinen Bucht, Restaurant; 0,5 ha – 15 Stpl.; einfache Sanitärausstattung.

hende Glockenturm. Beachtung verdienen außerdem die repräsentativen Stadtbauten im Stil der Gotik und der Renaissance am Alten Stadtplatz **Trg Marka Balena** sowie die **Festung Nehaj [N44° 59′ 11.99″ E14° 54′ 12.18″]** aus der Mitte des 16. Jh. etwas außerhalb auf einem Hügel hoch über der Stadt.

Die Festung Nehaj bei Senj. Foto: Croatian NTB, Zagreb

Der Fährhafen mit Schiffsverbindungen zur Insel Rab befindet sich ca. 35 km südlich von Senj in **Stinica [N44° 43′ 11.5″ E14° 53′ 44.8″]**. Von dort verkehren Autofähren nach **Mišnjak** auf der Insel Rab. Im Sommer gibt es täglich zwischen 4 Uhr und 24 Uhr stündliche Abfahrten. Fahrtdauer 18 Minuten.

INSEL RAB

Die Insel Rab, rund 90 qkm groß, ist wegen der reichen mediterranen Vegetation (außer an der gebirgigen, so gut wie vegetationslosen Ostküste), dem milden, ausgeglichenen Klima, den zahllosen verschwiegenen Badebuchten und den in Kroatien seltenen flachen Sandstränden die von vielen Urlaubern bevorzugte Adriainsel.

Erste steinzeitliche Siedlungsspuren wurden im Norden der Insel in der Gegend um **Lopar**, dem früheren *Zidine* (Festung), entdeckt. Diese Siedlungen bestanden bis in die Zeit um das 4. Jh. fort.

Über die **Stadt Rab** finden sich etwa ab Beginn unserer Zeitrechnung Erwähnungen in römischen Chroniken. In einem der Dokumente erhebt der damalige Kaiser Oktavian Augustus den Hafen zum selbständigen *Munizipium*. In der frühchristlichen Zeit ist Rab bereits Bischofssitz, der damals aber noch den Namen *Arba* trug.

Gut 1000 Jahre später ist Rab Schauplatz einer christlichen Legende. Dort heißt es, dass im Jahre 1075 kein geringerer als der hl. Christophorus auf Fürbitten der Bewohner die Stadt vor der Belagerung durch die Normannen bewahrt habe. Seitdem ist der Heilige der Schutzpatron der Stadt.

Rab, der heutige Hauptort, liegt hübsch auf einer schmalen Halbinsel an der Südwestküste der Insel. Von den Bauwerken aus Römertagen ist so gut wie nichts mehr erhalten.

Reste mittelalterlicher Wehranlagen, alte Paläste und stattliche romanische Kirchen sind die Sehenswürdigkeiten im engen, verwinkelten Stadtkern mit historischem Straßenbild. Vor allem die Baudenkmäler aus der spätromanischen Zeit, einer Zeit, in der sich Rab sein unverwechselbares Stadtbild mit mediterranem Gepräge gab, lohnen einen Bummel durch die Gassen der Altstadt.

Parkplätze findet man, nach Passieren einer Schranke und gegen Gebühr, an der **Hafenpromenade [WP**

111 / N44° 45′ 30.8″ E14° 45′ 34.7″] am Rand der Altstadt und an der Stadtmauer am **Ende der Promenade [N44° 45′ 13.75″ E14° 45′46.75″]**.

Am Ende der Promenade gehen wir vom Parkplatz durch ein kleines Tor in der Stadtmauer hinein in die **Altstadt**.

Zunächst durchquert man einen kleinen Park und geht über einen Fußweg hinauf zur ersten von fünf Kirchen, die oben auf dem steil zum Meer abfallenden Rückenrand einer langgestreckten Halbinsel liegen, auf der sich die Altstadt von Rab ausdehnt. Diese kleine barocke **Kapelle (2) [N44° 45′ 14.13″ E14° 45′ 43.70″]** aus dem späten 17. Jh. ist dem Heiligen Antonius geweiht. Im Inneren sieht man auf dem Marmoraltar ein Gemälde, das den hl. Antonius (Sveti Antun) zeigt.

Gleich daneben erhebt sich die romanische **Kathedrale Sv. Marija Velika (3) [N44° 45′ 15.12″ E14° 45′ 42.27″]**, die nicht zuletzt wegen ihres prächtigen **Westportals** von besonderem kunstgeschichtlichem Interesse ist. Der Kirchenbau, eine dreischiffige Basilika, stammt im wesentlichen aus dem 12. Jh. In der Kirche werden in einem vergoldeten Silberschrein im Hauptaltar die Reliquien des hl. Christophorus aufbewahrt. Sehenswert sind außerdem das Chorgestühl aus dem 15. Jh., ein venezianischer Flügelaltar im rechten Seitenschiff, sowie das Taufbecken aus dem 15. Jh. in der Petrus-Kapelle.

Bemerkenswert ist der charakteristische, 1212 erbaute, freistehende **Campanile** mit spitzer Dachhaube und vier Säulenreihen. Der markante, 25 m hohe Glockenturm der Kathedrale, der zu den schönsten seiner Art an der ganzen dalmatinischen Küste zählt, ist zum Wahrzeichen von Rab geworden. Auf der achteckigen Turmspitze sieht man ein Kreuz mit mehreren großen, erdballähnlichen Kugeln, von denen die oberste die Reliquien von Heiligen enthalten soll. Für ei-

Rab

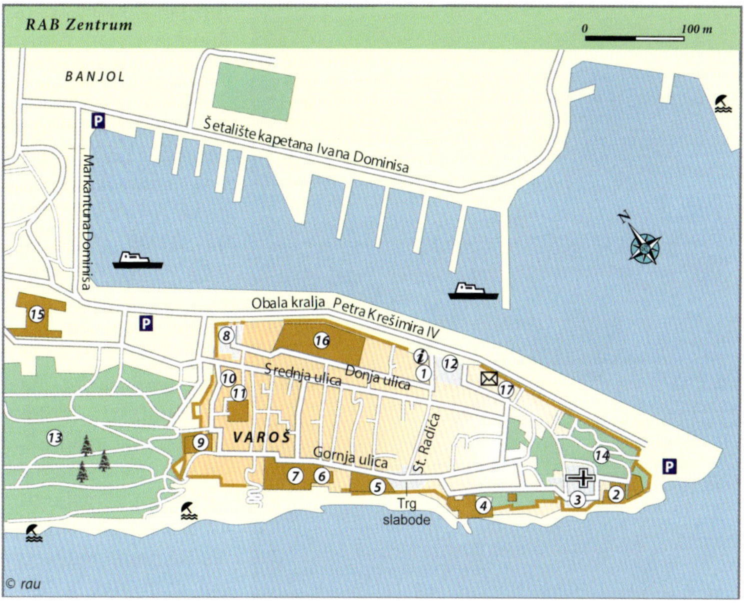

*RAB – **1** Information, Rektorenpalast – **2** Kirche Sv. Antun – **3** Marienkathedrale – **4** Kirche Sv. Andrija – **5** Kirche Sv. Justin – **6** Kirche Sv. Križ – **7** Kirche Sv. Ivan – **8** Platz Trg Sv. Kristofora – **9** Kirche Sv. Kristofora – **10** Dominis-Nimira Palais – **11** Fürstenpalais – **12** Platz Trg Municipium Arbae – **13** Park Komrćar – **14** Park Kaldanac – **15** Hotel Imperial – **16** Hotel International – **17** Postamt*

ne kleine Gebühr können Sie auf den Turm steigen und von oben das malerische Stadtpanorama betrachten.

Von der oberen Altstadtstraße Gornja ulica, die über dem Meer und entlang historischer Häuserfassaden verläuft und selbst in der turbulenten Hochsaison kaum einmal überlaufen ist, ganz im Gegensatz zur unteren Hauptstraße Srednja ulica, gehen immer wieder schmale Treppengassen hinab zur unteren Altstadtstraße Srednja ulica.

Zu den sehenswerten Stadtbauten, die man auf dem Weg von der Marienkathedrale nach Norden passiert und die alle auf der linken (westlichen) Straßenseite liegen, zählen:

Die **Kirche Sveti Andrija (4) [N44° 45' 17.75" E14° 45' 39.22"]**, St. Andreas Kirche. Der romanische Bau mit markantem Glockenturm weist eine Vorhalle im Renaissancestil auf.

Nur ein paar Schritte weiter passiert man die **Kirche Sveti Justin (5) [N44° 45' 19.89" E14° 45' 37.56"]**, Justinianskirche. Die einschiffige Basilika aus dem 16. Jh. ist an ihrer eigenwilligen, zwiebelförmigen Turmhaube leicht zu erkennen. Bemerkenswert im Inneren ist das Gemälde „Tod des hl. Joseph", das an einem Seitenaltar zu sehen ist und das der Schule des Meisters Tizian zugeschrieben wird. Kirchenmuseum mit sakralen Kunstwerken, darunter ein kunstvoll gearbeiteter Tragealtar, der einst im Besitz König Kolomans gewesen sein soll.

Die **Kirche Sv. Križ (6)**, die Heiligkreuzkirche aus dem 16. Jh. und die benachbarte **Kirche Sveti Ivan (7)**, Johanneskirche, folgen. Die Ruinen der romanischen Johanneskirche waren einstmals Teil eines Klosters, das im Mittelalter von Benediktinernonnen und später bis zum Ende des 18.

Rab, Altstadt. Foto: Croatian NTB, Zagreb

Jh. von Franziskanern geführt wurde. Vollständig erhalten blieb allerdings der imposante Glockenturm aus dem 13. Jh.

Fast am Ende der Gornja ulica gehen wir rechts hinab zum Marktplatz **Trg Svetog Kristofora (8) [N44° 45' 27.68" E14° 45' 35.47"]**.

Man passiert die linkerhand gelegene **Sv. Kristofora (9) [N44° 45' 26.56" E14° 45' 32.34"]** und kommt gleich darauf zu den gotischen Palästen **Dominis-Nimira (10)** mit Renaissance-Fassade und dem kleineren **Nimira-Palais** mit spätgotischem Portal und Arkaden.

Weiter zum Marktplatz hin liegt ein **Fürstenpalais (11)** mit Renaissance-Loggienfassade.

Durch die belebte Geschäftsstraße Srednja ulica kann man zurück zum Ausgangspunkt des Rundgangs am Südende der Altstadt gehen.

Etwa auf halbem Wege sollte man nach links abbiegen und durch die Gasse zum **Trg Municipium Arbae (12) [N44° 45' 21.09" E14° 45' 42.13"]** an der Uferpromenade gehen. Neben einladenden Terrassencafés findet man dort den ehemaligen **Rektorenpalast Knežev dvor**. Der markante Bau im Stil der venezianischen Gotik entstand im 13. Jh. und diente lange als Rathaus. Heute findet man dort u. a. ein Büro der **Touristeninformation (1)**, das allerdings nur in der Hauptsaison geöffnet ist.

Ein schöner, mit 2 km nicht allzu langer **Spazierweg** empfiehlt sich vor allem an einem schönen warmen Abend durch den **Park Komrčar**, der sich im Nordwesten an die Altstadt anschließt. Im Park mit seinem alten Baumbestand findet man die Reste eines Klosters, eine kleine gotische Kirche und einen Triumphbogen mit Wappen namhafter Raber Patrizierfamilien. Nordöstlich vor dem Park liegt ein großer **Parkplatz [N44° 45' 43.19" E14° 45' 27.17"]**.

An einer tiefen Bucht ganz im Norden der Insel Rab liegt **Lopar.** Und östlich von Lopar erstreckt sich in der Bucht von **San Marino** ein langer, viel besuchter **Sandstrand** an einer weit geschwungenen Bucht.

Ab Lopar bestehen **Fährverbindungen nach Valbiska/Krk.** Die Autofähren verkehren zwischen 1. Juni bis 30. September viermal am Tag um 6 Uhr, 9.45 Uhr, 14 Uhr und 18.30 Uhr,

Der hl. Marin und San Marino

In dem kleinen Hafenort Lopar auf der Insel Rab soll im 4 Jh. der hl. Marin, der spätere Gründer von San Marino, der ältesten Republik Europas, geboren worden sein.

St. Marin hatte als junger Mann das Handwerk des Steinmetzes erlernt und kam auf seiner Wanderschaft und auf der Suche nach Arbeit wohl auch an die gegenüber liegende Küste der Adria. Er ließ sich in der Gegend von Rimini nieder und wurde bald ein wohlgelittenes Mitglied in der dortigen christlichen Gemeinde und schließlich vom Bischof zum Diakon ernannt.

Marin muss wohl ein vom glühenden Glaubenseifer getriebener Prediger gewesen sein. Denn es dauerte nicht lange, bis er bei der weltlichen Obrigkeit in Ungnade fiel und fliehen musste, um seinen Kopf zu retten. Marin sucht den nur schwer zugänglichen Berg Titan als Zufluchtstätte aus, auf dem er seine Eremitage und eine kleine Kirche errichtete. Aus der Einsiedelei soll sich der Stadtstaat San Marino entwickelt haben, so die Legende.

sonst um 6 Uhr und 17.15 Uhr. Fahrtdauer 80 Minunten; www.jadolinija.hr; Fahrplanänderungen sind möglich!

PRAKTISCHE HINWEISE – RAB

Tourismusverband der Stadt Rab [N44° 45' 19.9" E14° 45' 43.4"], Trg Municipium Arba 8, 51280 Rab, Tel. +385 (0)5 17 24 064; www.rab-visit.com/de/. *Geöffnet im Sommer 8 - 22 Uhr, im Winter 8 - 15 Uhr.*

Feste, Folklore

Mittelalterliche Ritterspiele, der „Ritter von Rab" und Fest der Armbrustschützen mit traditionellem Umzug und viel Folklore, findet jedes Jahr seit 1364 am 9. Mai, 25. Juni, 27. Juli und am 15. August statt.

RESTAURANTS

Astoria, Dinka Dokule 2, Tel. +385 (0)5 17 74 844; www.astoria-rab.com/de/restaurant/; einladendes Restaurant direkt über dem Hauptplatz der Altstadt gelegen, rustikales Ambiente, Terrasse mit schönem Hafenblick, serviert werden Spezialitäten wie Fischteller „Ribarić" oder Meeresfrüchtesalat „Nikole Zara". Man vermietet auch Apartments.

Gostionica „Dupin" - Kron Diving Center, Kampor 413a, Tel. +385 (0)5 17 72 061; www.apartmani-lupic.com/otokrab_gostiona.html; an der Bucht von Kampor, mit lauschiger Terrasse am Meer, serviert werden Steaks aller Art und Fischspezialitäten.

HOTELS

Valamar Collection Imperial ****, 134 Zi., Palit bb, Tel. +385 (0)5 17 71 522; www.imperialrab.hr; angenehmes Mittelklassehotel in schöner Lage über dem Meer, von sehr schönem Park umgeben. Schöne Ausblicke auf die Altstadt. Schwimmbad, Fitnesscenter, Sauna, Restaurant, Tennis, Minigolf, Fahrradverleih, WLAN. Parkplatz. Felsstrand.

Hotel Istra ***, 101 Zi., M. de Dominisa bb, Tel. +385 (0)5 17 24 134; www.hotel-istra.hr; hübsches Stadthotel am nördlichen Ortsrand am Bootshafen. Restaurant, Café-Bar mit Terrasse. Internetecke. Parkplatz.

San Marino/Lopar

San Marino Sunny Resort ***, 415 Zi., Tel. +385 (0)5 17 75 144, www.valamar.com/de/resorts-rab/san-marino-resort; insgesamt 5 Hotels umfassender Ferienkomplex in ansprechender Lage an der weiten Sandbucht. Restaurant, Bar, Abendunterhaltung, Tennis. WLAN. Parkplatz.

CAMPING

Banjol

Camping Padova Resort [WP 112 / N44° 45' 08.6" E14° 46' 28.1"], Banjol 496, Tel. +385 (0)5 24 08 035; www.camping-adriatic.com/de/padova-camp-rab; 24. März – 15. Okt.; ca. 2 km südöstlich von Rab; weitläufige, verzweigte Anlage, teils kleiner Hügel mit Kiefernwald, sonst Sand und Gras und eben am Meer mit gemauerter Mole, benachbarter Sandstrand; ca. 6 ha – 400 Stpl. + 30 Dau.; Standardsanitärausstattung. Laden, Restaurant, Imbiss, Waschmaschine, Trockner, Boots- Fahrradverleih, WLAN, Internetecke. V & E für Wohnmobile.

Auf dem Campingplatz und in unmittelbarer Umgebung gibt es mehrere Restaurants wie z. B. das Mila oberhalb des Platzes oder das Morčić gleich nebenan.

Lopar/San Marino

Camping San Marino [WP 113 / N44° 49' 25.6" E14° 44' 15.1"], Tel. +385 (0)5 24 08 035; www.camping-adriatic.com/de/san-marino-camp-rab/; 7. Apr. – 1. Okt.; östlich von Lopar bei San Marino; eben, im Pappelwald, meist sandiger Boden, am langen, flachen, öffentlichen Sandstrand „Paradies"; im Sommer regelmäßig überlaufen; ca. 11 ha – 800 Stpl. + 50 Dau.; Standardsanitärausstattung. Restaurant, Imbiss, Laden, Waschmaschine, Trockner, Boots- und Fahrradverleih, WLAN, Internetecke. Nebenan Sportzentrum mit Tennis-, Volleyball- und Fußballplatz. Minigolf, Tauchschule. V & E für Wohnmobile.

Der weite Sandstrand von San Marino bei Lopar, Insel Rab

DALMATINISCHE KÜSTE

Die dalmatinische Küste bei Makarska

TOUR 6: INSEL RAB – ZADAR

Länge der Tour: Rund 130 km (ohne Abstecher nach Nin) + 1 bzw. 2 Fähren.

Alternative Küstenroute: **Fähre** von **Mišnjak** nach **Stinica**– Straße 8/E65 über **Karlobag** und **Starigrad Paklenica** bis **Zadar**.

Alternativ Route über die Insel Pag: **Fähre** von **Mišnjak** nach **Stinica** – Straße 8/E65/406 bis **Prizna** – **Fähre** nach **Žigljen/Pag** – Straße 106 über **Pag** bis westlich **Ražanac** – Landstraße nach **Zadar.**

Abstecher: Nach **Nin.**

Reisedauer: Mindestens ein Tag.

Höhepunkte: Wandern im **Nationalpark Paklenica** ** – ein Stadtbummel durch **Zadars Altstadt** *** – das **Gebäudeensemble am Narodni trg** in Zadar – die **Kirche Sv. Donat** * – die **Kathedrale** * – Zadars **Museen** – ein **Spaziergang durch Nin.**

ROUTE: Zur Weiterreise benützen wir die Autofähre von **Mišnjak [Fähranleger, WP 114 / N44° 42‘ 20.3“ E14° 51‘ 34.8“]** *am Südende der Insel Rab nach* **Stinica** *an der Festlandküste. Zwischen 5 Uhr und 23.30 Uhr, bestehen täglich regelmäßige Abfahrten etwa alle 60 Minuten, Fahrzeit ca. 15 Minuten; https://www.croatiaferries.com/misnjak-ferry-port.htm.*

Im Hinterland des ruhigen Küstenstädtchens Jablanac erheben sich die kargen, hoch aufragenden Felshänge und Gipfel des nördlichen Teils des **Velebit-Gebirgskammes,** mit einer Ausdehnung von fast 150 km Kroatiens längstes Gebirge.

Große Teile der Gebirgsregion sind zum **Nationalpark Nördlicher Velebit** erklärt worden und stehen unter Naturschutz, wie z. B. die Reservate **Rožanski kuk** und **Hajdučki kuk** mit ihren interessanten Karstformationen, botanischen Raritäten im berühmten Velebiter botanischen Garten und der **Luki jama**, die als eine der tiefsten Karsthöhlen der Welt gilt. **Information:** Nacionalni park Sjeverni Velebit, Krasno 96, 53274 Krasno, Tel.

+385 (0)5 36 65 380; www.np-sjeverni-velebit.hr/?lang=de.

Alternativrouten zur Weiterreise

Zur Weiterreise bieten sich zwei Alternativen an.

Einmal kann man der Küstenstraße 8/E65 weiter nach Süden folgen und südlich von **Starigrad Paklenica** westwärts nach **Zadar** abzweigen.

Die andere Möglichkeit ist, 30 km südlich von Stinica von der Straße 8/E65 zum **Fährhafen Prizna** abzuzweigen, dort die **Autofähre nach Žigljen** auf der Insel Pag zu nehmen und von dort über **Novalja** und **Pag** nach **Zadar** weiter zu reisen.

Alternative Küstenroute

ROUTE: Die Straße 8/E65 „Adria-Magistrale“ bzw. „Jadranska Magistrala“ zieht an den kargen Felshängen des Velebit-Gebirgskammes entlang nach Süden. Über ***Karlobag*** *(Abzweig der für Caravangespanne gesperrten Straße 25 Richtung Plitvicer Seen) kommen wir nach* ***Starigrad Paklenica****. Tankstellen sind zwischen Senj und Starigrad Paklenica relativ selten.*

Nehmen Sie sich Zeit für diese Strecke. Die zahllosen Kurven lassen keine hohe Durchschnittsgeschwindigkeit zu. Dafür ist die Küstenszenerie herrlich. Leider gibt es nur wenig Parkmöglichkeiten, um sie in Ruhe zu genießen oder zum Baden anzuhalten.

In **Starigrad Paklenica** wurde vor einigen Jahren im Hotel Alan das erste **Karl May & Winnetou Museum [Parkplatz, WP 115 / N44° 17‘ 10.68“ E15° 26‘ 55.50“]** *(geöffnet Apr. - Okt. 11 - 12 Uhr, Eintritt frei; www.rivijera-paklenica.hr/de/winnetou)* eingerichtet. Im damaligen Motel Paklenica wurde während der Dreharbeiten von 7 Winnetou-Filmen die Filmcrew untergebracht. Gezeigt werden Originalrequisiten der Filmproduktionen in den 60er Jahren, z. B. eine ausführliche Fotodokumentation der Drehar-

Das hübsche Jablanac, ehemals Fährhafen mit Verbindungen zur Insel Rab

beiten, Filmplakate, Kostüme, Kanus usw. Auch die Zimmer, in denen Pierre Brice, Lex Barker und andere gewohnt haben, sind noch original erhalten. Außerdem widmet sich das Museum der Geschichte der Stadt Starigrad.

Für Entdeckernaturen ist im karstigen Hinterland das zum **Nationalpark Paklenica** erklärte Gebiet um zwei enge Felsschluchten im Südteil des Velebit-Gebirgszuges ein Eldorado für anspruchsvolle Wanderungen und Bergtouren.

Die Zufahrt zum Nationalpark Paklenica ist im Ort Starigrad-Paklenica bei der Pension Vesna gut beschildert.

Der **Ausgangspunkt für Wanderungen** in die 10 km lange **Velika Paklenica** (Große Paklenica) und die Mala Paklenica (Kleine Paklenica) ist am Ende der einspurigen Zufahrtsstraße mit **Parkplatz [WP 116 / N44° 17' 38.6" E15° 27' 27.5"]**, wo sich das **Besucherzentrum** befindet. Hier erhält man aktuelle Informationen für Klettertouren, Trekking-Touren oder allgemeine Wanderungen und hier muss auch die Parkeintrittsgebühr von 50,- Kuna (ca. EUR 7,50) pro Person plus 10,- Kuna Parkgebühr bezahlt werden. Ab hier beginnt der Weg durch die beeindruckende Velika Paklenica mit ihren fast senkrechten Felsen.

Klettern im Nationalpark Paklenica, auch für Könner eine Herausforderung

Wandern im Nationalpark Paklenica

Insgesamt führt ein **150 km langes Wanderwegesystem** durch den Nationalpark. Bislang gibt es acht Wandertouren, die von „leicht", über „mittelschwierig" und „schwierig" bis „anstrengend" reichen.

Die reine Gehzeit variiert von 1 Stunde 30 Minuten für die 5,5 km der leichten Tour Nr. 1 nach Samardžinovac bis zur anstrengenden Hochgebirgs-Trekkingtour Nr. 7 zu den Gipfeln Struge (1.400 m), Vaganski vrh (1.757 m), Sveto Brdo (1.753 m) und Ivine Vodice (1.250 m), für deren 15 km gut 7 Stunden vorzusehen sind.

Für ungeübte Wanderer empfiehlt sich die etwa 2 Stunden dauernde Wanderung durch die beeindruckende Velika Paklenica mit ihren fast senkrechten Felswänden, an denen man Freeclimber bei ihrem riskanten Sport beobachten kann.

Im **Bergwandern** sehr Geübte können den 1.757 m hohen **Vaganjski vrh** besteigen. Er liegt am Nordrand des Nationalparks und ist die höchste Erhebung des Velebit. Eine Herausforderung für Kletterer stellt der monumentale, senkrecht aufsteigende Felsen **Anića Kuk** dar.

Im Nationalpark soll es über 70 Höhlen geben, von denen lediglich die Höhle ‚Manita Pec' mit schönen Stalaktiten und Stalagmiten zu besichtigen ist.

Information: Nacionalni park Paklenica [N44° 17′ 18.1″ E15° 26′ 51.3″], Dr. Franje Tuđmana 14a, 23244 Starigrad-Paklenica, Tel. +385 (0)2 33 69 155; www.np-paklenica.hr/de/.

CAMPING

Starigrad Paklenica

Camping „Nacionalni Park" [WP 117 / N44° 17′ 19.0″ E15° 26′ 43.2″], Ulica Dr. Franje Tuđmana 14a, Tel. +385 (0)2 33 69 155; www.np-paklenica.hr; 15. März – 15. Nov.; am nördlichen Ortsrand von Starigrad gelegen, neben der Direktion des Paklenica-Nationalparks; ebenes Gelände mit niederen Pinien am langen Kiesstrand; ca. 1 ha – 30 Stpl.; einfache Standardsanitärausstattung. Der Platz wird von der Nationalparkverwaltung betrieben.

Camping Bluesun Camp Paklenica [WP 118 / N44° 17′ 13.8″ E15° 26′ 58.8″], Ulica Dr. Franje Tuđman 14, Tel. +385 (0)2 32 09 062; www.bluesuncamping.com; 15. Apr. – 31. Okt.; beim Hotel Alan in Starigrad; ebenes Wiesengelände mit einigen Laubbäumen an einem schmalen Kiesstrand; 3 ha – 165 Stpl; Standardsanitärausstattung. Restaurant, Laden, Waschmaschine, Schwimmbad, Tauchschule, Sauna, WLAN. V & E für Wohnmobile. Mietbungalows.

Camping Plantaža [WP 119 / N44° 18′ 02.1″ E15° 25′ 55.6″], Put Plantaže 2, Tel. +385 (0)2 33 69 131; www.plantaza.com; Jan. – Dez.; im Ort zwischen Wohnhäusern und Strand gelegen, ca. 80 Stellplätze. Einfache Sanitärausstattung. Restaurant, Kiosk, Waschmaschine, WLAN, Bootsverleih. V & E für Wohnmobile.

Seline bei Starigrad-Paklenica

Camping Autocamp Pisak [WP 120 / N44° 16′ 21.28″ E15° 28′ 39.12″], Vl. Šime Bucić, Tel. +385 (0)2 36 56 129; www.autocamp-pisak.com; 1. Mai – 30. Okt.; ca. 3 km südöstlich von Starigrad-Paklenica von der Magistrale 8/E65 meerwärts abzweigen; zweigeteiltes Gelände mit Pinien und jüngeren Pflanzen, Kiesstrand. Einfache Sanitärausstattung. Kiosk, Waschmaschine, WLAN. Mietbungalows und Mietcaravans.

Camping Mini Camp Igor [N44° 17′ 02.49″ E15° 27′ 49.71″], Ul. Dr. Franje Tuđmana 165, Tel. +385 (0)2 33 69 322; kleine, ebene Wiese am Velebitski-Kanal mit 5 Stellplätzen. V & E für Wohnmobile. Fremdenzimmer.

Tribanj Šibuljina

Camping Šibuljina [WP 121 / N44° 20′ 17.16″ E15° 20′ 28.44″], Šibuljina bb, Tel. +385 (0)2 36 58 004; www.campsibuljina.com; 22. Apr. – 31. Okt.; ca. 2 km südöstlich von Tribanj zwischen Magistrale 8/E65 und Meer gelegen; geneigtes, sandiges Gelände im Pinienwäldchen; ca. 2,5 ha – 85 Stpl. + Dau.; einfache Sanitärausstattung. Laden, Imbiss, Waschmaschine, WLAN. Bootsslipanlage. Felsstrand.

Tribanj Kozjača
Camping Auto Camp Navis [WP 122 / N44° 19' 54.27" E15° 21' 42.48"], Kozjača, Redine bb, Tel. +385 (0)2 37 88 87 39; www.camp-navis.com; 15. Mai – 15. Okt.; ca. 10 km nordwestlich von Starigrad-Paklenica, Abzweig von der Magistrale 8/E65; geneigtes Gelände im Pinienwäldchen; ca. 1 ha – 60 Stpl.; einfache Standardausstattung. Waschmaschine, WLAN auf Teilen des Platzes. Mietcaravans. V & E für Wohnmobile.

WOHNMOBIL-STELLPLÄTZE

Starigrad Paklenica
Wohnmobil-Stellplatz Auto Camp Villa Popo [WP 123 / N44° 17' 22.41" E15° 26' 53.25"], Starigradskih Zidara 4, Tel. +385 (0)2 33 69 120; www.villa-popo.com. **Zufahrt/Lage:** Zufahrt von der Straße 8/E65 am östlichen Ortsbeginn, beschilderte Einfahrt. **Ausstattung:** 10 Stellplätze im Pinienwäldchen bei einem Ferien-Appartementhaus; Frischwasserversorgung, Dusche, WC, Strom. V & E-Station beim Hotel Alan. **Gebühr:** Pauschale für Wasser, WC, Dusche. Strom gegen Extragebühr. **Geöffnet:** Ganzjährig.

Wohnmobil-Stellplatz Auto Camp Katinka [WP 124 / N44° 17' 2.48" E15° 27' 30.11"], Ul. Dr. F. Tuđmana 101, Tel. +385 (0)2 32 64 679; www.camp-katinka.com/en/. **Zufahrt/Lage**: Von der Magistrale 8/E65 meerwärts abzweigen. Platz liegt an der Magistrale nahe der Zufahrt zum Paklenica Naitonalpark. Durch niedrige Bäumchen aufgeteiltes Wiesen- und Schottergelände für ca. 10 Wohnmobile. **Ausstattung:** Neue Sanitäranlagen, Strom. **Geöffnet:** April – Sept. **Gebühr:** Pauschale inkl. Ver- und Entsorgung und Strom.

Tribanj Kruščica bei Starigrad Paklenica
Wohnmobil-Stellplatz Ante [WP 125 / N44° 20' 39.96" E15° 19' 42.88"], Kopovine 9, Tel. +385 (0)2 36 68 057; ca. 1,2 km östlich von Tribanj und ca. 12 km nordwestlich von Starigrad Paklenica beim Restaurant „Ante" zwischen Magistrale 8 und Meer gelegen; Wiesenstreifen mit Schattenbäumen mit Platz für 7 Wohnmobilen; Frischwasserversorgung, WC, Strom. Ausguss für Chemikaltoiletten.

Seline bei Starigrad Paklenica
Wohnmobil-Stellplatz Auto Camp Jaz [WP 126 / N44° 17' 0.90" E15° 27' 37.84"], Ul Dr. F. Tuđmana 244, Tel. +385 (0)9 12 54 94 29. **Zufahrt/Lage:** Von der Magistrale 8/E65 ca. 1 km östlich von Starigrad Paklenica meerwärts zum Platz abzweigen. **Ausstattung:** Schattenlose Schotterfläche am Meer für ca. 10 Wohnmobile. Frischwasser, Grauwasser- und Chemikaltoilettenausguss, WC, Dusche, WLAN, Grillplatz. **Geöffnet:** 1. Mai – 30. Sept. **Gebühr**: Pauschale inkl. Ver- und Entsorgung, Wasser. Für Strom Extragebühr.

*ROUTE: Straße 8/E65 Richtung Zadar. Man überquert nach dem Ort **Rovanjska** eine hohe Bogenbrücke über den Verbindungsarm zwischen dem Meeresarm Velebitski kanal und der Bucht Novigradsko more, dem Novigrader Meer. Gut 30 km weiter erreichen wir **Zadar**.*

Alternativroute über die Insel Pag nach Zadar

Wir bedienen uns der Autofähre von **Prizna [Fähranleger, WP 127/ N44° 36' 07.9" E14° 58' 13.1"]** an der „Adria-Magistrale", nach **Žigljen** auf der **Insel Pag**, die man an deren nordöstlichen Ausläufer Zaglava erreicht. Zwischen 1. Juni und 30. September verkehren Fähren zwischen 4 Uhr und 23.45 Uhr etwa stündlich bis zu 21 mal, in der übrigen Zeit 15 mal. Fahrtdauer 15 Minuten; https://www.jadrolinija.hr/de/faehren-kroatien.

Die rund 60 km lange und nur zwischen 1 und 11 km breite **Insel Pag** (fünftgrößte Adriainsel) verläuft parallel zum Festland, von dem sie durch den Velebit-Kanal getrennt ist. Die auf weite Strecken fast kahle Insel – besonders die Ostseite von Pag ist ungeschützt den heftigen Bora-Winden ausgesetzt – wird von der Straße 106, der einzigen nennenswerten Straße auf der Insel, durchzogen.

Pag ist bekannt für seine ausgezeichneten Weine und für den vorzüglichen Schafskäse (Paški sir), der hier produziert wird. Ein weiteres Produkt, das seit alters her auf Pag gewonnen wird und das lange eine wichtige Einkommensquelle der Inselbewohner war, ist Meersalz.

Manche Frauen auf Pag beherrschen und pflegen noch das alte Kunsthandwerk des Spitzenstickens. Spitzen aus Pag waren und sind noch heute weit über die Insel hinaus bekannt. Feine Spitzen werden auch bei den hübschen einheimischen Trachten verwendet, die heute zwar nicht mehr so häufig, aber bestimmt noch anlässlich von Festen getragen werden.

Man passiert **Novalja** (Camping s. u.) einen kleinen Hafenort an einer Bucht an der Westküste von Pag. Während der Zeit der eindringenden Slawen war Novalja bis zu Beginn des 12. Jh. Hauptstadt der Insel Pag.

Šimuni ist ein eher bescheidener Küstenort mit hübschem Naturhafen.

Der **Hauptort Pag** liegt am Ende einer langen Bucht mit schönem Strand an der Ostseite der Insel. Eine wirtschaftliche und politische Blütezeit erlebte das Städtchen während der Herrschaft Venedigs, die fast vier Jahrhunderte von 1409 bis 1797 währte.

Bemerkenswert ist die **Marienkathedrale von Pag [N44° 26' 38.15" E15° 3' 16.54"]** am zentralen Stadtplatz Petra Kešimira IV. Sie stammt aus dem 15. Jh. und weist eine schöne Fassadenrosette und ein sehenswertes Portal auf. In ihrem Inneren beher-

Die Marienkathedrale in Pag

bergt sie ein Gemälde von Tintoretto.

Andere historischen Stadtbauten sind das unvollendet gebliebene **Bischofspalais** neben der Kathedrale und die gotische Fürstenresidenz **Kneževa palača**.

***ROUTE:** Weiterreise auf der Straße 106 nach Südosten Richtung **Posedarje**.*

Die fast gerade Straße 106 ist durchweg gut zu befahren. Sie führt

PRAKTISCHE HINWEISE – PAG

Touristeninformation [Parkplatz, N44° 26′ 33.78″ E15° 3′ 9.71″], Ulica od Spitala 2, 23250 Pag, Tel. +385 (0)2 36 11 286; www.tzgpag.hr.

RESTAURANT

Konoba Bile, Jurje Dalmatinca 35, Tel. +385 (0)2 36 11 127; beliebtes Restaurant für Pager Spezialitäten wie Lammgerichte und Pager Käse.

HOTELS

Hotel Biser ***, 20 Zi., A. G. Matosa 8, Tel. +385 (0)2 36 11 333; www.hotel-biser.com; Mittelklassehotel gegenüber der Altstadt gelegen, gut ausgestattete Zimmer, Garten, Terrasse, Restaurant, Bar, eigener Kies- und Sandstrand. WLAN in einigen Zimmern. Parkplatz. Keine Haustiere.

Hotel Luna Island ****, 96 Zi., im Ort Jakišnica, Tel. +385 (0)5 36 54 700; www.lunaislandhotel.com; im Westen der Insel Pag ca. 10 nördlich von Novalja entfernt, gutes Mittelklassehotel in schöner Lage am Meer, Restaurant mit Terrasse, Poolbar, Außen- und Innenpool, Fitness- und Wellnesscenter, Sauna. Kies- und Felsstrand. WLAN. Parkplatz. Keine Haustiere.

CAMPING

Novalja

Camping Straško [WP 128 / N44° 32′ 19.1″ E14° 53′ 10.5″], Textil und FKK (auf separatem Platz- und Strandteil), Trg Loža 1, Tel. +385 (0)5 36 63 381; www.campingkroatienpag.de; 20. Apr. – 7. Okt.; 1 km südlich des Ortes, großzügig angelegte Ferienanlage, weitläufiges, zum Meer leicht geneigtes Gelände im Eichenhain mit überwiegend steinigem Untergrund, teils leicht terrassiert. Durch niedere Mäuerchen begrenzte, großzügig bemessene Parzellen, jede mit Strom-, Wasser-, Abwasser- und TV-Anschluss. Kilometerlanger Kies- und Sandstrand, auch betonierte Liegeflächen; Komfortausstattung. Restaurant, Supermarkt, Waschmaschine, Trockner, Tennis, Fitnesseinrichtungen, Bootsslipanlage, Boots- und Fahrradverleih. Tauch- und Surfschule, Bogenschießen. WLAN, Internetecke. Abendliche Musikveranstaltungen. V & E für Wohnmobile neben der Rezeption. Mietbungalows und -caravans. Quick Stop 23 – 7 Uhr.

Camping Mini Camp Škovrdara [WP 129 / N44° 37′ 44.06″ E14° 47′ 37.10″], Škopaljska 17, Tel. +385 (0)5 12 96 970; Mitte Mai - Ende Okt.; ca. 10 km nordwestlich von Novalja entfernt am Felsstrand gelegen; 0,75 ha – 30 Stpl. Mindestausstattung.

Camping Mini Camp Dražica [WP 130 / N44° 37′ 28.84″ E14° 47′58.59″], Primorska 16, Tel. +385 (0)5 36 61 294; www.autocampdrazica.com; 15. Apr. – 15. Okt.; ca. 9 km nordwestlich von Novalja entfernt gelegen, an Felsküste mit kleinem Sandstrand; 0,75 ha – 20 Stpl. Mindestausstattung. Bootsslip.

Šimuni

Camping Šimuni [WP 131 / N44° 27′ 54.5″ E14° 58′ 01.9″], Tel. +385 (0)2 36 97 441; www.camping-simuni.hr; ganzjährig; am Südostrand des Ortes; Geländeterrassen mit Pinien- und Eichenbäumen zwischen Straße und Meer an einer schönen Bucht mit langem Kiesstrand; Standardausstattung. Restaurant, Laden, Waschmaschine, Trockner, Tennis, Boots- und Fahrradverleih, Bootsslipanlage, Bootssteg, Segel-, Tauch- und Windsurfschule. WLAN auf Teilen des Platzes, Internetecke. V & E für Wohnmobile. Mietcaravans und -bungalows.

Povljana

Camping Porat [WP 132 / N44° 20' 54.48" E15° 6' 19.39"], Stjepana Radica, Tel. +385 (0)9 89 50 07 17; www.camp-porat.com; 24. Apr. - 30. Sept.; von der Inselstraße 106 bei Gorica südwärts Richtung Povljana abzweigen zum Platz am Bootshafen von Povljana; leicht terrassiertes Gelände im Pinienwäldchen; 1,5 ha – 60 Stpl.; einfache Standardsanitärausstattung. Waschmaschine, WLAN, Internetecke. V & E für Wohnmobile.

durch felsige Landschaft mit Blick über den Meeresarm Velebitski Kanal hinüber zum mächtigen Gebirgszug des Velebit. Einige Kilometer südöstlich des Ortes **Miškovići** verbindet die **Paski Most-Brücke** die Insel mit dem Festland, das mit der langgestreckten, schmalen Halbinsel Bočetina bis fast an Pag heranreicht. Bei dem Fallwind Bora kann diese Brücke für Caravangespanne und große Wohnmobile gesperrt sein!

Das Gesicht der Landschaft ändert sich nun merklich. Es wird grüner, Wiesen und bestellte Felder sind nun wieder zu sehen.

ROUTE: Bei ***Ražanac*** *zweigen wir südwärts ab auf die Straße nach* ***Zadar****, 22 km.*

Zadar, heute eine Stadt mit annähernd 72.000 Einwohnern, kann alleine schon aufgrund seiner Bedeutung als Handelsmetropole und Fremdenverkehrszentrum als die Metropole Norddalmatiens bezeichnet werden.

Gebührenpflichtige **Parkplätze [WP 133 / N44° 06' 53.2" E15° 13' 46.1"]** gibt es entlang der Uferstraße, die die ganze Altstadt umrundet.

Die illyrische Siedlung (ca. 9. Jh. v. Chr.) und spätere griechische Kolonie

Insel Pag

wandelte sich etwa im 2. Jh. n.Chr. zur blühenden römischen Stadt *Jadera*. Nach der Zerstörung von Salona (bei Split) im 7. Jh. durch Awaren und Slawen wurde Zadar Hauptstadt der Provinz Dalmatien und stand unter byzantinischer Verwaltung. Die Byzantiner nannten die Stadt *Diadora*.

Später beherrschten die kroatisch-ungarischen Könige Zadar, bis im Jahre 1409 die Flagge Venedigs aufgezogen wurde. Diese wehte über Zadar – trotz heftiger Attacken durch die Osmanen im Jahre 1500 und nochmals im Jahre 1570 – bis zum Zusammenbruch der Republik Venedig im Jahre 1797.

Nun kam Zadar zum österreichischen Kaiserreich bis 1918 und wurde durch den Rapallovertrag 1920 Italien zugesprochen. Zu Italien gehörte die Stadt bis zum Ende des 2. Weltkrieges, der Zadar als ein Trümmerfeld zurückließ. 1946 kam Zadar zu Jugoslawien.

Berühmt ist Zadar wegen des in der Gegend produzierten **Maraschino-Likörs**, der vor allem im 18. Jh. eine glanzvolle Hochzeit erlebte, als Maraschino aus Zadar an den Tafeln der europäischen Kaiser- und Königshöfe von Paris bis Sankt Petersburg kredenzt wurde.

Auch in Zadar liegt die sehr sehenswerte **Altstadt** auf einer Halbinsel, größtenteils noch von einer Stadtmauer begrenzt.

Einen **Stadtrundgang** beginnt man am einfachsten beim **Haupttor [N44° 6' 54.16" E15° 13' 44.34"] (2)** am Fußgängersteg, der ein kleines Hafenbecken überspannt und Alt- und Neustadt verbindet.

Vom Haupttor in der Stadtmauer gehen wir über die Straße Juria Barakovića zum **Stadtplatz Narodni trg (3) [N44° 6' 51.37" E15° 13' 40.03"],** mit Uhrturm an der ehemaligen **Stadtwache** (16. Jh.), **Rathaus** und **Stadtloggia** gegenüber. Von allen Fassaden des schönen Gebäudeensembles an der ehemaligen Piazza dei Signori (heute Narodni Trg) blickt die venezianische Vergangenheit Zadars herab.

Am anderen Platzende wenden wir uns nach rechts und gehen die geschäftige Einkaufsstraße Široka ulica nordwärts hinunter.

An der Kreuzung mit der Straße Šimuna Kožižića Benje liegt links das **Archäologische Museum (4) [N44° 6' 55.97" E15° 13' 29.89"]** *(geöffnet Jan. - März + Nov. + Dez. Mo - Fr 9 - 14 Uhr, Sa bis 13 Uhr; Apr., Mai + Okt. Mo - Sa 9 - 15 Uhr; Juni + Sept. tgl. 9 - 21 Uhr; Juli + Aug. tgl. 9 - 22 Uhr; www.amzd.hr/en/)*.

Zu den interessanten Ausstellungsstücken zählen frühgeschichtliche Keramikfunde, Exponate aus der Bronzezeit u. a. Ein Stadtmodell macht anschaulich, wie Zadar zur Römerzeit ausgesehen haben könnte. Die Eintrittskarte zum Archäologischen Museum berechtigt auch zum Eintritt in die St. Donat Kirche gegenüber.

Gleich neben dem Archäologischen Museum findet man das **Museum für Kirchenkunst,** auch **„Gold und Silber von Zadar" (4)** genannt *(geöffnet im Sommer Mo - Sa 10 - 13 + 17 - 19 Uhr, So 10 - 13 Uhr; im Winter Mo - Sa 10 - 12.30 + 17 - 18.30 Uhr, So 10 - 12.30 Uhr; www.zadar.travel/de/stadtfahrer/museen/22-05-2007/gold-und-silber-von-zadar/)*. Es ist in einem ehemaligen Kloster des Benediktinerordens untergebracht und zeigt kostbare Reliquienschreine, sakrale Kunstgegenstände, liturgische Goldschmiedearbeiten und Gemälde, darunter ein Madonnenbildnis aus dem 14. Jh., sowie Skulpturen. Die Ausstellungen setzen sich in den oberen Stockwerken fort. Dort findet man neben einer weiteren Skulpturensammlung kostbare Stickarbeiten sowie Gemälde des Venezianer Malers Vittor Carpaccio (15. Jh.).

Neben dem Museum für Kirchenkunst liegt am Trg opatice Čike die **Ma-**

*ZADAR – **1** Information – **2** Haupttor – **3** Stadtplatz Narodni trg, Rathaus, Stadtloggia, Uhrturm – **4** Archäologisches Museum, Museum für Kirchenkunst – **5** Marienkirche – **6** Kirche Sv. Donat – **7** Forum Zeleni trg – **8** Erzbischöfliches Palais – **9** Römische Säule – **10** Kathedrale Sv. Stošija – **11** Seetor – **12** Kirche Sv. Krševan – **13** Nationalmuseum – **14** Trg Pet Bunara – **15** Landtor – **16** Kunstgalerie – **17** Simeonskirche – **18** Universität – **19** Dječji Park – **20** V. Nazora Park – **21** Busterminal – **22** Franziskanerkonvent – **23** Arsenal – **24** Postamt – **25** Kirche Sv. Jilij*

rienkirche (5) [N44° 6′ 54.67″ E15° 13′ 29.04″] mit barockem Inneren.

Dem Archäologischen Museum gegenüber erhebt sich der auffällige Rundbau der **Kirche Sveti Donat (6) [N44° 6′ 57.06″ E15° 13′ 28.71″]**, der Kirche des Hl. Donat. Jedes Jahr im Juli und August bietet die Kirche Sv. Donat den äußeren Rahmen für eine Reihe von Konzerten. Westlich der Sv. Donat Kirche weisen Fundamentreste auf das frühere römische **Forum (7) [N44° 6′ 54.82″ E15° 13′ 25.95″]** hin, heute Zeleni trg. Hinter der Sv. Donat Kirche erheben sich das **Erzbischöfliche Palais (8)** und eine **Römersäule (9).**

Rechts davon, an der Hauptstraße Široka ulica, sieht man die **Kathedrale Sv. Stošija (10) [N44° 6′ 58.91″ E15° 13′ 27.22″]** aus dem 13. Jh. Sie ist der heiligen Anastasia geweiht. Der berüchtigte Doge Dandolo von Venedig hat die dreischiffige Basilika, die auf den Resten einer früheren Kirche aus dem 10. Jh. ruht, einst in Auftrag gegeben.

Die Kirche Sveti Donat in Zadar

Der Kirchenbau gilt als eines der schönsten Beispiele romanischer Architektur. Kunsthistoriker bewundern vor allem die beiden schönen **Fensterrosetten** an der eindrucksvollen **Westfassade**.

Im Inneren, das gewöhnlich nur während der Gottesdienste zugänglich ist, verdient das von venezianischen Künstlern gearbeitete **Chorgestühl** Beachtung. In der Chorapsis schließlich findet man das Grabmal der hl. Anastasia.

Der 56 m hohe Glockenturm der Kathedrale wurde zwar schon im 16. Jh. begonnen, konnte aber erst in den letzten Jahren des 19. Jh. vollendet werden.

Von der Kathedrale gehen wir über die Široka ulica wieder zurück bis zum Archäologischen Museum.

Geht man dort links und folgt der Poljana Pape Aleksandra III. Richtung **Seetor (11)**, gelangt man, vorbei am Postamt, zur romanischen **Kirche des Hl. Krševan (12) [N44° 6' 58.32" E15° 13' 34.31"]**, auch St. Chrysogonos- oder Grisogonus-Kirche. Der sehr schöne dreischiffige Bau war die Klosterkirche einer Benediktinerabtei aus dem 12. Jh., die aber im Zweiten Weltkrieg durch Bomben zerstört wurde.

Noch ein kurzes Stück weiter, schon fast an der Stadtmauer, liegt das **Nationalmuseum Narodni Muzej (13) [N44° 6' 59.27" E15° 13' 35.84"]**, das Museum der Stadt Zadar an der Poljana pape Aleksandra III bb, *(geöffnet im Sommer Mo - Fr 9 - 20, Sa 9 - 13 Uhr; im Winter Mo - Fr 9 - 15 Uhr, Sa 9 - 13 + 17 - 20 Uhr; www.nmz.hr/en/)*. Es beherbergt Modelle, Ansichten und Gemälde diverser Küstenstädte Dalmatiens.

Über die Široka ulica oder eine der Parallelstraßen gehen wir zurück bis zum Narodni trg und über die weiterführende E. Kotromanić noch bis zum **Platz Trg Pet Bunara (14) [N44° 6' 46.86" E15° 13' 43.68"]** am Südostende der Altstadt. Gegenüber liegt vor einem kleinen Park das sog. **Landtor (15).**

An der Westseite des Platzes findet man die **Kunstgalerie (16)** und an seiner Nordseite die **Simeonskirche (17) [N44° 6' 48.65" E15° 13' 42.67"]** aus dem 16. Jh. In ihr wird der kostbare silberne Reliquienschrein des hl. Simeon aufbewahrt.

Von der Simeonskirche zurück zum Ausgangspunkt unseres Rundgangs am Haupttor.

Ausflüge

Ab Zadar werden **Bootstouren** zu den **Kornat-Inseln** angeboten. Näheres über den **Nationalpark Kornat** siehe weiter unten.

Nin (www.nin.hr), ein hübscher kleiner Ort auf einer durch zwei Brücken mit dem Festland verbundenen Insel, die zwischen Salzgärten und der Ninski Lagune liegt, war früher Bischofssitz. Reste römischer Ruinen und zwei altehrwürdige Kirchen deuten an, dass das Städtchen schon einflussreichere Tage gesehen hat.

Die romanische Fassade der Kathedrale in Zadar

PRAKTISCHE HINWEISE – ZADAR

Turistička zajednica [N44° 6′ 52.32″ E15° 13′ 41.58″], Ulica Jurja Barakovića 5, 23000 Zadar, Tel. +385(0)23 31 61 66; https://www.zadar.travel/de/naslovna.

Feste, Folklore

Musikabende in der Kirche **Sveti Donat** von Anfang Juli bis Anfang August; www.donat-festival.com.

RESTAURANTS

Martinac, Ul. A. Papvije 7, Tel. +385(0)9 83 08 869; www.konoba-martinac.hr; einladendes Restaurant mit gemütlicher Terrasse, Spezialitäten des Hauses: Frischer Fisch und Muscheln sowie Risottogerichte.

Fosa, Ul. kralja D. Zvonimira 2, Tel. +385(0)2 33 14 421; www.fosa.hr; beliebtes Fischlokal am Rande der Altstadt direkt am Wasser gelegen, die Einrichtung ist eine Kombination aus alten Mauern und moderner Ausstattung, schöne Terrasse.

HOTEL

Hotel Kolovare ****, 191 Zi., Bože Peričića 14, Tel. +385 (0)2 32 03 200; www.hotel-kolovare.com/de/; 10 Gehminuten vom Stadtzentrum entfernt, Firstclasshotel an schöner Küste, mit eigenem Strand. Restaurant, Bar, Swimmingpool, Terrasse, Garten. WLAN. Parkplatz. Keine Haustiere.

CAMPING

Camping Falkensteiner Premium Camping Zadar (ehemals Camping Borik) **[WP 134 / N44° 8′ 5.31″ E15° 12′ 56.89″]**, Majostora Radovana 7, Tel. +385 (0)2 32 06 599; www.falkensteiner.com/de/hotels-residences/camping/; 1. Juni – 31. Okt.; 4 km nordwestlich der Stadt; ausgedehntes, zu einer kleinen Sandbucht und schmalen Kiesstrand hin geneigtes, parzelliertes Wiesengelände mit Laubbäumen; 8,5 ha – ca. 400 Stpl; Komfortausstattung. Restaurant, Supermarkt, Poollandschaft, Strand. V & E für Wohnmobile. Der Platz wird derzeit umgebaut und modernisiert in einem Park des Falkensteiner Resort Borik. Eröffnung 2019.

Nin

Camping Zaton Holiday Resort [WP 135 / N44° 14′ 02.6″ E15° 09′ 59.6″], Dražnikova 76 t, Tel. +385(0)2 32 80 215; www.zaton.hr/de/; 28. Apr. – 30. Sept.; von Zadar nach Nordwesten ca. 15 km Richtung Nin; sehr weitläufiges, bis ans Meer reichendes, erdig-kiesiges, teils leicht welliges Gelände, überwiegend im hochstämmigen Pinienwald mit großzügig bemessenen Stellplätzen. Einige Platzteile von Mobilehomes und Mietzeltgruppen belegt; ca. 30 ha – 1.000 Stpl.; Komfortausstattung; modernes Versorgungszentrum mit Supermarkt, mehrere Restaurants, Bars und Cafeteria, Souvenirläden; Freizeit- und Sporteinrichtungen, am Strand Animations- und Musikbühne. Waschmaschine, Trockner, Boots- und Fahrradverleih, Segel-, Tauch- und Windsurfschule, Bogenschießen, Minigolf, Reitstall, Fitnessstudio, WLAN, Internetecke; langer, schmaler Kiesstrand mit Bademole. Appartementsiedlung angeschlossen. V & E für Wohnmobile. Mietcaravans, Mietbungalows, Mietzelte.

Camping Peroš [WP 136 / N44° 13′ 46.8″ E15° 10′ 18.5″], Zaton, Put Petra Zoranica 14, Tel. +385(0)2 32 65 830; www.autocamp-peros.hr; 1. März – 1. Dez.; relativ neu eingerichteter kleiner Platz, teils Wiese, teils befestigte Stellplätze mit Wasserzu- und abfluss und Stromanschlüsse; ca. 2 ha – 50 Stpl.; Standardsanitärausstattung. Imbiss, Waschmaschine, Schwimmbad, WLAN, Internetecke. V & E für Wohnmobile. Mietcaravans.

Privlaka

Camping Dalmacija [WP 137 / N44° 15′ 24.4″ E15° 07′ 33.5″], (ehem. Camp Maritime), Ivana Pavla II 40, Privlaka, Tel. +385 (0)2 33 66 661; www.dalmacija-camp.com/de/; 1. Apr. – 15. Okt.; 30 km nordwestlich von Zadar gelegen, ebenes, parzelliertes Gelände im Pinienwald am Meer; ca. 4 ha – 200 Stpl.; einfache Standardausstattung. Laden, Imbiss, Restaurant, Bootsslipanlage, Bootsverleih, WLAN auf Teilen des Platzes, Internetecke. V & E für Wohnmobile. Mietcaravans.

Parkplätze (Gebühr) findet man an der Südseite der **Altstadt [WP 138 / N44° 14′ 27.77″ E15° 10′ 59.72″].**

Die Ursprünge von Nin reichen zurück in die antike Zeit, als die Illyrer hier ihre Siedlung *Aenona* gründeten. Die Reste eines Augustustempels stammen aus der Römerzeit.

Im Mittelalter erlebte Nin seine Hochzeit. Es wurde erste Hauptstadt der Kroaten und auf Grund dieses Status auch erster Sitz eines kroatischen Bischofs und somit ein frühes Zentrum der katholischen Kirche im Lande. Bedeutende Sakralbauten aus jener Zeit konnten erhalten werden. Auch beeindruckende Reste der mittelalterlichen **Stadtmauer** samt zwei stattlichen **Stadttoren** sind noch vorhanden.

Interessant ist ein Besuch im **Stadtmuseum,** der sog. **„Schatzkammer**

der sakralen Kunst Gold und Silber von Nin" [N44° 14' 36.06" E15° 11' 2.77"] *(geöffnet 15. Juni - 15. Sept. 9 - 12, 17 - 21 Uhr; www.nin.hr/de/kulturerbe/schatzkammer-nin)*, das in einem unübersehbaren roten Haus untergebracht ist, und in dem archäologische Sammlungen und die Kleinodien eines Kirchenschatzes zu sehen sind.

Geht man vom Museum links, kommt man gleich darauf zu den **Resten eines römischen Tempels**.

Geht man dagegen am Museum rechts vorbei, gelangt man zur **Kirche Sveti Križ (Heiligkreuzkirche) [N44° 14' 34.21" E15° 11' 4.01"]**, die auf den Fundamentsresten der römischen Siedlung Aenona steht. Sie wird als die kleinste Kathedrale der Welt bezeichnet, da es sich um einen einstigen Bischofssitz handelt. Das altkroatische Kirchlein wurde zwischen dem 9. und 11. Jh. im Stil einer byzantinischen Kapelle errichtet.

Andere bedeutende Kirchenbauten in Nin sind die **Nikolauskirche** aus dem 11. Jh. sowie die **Ambrosiuskirche**, die im 13. und 14. Jh. entstand.

Etwas östlich außerhalb des Städtchens im Gebiet der Salinen von Nin findet man das kleine, aber interessante **Salzmuseum Solana Nin [N44° 14' 38.4" E15° 11' 30.4"]**, Ilirska cesta 7 *(geöffnet Juni - Aug. Mo - So 8 - 20 Uhr, Okt. Mo - Fr 8 - 15 Uhr, Führungen tgl. 8 - 12 Uhr und 17 Uhr, 18 Uhr und 19 Uhr; www.solananin.hr, Tel. +385 (0)2 32 64 021)*.

Aber: Bei einer Sturmflut am 11. September 2017 wurden die Salzfelder allerdings schwer beschädigt und die Salzfabrik Solana samt Museum mussten schließen. Die Wiedereröffnung der Sehenswürdigkeit war bis Drucklegung unklar!

Normalerweise informiert eine Ausstellung (mit Souvenirladen) über das in den Salinen von Nin gewonnene Salz. Im Sommer starteten von hier 40-minütige Führungen durch die angrenzenden Salzfelder, von denen seit mehr als 1.500 Jahren bestes Meersalz geerntet wurden, ein Naturprodukt, das reich an Kalzium und Magnesium, Kalium und Jod ist.

Bescheiden, aber historisch – die Heiligkreuzkirche in Nin, die kleinste Kathedrale der Welt

TOUR 7: ZADAR – ŠIBENIK

Länge der Tour: Rund 80 km. Abstecher zu den Krka-Wasserfällen ca. 40 km.

Die Route: Über die Küstenstraße 8/E65 und über **Biograd na moru**, **Pirovac** und **Vodice** bis **Šibenik.**

Abstecher: Zu den **Krka-Wasserfällen**.

Reisedauer: Mindestens ein Tag.

Höhepunkte: Die **dalmatinische Küstenlandschaft** ** – **Insel Murter** * – ein Schiffssausflug zu den **Kornati-Inseln** ** – die **Kathedrale Sv. Jakov** ** in Šibenik – **Stadtblick** von der Festung Sv. Ana * in Šibenik – ein Spaziergang durch den **Nationalpark Krka** ** mit seinen Wasserfällen.

Die Küstenstraße 8/E65 **„Adria-Magistrale"** oder **„Jadranska magistrala"** umgeht die ausufernde Stadt Zadar und erreicht bei **Sukošan** (Strand, Marina, Hotel) wieder das Meer. Die Küste hier ist flach und sehr steinig und weist nur sehr schmale Strände auf.

Auf der Weiterfahrt nach Süden sieht man zur Rechten auf der Westseite des Meereskanals Pašmanski die Insel Ugljan und anschließend die Küstenlinie der Insel Pašman sowie mehrere kleinere Inseln liegen.

Hübsch am von zahllosen Inseln durchsetzten und stark gegliederten Pašmanski Kanal gelegen ist das Hafenstädtchen **Biograd na Moru**. Der historische Ort (Museum) – früherer Bischofssitz und Krönungsstätte der kroatischen Könige – ist heute Sommerferienort mit Hotels, kleiner Hafenpromenade und günstigen Bootsliegeplätzen, Slipanlagen, Bootskran.

Ab **Biograd na Moru** verkehren **Autofähren nach Tkon** auf der **Insel Pašman** im Juli und Aug. von 6 Uhr bis 22.30 Uhr 13 Abfahrten, im Juni und Sept. von 6 Uhr bis 21.30 Uhr 12 Abfahrten, sonst tgl. von 7 Uhr bis 21.20 Uhr 10 Abfahrten; Fahrzeit 20 Minuten; www.jadrolinija.hr/de/.

Sehr ansprechend ist die Landschaftsszenerie auf der Weiterfahrt südöstlich von Pakoštane. Linkerhand liegt der hellgrün schimmernde Binnensee

HOTELS

Biograd na Moru

Hotel Ilirija ****, 158 Zi., Tina Ujevića 5, Tel. +385 (0)2 33 83 556; www.ilirijabiograd.com; modernes Mittelklassehotel in schöner Lage am Stadtrand beim Bootshafen, alle Zimmer mit Balkon und Meerblick, eigener Strand mit blauer Flagge, Restaurant, Bar, Fitnesscenter, Wellnesszentrum, Fahrradverleih. WLAN. Parkmöglichkeit.

CAMPING

Sukošan

Camping Mini Camp Malenica [N44° 2' 11.31" E15° 19' 40.39"], Malenica 7, Sukošan, Tel +385 (0)2 33 93 590; www.malenica.hr; Apr. – Sept.; 40 Stpl.

Sv. Filip i Jakov

Camping Đardin [WP 139 / N43° 57' 40.6" E15° 25' 41.8"], Put primorja 4, Tel. +385 (0)2 33 88 436; 1. Mai – 30. Sept.; langgestrecktes Wiesengelände mit Laubbäumen am Ortsrand und am betriebsamen Badestrand; 3 ha – ca. 200 Stpl.; einfache Sanitäranlagen.

Camping Moče [WP 140 / N43° 57' 37.1" E15° 25' 45.6"], Tel. +385 (0)2 33 88 436; www.camping-moce.com; Apr. – Okt.; im Ort beschildert, geneigtes Wiesengelände mit Laubbäumen, ein Fußweg führt zum Kiesstrand mit Betonflächen; ca. 0,5 ha – 25 Stpl.; einfache Standardausstattung. Waschmaschine, Bootsverleih, WLAN, Internetecke.

Camping Autocamp Rio [WP 141 / N43° 57' 21.45" E15° 26' 6.82"], Put Primorja 66, Tel. +385 (0)2 33 88 671; Apr. - Sept.; am südlichen Ortsrand; längliches Wiesen- und Sandgelände mit Schattenbäumen; ca. 1 ha – 50 Stpl. + Dau.; einfache Sanitärausstattung.

Biograd na Moru

Camping Park Soline [WP 142 / N43° 55' 41.3" E15° 27' 19.3"], Put Kumenta 16, Tel. +385 (0)2 33 83 351; www.campsoline.com; 21. Apr. – 15. Okt.; gut schattiger Pinienwald am öffentlichen Strand; ca. 16 ha – ca. 520 Stpl. + Dau.; Standardsanitärausstattung. Restaurant, Laden, Bootsslipanlage, Tennis, WLAN, Internetecke. Tennis. V & E für Wohnmobile. Mietcaravans und -zelte. Für Wohnmobilfahrer Angebot für Plätze außerhalb des Platzes.

Camping Diana & Josip [WP 143 / N43° 55' 56.28" E15° 27' 9.91"], Put Solina 55, Tel. +385 (0)2 33 85 340; ca. 1 ha – 70 Stpl. + Dau.; nur ca. 700 m vom Stadtzentrum von Biograd entfernt im Kiefernwald gelegen; einfach Sanitärausstattung. Laden, Restaurant.

Pakoštane

Camping Autocamp Nordsee [WP 144 / N43° 54' 20.0" E15° 30' 59.8"], Alojzija Stepinca 68, Tel. +385 (0)2 33 81 438; www.autocamp-nordsee.com; 1. März – 1. Nov.; am Ortsrand, unebenes, teils stark geneigtes Wiesengelände unter Pinien; Beton- und Kiesstrand; ca. 1,5 ha – 80 Stpl; einfache Sanitärausstattung. Restaurant, Waschmaschine, Bootsverleih, WLAN, Internetecke. Mietcaravans, Mietbungalows.

Camping Kozarica [WP 145 / N43° 54' 38.1" E15° 30' 02.9"], Brune Busica 43, Tel. +385 (0)2 33 81 070; www.adria-more.hr/de/; 7. Apr. – 31. Okt.; ausgedehntes, unebenes, teils stark geneigtes Gelände unter Pinien; Beton- und Kiesstrand; 6 ha – ca. 300 Stpl.; Standardsanitärausstattung. Restaurant, Laden, Waschmaschine, Trockner, Schwimmbad, Fahrradverleih, WLAN, Internetecke, Fahrradverleih. V & E für Wohnmobile. Für Wohnmobilfahrer Angebot für Plätze außerhalb des Platzes.

Camping Minicamp Marin [WP 146 / N43° 54' 16.00" E15° 31' 7.47"], Ul. Kardinala A. Stepinca 94, Tel. +385(0)2 33 81 459; www.autocamp-marin.com/de/; Apr. – Okt.; am südlichen Ortsrand von Pakostane meerwärts abzweigen; geneigtes, sandiges Gelände im Olivenhain zwischen Zufahrtsstraße und Meer; 1 ha – 30 Stpl.; einfache Sanitärausstattung.

Drage

Camping Oaza Mira FKK [WP 147 / N43° 53' 09.8" E15° 31' 58.6"], ul. Dr. Franjo Tudman 2, Tel. +385 (0)2 36 35419; www.oaza-mira.hr/de/; 1. Apr. – 31. Okt.; nordwestlich von Drage Abzweig von der E66/8; Terrassenanlage auf einer Halbinsel, lichter Pinienwald, schöne Bucht; 4 ha – 150 Stpl.; Standardsanitärausstattung. Restaurant, Laden, Waschmaschine, Trockner, Schwimmbad, Bootsverleih, Bootssteg, Beachvolleyballfeld, WLAN, Internetecke. V & E für Wohnmobile. Mietcaravans.

Pirovac

Camping Miran [WP 148 / N43° 49' 24.0" E15° 39' 28.8"], Zagrebacka bb, Tel. +385 (0)2 24 66 836; www.rivijera.hr; 15. Apr. – 15. Okt.; am nördlichen Ortsrand, teils welliges Pinienwaldgelände, auch schattenlos, Fels- und Kiesstrand mit Betonliegeflächen; 3 ha – ca. 100 Stpl.; einfache Sanitärausstattung; Restaurant, Laden, Tennis, Bootsslip. Mietbungalows, Mietcaravans, Mietzelte.

WOHNMOBIL-STELLPLÄTZE

Sveti Petar na Moru

Wohnmobil-Stellplatz Autocamp Martin [WP 149 / N43° 59' 59.89" E15° 22' 7.31"], Jasminka en Neven Colic, Tel. +385 (0)2 33 91 104. **Zufahrt/Lage:** Von der Magistrale im Ort meerwärts zum Platz abzweigen am nordwestlichen Ortsrand. **Ausstattung:** Ebene Wiese am Meer mit leichtem Baumschatten für 15 Wohnmobile. Grauwasser- und Chemikaltoilettenausguss, Frischwasser, WC, Dusche, WLAN. **Geöffnet:** 1. Mai – 1. Okt. **Gebühr**: Pauschale für Aufenthalt. Strom Extragebühr. Bushaltestelle nach Zadar ca. 200 m entfernt

Vransko jezero, rechterhand erstreckt sich ein Archipel kleiner Inseln.

Insel Murter

3 km hinter **Pirovac** bietet sich die Möglichkeit, einen Abstecher zur Insel Murter zu unternehmen. Besonders malerisch liegt der Ort **Tisno** am überbrückten schmalen Verbindungskanal zwischen Festland und der Insel Murter. Zahlreiche verschwiegene Badebuchten mit Kiesstränden und an-

CAMPING – INSEL MURTER

Tisno

Camping Jazina [WP 150 / N43° 48' 33.4" E15° 37' 43.1"], Put Jazine bb, Tel. +385 (0)22 43 85 58; www.campjazina.com; 15. Apr. – 15. Okt.; in Tisno noch vor der Kanalbrücke zur Insel Murter nordwestwärts abzweigen und noch ca. 1,5 km; steiniger Hang mit südländischem Baumbestand in sehr schöner, relativ ruhiger Lage; Kies- und Felsstrand; ca. 5 ha – 300 Stpl; Standardsanitärausstattung. Restaurant, Laden, Minigolf, Volleyballfeld.

Camping Jezera Village [WP 151 / N43° 47' 32.0" E15° 37' 38.0"], put Zaratica 1, Tel. +385 (0)2 24 39 600; www.jezeravillage.com/de/; 14. Apr. –

6. Okt.; beschilderte Zufahrt; terrassiertes Gelände mit Nadel-und Laubbäumen an einer langen Kiesbucht mit betonierten Liegeflächen, zu einer Appartmentsiedlung gehörend; 15 ha – ca. 350 Stpl. + 40 Dau.; Komfortausstattung. Restaurant, Imbiss, Laden, Boots- und Fahrradverleih, Bootsslipanlage mit Bootssteg, Surfschule, Tennis, WLAN, Internetecke. V & E für Wohnmobile. Mietbungalows, Mietzelte.

Murter

Camping Slanica [WP 152 / N43° 49′ 00.7″ E15° 34′ 38.9″], Podvršak 8, Tel. +385 (0)22 434 205; www.murter-slanica.hr; 15. Apr. – 15. Okt.; karges, teils steiniges Gelände, teils durch niederen Mäuerchen gegliedert, an schöner Kies- und Felsbucht; bei benachbarter Hotelanlage; 2 ha – ca. 200 Stpl; Standardsanitärausstattung. Laden, Waschmaschine, Strandbar, Bootsvermietung, Bootssteg. Mietbungalows.

grenzenden Kiefernwäldchen säumen die Küste.

Die Gegend ist bekannt für ihre vorzüglichen Weine und ihre Fischspezialitäten.

Murter (Tourismusbüro, Rudina bb, 22243 Murter, Tel. +385 (0)2 24 34 995; www.tzo-murter.hr), das kleine Fischerdorf zwischen Olivenhainen auf der gleichnamigen Insel, weist **schöne Strände** und einen Campingplatz auf.

Nationalpark Kornati

Die Inselgruppe der Kornati, Fortsetzung der langgestreckten **Insel Dugi Otok** und westlich der **Insel Murter** gelegen, ist ein Archipel aus rund 140 so gut wie unbewohnten Inselchen, ein wahres Labyrinth aus Fels und Meer.

Markant vor allem sind die steilen Kalksteinklippen einiger der fast vegetationslosen Eilande, die nach Südwesten steil ins blaue Meer der Adria abfallen. Am markantesten sind die Klippenküsten auf den Inseln Klobucar, Mana und Rasip Veli ausgeprägt.

Das Kornati-Archipel, das 1980 zum Nationalpark erklärt wurde, ist ein wahres Eldorado wir Wassersportler und Taucher.

Die Kornati-Inseln. Foto: Croatian National Tourist Board, Zagreb

Die größte der Inseln ist die rund 25 km lange und kaum mehr als 2,5 km breite **Insel Kornat**. Von ihr hat der ganze Archipel seinen Namen. Wie man liest, hatte Plinius die Insel schon gekannt und in seinen Erinnerungen als *„Cratea"* erwähnt. Reste römischer Ruinen wurden auf einer Anhöhe namens Toreta entdeckt.

Später hatte die Insel wechselnde Namen. Zeitweise hieß sie *Insula Sanctae Mariae* (Himmelfahrtsinsel), dann *Tarac*, dann wieder *Turet*, bis sich im 17. Jh. der Name *Coronati* einbürgerte.

Auf den Karstinseln, deren „karge Herrlichkeit" von romantischen Gemütern gepriesen wird, gibt es keinen Wasserlauf und keine einzige Süßwasserquelle. Dennoch lassen Funde annehmen, dass hier schon weit vor Beginn unserer Zeitrechnung Siedlungen existiert haben müssen.

Außerdem findet man auf einigen der Eilande durch Trockenmäuerchen eingefriedete Areale, die darauf hinweisen, dass hier früher eine wohl recht karge Landwirtschaft betrieben wurde. Vor allem in windgeschützten Senken und Buchten gedeihen Oliven, Wein und Feigen. Die wenigen Bewohner der paar Siedlungen waren lange auf das in ihren Zisternen gespeicherte Regenwasser angewiesen.

Viele der Kornati-Inseln gehörten bis ist 19. Jh. wohlhabenden Aristokratenfamilien aus Zadar. Dann begannen Einwohner von Murter und Dugi Otok die Insel oder Teile davon zu erwerben, um Schafe zu züchten.

Tagesausflüge per Schiff zu den Inseln im Nationalpark Kornati werden **ab Murter** (Arta Travel Agency; www.murter-kornati.com/de/) angeboten. Der Eintritt in den Nationalpark ist gebührenpflichtig.

Information: Nacionalni park Kornati, Butina 2, 22243 Murter, Tel. +385 2 24 35 740; www.np-kornati.hr/en/.

HAUPTROUTE

Auf dem Wege nach Šibenik passiert man den Ferienort **Vodice** (www.vodice.hr/en/home) mit großen Hotelsiedlungen. Vodice hat seinen Namen übrigens von reichen Trinkwasserquellen, die im trockenen, karstigen Mittelmeerraum erste Voraussetzung für das Wachsen von Ansiedlungen und für die Existenz der Bauern waren.

Ein langer, gerne besuchter Strand, der **Blaue Strand (Plava plaža),** zieht sich an der Westseite von Vodice bis hin nach **Tribunj**. Der alte Ortskern dieses malerischen Fischerstädtchens mit seinen schmalen Gassen zwischen dicht gedrängten Häusern, liegt auf einer winzigen, zwischenzeitlich durch eine Brücke mit dem Festland verbundenen Insel.

3,5 km weiter zweigt rechts der Weg zum etwa 5 km entfernten Ort **Martinska** ab.

ROUTE: *Im weiteren Verlauf der Route überquert die Straße 8 auf einer hohen Bogenbrücke den Mündungsarm der Krka. Knapp 5 km weiter erreicht man* ***Šibenik****.*

Abstecher zu den Krka-Wasserfällen

Ein Abstecher, der geradezu ein Muss in dieser Region ist, führt zu den **Slapovi Krke**, den bekannten **Krka-Wasserfällen**.

CAMPING – VODICE

Camping Imperial [WP 153 / N43° 45′ 11.5" E15° 47′ 24.9"], Vatroslava Lisinskog 2, Tel. +385(0)2 24 54 412; www.rivijera.hr; 1. Apr. – 31. Okt.; 2 km östlich Vodice, zwischen Hotelanlagen und Häusern am Meer, Kiesstrand; 3 ha – 130 Stpl; einfache Sanitärausstattung. Tennis, Bootsslipanlage, Internetecke. V & E für Wohnmobile. Mietbungalows.

ROUTE: *Von der Straße 8/E65, die Šibenik umgeht, nordwestlich der Stadt Abzweig auf die Straße 33 und zunächst Richtung **Drniš/Knin**. Nach 10 km verlassen wir die Straße 33 und folgen der Landstraße westwärts Richtung **Skradin**, um schon kurz darauf bei **Lozovac** der Beschilderung **„Nationalpark Slapovi Krke“** zu folgen. Nach ca. 1 km endet die Straße am Besucherparkplatz oberhalb des Krka-Tales.*

An der Rezeption beim großen **Parkplatz** am Parkeingang Lozovac **[WP 154 / N43° 47′ 44.7“ E15° 58′ 04.3“]** erhält man die Eintrittskarten zum **Nationalpark Krka** und fährt dann mit einem der regelmäßig *(zwischen 9 und 16 Uhr alle 10 Minuten; www.npkrka.hr)* verkehrenden **Pendelbusse** (im Eintrittspreis inklusive) hinab ins Tal der Krka *(geöffnet Juni - Aug. tgl. 8 - 20 Uhr; Mai + Sept. 8 - 19 Uhr; März, Apr. + Okt. 8 - 17 Uhr; Nov. - Feb. 9 - 16 Uhr; www.npkrka.hr/en/).*

Dort führen vom Busstop markierte Wege, Dämme und Stege durch die grüne, streckenweise sehr romantische, von zahllosen Wasserläufen durchzogene Flusslandschaft.

Und immer wieder wird der Blick freigegeben auf größere und kleinere Wasserfälle, Kaskaden und Katarakte. Rechnen Sie bei gemächlicher Gangart mit etwa zwei Stunden für einen Rundgang.

In einem idyllischen, waldreichen Tal stürzt der Fluss Krka in zahlreichen bis 100 m breiten Kaskaden insgesamt 42 m talwärts. Der größte und wasserreichste **Katarakt der Krka**, und wohl auch der sehenswerteste, ist der Skradinski buk. Die Wasser stürzen hier über eine 46 m hohe Kalksteinbarriere, die als eine der höchsten ihrer Art in Europa gilt.

Zwischen den Kaskaden und mäandernden Wasserläufen haben sich herrliche Bassins ausgebildet, in denen früher viele Besucher gerne ein Bad nahmen. Heute ist das offiziell nicht mehr erlaubt. Die Kalksteinformationen und die Wasserfauna hatte zu sehr unter dem Badebetrieb gelitten. Unterhalb der Wasserfälle Skradinski buk wird Baden in einem abgegrenzten Teil des Gewässers aber toleriert. In der Nähe gibt es Imbissbu-

Die Krka-Wasserfälle

Die Klosterinsel Viscovac. Foto: Croatian National Tourist Board, Zagreb

den und Toiletten. An einfachen Ständen werden Souvenirs, Feigen, Nüsse, Wein, Slivovic u. ä. angeboten.

Information: Nacionalni park Krka, Trg Ivana Pavla II Nr. 5, 22000 Šibenik, Tel. +385(0)2 22 01 777; www.np-krka.hr/en/; www.npkrka.hr/stranice/ulaz-skradin/30/en.html

Ausflugsfahrten per Boot auf der Krka sind möglich, so z. B. zum Karstsee von **Visovac**. Dort kann ein **Franziskanerkloster** aus dem 15. Jh. besichtigt werden, das auf einer kleinen Insel mitten im See liegt. Im Kloster sind wertvolle alte Gemälde, Handschriften und Kunstgegenstände zu sehen.

Einige Bootstouren führen noch weiter die Krka aufwärts bis zu den Wasserfällen **Roski slap** am Nordende des weitverzweigten Visovačko jezero, dem ersten großen See, den die Krka auf ihrem Weg zur Adria bildet. Insgesamt ist der Fluss Krka 72 km lang.

Seine Quellflüsse, von romantischen Heimatdichtern auch schon als „Elfenhaare des Dinara-Gebirges" bezeichnet, entspringen bei Knin. In ihrem Verlauf bildet die Krka teils tiefe Canyons und viele schöne Flusslandschaften, die im Gebiet des Nationalparks einen Höhepunkt bilden. Einige Kilometer westlich von Šibenik mündet die Krka durch den Kanal Sveti Ante ins Adriatische Meer.

Ein interessantes Detail: An der Krka entstand 1895 eines der ersten Wasserkraftwerke des Landes, das die Stadt Šibenik in die Lage versetzte als dritte Stadt weltweit seine Straßen elektrisch zu beleuchten.

Ein anderer wichtiger **Ausgangspunkt für Wanderungen und für Bootausflüge** zu den Krka Wasserfällen Skradinski Buk **[Bootsanleger N43° 48' 59.38" E15° 55' 21.92"]** ist das kleine Weinbaustädtchen **Skradin [Parkplatz, WP 155 / N43° 49' 3.52" E15° 55' 28.93"]** (Touristeninformation, Trg Male Gospe 3, 22222 Skradin, Tel. +385(0)2 27 71 329; www.skradin.hr) an der Ostseite des ausgedehnten Prokljan-Sees.

Skradin, während der Römerzeit als *Scardona* bekannt, und später für einige Jahrhunderte zum Bischofssitz avanciert, ist übrigens die älteste dalmatinische Siedlung. Skradin, das ab Šibenik auch per Schiff erreichbar

Von Skradin aus verkehren Ausflugsboote zu den Krka-Wasserfällen

ist, liegt 9 km nordwestlich der Hauptstraße 33 (Šibenik – Knin), Abzweig bei Lozovac.

Auf der Anreise von Nordwesten sieht man **Šibenik** vor sich liegen und würde die Stadt am liebsten auf der Umgehungsstraße umfahren. Zwar zeugt die stadtüberragende Festung **Sveti Ana** von einer geschichtsreichen Vergangenheit, auch die Lage

CAMPING

Lozovac

Camp Marina [WP 156 / N43° 47' 59.9" E15° 56' 36.6"], Skocici 6, Tel. +385(0)9 13 68 33 23; www.camp-marina.hr; 1. Apr. – 31. Okt.; an der Straße Richtung Skradin, neben Camping Krka, ebenes Gelände mit einigen Pinien; 1 ha – 30 Stpl.; einfache Sanitärs. Restaurant, Schwimmbad.

Camping Krka [WP 157 / N43° 48' 03.0" E15° 56' 30.5"], Skocici 2, Tel. +385(0)2 27 78 495; www.camp-krka.hr; 1. März – 31. Okt.; von der Straße 33 (Šibenik – Drnis) Richtung Skradin abzweigen, ca. 3 km südlich der Einfahrt zum Nationalpark Krka gelegen, ebenes, erdiges Gelände unter Pinien, für große Wohnmobile über 7 m und ausladende Gespanne beengte Verhältnisse; ca. 1 ha – 40 Stpl.; einfache Sanitärausstattung. Restaurant, Waschmaschine, Schwimmbad. Internet auf Teilen des Platzes. V & E für Wohnmobile. Mietbungalows.

WOHNMOBIL-STELLPLATZ KRKA

Wohnmobil-Stellplatz Autocamp Slapovi Krke [WP 158 / N43° 47' 31.5" E15° 58' 13.6"]. Zufahrt/Lage: Ca. 500 m entfernt vom Eingang zum Nationalpark Krka gelegen. Wiesengeviert mit jungen Bäumen, von Natursteinmauern eingefriedet mit Platz für 36 Wohnmobilen. Einsam und abgeschieden gelegen. **Ausstattung:** Grauwasser - und Chemikaltoilettenausguss, Frischwasser, Strom, Dusche, WC, WLAN, Mülltonnen. **Geöffnet:** 1. Apr. – 31. Okt. **Gebühr:** Pauschale für Aufenthalt inkl. Ver- und Entsorgung, Strom und Sanitärnutzung.

der Altstadt am Hang über dem Hafen in der Mündungsbucht der Krka wäre anziehend, aber rauchende Schlote von Fabriken und Kohlekraftwerken und trostlose Industriegebäude in den Außenbezirken ermuntern nicht gerade zum Stadtbesuch. Wer es dennoch tut, wird es aber nicht bereuen.

Gebührenpflichtige **Parkplätze [WP 159 / N43° 44' 05.5" E15° 53'35.8"]** findet man z. B. rechts der Straße zur Innenstadt beim Volkstheater in der Kralja Zvonimira.

Dominiert die Silhouette der Altstadt von Šibenik, die Kuppel der Sveti Jakova Kathedrale

Šibenik ist eine Gründung des kroatischen Fürsten Šubić aus dem 10. Jh. und war im 11. Jh. Residenzstadt von König Krešimir IV. Die Stadt war umkämpft, wie alle dalmatinischen Küstenstädte, von Venezianern, Ungarn und von den Türken.

Von einer Pestepidemie verwüstet und durch innere Wirren zerrüttet, kam Šibenik – wohl nicht zuletzt dank seines geschützten Hafens – im ausgehenden Mittelalter zu neuer Blüte. Das Stadtbild geprägt aber haben vor allem die Venezianer, die von 1412 bis 1797 die Hand auf Šibenik hatten.

Im 16. Jh. lebte in Šibenik *Faust Vrančić* (1551 – 1617) seines Zeichens nicht nur Schriftsteller und Philosoph, sondern auch Erfinder diverser technischer Neuigkeiten, zu denen auch ein Vorläufer des Fallschirms zählt. Wohlmeinende Landsleute haben den Sohn der Stadt gar mit dem Beinamen „Leonardo Kroatiens" belegt.

Im Kloster zum Hl. Frane, das für seine umfangreiche Sammlung historischer Erstdrucke bekannt ist, wird ein Werk von Vrančić mit dem Titel „Machinae novae" aufbewahrt, das die erste Darstellung eines Fallschirmspringers enthält.

Ein Spaziergang durch die schmalen Gassen der Innenstadt zum Dom und weiter bis hinauf zur Festung ist eine angenehme Abwechslung.

Unbedingt besuchenswert ist die dem heiligen Jakob geweihte **Kathedrale Sveti Jakova [N43° 44' 08.4" E15° 53' 19.7"]**aus dem 15. und 16. Jh. Die Bauzeit dauerte fast 100 Jahre. Kein Wunder also, dass zwei Baumeister – Juraj Dalmatinac und Nikola Firentinac (Niccolo Fiorentino) – daran arbeiteten und zwei Stilrichtungen zu erkennen sind, Gotik und Renaissance.

Markant ist das **Tonnengewölbe** des Kirchendaches, der Seiten- und Querschiffe, sowie die achteckige, 32 m hohe Turmkuppel. Insgesamt kann der Dom von Šibenik, der im Stil der toskanischen Renaissance errichtet wurde, zu einem der großen Meisterwerke dalmatinischer Kirchenbaukunst gezählt werden.

Bevor Sie in die Kirche hineingehen, sollten Sie aber auf die 71 Köpfe und Gesichter achten, die einen **Fries an der Apsis** an der Ostseite des Bauwerks zieren. Dargestellt sind Könige, Kleriker, Dichter und Gelehrte, aber auch Bauern, Frauen, Handwerker, Kinder und Engel. Der Ausdruck der einzelnen Portraits ist teilweise recht amüsant und soll wohl das ewig Menschliche widerspiegeln.

Die geflügelte, mit einem Speer bewaffnete Figur auf dem Dach des nördlichen Querschiffs gegenüber vom Rathaus stellt den Erzengel Michael (Mihovil), dar, den Schutzpatron von Šibenik.

Die Renaissancefigur ist eine Arbeit des Bildhauers und Baumeisters Nikola Firentinac.

Die dreischiffige Basilika mit ihrer 32 m hohen Vierungskuppel ist ein Glanzstück künstlerischer Ausdruckskraft und handwerklicher Meisterleistungen. Fassaden, Portale und Kapellen oder Apsiden sind reich geschmückt.

Beachtung verdient z. B. das sog. **Löwentor** an der Längsseite zum Stadtplatz hin. Es zeigt außer den beiden Löwen Skulpturen, die Adam und Eva, die Apostel Petrus und Paulus als Missionare sowie die biblische Szene „Öffnung des Paradieses" darstellen.

Ein sehr harmonisches Bild bietet auch die Westfassade. Das Hauptportal dort zeigt Darstellungen wie „Das Jüngste Gericht" oder die „Ausfahrt der Zwölf Apostel". Darüber sieht man eine wunderschöne Fensterrosette.

Aber nicht nur das Dekor der Portale, sondern vor allem auch die herrlich gestaltete **Taufkapelle**, das Baptisterium, mit ihren zierlichen Säulen und ihrem reichen Akanthusblätter-Schmuck an den Kapitellen, werden selbst den weniger Kunstbeflissenen beeindrucken. Die Blätter sind so fein und kunstvoll gearbeitet, dass sie leicht klingen, wenn man sie mit dem Finger anschnippt.

Das **Denkmal** auf dem Platz vor der Kathedrale stammt von Ivan Meštrović, einem Künstler unserer Zeit, und ist dem Miterbauer der Kathedrale, Juraj Dalmatinac gewidmet.

Neben dem ehemaligen **Rathaus**, der prachtvollen **Loggia** aus dem Jahre 1534, weist das Zentrum noch viele Stadthäuser mit schönen Portalen, Balkonen und Fenstern auf.

Markante Köpfe an der Apsis der Kathedrale

Die Mühen eines Spaziergangs durch die Gassen hinauf zur Festung werden mit einem **weiten Stadtblick** belohnt.

Wer sich sehr für die Kirchenbaukunst Dalmatiens interessiert, sollte auf eine Besichtigung der **Kirche Sv. Ivan Krstitelj**, Johanneskirche am Krešimirov trg mitten in der Altstadt, aus dem ausgehenden 15. Jh. mit freistehendem Campanile, Freitreppe, Balustrade sowie einer Ikonensammlung im Inneren und der **Kirche Sv. Frane**, St. Franziskuskirche am Südrand der Altstadt, mit schönem Säulenchor und Kassettendecke nicht verzichten.

PRAKTISCHE HINWEISE – ŠIBENIK

Šibenik Tourist Board [N43° 44′ 10.02″ E15° 53′ 29.80″], Ul. Fausta Vrančica 18, 22000 Šibenik, Tel. +385(0)2 22 12 075; www.sibenik-tourism.hr/de/. *Geöffnet Mo - Fr 7 - 15 Uhr.*

Internationales Kinderfestival, Mitte bis Ende Juni.

RESTAURANTS

Rivica, Franje Tuđmana 3, Tel. +385(0)2 22 12 691; Fischlokal mit erschwinglichen Preisen, liegt gleich hinter der Hafenpromenade.
Gradska Vijećnica, Trg Republike Hrvatske 3, Tel. +385 (0)2 22 13 605; renommiertes, schönes Restaurant im ehem. Rathausgebäude und gegenüber der Kathedrale, gepflegte Küche, mittlere Preislage.

HOTEL

Hotel Jadran **, 57 Zi., Obala Dr. Franje Tuđmana 52, Tel. +385(0)2 22 42 000; www.rivijera.hr; Mittelklassehotel, am Hafen gelegen, teils Zimmer mit Hafen- und Meerblick. Terrasse, Garten, Restaurant, Fahrradverleih, WLAN in öffentlichem Bereich. Parkplatz. Haustiere nicht gestattet.

CAMPING

Camping Resort Solaris [WP 160 / N43° 41′ 57.1″ E15° 52′ 48.9″], Tel. +385(0)2 23 61 017; www.campingsolaris.com; 12. Apr. – 20. Okt.; ca. 6 km südlich Šibenik von der Straße 8/E65 beschilderter Abzweig; der Campingplatz ist Teil einer weitläufigen Ferienurbanisation mit mehreren Hotels; ausgedehntes, fast ebenes, teils steiniges Gelände, größtenteils aber unter hochstämmigen Pinien; große Marina mit Verbindungskanal zum Meer; Betonstrand; ca. 10 ha – 700 Stpl.; Komfortausstattung. Supermarkt, Restaurant, Imbiss, Waschmaschine, Trockner, Schwimmbad, Tennis, Volleyballfeld, Boots- und Fahrradverleih, Bootssteg mit Bootskran, Tauchschule, Fitness- und Wellnessstudio, WLAN, Internetecke, V & E für Wohnmobile beim Bootskran der Marina. Mietbungalows und -caravans.

Blick von der Festung auf Šibenik mit dem markanten Dom

TOUR 8: ŠIBENIK – TROGIR – SPLIT

Länge der Tour: Rund 95 km.

Die Route: Über die Straße 8/E65 und über **Primošten** und **Trogir** bis **Split**.

Abstecher: Nach **Salona**.

Reisedauer: Mindestens ein Tag.

Höhepunkte: Das hübsch gelegene Inselstädtchen **Primošten** * – **Trogirs Stadtbild** ** – die **Kathedrale in Trogir** ** – die antike Stätte von **Salona** * – der **Diokletianpalast** * in Split.

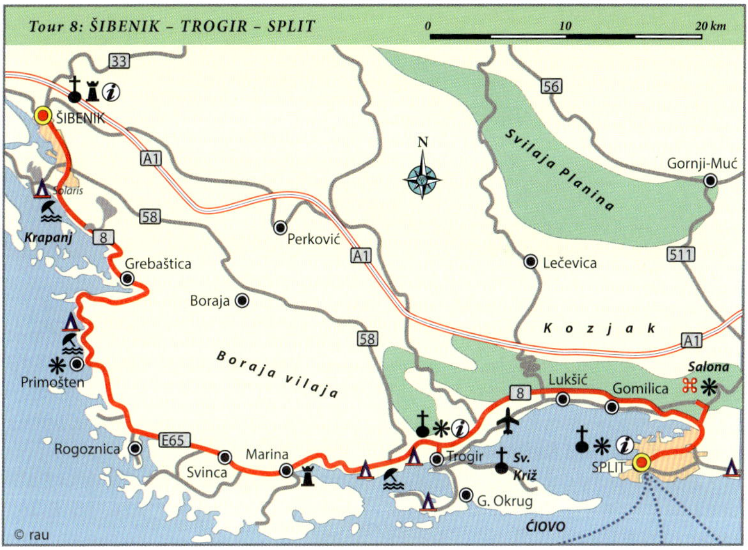

*ROUTE: Zurück auf der Straße 8/E65 geht es entlang einer herrlichen Küstenlandschaft nach **Primošten** und weiter über **Marina** bis **Trogir**.*

Der hübsch auf einer nur durch einen schmalen Damm mit dem Festland verbundenen Insel gelegene Ort **Primošten** mit seiner die Stadtsilhouette beherrschenden Kirche, seiner klei-

CAMPING – PRIMOŠTEN

Camping Adriatic [WP 161 / N43° 36' 23.2" E15° 55' 16.6"], J. Bana Jelacica 17, Tel. +385 (0)2 25 71 223, www.camp-adriatiq.com/de/; 16. März - 31. Okt.; nördlich von Primošten beim Ort Dolac direkt unterhalb der Küstenstraße; langgestrecktes, zum Meer hin leicht geneigtes Gelände mit steinigem Untergrund, teils schattenlose Terrassen, teils unter Pinien, parzelliert. Zerklüfteter Felsstrand.; ca. 7 ha – 400 Stpl. + 40 Dau.; Standardsanitärausstattung. Supermarkt, Restaurant, Waschmaschine, Bootsverleih, Tennis, Tauchschule, Bootsslipanlage, WLAN. V & E für Wohnmobile am südöstlichen Ende des Platzes. Mietcaravans und Mietbungalows.

Primošten wartet mit einem hübschen Hafen und langen Fels- und Kiesstränden auf

nen Mole mit Cafés hinter dem Stadttor, mit seinen von Nadelwald umgebenen Hotels (Hotelanlage Zora mit Meerwasserschwimmbad) und seinen schönen **Fels- und Kiesstränden,** die sich bis zur benachbarten Hotelinsel hinziehen, gleicht fast einem adriatischen Bilderbuchstädtchen. Auf einem nahen Inselchen befindet sich ein FKK-Strand.

20 km weiter fällt der Küstenort **Marina** durch seinen viereckigen **Wehrturm** aus dem 15. Jh. am Rande eines großen auf. Heute beherbergt der Turm ein 40-Betten-Hotel.

Trogir, nach Bekunden des Tourismusverbandes „der echteste Vertreter der dalmatinischen Geschichte", liegt auf einer durch eine Brücke mit dem Festland verbundenen Insel. Eine bewegliche Brücke führt weiter zur vorgelagerten Insel Čiovo. Die **Parkplatzsituation** vor der Altstadt von Trogir ist etwas problematisch, da die angebotenen öffentlichen Parkmöglichkeiten, z. B. am südlichen Stadtrand **[WP 162 / N43° 31' 05.1" E16° 14' 52.4"]** gegenüber der Altstadt, vor allem an Markttagen rasch vollbelegt sind. Ein Fußgängersteg führt von dort in die Altstadt. Ein weiterer **Parkplatz [N43° 31' 6.58" E16° 15' 8.39"]** findet sich etwas weiter östlich beim Busbahnhof an der Ausfallstraße. Die Altstadt und der Hafenbereich sind für den allgemeinen Autoverkehr gesperrt.

Durch das geschlossen erhaltene Stadtbild stellt die „Museumsstadt" Trogir, neben Dubrovnik und der Altstadt von Split, das kompletteste Gebäudeensemble an der dalmatinischen Küste dar. Die Geschichte der Stadt spiegelt die Historie der meisten großen Küstenstädte wieder. Griechische Gründung „Tragurion", später römischer Handelsplatz, dann byzantinische Herrschaft, danach Besitz kroatischer Fürsten und schließlich von Venedig vereinnahmt.

Rundgang durch Trogirs Altstadt

Neben einem Bummel durch die engen Gassen zur Promenade am Hafenkai, lohnt vor allem der Weg zum **Trg Ivana Pavla II [N43° 31′ 0.76″ E16° 15′ 3.74″]** (ehemals Narodni trg – 4) dem Hauptplatz oder Rathausplatz in der Altstadt.

Geht man von Norden her durch das Nord- oder Landtor hinein in die Altstadt, passiert man zunächst das auf der rechten (westlichen) Straßenseite gelegene **Muzej Gradski Trogira (2) [N43° 31′ 2.32″ E16° 15′ 2.46″]**, das Stadtmuseum im altehrwürdigen Garanjin-Fanfagna Palais *(geöffnet Juni + Sept. Mo - Sa 10 - 13 + 17 - 20 Uhr; Juli + Aug. tgl. 10 - 13 + 18 -2 1 Uhr; Okt. - Mai Mo - Fr 9 - 14 Uhr; https://muzejgradatrogira.blogspot.com/radno-vrijeme.html)*. Die eher bescheidenen Ausstellungen mit Dokumenten, Stadtansichten, Trachten u. ä. befassen sich mit der langen, bewegten Geschichte der Stadt.

Die große Sehenswürdigkeit am großen Stadtplatz Trg Ivana Pavla II ist die **Kathedrale Sv. Lovro (3) [N43° 31′ 1.26″ E16° 15′ 4.59″]**, St. Lorenz, mit ihrem herrlichen romanischen **Hauptportal** *(geöffnet 9 - 12 + 16-19 Uhr)*. Es wurde im 15. Jh. von Radovan geschaffen. Beeindruckend sind die Löwenfiguren, Adam und Eva, Heiligenfiguren, Szenen aus der Bibel, Tiergestalten und das schmückende Blattwerk.

Im dreischiffigen Innern ist man gefesselt von der **Marmorkanzel** aus dem 13. Jh., dem gotischen **Chorgestühl** und den **Seitenkapellen,** von denen die **Ursini-Kapelle** (im linken Kirchenschiff) als eine der schönsten in ganz Dalmatien gilt.

Die Kapelle entstand im 15. Jh. im Renaissancestil. Besondere Beachtung verdienen die lebensgroßen Apostelgestalten und Bildnisse hoher Kirchenväter. In einem Marmorsarkophag ist der hl. Orsinus (Ursini) bestattet, der im 11. Jh. Bischof von Trogir war.

In der **Sakristei** findet der Besucher eine kleine Sammlung mittelalterlicher Manuskripte und Gemälde, sowie eine Ausstellung des Kirchenschatzes.

Der **Turm** der Kathedrale kann bestiegen werden. Von oben imposanter Blick auf die gesamte Stadt.

Dem Kirchenportal gegenüber liegt der **Ćipiko-Palast (5)** mit schö-

Portal der Kathedrale Sveti Lovro

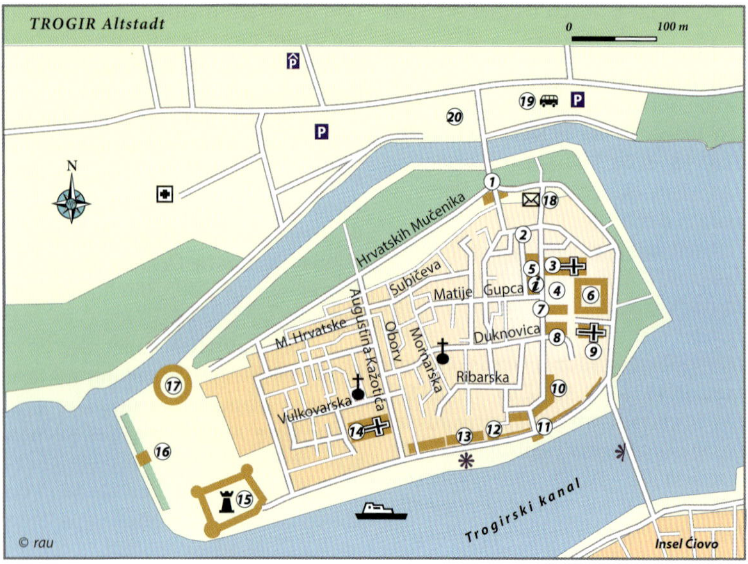

*TROGIR – **1** Landtor – **2** Garanjin-Fanfagna Palais, Stadtmuseum – **3** Kathedrale – **4** Trg Ivana Pavla II, Rathausplatz – **5** Ćipiko-Palast, Information – **6** Rathaus – **7** Loggia – **8** Kirche Sv. Barbare – **9** Kirche Sv. Ivan Kristitelj – **10** Benediktinerinnenkloster – **11** Kleine Loggia, Seetor – **12** südl. Stadttor – **13** Lucić-Palais – **14** Dominikanerkloster – **15** Kastell Kamerlengo – **16** Marmorgloriette – **17** Rundturm Sv. Marko – **18** Postamt – **19** Busterminal – **20** Markt*

Gotisch-venezianische Fensterfassade am Čipiko-Palast

ner gotisch-venezianischer Fassade.

An der Ostseite wird der Platz durch das **Rathaus (6)**, auf der Südseite durch die **Loggia (7)** mit dem Uhrturm abgeschlossen.

Unmittelbar daneben liegt die **Kirche Sv. Barbare (8).** Die dreischiffige Basilika im romanischen Stil stammt aus dem 11. Jh. und zählt zu den ältesten Kirchenbauten in Trogir.

Geht man zwischen Rathaus und Uhrturm hindurch, kommt man zur im 13. Jh. im spätromanischen Stil errichteten und Johannes dem Täufer geweihten **Kirche Sv. Ivan Kristitelj (9)**. Sie war die Grabkirche der Familie Ćipiko und beherbergt die bemerkenswerte Plastik „Die Beweinung Christi", ein Werk des Bildhauers Niccolo Fiorentino.

Trogirs Uferpromenade mit dem Stadtpalast Lučić und der Dominikanerkirche

Etwas weiter erreicht man die Brücke zur Insel Ćiovo. Gehen Sie ein Stück über die Brücke. Von ihr aus hat man den vielleicht schönsten **Blick auf Trogir** und seinen Hafen, der Basis für viele der Kreuzfahrt- und Ausflugssegler ist.

An dieser Seite der Altstadt von Trogir sind noch Reste der alten **Stadtmauer** zu sehen mit der sog. **Kleinen Loggia (11)** und dem **Seetor** daneben. Hinter den Mauern liegt das schon 1064 gegründete **Benediktinerinnenkloster (10)** das man an seinem Glockenturm (15. Jh.) erkennen kann.

Die Stadtmauer endet am südlichen **Stadttor (12)** nur ein paar Schritte weiter.

Folgt man dem Hafenkai weiter nach Westen, passiert man die Kirche des **Dominikanerklosters (14) [N43° 30‘ 56.70“ E16° 14‘ 55.86“]** mit Kreuzgang und beachtenswerten Barockaltären und Gruften in der Klosterkirche.

Am Ende des Kais schließlich erhebt sich unübersehbar das **Kastell Kamerlengo (15) [N43° 30‘ 54.42“ E16° 14‘ 50.53“]** mit einem mächtigen Wehrturm aus dem 14. Jh.

Geht man ganz um das Westende der Stadt mit der **Marmorgloriette (16) [N43° 30‘ 55.93“ E16° 14‘ 47.07“]**, einem Säulentempelchen, im 19. Jh. zu Ehren des französischen Marschalls Marmont am Kai errichtet herum, kommt man an der Nordsei-

PRAKTISCHE HINWEISE – TROGIR

Turistička zajednica grada [N43° 31‘ 0.6“ E16° 15‘ 5.1“], Trg Ivana Pavla II. Nr. 1, 21220 Trogir, Tel. +385(0)2 18 85 628; www.visittrogir.hr

„Museumsstadt“ Trogir

Feste, Folklore

Kultursommer mit Konzerten, Ausstellungen, Theateraufführungen, jedes Jahr im Juli und August.

Fest des Hl. Ivan, großes Stadt- und Volksfest, jedes Jahr am 14. November.

RESTAURANT

Fontana, Obrov 1, Tel. +385 (0)2 18 85 744; www.fontana-trogir.com; bei Einheimischen wie Besuchern gleichermaßen beliebtes Lokal, mit schöner Freiterrasse an den Kaianlagen am Südrand der Altstadt, Fisch- und Grillspezialitäten, mittlere Preislage.

HOTELS

Concordia **, 11 Zi., Obala Bana Berislavića 22, Tel. +385 (0)2 18 85 400; www.concordia-hotel.net; angenehmes Stadthotel an der Promenade zwischen Kastell Kamerlengo und und dem Dominikanerkloster, eingerichtet in einem 300 Jahre alten Gebäude, klimatisierte Zimmer, teils mit Meerblick. Cafeteria, Fahrradverleih. WLAN in öffentlichen Bereichen. Parkmöglichkeit. Keine Haustiere.

Villa Sikaa ****, 10 Zi., Obala Kralja Zvonimira 13, Tel. +385 (0)2 18 81 223; www.vila-sikaa-r.com; über die Brücke auf die Ćiovo Insel, kleines, aber recht komfortables, einladendes Haus, von einigen Zimmern schöner Blick auf Trogir, Terrasse, WLAN. Restaurant, Bar, Fahrradverleih, Parkplatz.

Medena ***, 620 Zi.; Seget Donji, Hrvatskih zrtava bb, Tel. +385 (0)2 18 80 019; www.hotelmedena.hr; rund 4 km westlich von Trogir im Ort Seget Donji gelegen, weitläufige Hotel- und Appartementanlage mit eigenem Fels- und Kiesstrand. Schwimmbad, Sauna, Restaurants, Café, Bar. Parkplatz. Keine Haustiere.

CAMPING

Vranjica

Camping Vranjica Belvedere [WP 163 / N43° 30' 43.0" E16° 11' 39.6"], Tel. +385(0)2 17 98 228; www.vranjica-belvedere.hr; 26. Apr. – 20. Okt.; rund 5 km westlich Trogir, Beschilderung an der Küstenstraße; weitläufige, schattenlose, steinige Terrassenanlage in schöner Lage an einer Bucht; von den meisten Stellplätzen ungehinderte Aussicht auf die vorgelagerte Inselwelt; langer, schmaler Felsstrand mit betonierten Liegeflächen; ca. 7 ha – 350 Stpl.; Standardsanitärausstattung; Restaurant, Laden, Waschmaschine, Trockner, Fahrradverleih, Bootsslip, Tauchschule, Tennis, WLAN auf Teilen des Platzes, Internetecke. V & E für Wohnmobile. Mietbungalows, Mietcaravans, Mietzelte.

Seget Donji

Camping Seget [WP 164 / N43° 31' 06.6" E16° 13' 25.0"], Hrvatskih zrtava, Seget Donji, Tel. +385(0)2 18 80 394; www.kamp-seget.hr/en/; 1. März – 31. Okt.; westlich Trogir zwischen Küstenstraße und Meer, terrassiert; ca. 2 ha – 130 Stpl; einfache Standardausstattung, div. Sportmöglichkeiten. Bootsslipanlage. V & E für Wohnmobile.

Okrug Gornij/Insel Čiovo

Camping Rozac [WP 165 / N43° 30' 18.4" E16° 15' 29.5"], Setaliste Brace Radica bb, Tel. +385(0)2 18 06 105; www.camp-rozac.hr; 1. Apr. – 31. Okt.; auf der Insel Čiovo, von Trogir aus über die Sundbrücke und eine enge Zufahrt zu erreichen, Pinienwaldgelände auf einer Halbinsel, Fels- und Kiesstrand; 3 ha – 120 Stpl.; einfache Standardausstattung. Restaurant, Imbiss, Laden, Waschmaschine, Trockner, Tauchschule, Bootssteg und -slipanlage, WLAN. V & E für Wohnmobile. Mietcaravans.

Das antike Salona/Solin bei Split

te der Stadt zum **Rundturm Sv. Marko (17) [N43° 30' 58.47" E16° 14' 47.73"]** und kann von dort zurück zum Ausgangspunkt gehen.

***ROUTE:** Nur 30 km südöstlich von Trogir liegt **Split**.*

Abstecher nach Solin, dem antiken Salona

Bevor man hinein nach Split fährt, kann man in **Solin** Halt machen. Solin, die eigentliche Keimzelle von Split, ist heute ein Vorort der Stadt und liegt wenige Kilometer nördlich von Split. Man zweigt von der Straße 1/E75 (Split – Sinj) ab und folgt der Landstraße ein kurzes Stück westwärts Richtung Kaštel-Sućurac.

Ab Split ist Solin auch mit dem Bus Nr. 1 zu erreichen. Busstop vor dem Eingang zur archäologischen Stätte.

Solin, das antike **Salona [Parkplatz, WP 166 / N43° 32' 26.3" E16° 29' 01.7"]**, ist die zu Beginn unserer Zeitrechnung gegründete **Colonia Martia Iulia Salona**. An der alten Küstenstraße Richtung Sućurac – in der Antike reichte das Meer bis an die Mauern von Solin – liegen am Fuße der Höhenzüge Kozjak die Reste der einstmals bedeutendsten römischen Siedlung an der Adriaküste, die zur Zeit Kaiser Augustus' Hauptstadt der illyrischen Provinz Dalmatien war.

Im Jahre 240 wurde im damals stark befestigten Salona Kaiser Diokletian geboren.

Amphitheater, Thermen, Reste der **Stadtmauer** und **Palastruinen** erinnern auf dem sehr weitläufigen Gelände an die blühende, antike Stadt der Römer, in der damals mehr als 60.000 Menschen wohnten *(geöffnet Mai - Okt. Mo - Fr 7 - 19 Uhr, So 9 - 13 Uhr; Nov. -Apr. Mo - Fr 9 - 15.30 Uhr, Sa 9 - 14 Uhr).*

Nehmen Sie sich Zeit und machen Sie sich auf einen längeren Spaziergang gefasst, wenn Sie auch die entlegeneren Ruinen, zu denen z. B. die stattlichen Reste des antiken Amphitheaters, in dem einstmals mehr als 20.000 Zuschauer Platz fanden, ansehen wollen.

Um das 4. nachchristliche Jahrhundert war Salona ein bedeutendes Zentrum des frühen Christentums. Aus jener Epoche sind die bescheidenen Reste einer Kathedrale und des Friedhofs Manastirine erhalten. Dort wurden u. a. Sarkophage mit Reliefmotiven wie „Die Flucht über das Rote Meer" oder „Die unglückliche Liebe des Hippolyt und der Fetra" gefunden, die heute im Archäologischen Museum in Split zu sehen sind.

Im frühen Mittelalter hatte Salona den Rang einer Hauptstadt im ersten kroatischen Feudalstaat inne. Von jener Zeit zeugen Reste eines Königsmausoleums aus dem 10. Jh.

Der archäologischen Stätte von Salona ist zwar ein kleines **Museum** angeschlossen, die meisten Funde und Ausgrabungsstücke sind heute aber im Archäologischen Museum in Split ausgestellt.

Restaurant am **Parkplatz** vor der archäologischen Stätte von Salona.

HAUPTROUTE

Wenn man auf der Adria-Magistrale auf die Stadt zufährt, ist der erste Eindruck von **Split** enttäuschend. Zementwerke, qualmende Industrie- und Hafenanlagen, Hochhäuser und Wohnblocks säumen die Bucht. Sehenswert jedoch ist der alte Kern der etwa 174.000 Einwohner zählenden Stadt.

Einen gebührenpflichtigen **Parkplatz [WP 167 / N43° 30' 25.4" E16° 26' 26.8"]** und Straßenparkplätze findet man südlich des Komplexes des Diokletianpalasts und rund um die öffentlichen Gebäude am Hafen. Ein weiterer, größerer, **Parkplatz [N43° 30' 46.82" E16° 26' 16.97"]** liegt nördlich der Altstadt an der Straße Svačićeva.

Die Ursprünge Splits gehen auf eine griechische Kolonie namens *Spalatos* zurück, von der Split auch seinen Namen hat. Spalatos bedeutet soviel wie Höhle.

Die eigentliche Stadt Split entstand aber erst später um den Palast herum, den sich der römische Kaiser Diokletian hier wegen naher Schwefelheilquellen als Altersruhesitz Ende des 3. Jh. hatte errichten lassen. 300 Jahre später, als um 614 Awaren und Slawen Salona zerstörten, flüchtete die Bevölkerung von Salona in den Palast von Split. Langsam entwickelte sich außerhalb der Palastmauern die Stadt.

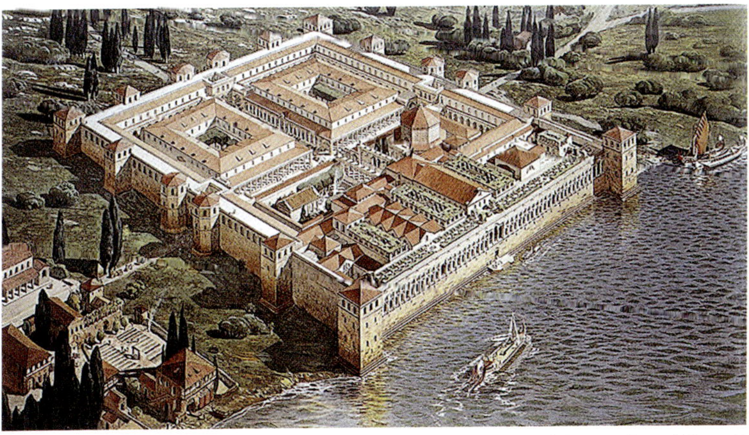

Historische Ansicht des Diokletianpalasts. Foto: Croatian Ntl. Tourist Board, Zagreb

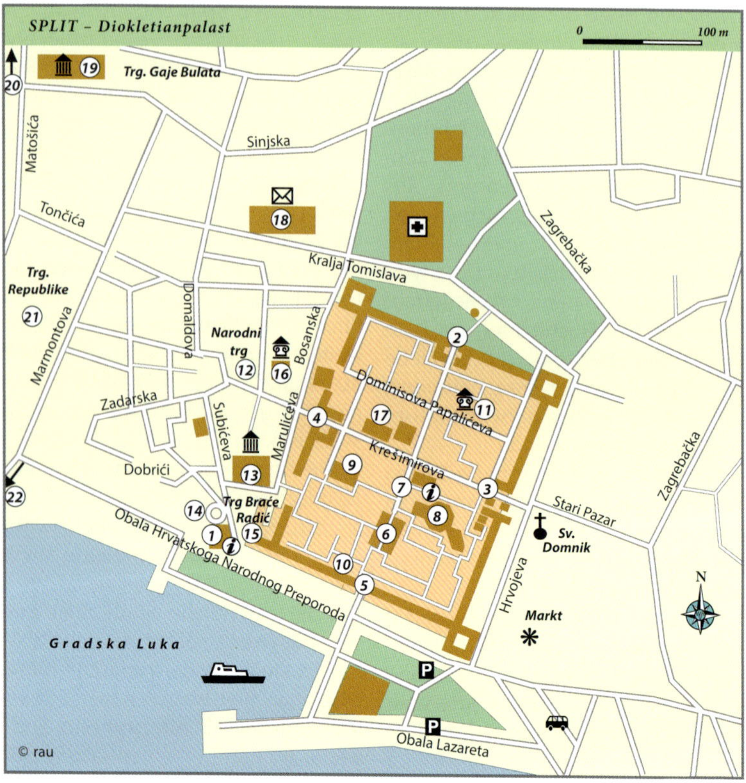

*SPLIT – **1** Information – **2** Porta aurea - Goldenes Tor, Statue Grgur Ninski – **3** Porta argenta - Silbernes Tor – **4** Porta ferrea - Eisernes Tor – **5** Porta aenea - Bronzenes Tor – **6** Vestibulum – **7** Peristyl – **8** Mausoleum Diokletians, Dom, Schatzkammer – **9** Baptisterium – **10** Kaiserlicher Keller – **11** Papalić-Palast, Stadtmuseum – **12** Volksplatz Narodni trg (Pjaca) – **13** Milesi-Palast – **14** Venezianischer Turm Hrvojeva kula – **15** Trg Braće Radić (Voćni trg), Denkmal Marko Marulić – **16** Ethnographi-sches Museum, Altes Rathaus Stara gradsak vijećnica – **17** Palast Cindro – **18** Hauptpostamt – **19** Nationaltheater – **20** zum Archäologischen Museum – **21** Trg. Republike – **22** zum Museum für Archäologische Monumente Kroatiens [N43° 30′ 15.22″ E16° 25′ 19.46″] und zur Galerie Meštrović [N43°30′15.43″ E16°25′4.74″]*

Was Wunder, dass der **Diokletianpalast [N43° 30′ 27.18″ E16° 26′ 23.01″]** die Sehenswürdigkeit in Split schlechthin ist.

Einen Palastbau im eigentlichen Sinne darf man sich aber nicht darunter vorstellen, eher ein ganzes Häuserviertel mit einer Fläche von 30.000 qm, 215 m lang und 175 m breit. Mächtige Mauern – 2 m dick und an der Hafenseite 24 m hoch – umgeben das Ganze. An den Ecken erheben sich viereckige Wachtürme. Durch turmbewehrte Stadttore – das **Goldene Tor (2)** im Norden, das **Silberne Tor (3)** im Osten, das **Eiserne Tor (4)** im Westen und das **Bronzetor (5)** im Süden – führen zwei Hauptstraßen in den Palast hinein. Sie kreuzen sich in der Mitte und teilen die ganze Anlage in vier Viertel.

Die nördliche Hälfte diente einst der Leibgarde und der Dienerschaft als Lagerräume und Werkstätten. Die südliche und dem Meer zugekehrte Hälfte beherbergte die kaiserlichen Gemächer, die Gemächer der Kaiserin Prisca und der Kaiserinmutter Diocleа.

Die Mitte der Südhälfte wird eingenommen vom **Vestibül (6),** einem Rundbau, und vom **Peristyl (7)** (heute Domplatz), einer 35 mal 13 m großen Freifläche, gesäumt von korinthischen Säulen aus rosafarbenem Granit und weißem Marmor (aus Ägypten) und einer ägyptischen **Sphinx** aus dem 15. Jh. v. Chr. Sie stammt aus dem Grab König Thutmosis' III.

An der Nordseite des Platzes findet man das Büro der **Touristeninformation**.

Split, Diokletianpalast und Dom Sv. Dujam

Auf der Ostseite dominiert das achteckige, von einem Wandelgang mit 24 Säulen umgebene, außen achteckige, innen runde **Mausoleum Diokletians (8).** Heute ist das der **Dom Sv. Dujam,** dem im Mittelalter der über 60 m hohe **Glockenturm** (Aussicht) angefügt wurde.

Im Kircheninnern mit seinen mächtigen korinthischen, 9 m hohen Säulen, das fast 14 m im Durchmesser misst und gut 21 m hoch ist und von einer 4 m hohen Kuppel abgeschlossen, verdient vor allem die herrliche **Steinkanzel** aus dem 13. Jh. Beachtung. Die Kanzel wird von sechs zierlichen Säulen getragen. Wunderschön gearbeitet sind die Kapitelle der Säulen. Nicht übersehen werden sollte auch das Chorgestühl, das ebenfalls im 13. Jh. entstand.

Außerdem kann man den **Kirchenschatz** (Eintritt) des Doms im Obergeschoss eines Anbaus besichtigen. Zugang neben dem Altar. Zu sehen sind liturgische Geräte, Messgewänder, Reliquiare, Ikonen, handgeschriebene Messbücher, glagolitische Handschriften u. ä.

Auf der Westseite des Domplatzes sieht man das **Baptisterium (9),** die Taufkapelle, die aus dem römischen Äskulap- oder Jupitertempel entstand.

Unter der südlichen Platzhälfte können die **Kellerräume (10)** des Palastes besichtigt werden, die heute als Ausstellungs- und Veranstaltungsräume dienen.

Im Nordostviertel des Palastareals liegt der **Papalić Palast (11),** ein schönes Beispiel eines noblen Stadtpalastes aus dem 14. Jh. Schöner Innenhof, Loggia und Freitreppe. Das Palais beherbergt heute das **Gradski Muzej**, das **Städtische Museum** *(geöffnet im Sommer tgl. 8.30 - 21 Uhr, im Winter 10 - 17 Uhr bzw. 13 Uhr, www.mgst.net)*. Ausgestellt sind eine Waffen- und Wappensammlung, Gemälde, Münzen, historisches Mobiliar u. ä.

Noch etwas weiter nördlich steht vor dem Goldenen Tor an der Nordseite die mächtige **Bronzestatue** des asketischen Bischofs Gregor von Nin. Er setzte sich im 10. Jh. auf dem Konzil von Split für den Gebrauch der Volkssprache in Kirchenbüchern und in der Liturgie ein.

Durch das westliche Eiserne Tor mit dem Uhrturm gelangt man auf den Volksplatz **Narodni trg 1 (12) [N43° 30' 32.05" E16° 26' 20.25"]** mit dem rechterhand (Nordseite) liegenden **alten Rathaus** mit schöner Loggienfassade aus dem 15. Jh.

Heute findet man hier das **Ethnographische Museum** mit einer bemerkenswerten Kostüme- und Trachtensammlung und einer Ausstellung und Bilddokumentation über namhafte Bürger der Stadt *(geöffnet Juni - Sept. Mo - Sa 9.30 - 20 Uhr, So 9.30 - 13 Uhr; Okt. Mo - Fr 9.30 - 18 Uhr, Sa + So 10 - 14 Uhr; Nov. - Mai Mo - Fr 9.30 - 16 Uhr, Sa 10 - 14 Uhr; www.etnografski-muzej-split.hr)*.

Südlich des Volksplatzes Narodni trg, an der Südwestecke des Palastviertels, liegt der hübsche kleine Platz Trg Braće Radića mit dem frühbarocken **Palast Milesi (13)** aus dem 16. Jh. an der Nordseite und dem Hrvoje-Turm oder **Venezianischen Turm (14).** Hrvoje war zu Beginn des 15. Jh. Herzog von Split.

Ebenfalls auf dem Platz steht das Denkmal des Spliter Dichters Marko Marulic (um 1500), dessen Werke als erste in gedruckter Form in Kroatien erschienen sind. An der Meerseite des Platzes liegt ein Büro der **Touristeninformation (1) [N43° 30' 28.73" E16° 26' 18.76"].**

An der Ostseite des Diokletianpalastes findet im Schatten der Sv. Dominik Kirche täglich ein bunter **Gemüsemarkt [N43° 30' 25.82" E16° 26' 30.41"]** statt.

Ein gutes Stück nördlich der Innenstadt liegt das **Arheološki Muzej**, das **Archäologische Museum [N43° 30' 57.24" E16° 26' 6.46"]**, Zrinjsko-Frankopanska 25 *(geöffnet Juni - Sept. Mo - Sa 9 - 14 + 16 - 20 Uhr; Okt. - Mai Mo - Fr 9 - 14 + 16 - 20 Uhr, Sa 9 - 14 Uhr; www.mdc.hr/split-arheoloski/eng/index.html)*. Hier sind u. a. alle bedeutenden Ausgrabungsfunde aus Salona ausgestellt.

Von Split verkehren **Auto- bzw. Personenfähren** (Jadrolinija Agencija Split, Riva 61, Tel. +385 (0)21 338 333; www.jadrolinja.hr) nach Italien und zu nahezu allen vorgelagerten Inseln wie z. B. nach Supetar/Insel Brač, siehe auch nächste Tour 9.

Eine Attraktion aus neuerer Zeit, das **Aquarium Split [N43° 31' 52.68" E16° 27' 49.79"]** *(geöffnet tgl. 10 - 20 Uhr)*, findet man nördlich außerhalb von Split an der Südostseite der Halinsel Vranjie, Zufahrt von der Straße 8 (Aquarium Split, Obala pomoraca, 21211 Vranjic, Tel. +385(0)9 82 08 734; www.aquariumsplit.com/en/.

PRAKTISCHE HINWEISE – SPLIT

Turistička zajednica/Tourist Information Centre [N43° 30' 28.4" E16° 26' 15.9"], Obala Hrv. narodnog preporoda 9, 21000 Split, Tel. +385 (0)2 13 48 600; www.visitsplit.com. *Geöffnet Mo - Fr 8 - 16 Uhr, Kundenverkehr bis 13 Uhr.*

Turistička zajednica/Tourist Information Centre [N43° 30' 29.96" E16° 26' 25.13"], Peristil, 2100 Split, Tel. +385 (0)2 13 45 606; www.visitsplit.com, im Areal des Diokletianpalastes. *Geöffnet tgl. 8 - 21 Uhr.*

Offizielle Vertretung des **Kroatischen Automobilclubs HAK**, Komulovica put 1, 58000 Split, Tel. +385(0)2 13 83 370; www.hak.hr.

Feste, Folklore

Spliter Sommer, Oper, Konzerte, Ballett u. a. Mitte Juli – Mitte August.

RESTAURANTS

Jugo, Ulica Uvala Baluni, Tel. +385(0)2 13 98 900; wwwrestoranjugo.com; in schöner Lage am Jachthafen mit Terrasse. Blick auf die Stadt Split. Dalmatinische Spezialitäten und Fischgerichte.

Kod Joze, Sredmanuška 4, Tel. +395(0)2 13 47 397; beliebtes Lokal am Rande des Stadtzentrums. Spezialität des Hauses: Tagliatelle mit Meeresfrüchten; moderate Preise.

HOTELS

Hotel Globo ****, 33 Zi., Lovretska 18, Tel. +385(0)2 14 81 111; www.hotelglobo.com; Stadthotel mit geräumigen, zeitgemäß ausgestatteten, klimatisierten Zimmern. Warme Farben ergeben ein angenehmes Ambiente. Fahrradverleih, WLAN. Kein Restaurant. Parkplatz.

Hotel Park *****, 73 Zi., Hatzeov perivoj 3, Tel. 0+385 (0)2 14 06 400; www.hotelpark-split.hr; renoviertes Firstclasshotel in Gehnähe zum Stadtzentrum nahe des Bacvice Strand. Modern ausgestattete, klimatisierte Zimmer. Restaurant, Café mit Terrasse, Wellnesscenter mit Sauna, Schwimmbad. WLAN. Parkplatz.

Hotel Bellevue ***, 50 Zi., J. B. Jelačića 2, Tel. +385 (0)2 13 45 644; www.hotel-bellevue-split.hr; alteingesessenes Hotel im inzwischen seltenen dalmatinischen Stil erbaut, in bester Lage am Stadtplatz Trg Republike. Restaurant mit Terrasse, Bar, WLAN. Parkplatz.

CAMPING

Camping Stobreč-Split [WP 168 / N43° 30′ 15.0″ E16° 31′ 35.2″], Sv. Lovre 6, Tel. +385(0)2 13 25 426; www.campingsplit.de; 1. Jan. – 31. Dez.; wieder eröffneter Campingplatz der Stadt Split im Ortsteil Stobreč, ca. 6 km östlich der Stadtmitte; gut schattiges, ebenes Gelände auf einer Landzunge im Pinienwäldchen; 5 ha – ca. 350 Stpl.; Standardsanitärausstattung. Restaurant, Laden, Waschmaschine, Trockner, Fahrradverleih, WLAN, Internetecke. V & E für Wohnmobile. Mietcaravans, Miethütten.

Das Aquarium Split gilt als größtes Seewasseraquarium Kroatiens. In 22 großen Aquarien leben rund 130 Fischarten, darunter Haie, Rochen, Muränen, aber auch Schildkröten und Krokodile.

Insel Vis

Vis ist eine der am weitesten vom dalmatinischen Festland entfernten Insel. Sie war lange militärisches Sperrgebiet und für ausländische Besucher nicht zugänglich. Das hat sich nun geändert.

Aufgrund der Abgeschiedenheit, einer lange Zeit starker Abwanderung der Inselbewohner und der einstigen Besuchersperre hat sich auf Vis noch keine ausgeprägte touristische Infrastruktur entwickelt. Dafür ist die Natur der Insel eine relativ unberührte Oase geblieben, was heutige Besucher zu schätzen wissen.

Auf der Insel gibt es nur zwei Orte von nennenswerter Größe, **Vis** im Nordosten und **Komiža** im Westen. Beide Gemeinden sind Fischer- und Hafenstädtchen mit Fährverbindungen.

Von und nach Vis verkehren **Autofähren** nach Split und nach Hvar. Vor allem in den Sommermonaten Juli und August verkehren (meist einmal vormittags, spätnachmittags und nachts ab Split) **Personenfähren nach Vis**, Fahrzeit zwei Stunden 20 Minuten.

Außerdem werden z. B. von Hvar aus ganztägige **Bootsausflüge** zur Insel Vis angeboten.

Zwischen den beiden Orten Vis und Komiža besteht eine, wenn auch recht spärliche Busverbindung. Und in Vis gibt es bislang zwei **Hotels**, Hotel Tamaris und Hotel Issa.

Besichtigen kann man das **Archäologisches Museum** *(geöffnet Juni - Sept. Mo - Fr 10 - 13 + 17 - 21 Uhr, Sa 10 - 13 Uhr; www.tz-vis.hr)*. Es zeigt Ausgrabungsfunde aus dem griechischen und römischen Altertum, u. a. Teile eines Reliefs mit einem Motiv des römischen Gottes Mars aus dem 1. - 2. Jh. n. Chr. sowie den Bronzekopf der Göttin Artemis aus dem 4. - 3. Jh. v. Chr. u.v.a.m.

Vor allem wer taucht, wird die klaren, fischreichen Gewässer um Vis bald schätzen lernen.

Unweit westlich der Insel Vis liegt die kleine Karstinsel **Biševo**. Größte Attraktion und ein richtiger Touristenmagnet ist dort die **Seehöhle Modra špilja**, die **Blaue Grotte**, deren Besuch in fast jedem Ausflugsprogramm enthalten ist. Durch eine unter der Wasserlinie liegende Öffnung gelangt Sonnenlicht in die Höhle und taucht sie in einen mystisch anmutenden silber-blauen Lichtschein.

Duftender Lavendel

TOUR 9: SPLIT – DUBROVNIK

Länge der Tour: Rund 215 km Küstenstraße. Plus ca. 70 km Insel Brač, ca. 160 km Insel Hvar, ca. 75 km Insel Pelješac und ca. 80 km Insel Korčula.

Die Route: Küstenstraße 8/E65 über **Omiš** bis **Makarska** – **Fähre von Makarska nach Sumartin/Insel Brač** und zurück nach Sumartin/Makarska – Küstenstraße 8/E65 bis **Drvenik** – **Fähre von Drvenik nach Sućuraj/Insel Hvar** – Straße 116 über **Jelsa** nach **Hvar** und zurück nach Sućuraj/Drvenik – Küstenstraße 8/E65 bis **Ploče** – **Fähre von Ploče nach Trpanj/Insel Pelješac** – Straßen 415/414 bis **Orebić** – **Fähre von Orebić nach Korčula** und zurück nach Orebić – Straße 414 über **Ston** bis **Zaton Doli** – Küstenstraße 8/E65 bis **Dubrovnik**.

Abstecher: Ins **Tal der Cetina**.

Von Prapratno (Ston) zur Insel Mljet.

Reisedauer: Mindestens zwei Tage, plus min. ein Tag je Insel.

Höhepunkte: Das **Tal der Cetina** bei Omiš – der **Strand von Brela** *** an der **Makarksa Riviera** *** – **der Strand Zlatna rat** *** bei **Bol** auf der Insel Brač – das Hafenstädtchen **Makarska** ** – sehenswertes **Hvar** ** – ein Bummel durch die **Altstadt von Korčula** ** und die Lage der Altstadt – die Mauern von **Ston.**

An der Cetina in Omiš

ROUTE: Wer etwas Zeit mitbringt und auch mal die eine oder andere Stunde auf eine Autofähre warten kann, erspart sich einige Straßenkilometer auf der Adriamagistrale über Omiš bis Makarska, wenn man sich der ***Fähren von Split nach Supetar*** *auf der* ***Insel Brač*** *bedient.*

Die Fähren verkehren Juni bis September täglich 14 mal, zwischen 5.15 Uhr und 23.59 Uhr etwa alle eineinhalb Stunden, spät abends etwa alle zwei Stunden.

Eine schöne Seereise durch die kroatische Inselwelt ist die Fahrt mit der **Jadrolinija Küstenfähre** auf dem Abschnitt **von Split nach Stari Grad auf der Insel Hvar**.

Die **Autofähren** legen zwischen Juni und September in Split täglich 1.30, 5.00, 8.30, 11.00, 14.30, 17.00 und 20.30 Uhr ab. Fahrzeit rund zwei Stunden. Änderungen sind möglich! Aktuelle Fahrplaninfos unter https://www.jadrolinija.hr/de/faehren-kroatien.

Routenalternativen

Alternativ zu unserer nachstehend vorgeschlagenen Tour über die Inseln kann man ab Split natürlich auch direkt auf der Küstenstraße 8/E65 (Adria Magistrale) bis Dubrovnik weiterfahren und sich unterwegs für den einen oder anderen Abstecher auf die Inseln entscheiden – z. B. von Makarska aus auf die Insel Brač, von Drvenik aus auf die Insel Hvar oder von Ploče aus nach Trpanj auf der Insel Pelješac und dort von Orebić nach Korčula auf der gleichnamigen Insel.

HAUPTROUTE

ROUTE: Man verlässt Split in östlicher Richtung und folgt der Küstenstraße 8/E65 über ***Omiš*** *und* ***Baška Voda*** *bis* ***Markaska****, ca. 70 km.*

Omiš liegt rund 26 km westlich von Split. Das alte Hafen- und Industriestädtchen, das im Mittelalter als berüchtigtes Seeräubernest bekannt war, liegt vor einer imposanten Felskulisse am Ausgang einer Schlucht. Hier bricht der Fluss Cetina zwischen zwei Gebirgsstöcken hindurch und mündet ins Meer.

Hervorgegangen aus der römischen Siedlung *Oneum* sah Omiš im Lauf seiner Geschichte viele fremde Herren, darunter von 1444 fast 300 Jahre lang die Venezianer und danach bis 1918 die Habsburger. Die Ruine der mittelalterlichen Festung Fortica oberhalb des Städtchens erinnert an Zeiten, als sich Omiš den Angriffen von Sarazenen, Kreuzrittern und Osmanen erwehren musste.

Zu den eher bescheidenen Sehenswürdigkeiten in der Stadt zählen die **Heiliggeistkirche Sveti Duh** im Renaissancestil, die barocke **Pfarrkirche Sveti Mihovil** (St. Michel) und die kleine **Kirche Sveti Petar** (St. Peter) im romanischen Stil aus dem 10. Jh..

Trotz einladender Küstenabschnitte hat es Omiš auf Grund seiner Industrieanlagen aber nicht eben leicht, sich zu einem anziehenderen Ferienort zu entwickeln.

Falls Sie den Abstecher ins Tal der Cetina nicht unternehmen wollen, bitte weiter mit **Hauptroute** nächste Seite.

Abstecher ins Tal der Cetina

Für die Weiterfahrt bieten sich zwei Möglichkeiten an. Die schnellere führt an der Küste entlang, die schwierigere, aber vielleicht schönere, durchs Inland.

Wählt man letztere Version, zweigt man in Omiš am östlichen Flussufer landeinwärts ab und folgt auf guter Straße dem schönen, grünen Cetina-Tal. Man passiert die **Mühle Radmanove mlinice**, ein Ausflugslokal und Forellenrestaurant bei einer ehemaligen Wassermühle an der Cetina.

Man kann den Abstecher zu einer Rundfahrt ausweiten und nach Osten weiterfahren.

Danach steigt die Straße an, wird ab Kučiće auf 4 km etwas schlech-

PRAKTISCHE HINWEISE – OMIŠ

Tourismusverband Omiš [N43° 26' 39.19" E16° 41' 31.91"], Fošal 1, 21310 Omiš, Tel. +385 (0)2 18 61 350; www.visitomis.hr.

Fest und Folklore

„Der Piratenkampf", inszenierte Piratenschlacht im Hafen von Omiš am 18. August.

CAMPING

Camping Galeb [WP 169 / N43° 26' 26.1" E16° 40' 46.5"], Vukovarska bb, Tel. +385 (0)2 18 64 430; www.camp.galeb.hr; 1. Jan. – 31. Dez.; am westlichen Stadtrand an der Straße 8 beim Stadion; ebenes Wiesengelände nahezu ohne Schatten; schmaler Sand- und Kiesstrand; 5 ha – 200 Stpl.; Standardsanitärausstattung. Restaurant, Kiosk, Waschmaschine, Trockner, Tennis, Boots- und Fahrradverleih, Surfschule, WLAN, Internetecke. V & E für Wohnmobile. Mietcaravans.

Lokva Rogoznica

Camping Sirena [WP 170 / N43° 24' 22.1" E16° 46' 38.7"], Planji Rat, Tel. +385(0)2 218 62 415; www.autocamp-sirena.com; 1. Jan. – 31. Dez.; ca. 8 km südöstlich von Omiš von der Straße 8/E65 abzweigen; terrassiertes Hanggelände im Pinienwald; 1,5 ha – 80 Stpl.; einfache Standardsanitärausstattung. Restaurant, Kiosk, Waschmaschine, WLAN auf Teilen des Platzes. V & E für Wohnmobile.

ter (war lange unbefestigt) und führt dann durch herrliche Berglandschaft auf die Hauptstraße Nr. 39.

Dort kommt man durch den Marktflecken **Zadvarje** (jeden Dienstag ländlicher Markt). Der ehemalige Wasserfall, der lange die Sehenswürdigkeit des Ortes war, ist aber einem Wasserkraftwerk zum Opfer gefallen.

Über eine gut ausgebaute Passstraße gelangt man wieder hinunter an die Küste und auf die Straße 8.

HAUPTROUTE

Brela, rund 24 km südöstlich von Omiš gelegen, ein kleiner, hübscher Ort am Fuße des Biokovogebirges, wo sich die Kiefernwälder bis an die malerische Küste mit **schönen Stränden** ziehen, gilt als nördlichster Ort der malerischen **Makarska Riviera**. Leider tragen manche der Touristeneinrichtungen hier nicht gerade zur Verschönerung der Küste bei.

Als malerisch an einer weiten Bucht gelegener Ferienort präsentiert sich **Makarska**, Hauptort und bedeutenstes Ferienziel an der gleichnamigen Makarska Riviera. Unmittelbar hinter der Hafenstadt erhebt sich der 1.421 m hohe Berg Vosač im **Biokovo-Massiv**.

Parkplätze findet man mit etwas Glück entlang der langen Uferpromenade. Ein größerer, zentraler **Parkplatz [WP 171 / N43° 17' 43.7" E17° 01'6.6"]** liegt an der Straße Jadranska.

Makarska macht eine Ausnahme in der sonst recht einheitlichen Geschichte dalmatinischer Küstenstädte. Es war 150 Jahre von den Türken besetzt. Nennenswerte Spuren aus jener Zeit sind aber nicht mehr vorhanden.

Der Strand von Brela gilt als einer der schönsten an der Makarska-Riviera. Foto: Croatian Natl. Tourist Board, Zagreb

Im Zentrum der Stadt mit ihrer palmenbestandenen **Promenade** am hübschen Bootshafen erinnert ein Denkmal an den Volksdichter Andrija Kačić-Miošić.

Besichtigen kann man das **Franziskanerkloster** mit einer kostbaren Bibliothek und dem **Malakozoolischen Museum**, in dem eine umfangreiche Sammlung von Muscheln und Schneckenhäusern, die aus allen Meeren unserer Erde stammen, beherbergt.

Sehenswert ist auch die **Kathedrale Sveti Marko [N43° 17' 37.78" E17° 01' 14.92"]**.

Makarska

PRAKTISCHE HINWEISE – MAKARSKA

Turistička zajednica [N43° 17' 41.93" E17° 00' 57.96"], Obala Kralja Tomislava 16, 21300 Makarska, Tel. +385 (0)2 16 12 002; www.makarska-info.hr.

RESTAURANT

Riva, Obala Kralja Tomislava 1, Tel. +385(0)2 16 15 422; zählt mit zu den besten Restaurantadressen im Zentrum, gute, bodenständige Küche, moderate Preise, schöne Terrasse.

HOTELS

Hotel Porin ***, 8 Zi., Marineta 2, Tel. +385(0)2 16 13 744; www.hotel-porin.hr; in einem ehemaligen Palast eingerichtetes, nahe des Hauptplatzes und der Altstadt gelegenes Haus, Restaurant, Bar, Terrasse, WLAN. Parkmöglichkeit.

Hotel Biokovo ****, 55 Zi., Obala Kralja Tomislava 14, Tel. +385(0)2 16 15 244; www.hotelbiokovo.com; angenehmes Mittelklassehotel an der Promenade von Makarska gelegen, dennoch ruhige Zimmer aufgrund Doppelglasfenster. Restaurant, Bar, Fahrradverleih, WLAN. Kein Parkplatz.

CAMPING

Camping Jure Makarska [WP 172 / N43° 18' 26.9" E17° 00' 15.0"], Ul. Ivana Gorana Kovačića, Tel. +385(0)2 16 16 063; www.kamp-jure.com; 15. Apr. – 15. Okt.; am nördlichen Stadtrand von Makarska von der Straße 8 (Omiš – Makarska) meerwärts abzweigen; 2 ha – 60 Stpl.; einfache Standardsanitärausstattung. Restaurant, Fahrradverleih, WLAN. Mietbungalows.

Krvavica

Camping Krvavica [WP 173 / N43° 19' 26.2" E16° 59' 07.3"], Krvavica 101a, Tel. +385(0)9 15 26 70 58; www.autocamp-krvavica.com/de/; 1. Mai - 31. Okt.; ca. 4 km nördlich von Makarska von der Straße 8 (Omiš-Makarska) meerwärts abzweigen; gestuftes Pinienwaldgelände in einem Taleinschnitt, nur wenige für Wohnmobile gut geeignete Stellflächen; 2 ha – 50 Stpl.; einfache Sanitärsanitärausstattung.

Ca. 1 km vor dem westlichen Ortsrand findet man den Wallfahrtsort **Vepric [N43° 18' 54.6" E17° 00' 16.1"]**. Hier ist in einer Felsgrotte ein Marienheiligtum zu sehen. Dem Wallfahrtsort Lourdes nachempfunden, wurde eine Kapelle, ein Freiluftaltar und ein Kreuzweg etc. eingerichtet.

Insel Brač

Ab Makarska bestehen im Sommer bis zu 5 mal täglich **Autofährverbindungen** nach **Sumartin [WP 174 / Fähranleger, N43° 17' 06.8" E16° 52' 13.2"]** auf der **Insel Brač**; Fahrzeit ca. 1 Stunde; www.jadrolinija.hr. Brač ist mit einer Fläche von fast 400 qkm die drittgrößte der kroatischen Adriainseln. Das landschaftliche Erscheinungsbild der Insel ist vielfältig. Teils ist sie von Hügelland mit Kiefernwäldern oder Macchiabewuchs durchzogen, das im Süden Höhen von fast 780 m (Vidova gora) erreicht. Im Nordosten dagegen ist das Terrain flacher. Viele der Anhöhen sind kahle Karstberge. Dazwischen dehnen sich zerklüftete Taleinschnitte aus.

Die Inselküste ist zwar teils felsig und steil, vor allem im Norden. Im Sü-

Der Strand Zlatna rat bei Bol, Insel Brač. Foto: Croatian National Tourist Board, Zagreb

den aber findet man auch lange flache Küsten mit Kiesstränden.

Eines der attraktivsten Küstengestade auf Brač ist zweifellos der **Strand Zlatna rat [Parkplatz, WP 175 / N43° 15' 32.52" E16° 38' 0.11"]** bei **Bol** auf der Südseite der Insel. Manche halten ihn gar für den schönsten Strand an der kroatischen Adria überhaupt. Markant ist die Form des Strandes, der sich vor einem Kiefernwald als langgestrecktes Kieselsteinkap ins Meer erstreckt und seine Form im Laufe der Zeit der vorherrschenden Meeresströmung anpasst.

Die wichtigsten Orte und beliebtesten Touristenziele sind das erwähnte **Bol** und das Haupt- und Hafenstädtchen **Supetar**. Gute Bademöglichkeiten bieten auch die Küstengestade bei **Povlja** im Nordosten, **Sutivan** im Nordwesten, sowie bei **Milna** an der Westküste.

Die berühmten **Steinbrüche** von Brač, aus denen der strahlend weiße Marmor für den Diokletianpalast in Split und (zumindest teilweise) auch für das Weiße Haus in Washington (USA) stammt, liegen in der Nähe der Nordküste bei Pučišća und Splitska.

In **Pučišća [Parkplatz, N43° 20' 54.47" E16° 43' 49.78"]** wird seit 1909 eine international anerkannte Steinmetzschule unterhalten. Mit traditionellen Steinmetzwerkzeugen aber auch mit modernem Gerät werden Schüler mit dem alten Handwerk der Steinbearbeitung vertraut gemacht. Im Sommer öffnet die Schule ihre Tore für Besucher.

Wer etwas mehr über die Insel und deren Vergangenheit und Bewohner wissen möchte, sollte von Supetar aus einen Ausflug nach **Škrip [N43° 21' 17.5" E16° 36' 9.7"]**, zum ältesten Dorf der Insel, machen. Bei seiner Entstehung wurde der Ort mit einer Zyklopenmauern nach griechischem Vorbild ummauert. Im 16. Jh. entstand der Radojkovic-Palast mit seinem quadratischen Wehrturm, in dem man das einzige Heimatmuseum der Insel eingerichtet hat, das mit archäologischen und kulturhistorischen Funden aus den Epochen aufwarten kann. Ein Spaziergang durch das Dorf lohnt sich.

Windsurfen, Drachenfliegen und Tauchen sind die Sportarten, die auf Brač gut betrieben werden können. Bol z. B. ist ein Zentrum der Windsurfer in Kroatien und geübte Drachenflieger starten gerne vom 778 m hohen Vidova gora aus.

PRAKTISCHE HINWEISE – INSEL BRAČ

Supetar

Turistička zajednica, Porat 1, am Hafen, 21400 Supetar, Tel. +385(0)2 16 30 551; www.supetar.hr. *Geöffnet Juni - Sept. tgl. 8 - 22 Uhr, Mai - 15. Okt. tgl. 8 - 15.30 Uhr; 16. Okt. - Apr. Mo - Fr 8 - 15.30 Uhr.*

Bol

Turistička zajednica, Porat bolskih pomoraca bb, 21420 Bol, Tel. +385 (0)2 16 35 638; www.bol.hr.

RESTAURANTS

Supetar

Konoba Vinoteka, Jobova 6, Tel. +385(0)9 97 00 03 85; eine rustikale Kneipe in Hafennähe, serviert werden hauptsächlich Fischspezialitäten.

Bol

Konoba Santo, Frane Radića 3, Tel. +385(0)9 15 21 82 76; im Zentrum am Hafen gelegen, einladendes Gasthaus mit rustikalem Ambiente, einfache, deftige Küche zu erschwinglichen Preisen, Terrasse.

HOTELS

Supetar

Hotel Villa Britanida **, 12 Zi., Hrvatskih Velikana 26, Tel. +385 (0)2 16 31 038; kleines Hotel der einfacheren Kategorie, am Ostrand der Stadt, einige Zimmer sind zum Meer hin ausgerichtet und deshalb die bessere Wahl. Restaurant mit Terrasse, Bar. WLAN. Parkplatz.

Bol

Bluesun Elaphusa ****, 306 Zi., put Zlatnog rata 46, Tel. +385(0)2 13 06 200; www.hotelelaphusabrac.com; renoviertes, komfortables Mittelklassehotel mit eigenem Strand, Terrasse, Garten, Freibad, Hallenbad, Fitness- und Wellnessstudio, 2 Restaurants, Bar, WLAN. Parkplatz.

CAMPING

Supetar

Camping Waterman Beach Village [WP 176 / N43° 22′ 50.9″ E16° 33′ 50.9″], Vrilo 7, Tel. +385(0)2 15 54 666; www.beach-village.com; 28. Apr. – 30. Sept.; östlich von Supetar an der Straße 616 Richtung Spliska; leicht schräges, teils terrassiertes Pinienwaldgelände; 2,5 ha – 50 Stpl.; einfache Sanitärausstattung. Restaurant, Waschmaschine, Schwimmbad, Minigolf, WLAN auf Teilen des Platzes, Internetecke. Mietbungalows.

Bol

Camping Kito [WP 177 / N43° 15′ 50.6″ E16° 38′ 53.3″], Bračke Ceste 21, Tel. +385(0)2 16 35 551; www.camping-brac.hr; 1. Jan. – 31. Dez.; westlich des Ortes, Terrassengelände im Olivenhain; 0,4 ha – 40 Stpl.; einfache Standardausstattung. Restaurant, Waschmaschine, Fahrradverleih. WLAN auf Teilen des Platzes, Internetecke.

Camping Mario [WP 178 / N43° 15′ 53.5″ E16° 39′ 02.5″], Uz Gospojicu bb, Tel. +385 (0)2 16 35 028; www.kampmario-bol.com; 1. Apr.– 31. Okt.; am nördlichen Ortsrand von Bol, Pinienwaldgelände; ca. 0,3 ha – 40 Stpl.; einfache Standardsanitärausstattung.

Camping Aloa [WP 179 / N43°15′ 51.8″ E16°36′36.7″], Tel. +385 (0)2 16 35 367; www.camping-bol.com; 1. Apr. – 15. Okt.; ca. 2 km westlich Bol an der Straße 6191 Richtung Murvica; teils schmale Terrassen am Hang mit Pinien- und Olivenbäumen und teils junger Bepflanzung; 2,5 ha – 50 Stpl.; einfache Standardsanitärausstattung.

*ROUTE: Zurück zum Hafen **Sumartin** und mit der Fähre wieder nach **Makarska**. Dort setzt man die Reise auf der Küstenstraße nach Südosten fort.*

Die herrlichen Küstenabschnitte auf der Weiterfahrt gewinnen durch das hohe, fast unmittelbar vom Meer aus aufragende Bergmassiv Biokovo noch an Reiz. Ein hübsches Küstenstädtchen, das sich vom Meer mit schmalen Kiesstränden hinaufzieht bis zu seinem markanten Kirchturm, ist **Igrane.**

Ab **Drvenik [WP 180 / N43° 09′ 16.2″ E17° 14′ 57.4″]**, einem kleinen Hafenstädtchen, verkehren **Autofähren nach Sućuraj** am äußersten Ostende der langgestreckten Insel Hvar und zwar zwischen Ende Mai und Ende September zwischen 7.30 Uhr und 22.35 Uhr bis zu 10 mal ca. alle eineinhalb Stunden, in der Nachsaison bis zu 6 mal täglich, Fahrzeit ca. 30 Minuten.

Insel Hvar

Die Inselstraße Nr. 116 von Sućuraj nach Jelsa ist zwischen Sućuraj und Poljica auf etwa 40 km vor allem für

Das hübsch gelegene Küstenstädtchen Igrane an der Makarska Riviera

CAMPING – ZWISCHEN ŽIVOGOŠĆE UND PODACA, STRASSE 8/E65

Živogošće Blato

Camping Dole [WP 181 / N43° 10′ 16.1″ E17° 11′ 46.9″], Tel. +385 (0)2 16 28 749; www.campdole.com; 1. Mai – 30. Sept.; östlich außerhalb des Ortes, Gelände in einem naturbelassenen, unebenen Pinien- und Olivenhain, große Platzteile sind im Sommer von Mietzelten belegt, langer, schmaler Kiesstrand; 10 ha – 400 Stpl.; Standardausstattung. Restaurant, Laden, Bootssteg, Boots- und Fahrradverleih. V & E für Wohnmobile.

Drvenik

Camping Male Čiste [WP 182 / N43° 10′ 07.2″ E17° 12′ 29.3″], Tel. +385(0)2 16 79 906; www.campmaleciste.com; 1. Jan. - 31. Dez.; ca. 5 km nordwestlich von Drvenik unterhalb der Straße 8/E65 (Split – Dubrovnik); überschaubares Gelände mit Kiesstrand, terrassiert, im oberen Teil schattenlos, im unteren Teil Baumschatten; im Hintergrund die Felsgipfel des Biokovo-Massivs; 1 ha – 60 Stpl.; einfache Standardsanitärausstattung. WLAN auf Teilen des Platzes. V & E für Wohnmobile.

Zaostrog

Camping Viter [WP 183 / N43° 08′ 21.6″ E17° 16′ 49.4″], A. K. Miošića 1, Tel. +385(0)2 16 29 190; www.camp-viter.com; 15. Apr. - 15. Okt.; an der Straße 8/E65 (Split – Dubrovnik) am südlichen Ortsrand von Zaostrog gelegen; geneigtes Pinien- und Laubbaumgelände; 1,5 ha – 100 Stpl.; einfache Standardsanitärausstattung. Waschmaschine, Trockner, WLAN auf einigen Platzteilen. V & E für Wohnmobile.

Podaca

Camping Uvala Borova [WP 184 / N43° 07′ 50.7″ E17° 17′ 11.2″], Lučica 23, Tel. +385 (0)2 16 29 111; www.uvalaborova.com; 1. Mai – 30 Sept.; ca. 5 km südöstlich vom Fährhafen Drvenik, zum Meer geneigtes Terrassengelände unter Pinien, einige asphaltierte Stellplätze; ca. 2 ha – 90 Stpl.; nicht mehr ganz zeitgemäße Sanitärausstattung. Restaurant, Laden, Waschmaschine, Bootsverleih. WLAN, Internetecke. V & E für Wohnmobile. Miethütten.

Die Fähre von Drvenik nach Sućuraj/Insel Hvar, im Hintergrund die Höhen des Biokovo

Fahrer von großen Wohnwagengespannen oder ausladenden Wohnmobilen eine gewisse Herausforderung und m. E. besonders für Caravangespanne eigentlich nicht geeignet.

Das tückische an der kurvenreichen Straße ist weniger ihre nicht gerade üppige Breite, sondern vielmehr das Fehlen jeglicher Art von Randstreifen bzw. Randbegrenzung. Die Kante des Straßenrandes ist meist betoniert und fällt oft ohne Sicherung unmittelbar ab, oft einen halben Meter und mehr. Bei Gegenverkehr ist man gezwungen bis hart an diesen Rand heranzufahren. Reine Nervensache, aber auf Dauer und mit einem breiten Fahrzeug ab etwa zwei Meter eben schon etwas lästig. Ein Überfahren der Kante hätte böse Folgen.

Die rund 300 qkm große und knapp 70 km lange **Insel Hvar** ist dank ihres ganzjährig milden Klimas zu einem beliebten Ferienziel geworden. Hvar ist aber auch die Insel des duftenden Lavendels (besonders schön zur Lavendelblüte im Juni) und Rosmarins, eine Insel mit ausgedehnten Weinbergen und Olivenhainen, Feigen- und Zitrusbäumen.

Hvar zählt zu den sonnenreichsten Inseln in der Adria. Und die Hotels können sich erlauben damit zu werben, dass sie in der Wintersaison von November bis März ihren Gästen für jeden Tag freie Logis bieten, an denen es Nebel gibt, es schneit oder die Temperatur unter 0° C fällt.

Und ganz stolz verweist eine Publikation des städtischen Touristenverbandes darauf, dass die Insel Hvar vom amerikanischen Monatsmagazin „Traveler" zu einer der zehn schönsten Inseln der Welt gewählt wurde, in einer Reihe mit Bali, Hawaii, Capri u. a.

Im Verlauf seiner langen Geschichte sah auch Hvar all die Herrscher und Despoten, die den Adriaraum einstmals beherrschten, von den Illyrern über die Römer, die Slawen im 7. Jh., die Byzantiner im 9. Jh., eine Reihe kroatischer Könige im 11. Jh., die Venezianer von 1420 bis 1797 bis hin zu den Habsburgern, die sich erst 1918 von Hvar verabschiedeten und den Italienern, die anschließend bis 1922 die Herren auf Hvar waren.

Übrigens: Von der Insel Hvar stammte *Ivan Vučetić* (1858 – 1925), Erfinder der Daktiloskopie, der Methode zur Identifikation von Personen aufgrund des Fingerabdrucks.

Das einladende und sehr ansprechend gelegene Hafenstädtchen **Hvar** ist Sommer- und Winterferienort. Als kleiner Tipp zur Urlaubsplanung sei erwähnt, dass Hvar in den Ferienmonaten Juli und August sehr stark besucht (oder sollte man besser sagen, hoffnungslos überlaufen) ist.

Am Ortsrand der Stadt Hvar findet man einen gebührenpflichtigen **Parkplatz [WP 185 / N43° 10′ 21.2″ E16° 26′ 49.2″]** ohne Einfahrtshöhenbeschränkung. Von dort erreicht man in wenigen Gehminuten den zentralen Platz Svetog Stjepana der historischen Altstadt.

Wie wichtig Hvar als Hafen am adriatischen Seefahrtsweg schon früher war, bezeugen viele kulturhistorischen Denkmäler und die über siebenhundert Jahre alte **Festung Španjola [N43° 10′ 29.74″ E16° 26′ 31.90″]**, welche die Stadt überragt und von wo aus man weite Ausblicke genießen kann, wenn man sich die Mühe macht und einen Spaziergang hinauf unternimmt. Noch ein Stück höher liegt das **Fort Napoléon**, eine Bastion, die aus der Zeit um 1806 stammt, als die Franzosen ein kurzes Besatzergastspiel auf der Insel gaben.

Mittelpunkt des einladenden Hafenstädtchens ist der langgestreckte gepflasterte **Stadtplatz Svetog Stjepana [N43° 10′ 20.27″ E16° 26′ 32.05″]**, der sich bis zum Hafen erstreckt. Da die Innenstadt von Hvar autofrei ist, kann man den schönen Renaissanceplatz vor der Kathedrale mit dem **Stadtbrunnen** aus dem Jahre 1529 und den **Stadtpalästen** Groda und Burak in Ruhe betrachten.

Hvar

Hvar, der Hauptplatz mit Sv. Stjepan-Dom und hübschem Renaissance-Brunnen

Zu den Sehenswürdigkeiten zählen darüber hinaus die **Stadtmauer,** die **Renaissancekathedrale Sv. Stjepan [N43° 10‘ 20.02“ E16° 26‘ 35.35“]** aus dem 16. Jh. mit kostbarer Schatzkammer, sowie das **Arsenal [N43° 10‘ 19.54“ E16° 26‘ 29.12“]** mit seinem riesigen Bogenportal, durch das die Galeeren früherer Tage direkt in das Hafenbecken auslaufen konnten. Heute ist hier eine Kunstgalerie eingerichtet. Und im Obergeschoss des Arsenals ist seit 1612 das **Stadttheater** eingerichtet, das als ältestes Theater in Kroatien gilt.

Schließlich muss in der Liste der Sehenswürdigkeiten der Stadt Hvar auch das **Franziskanerkloster [N43° 10‘ 6.60“ E16° 26‘ 34.93“]** *(geöffnet im Sommer tgl. 10 - 12 + 17 - 19 Uhr, im Winter tgl. 10 -12 Uhr)* erwähnt werden, das etwas südöstlich der Stadt liegt und mit einem schönen Renaissancekreuzgang, einer wertvollen Gemäldesammlung und beachtenswertem Chorgestühl in der Klosterkirche aufwartet. Die Kirche ist der „Gnadenreichen Muttergottes“ geweiht. An der Fassade sieht man ein Relief „Madonna mit dem Kind“.

Das **Kloster der Benediktinerinnen [N43° 10‘ 22.89“ E16° 26‘ 30.66“]** wurde 1664 von zwei Ordensschwestern aus Pag gegründet. Die Tradition der Spitzenherstellung wird hier seit dem 19. Jh. gepflegt. Man verwendet dazu Fäden aus getrockneten Agavenblätter. Die Agavenspitzen gehören zum UNESCO Weltkulturerbe.

Mein Tipp! Ein Bummel entlang der Hafenpromenade mit ihren herrlichen Dattelpalmen und ein Besuch in einem der hübschen Lokale lohnen alleine schon die Fahrt hierher.

Jelsa und **Stari Grad** sind Orte, die heute ganz vom Tourismus geprägt sind und im Sommer aus allen Nähten platzen.

Stari Grad ist eine uralte Gründung griechischer Kolonisten aus dem 4. vorchristlichen Jahrhundert. Sie nannten den Ort *Pharos*, was Leuchtturm bedeutet. Bald war der Name für die ganze Insel gebräuchlich und wandelte sich im Laufe der Jahrhunderte schließlich in *Hvar*.

Die Ebene von Stari Grad wurde am 7. Juli 2008 zum UNESCO Weltkulturerbe ernannt, weil sie eine der wenigen in Europa noch erhaltenen geschlossenen Kulturlandschaften darstellt, und dies seit dem 4. Jh. v. Chr. Sie ist eine Urlandschaft mit Oliven- und Weingärten, die noch immer nach der alten Methode der Ordnung durch Steinmauern angelegt und bewirtschaftet sind.

Zu den eher bescheidenen Sehenswürdigkeiten in Stari Grad zählen die **Kirche Sv. Ivan** aus dem 12. Jh. und das **Stadtpalais Tvrdalj** von 1520 mit Arkadengang und hübschem Park, das sich der Dichter Petar Hektorović zur Sommerresidenz umbauen ließ.

Vrboska, kleiner, netter Fischerort mit stattlicher **Festung** an einem weit ins Land reichenden Meeresarm, liegt ca. 4 km westlich von Jelsa. Sehenswert in Vrboska ist die **Kirche Sveti Lovro** mit einer 150 Jahre alten Orgel, die vormittags um 10.30 Uhr zu hören ist, und einer Kunstsammlung mit Gemälden alter Meister.

Ebenso sehenswert ist das kleine **Fischereimuseum** *(geöffnet im Sommer tgl. 9 - 12 + 19 - 22 Uhr)*, das die Geschichte des hiesigen Fischfangs anschaulich darstellt.

Nachdem der Verkehr der Autofähren von Hvar zur Insel Korčula bis auf weiteres eingestellt ist, sieht sich der Autotourist gezwungen, wieder zu-

PRAKTISCHE HINWEISE – INSEL HVAR

Turistička zajednica [N43° 10' 20.1" E16° 26' 29.6"], Trg Sv. Stjepana 42, 21450 Hvar, Tel. +385 (0)2 17 41 059; www.tzhvar.hr.

Feste und Folklore

Osterprozession „Kreuzweg", 400 Jahre alte Tradition, beginnt am Abend des Gründonnerstag und dauert bis in den Morgen des Karfreitag. Sie führt von Ort zu Ort zwischen den Orten Jelsa, Plitve, Vrisnik, Svirče, Vrbanj und Vrboska.

RESTAURANTS

Đorđota Vartal, Uvala križna 8, Hvar, Tel. +385 (0)2 17 43 077; www.restoran-vartal.com; an der Promenade gegenüber dem Franziskanerkloster. Beliebtes Lokal, Fisch- und Grillspezialitäten, mit schattiger Terrasse am Meer.

Posteni, Uvala Sv. Stjepana 31, Tel. +385 (0)2 17 41 138; www.posteni.com; nahe der Kathedrale am Stadtplatz, bekanntes Fischspezialitätenlokal, Plätze im Inneren oder im Freien angesichts der Kathedrale.

HOTELS

The Palace ***, 73 Zi., Trg svetog Stjepana 5, Tel. +385 (0)2 17 50 555; www.suncanihvar.com/the palace-hvar.html; sehr komfortables, renommiertes Haus der gehobenen Mittelklasse, sehr zentral am malerischen Hafen gelegen. Der Bau soll um das Jahr 1869 von Kaiserin Elisabeth mit geplant und gefördert worden sein. 2 Restaurants, eines davon mit Terrasse mit herrlichem Blick auf den Jachthafen, Schwimmbad, Sauna. WLAN. Kein Parkplatz. 2018 geschlossen wegen Renovierung. Wiedereröffnung für 2019 geplant.

Adriana Hvar Spa ****, 59 Zi., Obala Fabrika 28, Tel. +385 (0)2 17 50 200; www.suncanihvar.com/de/adriana-hvar-spa-hotel.html; gutes Mittelklassehotel, zentral am Hafen gelegen, schöne Dachterrasse mit Salzwasserpool, Restaurant, Dachterrasse mit Bar, Wellnesszentrum, Fitnessstudio. WLAN. Kein Parkplatz.

Pharos Hvar ***, 187 Zi., Ulica Dinka Kovačevoća 10, Tel. +385 (0)2 17 41 028; www.suncanihvar.com/de/das-hotel-pharos.html; zweckmäßiges Mittelklassehotel mit einfacherem Komfort, Restaurant, Bar, Schwimmbad, Terrasse, Garten, WLAN. Parkplatz.

CAMPING

Vira bei Hvar

Camping Vira [WP 186 / N43° 11' 26.5" E16° 25' 49.8"], Dolac bb, Tel. +385 (0)2 17 41 803; www.campvira.com; 1. Mai – 1. Okt.; 4 km nordwestlich von Hvar, Hanglage mit Terrassen im Pinienwald, von einigen Plätzen Blick zum Meer; Fels- und Kiesstrand; 10 ha – ca. 180 Stpl.; gute Standardsanitärausstattung. Restaurant, Imbiss, Laden, Waschmaschine, Trockner, Bootsverleih, Bootsslipanlage, WLAN, Internetecke. V & E für Wohnmobile. Für Wohnmobile besonderes Angebot außerhalb des Platzes.

Jelsa

Camping Holiday [WP 187 / N43° 09' 38.1" E16° 42' 29.9"], Mala banda bb, Tel. +385 (0)2 17 61 140; www.campholiday.eu/?lang=de; 1. Mai – 1. Okt.; 1 km östlich von Jelsa entfernt im Kiefernwald oberhalb der Straße, schmale Terrassen; 2 ha – 80 Stpl.; einfache Standardsanitärausstattung. Restaurant, Waschmaschine. Sand- und Kiesstrand. V & E für Wohnmobile. Mietcaravans. Für größere Wohnmobile ungeeignet.

Camping Grebišće [WP 188 / N43° 09' 31.2" E16° 42' 41.6"], Jelsa bb, Tel. +385 (0) 2 17 61 191; www.grebisce.hr; 1. Mai – 20. Okt.; 1,5 km östlich von Jelsa von der alten Straße Richtung Sućuraj abzweigen; leicht terrassiertes Gelände im Pinienwald, durch niedere Mäuerchen unterteilt; 1,5 ha – 120 Stpl.; Standardsanitärausstattung. Imbiss, Waschmaschine, Trockner, Boots- und Fahrradverleih, Volleyballfeld, WLAN. V & E für Wohnmobile. Für größere Wohnmobile schwierig.

Vrboska

Camping Nudist FKK [WP 189 / N43° 10' 53.4" E16° 41' 14.0"], Tel. +385 (0)2 17 75 034; www.nudistcamp-vrboska.hr; ; 1. Mai – 30. Sept.; über die kleine Hafenbrücke und rechts auf die Halbinsel nördlich Vrboska; steiniges, fast schattenloses, abfallendes Gelände ausschließlich für FKK; oberhalb eines langen Felsstrandes; 2,5 ha – 120 Stpl.; einfache Standardsanitärausstattung. Restaurant, Laden, Waschmaschine, Trockner, WLAN auf Teilen des Platzes, Internetecke. V & E für Wohnmobile.

Sućuraj

Camping Mlaska [WP 190 / N43° 08' 13.4" E17° 08' 36.7"], (Textil + FKK) Tel. +385 (0) 91 50 16 163; www.mlaska.com; 1. Jan. –31. Dez.; 5 km westlich der Fährstation am Ostende der Insel Hvar; abfallendes Gelände mit einzelnen Pinien am Meer in herrlicher Bucht, sehr ruhig, FKK-Teil; ca. 3 ha – 90 Stpl.; einfache Standardsanitärausstattung. Restaurant, Laden, Waschmaschine, Trockner, Bootsverleih, Bootsslipanlage und -kran. V & E für Wohnmobile. Mietbungalows.

rück nach Sućuraj am äußersten Ostende der Insel Hvar zu fahren, um dort die Fähre nach Drvenik zu nehmen.

ROUTE: *Von Drvenik auf der Straße 8/E65 nach Südosten über **Zaostrog** und **Gradac** bis **Ploče**, ca. 24 km.*

Traumhaft schöne **Kieselstrände**, von Felsen unterbrochen, findet man entlang der Küste ab **Gradac**, dem südlichsten Punkt an der Makarska Riviera.

Auch **Zaostrog** wartet mit einladenden **Kiesstränden** auf. Zu den Sehenswürdigkeiten dort zählt das **Franziskanerkloster** Sv. Marija aus dem 15./16. Jh.

Im weiteren Verlauf unserer Route führt die 8/E65 kurvenreich, da etliche Buchten umfahren werden müssen, hoch über dem türkisfarbenen Meer entlang und zieht dann durch felsiges Bergland landeinwärts. Der Blick wird freigegeben auf den tiefer liegenden **See Bačinska jezera** nördlich von Ploče.

Ploče, das auf alten Karten noch als *Kardeljevo* auftaucht (benannt nach *S. Kardelj*, einem politischen Weggenossen von Marschall Tito), hat als Hafenstadt an der Makarska Riviera eine große Bedeutung als Umschlagplatz von Gütern und als Fähranleger.

In **Ploče [Fähranleger, WP 191 / N43° 03' 02.3" E17° 26' 00.8"]** bietet sich die Möglichkeit, mit der **Autofähre nach Trpanj** auf der **Halbinsel Pelješac** überzusetzen. Fähren verkehren von Ende Mai bis Ende September von 5 Uhr bis 19.30 Uhr (Juli + Aug. bis 21 Uhr) täglich 6 mal, etwa alle zwei Stunden 15 Minuten. Fahrtdauer rund 1 Stunde. Im Winterhalbjahr weniger Abfahrten; www.jadrolinija.hr.

ROUTE: Weiterfahrt von Trpanj (Pelješac) auf der Straße 415 südwärts. Nach rund 7 km trifft man auf die Straße 414, der wir nach Westen bis ***Orebić*** *(alte Kapitänsvillen, Seefahrtmuseum) folgen, ca. 12 km.*

Ab **Orebić [Fähranlager, WP 192 / N42° 58' 26.1" E17° 10' 34.4"]** verkehren regelmäßig **Autofähren nach Korčula** auf der Insel Korčula. Von Juni bis Ende September verkehren Fähren zwischen 4 Uhr und 22.30 Uhr bis zu 18 mal etwa stündlich, Fahrtdauer 15 Minuten. In der Nachsaison verkehren die Fähren bis zu 13 mal täglich; www.jadrolinija.hr.

Insel Korčula

Die Insel Korčula, mit einer Fläche von fast 275 qkm eine der größeren der mitteldalmatinischen Inseln, ist, obwohl zeitweise den kalten Borawinden ausgesetzt, recht dicht bewaldet und weist ein erfreulich mildes Klima auf.

Korčula

Die höchste Erhebung der bergigen Insel, der 568 m hohe Klupča, liegt in der östlichen Inselhälfte.

Wegen ihrer dichten Wälder war Korčula bei den Griechen, die im 4. Jh. hier eine erste Kolonie gründeten, als „Korkyra melaina", als „schwarzes Korkyra" bekannt.

Wie die meisten der dalmatinischen Inseln, erfuhr auch Korčula eine ähnliche Reihe von Eroberern und Regenten wie die benachbarten Inseln auch, von den Griechen über die Römer und Sarazenen bis hin zu den Venezianern. Bei einem Überfall der Sarazenen soll im Jahre 1298 ein gewisser Marco Polo festgenommen worden sein, der ja in Korčula geboren worden sein soll.

Wie manche andere Karstinsel der Adria verfügt auch Korčula über keine Trinkwasserquellen. Umso erstaunlicher, dass sich eine Stadt wie Korčula entwickeln konnte. Jahrhunderte lang litt die Insel unter permanentem Wassermangel. Man war ausschließlich auf Regenwasser angewiesen, das in Zisternen gesammelt wurde.

Hauptort der Insel Korčula, die auch bekannt ist für ihre guten Weine, ist der beliebte **Ferienort Korčula**, ein malerisches Städtchen obendrein, dessen alter Stadtkern sich wunderhübsch um einen Hügel auf einer Halbinsel gruppiert.

Viele halten **Korčulas Altstadt** für eine der schönsten auf den dalmatinischen Inseln und stellen gar Vergleiche mit Dubrovnik an.

Parkplätze findet man am Südostrand der Altstadt am **Kai [N42° 57' 36.80" E17° 8' 9.71"]** und an der langen **Mole [WP 193 / N42° 57' 43.2" E17° 08' 05.9"]** an der Westseite der Altstadt. Dort, an der Westseite der Altstadt, liegen auch das **Touristenbüro [N42° 57' 43.0" E17° 08' 06.7"]** und das Hotel „Korčula".

Korčula ist größtenteils noch von seiner mittelalterlichen **Stadtmauer** und einigen gewaltigen, runden Wehrtürmen umgeben. Während einer verheerenden Pestepidemie im 16. Jh. wussten sich die Stadtoberen offenbar nicht anders zu helfen und setzten als letztes Mittel die ganze Stadt in Brand. Viele der heutigen Bauten auf der Halbinsel stammen aus der Zeit danach.

Die Altstadt mit ihren engen Gassen, die von der meerumspülten Stadtperipherie alle hinauf zur alles überragenden Kathedrale streben, weist viele historische Denkmäler auf.

Allen voran die **Kathedrale Sveti Marko [N42° 57' 41.8" E17° 08' 10.0"]** am Trg Sv. Marka auf dem höchsten Punkt der Stadt. Die Markuskathedrale entstand im wesentlichen im 15. Jh. und ist in einem Übergangsstil von der Gotik zur Renaissance erbaut. Das wunderschöne **Portal** an der ansonsten eher schmucklosen Westfassade wird von schlanken Säulen und zwei auf schön gearbeiteten Podesten ruhenden Löwen flankiert. Im Bogenfeld über dem Portal sieht man den Evangelisten Markus, den Schutzpatron der Stadt.

Im Inneren wird der **Hauptaltar** von einem schönen Ciborium überragt, das auf vier Säulen einen kleinen, einer dreistufigen Kuppel ähnlichen Baldachin trägt. Im Altar werden die Reliquien des hl. Todor, einem römischen Märtyrer, aufbewahrt. Das Bild über dem Altar stammt aus dem 16. Jh. und wird Tintoretto zugeschrieben. Es zeigt in der Mitte den hl. Markus im Bischofsornat, dann den hl. Hieronimus, den Schutzpatron Dalmatiens, sowie den hl. Bartolomeus.

Neben dem Altar in der Apsis des Südschiffes mit einem Bild der Heiligen Dreifaltigkeit und Aposteln sieht man an der Wand den **Sarkophag** des Bischofs Toma Malumba, mit einer Liegefigur des Kirchenmannes. Malumba war bis 1513 50 Jahre lang Bischof in Korčula und hatte sich um den Bau der Kathedrale verdient gemacht. Später, im Jahre 1610, wurden seine sterblichen Reste nach Venedig überführt. Danach diente der Sarkophag als Grabstätte späterer Bischöfe.

Ebenfalls im südlichen Kirchenschiff sieht man eine von den Gläubigen hoch verehrte Marienikone aus dem 13. Jh. mit prächtigem Renaissancerahmen.

Ein Gemälde, wahrscheinlich ebenfalls von Tintoretto, zeigt das Motiv „Mariä Verkündigung".

Sehenswertes findet man auch in der **Sakristei**, die man durch ein Portal aus dem 14. Jh. mit eigenwilligen Skulpturen musizierender Jungen – links mit Trommel und Flöte, rechts mit einer „mišnjice", einem Vorläufer des Dudelsacks – betritt. Darüber sieht man ein Fries mit Blatt- und Rankenornamenten und dem kunstvoll gestalteten Christusmonogramm in der Mitte. Und im Bogenfeld darüber schließlich sieht man den Erzengel Michael, der den Teufel besiegt.

Rechts neben der Kathedrale liegt das ehemalige **Bischofspalais**. Es stammt in seinen Ursprüngen bereits aus dem 14. Jh., erhielt sein heutiges Aussehen aber im 17. Jh. Dort ist ein sehenswertes **Kirchenmuseum** eingerichtet *(geöffnet Juli - Sept. Mo - Sa 10 - 17 Uhr. Übrige Zeit nur nach Voranmeldung)*.

Unter den Kirchenschätzen, liturgischen Kunstgegenständen, einer Münzsammlung und einer Reihe kostbarer Gemälde von Bellini (Madonna mit Kind), Tizian (Sancta Conversatio), Carpaccio (Bildnis eines jungen Mannes) wird auch ein Halsband der Mutter Teresa aufbewahrt, ein Geschenk der Stadt Kalkutta an Korčula aus Anlass der Verleihung des Friedensnobelpreise an Mutter Teresa im Jahre 1979.

Überragt das Stadtbild von Korčula, die Kathedrale Sveti Marko

Nördlich hinter der Katherale liegt die **Kirche Sv. Petra [N42° 57' 42.33" E17° 08' 10.99"]**, die als eines der ältesten Gotteshäuser in Korčula gilt.

Und einen Straßenzug weiter nordöstlich der Kathedrale findet man in der engen Gasse Ulica Depolo das sog. **Marco Polo Haus [N42° 57' 42.81" E17° 08' 11.75"]**, es soll das Geburtshaus von Marco Polo sein.

Ob Marco Polo, der legendäre Kaufmann und Reisechronist, der 17 Jahre lang in China weilte und dort einer der wichtigsten Ratgeber von Kublai Khan war, wirklich in Korčula das Licht der Welt erblickte, ist aber keineswegs belegt.

Venedig, z. B., von wo aus Marco Polo zusammen mit seinem Vater Nicoló und seinem Bruder Matteo im Jahre 1271 über Bagdad und durch Persien zu seiner sagenhaften Reise nach China aufbrach, nimmt ebenfalls, und nicht minder bestimmt, für sich in Anspruch, Geburtsstadt des Marco Polo zu sein. In Korčula jedenfalls heißt es, Marco Polo sei dort 1254 geboren worden und kam 1269 mit seinen Eltern nach Venedig. Er starb 1324.

Genau gegenüber der Kathedrale, an der Westseite des Markusplatzes, liegt der spätgotische **Palača Arneri**.

Links daneben ist in einem stattlichen Palais das **Gradski muzej [N42° 57' 41.48" E17° 08' 09.04"]**, das **Stadtmuseum** eingerichtet *(geöffnet Juli - Sept. tgl. 9 - 21 Uhr, Apr. - Juni tgl. 10 - 14 Uhr, Okt. - März tgl. 10 - 13 Uhr; www.gm-korcula.com/en/)*. Das Renaissancepalais aus dem 16. Jh. mit seinen repräsentativen Fenstern und dem hübschen Balkon zum Platz hin war ehemals Residenz der Patrizierfamilie Gabrielis.

Die wichtigsten Abteilungen des Museums sind das sog. Lapidarium mit Steinskulpturen und einer reichen Sammlung von Steinmetzarbeiten samt Werkstatt. Vom 15. Jh. bis ins 18. Jh. hinein war Korčula ein wichtiges Zentrum der Bildhauerkunst, von dem aus der ganze adriatische Raum beliefert wurde.

Eine weitere Museumsabteilung zeigt archäologische Funde, die auf der Insel gemacht wurden. U. a. fand man im südlich von Korčula gelegenen Fischerdorf Lumbarda eine Inschrift aus dem dritten vorchristlichen Jahrhundert, die u. a. Regeln über das Zusammenleben der Bewohner enthält und mit den Worten beginnt: „Lasst es glücklich geschehen!". In einem anderen Raum des Museums befassen sich die Exponate mit der langen Tradition der Seefahrt und des Schiffsbaus.

Im zweiten Obergeschoss schließlich findet der Besucher eine umfangreiche Kunstsammlung mit Gemälden und Möbeln, Porträts von Mitgliedern einflussreicher Familien (Boschi, Andrijić u. a., Porzellan, Glas u. a.

Noch eine Gasse weiter links (südlich) liegt die **Crkva Gospojine**, heute Museum.

Durch die schmale Gasse Ulica korčulanskog statuta 1214 gehen wir südwärts bis zum Platz Trg Aantuna i Stiepana Radića. Rechts liegt das **Stadthaus** mit Loggia **Gradska vijećinca [N42° 57' 39.69" E17° 08' 08.38"]** und links die **Kirche Sv. Mihovila**, Markuskirche. Nebenan Restaurant mit guter Küche.

Geht man vom Platz die Ulica dobrotvernosti nach links (ostwärts), gelangt man an deren Ende zur **Kirche Svih Svetih [N42° 57' 39.23" E17° 08' 11.34"]**, der Allerheiligenkirche. Sie stammt aus dem 13. bzw. 16. Jh. und gilt als erste Pfarrkirche der Stadt.

Hinter der Kirche findet man im sog. **Bruderhaus [N42° 57' 39.60" E17° 08'1 1.90"]** eine kostbare **Ikonensammlung** der sog. Kretischen Schule. Die Ikonen stammen aus dem 14. bis 17. Jh. und kamen quasi als Kriegsbeute nach einer Seeschlacht zwischen Venezianern und Türken, an der auch ein Schiff aus Korčula beteiligt war, in die Stadt.

Vom Platz Trg Aantuna i Stiepana Radića schließlich gehen wir durch das Stadttor im **Turm Veliki Revelin [N42° 57' 38.92" E17° 08' 08.19"]** über die wunderschön geschwungene, einer Theaterinszenierung würdigen **Freitreppe** hinunter auf den Trg krelja Tomislava, dem geschäftigen Zentrum am Rande der Neustadt, mit Banken, Postamt, Geschäften, Restaurants und einer ganzen Reihe von Reiseagenturen.

Korčulas Stadttor Veliki Revelin

Seit 2012 ist am Plokata Platz Nr 33, (14. Travnja 1921) vor der alten Stadtmauer in einem ehemaligen Kastell das **Marco Polo Museum [N42° 57′ 36.88″ E17° 8′ 7.61″]** eingerichtet *(geöffnet tgl. 9 - 24 Uhr; www.korculainfo.com/marcopolomuseum/)*. In 7 Szenen mit Situationen aus dem Leben Marco Polos wird versucht, den Besucher auf dieselbe Weltreise mitzunehmen, wie Marco Polo sie im 13. Jh. unternahm. Audioguides stehen zur Verfügung.

Halbinsel Pelješac

Zwischen **Korčula [Fähranleger Korčula-Dominče, WP 194 / N42° 57′ 11.8″ E17° 08′ 58.3″]** und **Orebić** auf der benachbarten Insel Pelješac bestehen regelmäßige **Autofährverbindungen**. Von Ende Mai bis Ende September verkehren Autofähren zwischen 5 Uhr und 22 Uhr bis zu 18 mal stündlich, Fahrtdauer 15 Minuten. In der übrigen Jahreszeit weniger häufige Abfahrten; www.jadrolinija.hr.

Die touristisch bedeutendsten Orte auf der Halbinsel Pelješac sind **Trpanj**,

PRAKTISCHE HINWEISE – KORČULA

Turistička zajednica [N42° 57′ 43.0″ E17° 08′ 06.7″], Obala Dr. Franje Tuđmana 4, 2260 Korčula, Tel. +385(0)2 07 15 701; www.visitkorcula.eu, www.korculainfo.com.

Feste, Folklore

„Moreška“, Aufführung des Schwerttanzes Moreška in Korčula, der im Juli und August montags und donnerstags um 21 Uhr, und von Mitte Mai bis Juni und September bis Mitte Oktober donnerstags um 21 Uhr stattfindet. Früher fand es nur am 27. Juli eines jeden Jahres statt, zur Erinnerung an die Türkenüberfälle.

RESTAURANTS

Adio Mare, Marka Pola 2, Tel. +385(0)2 07 11 253; www.konobaadiomare.hr; in der Altstadt um die Ecke von Marco Polo's Geburtshaus liegt dieses maritim eingerichtete Lokal, dessen Grill-Spezialitäten natürlich Meeresfrüchte, aber auch Fleischgerichte sind. In der Hochsaison evtl. Wartezeiten.

Gradski Podrum, Trg Antuna i Stjepana Radica, Tel. +385 (0)2 07 11 222; nahe des südlichen Stadttores gelegen ist das Restaurant nicht nur wegen der hervorragenden Küche mit landestypischen Spezialitäten beliebt, sondern sicher auch der günstigen Preise wegen.

Kanavelic, Sveta Barbara 12, Tel. +385 (0)2 07 11 800; in der Altstadt nahe des West Piers und innerhalb des Kanavelic Palasts, man serviert Fischspezialitäten.

HOTELS

Hotel Korčula ****, 22 Zi., Obala dr. Franje Tudmana 5; Tel. +385(0)2 07 11 078; www.hotelkorcula.com; über die Stadt hinaus bekanntes Hotel am Westrand der Altstadt gegenüber der Hafenmole, schöne Terrasse, unterschiedlich große Zimmer, manche mit schönem Meerblick. Restaurant, Café mit Terrasse, WLAN. Parkplatz.

Hotel Liburna ****, 109 Zi., Setaliste F. Krsinica 102, Tel. +385(0)20 72 60 06; www.korcula-hotels.com/de/hotel-liburna; in schöner Lage auf einer Halbinsel mit Blick zur Altstadt, 10 Gehminuten vom Zentrum entfernt; Restaurant, Taverne, Aperitif-Bar, Swimmingpool mit Poolbar, Tennis, eigener Felsstrand mit betonierten Liegeflächen. WLAN. Parkplatz.

CAMPING

Camping Port 9 Resort (ehemals Camping Kalac) [WP 195 / N42° 57' 02.7" E17° 08' 41.7"], Dubrovačka cesta 19, Tel. +385 (0)2 07 26 880; www.port9resort.com/en/; 1. Mai – 30. Sept.; östlich Korčula an der Straße zum Fähranleger „Dominče" (Fähren nach Orebić), beim Hotel Bon Repos; steiniges, teils terrassiertes Buschwaldgelände, teils sehr enge Parzellen; Kies- und Sandbuchten, betonierte Liegeflächen; 1,5 ha – 120 Stpl.; einfache Standardsanitärausstattung. Restaurant, Imbiss, Laden, Tennis, Bootssteg, WLAN. V & E für Reisemobile. Mietbungalows.

Vela Luka

Camping Mindel [WP 196 / N42° 59' 01.7" E16° 40' 15.2"], Stani 193, Tel. +385(0)2 08 13 600; www.mindel.hr; 1. Mai – 30. Sept.; 5 km westlich von Vela Luka; unebenes Mischwaldgelände; 1,5 ha – 90 Stpl.; einfache Sanitärausstattung. Laden. Boots- und Fahrradverleih. Mietbungalows.

Anlegepunkt der Autofähren aus Ploče, sowie **Orebić,** ehemals Stadt der Kapitäne, zwischen 1343 und 1806 zu Dubrovnik gehörend und heute der bedeutendste Ferienort auf Pelješac.

Zu den Sehenswürdigkeiten zählen das **Marinemuseum** und ein **Franziskanerkloster** aus dem 15. Jh. Schöne **Strände**.

*ROUTE: Von Orebić auf der gut ausgebauten Inselstraße 414 nach Südosten und über **Prapratno** nach **Ston** (ca. 60 km)*

Es ist eine landschaftlich reizvolle Fahrt nach Ston, die kurz hinter Orebić schöne Ausblicke zurück zur Meerenge von Korčula ermöglicht und später durch üppige Weingärten führt, an deren fast blattlosen Rebstöcken im September tiefblaue Trauben hängen.

In **Drače** erreicht man die Nordseite der Halbinsel Pelješac und nach weiteren knapp 25 km kurz vor Ston den Ort **Prapratno** (Camping siehe bei Ston weiter hinten).

Im Sommer verkehren ab **Prapratno Autofähren** nach **Sobra** auf der

Fährhafen Orebić, Insel Pelješak

PRAKTISCHE HINWEISE – OREBIĆ, PELJEŠAC

Turistička zajednica [N42° 58' 26.59" E17° 10' 48.48"], Zrinsko Frankopanska 2, 20250 Orebić, Tel. +385 (0)2 07 13 718; www.tz-orebic.hr/de/; www.visitpeljesac.hr.

HOTEL

Hotel Bellevue ****, 191 Zi., Šetalište kralja Petra Krešimira IV 13, Tel. +385(0)2 07 97 500; zur Stadt Orebić nächstgelegenes Mittelklassehotel an felsigem Strand, klimatisierte Zimmer, teils mit Meerblick. Restaurant, Taverne. Schwimmbad, Tennis, WLAN. Parkplatz.

CAMPING

Camping Nevio [WP 197 / N42° 58' 53.7" E17° 11' 53.6"], Dubravica 15, Tel. +385(0)2 07 13 100; www.nevio-camping.com; 1. Apr. – 15. Nov.; ca. 2 km westlich von Orebić; bis zum Kiesstrand reichendes Terrassengelände; ca. 5 ha – 150 Stpl.; Standardsanitärausstattung. Restaurant, Waschmaschine, Schwimmbad, Boots- und Fahrradverleih, Bootsslipanlage, WLAN, Internetecke. V & E für Wohnmobile. Mietcaravans. Für Wohnmobile spezielle Platzangebote außerhalb des Geländes.

Camping Mini Camp Trstenica [WP 198 / N42° 58' 38.6" E17° 11' 23.8"], Kneza Domagoja 50, Tel. +385(0)2 07 13 348; Wiese mit niederen Bäumen; 0,5 ha – 25 Stpl. WLAN. V & E für Wohnmobile.

Kučište

Camping Palme [WP 199 / N42° 58' 35.3" E17° 7' 44.5"], Tel. +385 (0)2 07 19 164; www.kamp-palme.com; 1. Juni – 30. Sept.; am östlichen Ortsrand gelegen, überschaubares Gelände im Olivenhain und Palmen, teils flach gestuft, durch die Straße vom schmalen Kiesstrand getrennt, schöne, aussichtsreiche Lage; ca. 1,5 ha – ca. 80 Stpl.; Standardsanitärausstattung. Restaurant, Kiosk, Waschmaschine, WLAN, Internetecke. V & E für Wohnmobile.

Camping Perna [WP 200 / N42° 58' 34.6" E17° 7' 57.1"], Perna bb, Tel. +385(0)2 07 19 286; www.club-adriatic.hr; Ende Apr. – Mitte Okt.; ca. 5 km westlich Orebić am östl. Ortsrand, leicht geneigtes Gelände zwischen Straße und Meer mit einzelnen Bäumen und Palmen, schmaler Kiesstrand; 6 ha – ca. 100 Stpl.; einfache Standardsanitärausstattung. Restaurant, Imbiss, Laden, Fahrradverleih, Surfschule. V & E für Wohnmobile. Mietcaravans.

Viganj

Camping Antony-Boy [WP 201 / N42° 58' 43.0" E17° 06' 34.0"], Tel. +385(0)2 07 19 077; www.antony-boy.com; 1. Jan. – 31. Dez.; auf sehr schmaler Uferstraße 2 km westlich von Kučište zu erreichen, Geländestufen und ebene Wiese mit Oliven- und Pinienbäumen, durch die schmale Uferstraße vom Kiesstrand getrennt, schöne Ausblicke auf die Insel Korčula; 5 ha – 200 Stpl.; Standardsanitärausstattung. Waschmaschine, Kiosk, Imbiss, Laden und Restaurant in 50 m Entfernung, Fahrradverleih, Bootsslipanlage, Surfschule, WLAN auf einigen Plätzen, Internetecke. V & E für Wohnmobile. Mietcaravans, Mietbungalows.

Brijesta

Camping Zakono [WP 202 / N42° 54' 13.11" E17° 31' 56.67"], Brijesta 10, Tel. +385 (0)98 34 42 04; www.brijesta-dubrovnik.camp/; 1. Apr. - 31. Okt.; von Mali Ston Richtung Dubrava bis zum beschilderten Abzweig; fast ebener Platz im Olivenhain an einer Bucht. 1,2 ha – 60 Stpl.; Standardsanitärausstattung. Restaurant, Waschmaschine, Bootsslipanlage. V & E für Wohnmobile.

Insel Mljet. 5 Abfahrten täglich von Juni bis September, in der Nachsaison 4 mal. Fahrzeit ca. 45 Minuten, www.jadrolinija.hr.

Im Sommer kann man den Nationalpark am Westende der Insel Mljet auf ganztägigen Bootsausflügen ab Korčula besuchen.

Abstecher zur Insel Mljet

Südlich der Halbinsel Pelješac erstreckt sich die **Insel Mljet**. Der westliche Teil der langen, schmalen Insel wurde 1960 zum **Nacionalni Park Mljet** erklärt.

Die attraktiven Höhepunkte des Naturschutzgebietes mit seiner üppigen und artenreichen mediterranen Vegetation – hier findet man Aleppo-Kiefern, Zypressenwacholder, Erdbeerbäumchen, Steinlinden u. a. – sind zwei tiefe, **malerische Buchten** am Westende der Insel, die auf Grund ihrer sehr schmalen Verbindung mit dem offenen Meer auch als Seen bezeichnet werden – nämlich **Veliko jezero** (Großer See, 145 ha, 46 m tief) und **Malo jezero** (Kleiner See, 25 ha, 30 m tief). Das Wasser in ihnen ist immer ein, zwei Grad wärmer als das Wasser der Adria.

In dem schmalen Kanal von Soline zwischen Meer und Großem See herrscht eine relativ starke Strömung, die alle sechs Stunden ihre Richtung wechselt und sich dem Lauf der Gezeiten anpasst. In früheren Tagen wurde dieses Naturphänomen praktisch ausgenützt und mit dem Wasserstrom Gezeitenmühlen betrieben.

Übrigens, die Insel Mljet gilt seit 1910 als frei von Schlangen. Damals hatte man ganz gezielt Mungos auf der Insel ausgesetzt, um den überhand zu nehmenden drohenden Giftschlangen Herr zu werden.

Und die Mungos haben offenbar ganze Arbeit geleistet.

Schon den Griechen war die Insel Mljet bekannt. Sie nannten sie *Milet* oder auch *Odisej*.

Der Legende nach soll nämlich Odysseus, der listige Seefahrer, auf seiner Irrfahrt hier auf die Insel der Nymphen verschlagen worden sein.

Legenden und Mythen wie gesagt, zu denen auch der Bericht zählen dürfte, dass die Apostel Paulus und

Mljet. Foto: Croatian National Tourist Board, Zagreb.

Lukas auf ihren Missionsreisen auf *Melite* Station machten. Andere Quellen meinen nämlich, dass Paulus nicht auf der Adriainsel Melite (Mljet), sondern vielmehr auf der Mittelmeerinsel Malta strandete.

Verlässlich überliefert dagegen ist, dass zur Römerzeit ein Statthalter des Kaisers auf Mljet seinen prächtigen Palast an der **Polače-Bucht** errichten ließ, der selbst noch als Ruinenfeld den heutigen Besucher beeindruckt.

Später kam Mljet an das Oströmische Reich, dann an das Fürstenhaus Zahumlje, unter dessen Herrschaft eine ganze Reihe kleiner romanischer Kirchen entstanden. Die Kirchen St. Michael, St. Andreas und St. Pankratios in Babino Polje sind schöne Beispiele dafür.

Ebenso zählt zu den historischen Fakten, dass sich Benediktinermönche aus Apulien im 12. Jh. hier ansiedelten und auf der kleinen, gerade mal 200 m langen und kaum 120 m breiten Insel mitten in der Bucht des Großen Sees, einem wunderschönen Fleckchen Erde, ihr **Kloster** und die **Marienkirche** errichteten. Den Weg dazu hatte der damals herrschende Zahumlje-Fürst geebnet, der im Jahre 1151 die ganze Insel dem Benediktinerorden vermacht hat. Zweihundert Jahre später kommt Mljet, wieder als Schenkung, an den Stadtstaat Ragusa.

Die Klosteranlage wurde mehrfach erweitert. So wurden ein romanischer Kreuzgang, dann im 16. Jh. vom Familienclan der Gundulić ein viereckiger Wehrturm, danach der Kirche zwei barocke Seitenkapellen und schließlich eine zur Seeseite hin offene 30 m lange Renaissanceterrasse angefügt.

Hauptort der Insel ist seit alters her **Babino Polje**, etwa in der Mitte der Insel unterhalb des 512 m hohen Veliki grad, der höchsten Erhebung auf Mljet, gelegen. Neben den diversen Kirchenbauten zählen das Renaissancepalais der ehemals hier residierenden Lokalfürsten und einige repräsentative Stadtbauten zu den Sehenswürdigkeiten des Städtchens.

Information: Nacionalni park Mljet, Pristanište 2, 20226 Goveđari, Tel. +385 (0)2 07 44 041; www.np-mljet.hr.

HAUPTROUTE

Ston [Parkplatz, WP 203 / N42° 50' 15.8" E17° 41' 50.9"] ein altes Hafenstädtchen am „Eingang zur Halbinsel Pelješac" liegt zwischen zwei Meereskanälen und wird von ausgedehnten **Meersalinen** umgeben, aus denen noch heute Salz gewonnen wird und die in früherer Zeit der Stadt und dem Stadtstaat Ragusa großen Gewinn brachten. Außerdem betreibt man eine umfangreiche Austernzucht.

Ston, das römische *Turis Stagni*, war nach Ragusa die zweite bedeutende Stadt der Republik Dubrovnik.

Ursprünglich erstreckte sich das Territorium der Stadt Ston von **Veliki Ston** (dem Ort, von dem hier die Rede ist) am Ende der tief in die Halbinsel Pelješac schneidenden Bucht Stonski kanal über den Höhenzug im Nordosten bis an die Ufer der schmalen Bucht Kanal Malog Stona. Dort lag der Stadtteil Mali Ston.

Gesichert wurde das Gebiet mit starken Mauern, die sich den beiden Stadtteilen über den gesamten Höhenzug spannten. Im Laufe der Jahrhunderte sind Teile zerfallen oder ganz verschwunden. Die noch erhaltenen Reste der Mauern sind aber immer recht beeindruckend. Und Teile in Ston (Veliki Ston) lassen die einstmalige Größe der starken mittelalterlichen **Befestigungsanlage** noch erahnen.

Gut erhalten ist noch das gotische Gebäude der ehemaligen **Kanzlei** der Republik Ragusa, der **Bischofspalast**, der **Säulenhof** eines alten Franziskanerklosters und die frühromanische **Michaelskirche Sveti Mihajlo** mit Freskenresten aus dem 11. Jh.

PRAKTISCHE HINWEISE – STON

Turistička zajednica [N42° 50' 15.81" E17° 41' 51.48"], Pelješki put bb, 20230 Ston, Tel. +385(0)2 07 54 452; www.ston.hr/?l=ger/.

CAMPING ZWISCHEN STON UND DUBROVNIK

Ston

Camping Prapratno [WP 204 / N42° 49' 02.0" E17° 40' 35.0"], Tel. +385 (0)2 07 54 000; www.duprimorje.hr/index.php/auto-kamp-prapratno; 1. Mai – 30. Sept.; 4 km südlich von Ston Richtung Prapratno, Zufahrt mit Ausweichstellen; ebenes, teils schattiges Wiesengelände in sehr schöner Lage am Fuße bewachsener Hänge in der hübschen Prapratno-Bucht; schöner, langer Sand- und Kiesstrand; ca. 4 ha – 350 Stpl.; Standardsanitärausstattung. Restaurant, Imbiss, Laden, Waschmaschine, Trockner, Tennis. WLAN.

Slano

Camping Mini Camp Banja [WP 205 / N42° 46' 25.66" E17° 53' 2.07"], Tel. +385 (0)2 08 71 218; www.autokamp-banja.com; 1. Juni – 30. Sept.; unterhalb der Magistrale 8, Olivenhain; Kiesstrand; ca. 20 Stpl.; einfache Sanitärausstattung.

Camping Mini Camp Bambo [WP 206 / N42° 46' 33.22" E17° 53' 5.43"], Put od Banje 64, Tel. +385 (0)2 08 71 026; www.kamp.bambo.weebly.com; Juni – Sept.; unterhalb der Magistrale 8; gestuftes Wiesengelände mit Olivenbäumen, am Meer gelegen; 10 Stellplätze für Wohnmobile und weitere Plätze für Zelte; einfache Sanitäranlagen.

Trsteno

Camping Trsteno [WP 207 / N42° 42' 50.2" E17° 58' 38.8"], Od Potoka 4, Tel. +385 (0)2 07 51 060; https://trsteno.hr/de/startseite/; 1. Apr. – 30. Sept.; im Ort beschildert, unebenes Gelände mit Laubbäumen und Büschen an felsiger Küste mit Kiesbadebuchten; ca. 1 ha – 50 Stpl.; einfache Sanitärausstattung.

Orašac

Camping Pod Maslinom [WP 208 / N42° 41' 58.8" E18° 00' 21.9"], Tel. +385 (0)2 08 91 169; www.orasac.com; 1. Apr. – 31. Okt.; rund 11 km nordwestlich von Dubrovnik, unterhalb der Magistrale 8/E65; naturbelassener Olivenhain, oberhalb der felsigen Steilküste, Kiesstrand; ca. 1,5 ha – 60 Stpl.; einfache Sanitärausstattung.

ROUTE: In ***Zaton Doli*** *stößt unser Reiseweg wieder auf die Adria-Magistrale 8/E65, der wir über* ***Slano*** *und* ***Trsteno*** *nach* ***Dubrovnik*** *folgen, das nur noch rund 60 km entfernt ist.*

Slano liegt an einer einladenden Bucht mit Kies- und Felsstrand. Rund um den Ort findet man eine Reihe von Sehenswürdigkeiten, von denen aber die meisten in der Vergangenheit für Besucher nicht zugänglich waren. Dazu gehören römische Sarkophage aus dem 5. Jh., ein Fürstenschloss aus dem 15. Jh., die Kirche Sv. Jeronimo ebenfalls aus dem 15. Jh., ein Franziskanerkloster aus dem 14. Jh. und das Ohmučević-Schloss, das aus dem 18. Jh. stammt.

Der Ort **Trsteno** hat sich mit einem schönen botanischen Garten, einem **Arboretum [Zufahrt, N42° 42' 50.9" E17° 58' 43.5"]** im Park des ehemaligen Patrizieranwesens Gučetić/Guzze (nur sehr begrenzte Parkmöglichkeit!), über viele Jahre hinweg einen Namen gemacht. Die Anlage wird zu den schönsten Renaissanceparks in Dalmatien gezählt. Zwei riesige **Platanen** am früheren Eingang des Parks (heute an der Zufahrt zum Park an der Durchgangsstraße) sind annähernd 450 Jahre alt, Höhe 41 m, Stammdurchmesser 3,88 m, Kronendurchmesser 45 m.

Und so sollen die Baumriesen nach Trsteno gekommen sein: Ein Seekapitän namens Florio Jakoba Antunov, den alle nur „Inder" nannten, sah auf einer seiner Reisen im frühen 15. Jh. am Bosporus riesige Platanenbäu-

Ca. 450 Jahre alte Platane in Trsteno

Kroatiens Küstengewässer sind ein Eldorado für Segler und Wassersportler

me. Er war von den Bäumen offenbar so beeindruckt, dass er in Konstantinopel (Istanbul) fünf Setzlinge erwarb und sie nach Trsteno brachte. Zwei dieser Setzlinge haben überlebt. Der größte der beiden Platanenbäume steht in einem kleinen Garten an der Hauptstraße an der Zufahrt zum Arboretum (und zum Campingplatz) von Trsteno. Die Baumgiganten gelten heute als einmalige Beispiele ihrer Gattung in ganz Europa.

Über den Koločepski Kanal geht der Blick hinüber zu **Insel Lopud**, der ruhigen, angenehmen Ferieninsel ohne Autoverkehr, aber mit üppiger Vegetation und vielen Buchten, Kies- und Felsstränden.

Von **Dubrovnik nach Lopud** besteht eine **Fährverbindung** ganzjährig bis zu fünfmal täglich; www.croatiaferries.com.

Lopud ist eine alte „Kapitänsinsel", von der viele namhafte kroatische Seefahrer stammen.

In seiner Blütezeit, die allerdings schon im 16. Jh. lag, konnte Lopud auf nicht weniger als 30 Kirchen verweisen, auf zahlreiche Landhäuser wohlhabender Patrizier und auf mehrere Klöster.

Eines davon ist das **Franziskanerkloster**, das aus dem ausgehenden 15. Jh. stammt und mit seinen Türmen und Mauern einen recht wehrhaften Eindruck macht. In der Klosterkirche, die der hl. Maria von Špilica geweiht ist, werden einige bemerkenswerte Kunstwerke aufbewahrt, darunter Bilder von Bassano und von flämischen Meistern.

Weiter südöstlich sieht man die kleinere **Insel Koločep** liegen, eine Insel der Fischer, mit Olivenhainen, Zitrusbäumen und über hundertjährigen dichten Föhrenwäldern.

Koločep wird – wie Lopud auch – mehrmals am Tage von schnellen Personenfähren ab dem Dubrovniker Hafen Gruž angelaufen.

Die nordwestlich von Lopud gelegene **Insel Šipan** ist die größte Insel des kleinen **Elaphiten-Archipels** (griechisch: Hirschinseln), zu dem noch Lopud, Koločep, Jakljan und ein paar weitere Eilande gehören.

Die **Hängebrücke Most Franje Tuđmana** überspannt den Meeresarm bei **Makošica** (kleinere Campinganlagen am Meer), was dem Autofahrer das Umfahren der schmalen, weit ins Land reichenden Bucht Izvor Rijeka mit den hübschen Städtchen **Rožat** (Franziskanerkloster aus dem 14. Jh.) und **Komolac** (Schloss Sorkočević aus dem 16. Jh.) und gut 10 Straßenkilometer erspart.

ROUTE: Von der Straße 8/E65, die Dubrovnik umgeht, zweigen wir ab und folgen den Schildern „Stari grad" zur ***Altstadt von Dubrovnik****.*

DUBROVNIK

Dubrovnik

TOUR 10: DUBROVNIK

Reisedauer: Mindestens ein Tag, besser zwei oder mehr Tage.

Höhepunkte: Der **Blick *** auf die Stadt** von der Straße nach Cavtat – das so gut wie unverfälschte **Stadtbild der Altstadt** *** Dubrovniks – ein **Spaziergang** auf der monumentalen **Stadtmauer** *** – **Museum** und **Kreuzgang** * des **Franziskanerklosters** – der **Stadtplatz Luža** *** mit Sponza-Palast, Glockenturm, Rolandsäule, Loggia und dem kleinen Onofriusbrunnen – die **St. Blasiuskirche** ** – die **Schatzkammer** ** der Kathedrale – die **St. Johannesfestung** ** – das **Marinemuseum** ** – die **Gemäldesammlung** *** im Dominikanerkloster.

„Die Freiheit verkauft man nicht für alles Gold der Welt“ – Motto der Stadt Ragusa, dem heutigen Dubrovnik

Dubrovnik – Höhepunkt jeder Kroatienreise, schönstes Gebäude-Ensemble an der Adriaküste und ehemaliger Stadtstaat, dessen Vergangenheit ein bewundernswertes Beispiel für diplomatisches Geschick und kaufmännische Cleverness ist.

Von Split weiß man, dass aus dem Diokletianpalast – letzten Endes eine Fluchtburg für die Bevölkerung von Salona – die eigentliche Stadt Split entstand. Ähnlich ist es mit Dubrovnik. Auch hier waren es Flüchtlinge, die den Grundstein für eine neue Stadt legten.

Die durch einfallende Slawen und Awaren im 7. Jh. aus dem römischen *Epidaurum* (Cavtat) Vertriebenen siedelten auf einer kahlen Insel knapp 15 km nördlich ihrer alten Heimat und nannten diese Niederlassung *Lave, Laus oder Lausa* (Fels). Daraus wurde später *Raus – Rausium – Ragusium.*

Auf dem gegenüberliegenden Festland, nur durch einen schmalen, seichten Meereskanal von der Insel Laus getrennt, ließen sich am Fuße des heutigen Berges Srdj in den ausgedehnten Eichenwäldern Slawen nieder und nannten ihre Neugründung *Dubrava*, entsprechend dem slawischen Wort für Eichenwald.

Schon bald wurde bei den romanischen Einwohnern auf der Insel, wie bei den Slawen auf dem Festland der Wunsch nach Expansion und Ausweitung der Macht wach.

Anstatt sich nun zu befehden, schüttete man im 13. Jh. den trennenden Meereskanal, der als Hauptstraße Stradun noch heute die Stadt optisch teilt, zu und arbeitete gemeinsam am Entstehen des kleinen Staates Ragusa.

Diese Überbrückung des Kanals, anstelle von Kriegshandlungen zur Erlangung von Macht und Vorteil, könnte als Symbol für die weitere Geschichte Ragusas angesehen werden. Diplomatie ging über Kanonendonner.

Die **Republik Ragusa** wechselte im Laufe der Geschichte immer wieder die Fahnen auf ihren trutzigen Festungsmauern. Dennoch behielt sie durch kluge Politik und geschickte Diplomatie die Freiheit als Handelshafen und die Uneingeschränktheit ihrer Flotte, dem Lebensnerv der Stadt. Man gründete Handelskolonien auf dem ganzen Balkan, in Konstantinopel, sogar in Städten der Hanse. Bis 1205 dauert die byzantinische Herrschaft über Ragusa. Sie wird von der venezianischen abgelöst, die dann bis

1358 dauert. Venedig, Ragusas übermächtiger Gegenspieler und Konkurrent im Mittelmeerhandel, zwang der Stadt einen venezianischen Rektor und einen Erzbischof auf. Alle Bürger über 13 Jahre hatten dem Dogen von Venedig Treue zu schwören. Natürlich erhob Venedig kräftige Steuern und verlangte darüber hinaus jährlich 12 Geiseln, um sich der Unterwürfigkeit Ragusas zu versichern.

Nun muss man wissen, dass in Ragusa offiziell der Rektor der erste Mann im Staate war, der aber nur jeweils auf einen Monat gewählt wurde und seinen Palast nicht verlassen durfte.

Wirkliche Macht hatte der vom Adel gebildete Große Rat und vor allem der Senat. Er setzte sich aus Vertretern des Adels, der Patrizier und der Kaufleute zusammen und wurde vom Großen Rat gewählt.

Und um dem Erzbischof keine Möglichkeit zur Intervention zu geben, hatte man dem Heiligen Stuhl in Rom längst Treue geschworen. Natürlich wurde das gewürdigt. Ein Dekret des Papstes erlaubte Ragusa großzügig den Handel mit „Ungläubigen".

Die Leute von Ragusa huldigten vielen Herren, solange ihre Geschäfte nicht zu sehr darunter litten.

Größere Probleme bereitete den Kaufleuten da schon die Umgehung der Handelsbeschränkungen, die Venedig verlangt hatte.

So kam der Krieg zwischen Venedig und Ungarn gerade recht. 1358 wurde im Friedensvertrag von Zadar Ungarn als Sieger erklärt. Ragusa fiel ans kroatisch-ungarische Königreich.

Nun zahlten sich schon früh geknüpfte diplomatische und kaufmännische Beziehungen zum slawischen Hinterland aus. Und mit einem Kunden, sprich Ungarn, ließ es sich allemal besser leben als mit einem Mitbewerber im Handelsgeschäft, sprich Venedig.

Nun begann der Aufstieg Ragusas. Wirtschaft und Kultur, Kunst und Wissenschaft blühten. Die Stadt wurde ausgebaut, urbanisiert. Man baute Kanäle, Wasserleitungen, pflasterte Straßen, sorgte für soziale Einrichtungen wie Krankenhäuser und Kindergärten, wohl die ersten der Welt.

1317 gründete man die erste Apotheke Europas. Sie steht heute noch. Und die Ärzte Ragusas erlangten einen ausgezeichneten Ruf. Leibärzte am österreichischen und englischen Hof kamen aus Ragusa.

Sogar eine Art Krankenkasse wurde eingerichtet. Offenbar nahmen die Leute im Rektorenpalast den Wahlspruch der Republik ernst, der lautete „Obliti privaturum publica curate" (Vergesst Privatgeschäfte, denkt an das öffentliche Wohl).

In jener Zeit entstand auch das regelmäßige Straßenraster. Jeder Bau musste genehmigt werden und in das Gesamtkonzept passen. Noch heute stört kein moderner Fremdkörper das perfekte Ensemble der Altstadt.

Ragusa, das übrigens erst viel später Dubrovnik genannt wird, konnte sich auch sehr geschickt den Eroberungsgelüsten der Türken entziehen. Statt mit Waffengewalt zügelte es mit Geld und dem raffinierten Spiel seiner Diplomatie den Eroberungsdrang der osmanischen Sultane. Den Höhepunkt seiner Macht erreichte Ragusa im 15. und 16. Jh.

1667 war ein schwarzes Jahr für die kleine Republik. Ein verheerendes Erdbeben am Morgen des 6. April legte die Stadt in Trümmer. Die Katastrophe war von einem solchen Ausmaß, dass die Existenz des Stadtstaates auf dem Spiel stand.

Aber Ragusa erholte sich und erlebte im 18. Jh. einen neuen Aufschwung, auch wenn der Adel seit der Zeit des Erdbebens so dezimiert war, dass sich die Stadt vor die Notwendigkeit gestellt sah, reichen Bürgerfamili-

Dubrovnik

en Adelstitel zu verkaufen, um Geld in die Kassen zu bekommen.

Wie man liest, soll der Stadtstaat Dubrovnik der erste Staat gewesen sein, der ausgangs des 18. Jh. die jungen Vereinigten Staaten von Amerika anerkannt hat.

Ragusas Stern sank mit der Eroberung der Stadt durch napoleonische Heere am 26. Mai 1806.

Aber schon vorher machten sich Anzeichen des Niedergangs bemerkbar, denn die Handelsmärkte verlagerten sich mehr und mehr nach Übersee. Die Staaten am Atlantik waren nun im Vorteil. Die außenpolitischen Verhältnisse wurden für den überalterten Aristokratenstaat problematisch. Österreich hatte ganz Dalmatien an das Frankreich Napoleons

Nach dem 1. Weltkrieg wurde Ragusa 1918 jugoslawisch, nun unter dem Namen Dubrovnik.

Ab Oktober 1991 wurde Dubrovnik von der jugoslawischen Nationalarmee belagert. In den folgenden Jahren wird die auf der UNESCO-Liste schützenswerten Weltkulturerbes stehende Stadt bis 1995 fast jeden Tag mit einem mörderischen Granatenhagel überzogen. Die Kriegsschäden von 1991-1994 sind längst wieder behoben. Heute leben in Dubrovnik rund 44.000 Menschen.

Dubrovniks Altstadt ist autofreie Zone. Das Parken in der Nähe der Altstadt stellt ein Problem dar.

Parkplätze [N42° 38′ 33.6″ E18° 06′ 34.3″] gibt es zwar an der Ulica Frana Supila an der Nordseite der Altstadt außerhalb der Stadtmauer. Und ein weiterer **Parkplatz [WP 209 / N42° 38′ 32.6″ E18° 06′ 40.3″]** liegt nördlich der Altstadt an der Straße Iza Grada in der Nähe der Talstation der Schwebeseilbahn. Die Aufnahmekapazität dieser Parkplätze ist aber bei weitem nicht dem Ansturm von Besuchern gewachsen. Entsprechend „umkämpft" sind Parkplätze. Das Parken, vor allem mit größerem Wohnmobil oder gar mit einem Gespann, in Gehnähe zur Altstadt stellt also ein großes Problem dar. Relativ gut sind die Chancen, ei-

abgetreten und am 31. Januar 1808 verabschiedete die französische Besatzungsmacht eine Akte über die Abschaffung des Staates Ragusa.

Alle diplomatischen Bemühungen des Senates waren vergeblich. Der Wiener Kongress 1815 würdigte das Problem keiner einzigen Diskussion. Ragusa wurde an Dalmatien angeschlossen, und das wiederum fiel nach dem Wiener Kongress an Österreich.

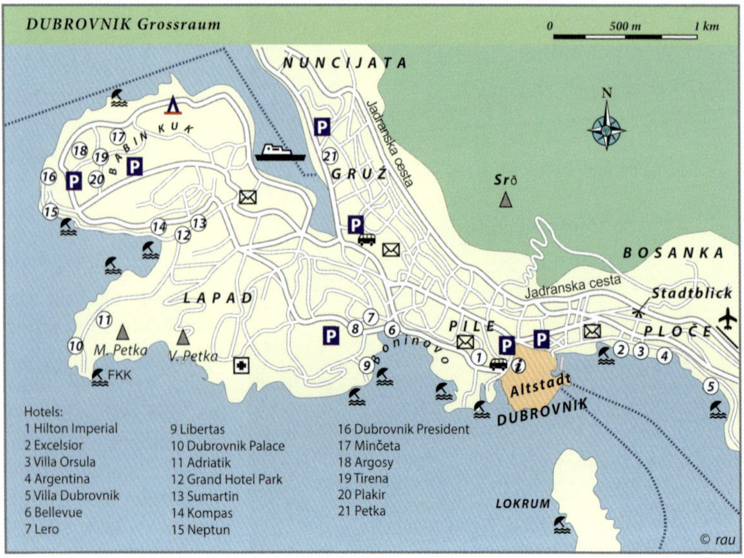

nen freien Parkplatz zu ergattern vor 9 Uhr vormittags oder in der Zeit zwischen 14 und 16 Uhr.

Wenn alle Stricke reißen, bleibt nur, ein gutes Stück nordwestlich der Altstadt im **Hafen von Gruž [WP 210 / N42° 39' 31.3" E18° 05' 10.4"]**, z. B. am dortigen Busbahnhof, einen Parkplatz zu suchen und von dort mit dem Bus zum **Busbahnhof am Pile-Tor** zu fahren. Zwischen Pile-Tor und Gruž verkehren Busse der Linien 1a und 3.

Fahrkarten erhält man im Bus, aber auch an Kiosken oder am Busbahnhof. Eine Fahrkarte kostete zuletzt 15 Kuna (ca. 2,- Euro). Halten Sie abgezähltes Geld bereit, wenn Sie beim Fahrer bezahlen wollen. Er kann nicht wechseln!

Busfahrscheine gelten ab dem Zeitpunkt der Entwertung eine Stunde lang, egal wie weit Sie fahren (auf dem Netz der Stadtbusse) und wie oft Sie aus- und wieder zusteigen.

Vielfahrer kaufen sich am besten ein 24-Stunden-Busticket. Es kostet 30 Kuna (4,- Euro) und gilt für alle öffentlichen Busse.

Im Stadtteil Gruž, früher ein vornehmer Vorort von Dubrovnik in dem die reichen Kaufleute und Patrizierfamilien ihre Villen hatten, findet man außerdem die städtische Markthalle und zwei der größten Kaufhäuser der Stadt, „Minčeta" und „Srđ".

Mein Tipp! Am bequemsten ist die Lösung, sein Fahrzeug auf dem Campingplatz Autocamp Solitudo in Babin Kuk (Details siehe weiter hinten) zu lassen und mit öffentlichen Verkehrsmitteln in die Stadt zu fahren. Am Eingang zum Campingplatz gibt es eine Haltestelle. Von dort fährt Bus Nr. 6 zur Altstadt. Bustickets sind in der Camping-Rezeption erhältlich.

Falls Sie mehrere Museen und Sehenswürdigkeiten besuchen wollen, empfiehlt es sich, die **Dubrovnik Card** zu kaufen. Sie kann in den Büros des Touristeninformationen, Hotels, Campings etc. erworben werden zum Preis von HRK 180,-/ca. € 24,- für 1 Tag, von HRK 225,-/ca. € 30,- für 3 Tage oder von HRK 315,-/ca. € 42,- für 7 Tage. Wer Online kauft, spart 10%. Mit der Dubrovnik Card hat man freien Eintritt in das Seefahrtmuseum, das Ethnographische Museum, in das Kulturhistorisches Museum, in die Kunstgalerie Dubrovnik und die Dulčić-

Masle-Pulitika Galerie, in das Franziskanerkloster, den Rektorenpalast und das Marin Držić Haus, zur Stadtmauer sowie freie Fahrt auf den städtischen Bussen. Dazu erhält man eine Dubrovnik-Broschüre mit Stadtplan; www.dubrovnikcard.com.

Stadtrundgang

Für einen **ersten Stadtspaziergang vom Pile-Tor über die Stradun zum Sponza-Palast** und zurück sollten Sie mindestens zwei Stunden vorsehen.

Unseren Stadtspaziergang durch die historische Altstadt von Dubrovnik beginnen wir an dem weiten **Brsalje-Platz (2) [N42° 38′ 30.61″ E18° 06′ 23.07″]** vor dem Pile-Tor (Pile: griechisch für Tor).

Unweit nördlich vom Tor gibt es außerhalb der Stadtmauern einen kleinen (meist überbelegten) Parkplatz und einen Taxistand. Außerdem findet man an dem Platz ein **Busterminal**, ein Büro der Touristeninformation, Reisebüros, Cafés und das teure Luxushotel Hilton Imperial Dubrovnik, das älteste Hotel Dubrovniks.

Etwas weiter südlich des Brsalje-Platzes liegt eine kleine Bucht, die im Westen vom **Tvrđava Lovrijenac** (Fort des hl. Laurentius) und im Osten von der runden **Bastion Bokar (5) [N42° 38′ 27.51″ E18° 06′ 22.58″]**, die Teil der gewaltigen Stadtmauer von Dubrovnik ist, bewacht wird.

Über einem Tor am Fort des hl. Laurentius ist ein Wahlspruch der Stadt Dubrovnik eingemeißelt: „Non bene pro toto libertas venditur auro", „Die Freiheit verkauft man nicht für alles Gold der Welt".

Über eine breite Bogenbrücke, die den einstigen Festungsgraben überspannt, und durch das anschließende **Pile-Tor (3) [N42° 38′ 30.27″ E18° 06′ 24.57″]**, gehen wir hinein in die Altstadt. Das mächtige Doppeltor in einem halbkreisförmigen Wehrturm, über dessen äußerem Portal man eine Figur des Hl. Vlaho (St. Blasius), des Schutzpatrons der Stadt sieht, entstand in der Zeit zwischen dem 14. und 16. Jh. In alten Tagen wurde jeden Abend die damals noch vorhandene hölzerne Zugbrücke vor dem

Das Pile-Tor

Dubrovniks Flaniermeile Placa oder Stradun, links das Portal der Erlöserkirche und der Komplex des Franziskanerklosters

Tor hochgezogen, das Stadttor fest verschlossen und der Schlüssel in einer genau vorgeschriebenen Prozedur dem Stadtoberhaupt oder seinem ranghöchsten Vertreter übergeben.

Vom Pile-Tor zieht sich die breite **Placa** oder **Stradun**, die Hauptachse, Einkaufs- und Flaniermeile mit ihrem spiegelblank polierten Straßenpflaster wie eine Schlucht durch das Häusermeer der Altstadt von Dubrovnik.

Das glänzende Pflaster der Placa haben schon viele gekrönte Häupter, Künstler, Schriftsteller, Abenteurer und wohlhabende Bildungsreisende betreten. Auch Flitterwöchner sollen darunter gewesen sein.

Wie man liest, hat die Krimiautorin Agatha Christie auf ihrer zweiten Hochzeitsreise auch Dubrovnik besucht. Und König Edward VIII. von England, der zu Gunsten seiner großen Liebe zu einer Bürgerlichen, der Amerikanerin Wallis Simpson, auf den britischen Thron verzichtet hat, zog sich mit seiner Angebeteten eine Zeit lang nach Dubrovnik zurück, um nicht laufend miterleben zu müssen, wie man sich bei Hofe und in der Presse rund um den Globus über den Skandal die Mäuler zerriss.

Der Platz Poljana Paška Milićevića rechts vom Pile-Tor wird beherrscht vom sechzehneckigen Kuppelbau des großen **Onofriusbrunnens (4) [N42° 38′ 29.4″ E18° 06′ 26.6″]**, mit 16 Säulen und 16 durch Reliefs geschmückte Wasserspeier. Benannt ist das Brunnenhaus nach seinem italienischen Erbauer Onofrio della Cava. Der Onofrius-Brunnen wurde im Jahre 1438 als krönender Abschluss des Baus einer Wasserleitung errichtet, die Dubrovnik mit dem überlebenswichtigen Nass aus 12 km entfernten Quellen in der Rijeka Dubrovačka versorgte.

Im Eckhaus an der Placa liegt ein Souvenirladen mit **Touristeninformation (1) [N42° 38′ 29.39″ E18° 6′ 26.37″]**.

Bevor wir die Erlöserkirche gegenüber besichtigen und einen Bummel über die Hauptstraße Placa anschließen, bietet es sich an, hinauf zur **Stadtmauer Gradske Zidine [N42°**

DUBROVNIK - ALTSTADT – ***1*** *Information –* ***2*** *Brsalje-Platz, Busterminal –* ***3*** *Pile-Tor –* ***4*** *Onofriusbrunnen –* ***5*** *Bastion Bokar –* ***6*** *Minčeta Turm –* ***7*** *Kirche Sv. Spasa –* ***8*** *Franziskanerkloster –* ***9*** *Serbisch-Orthodoxe Kirche, Ikonenmuseum –* ***10*** *Luža-Platz, Rolandsäule –* ***11*** *Glockenturm –* ***12*** *Hauptwache (Rathaus) –* ***13*** *Kleiner Onofriusbrunnen –* ***14*** *Sponza Palast, Stadtarchiv –* ***15*** *St. Blasius-Kirche –* ***16*** *Rektorenpalast, Historisches Museum –* ***17*** *Alter Marktplatz –* ***18*** *Jesuitenkirche St. Ignatius –* ***19*** *Kathedrale –* ***20*** *Johannesfestung, Seefahrtmuseum, Seeaquarium –* ***21*** *Festung Revelin –* ***22*** *Dominikanerkloster, Museum –* ***23*** *Synagoge –* ***24*** *Ethnographisches Museum Rupe –* ***25*** *Seilbahn Talstation –* ***26*** *Sveti- Nikola-Kirche –* ***27*** *Ploče-Tor –* ***28*** *Nordtor –* ***29*** *Hauptpost –* ***30*** *zum Hotel Hilton Imperial Dubrovnik und zur Touristeninformation –* ***31*** *ehem. KlarissInnen-Konvent –* ***32*** *Taxistand –* ***33*** *Boote nach Lokrum und Ausflugsboote –* ***34*** *Marin-Držić-Haus*

38′ 30.17″ E18° 06′ 26.06″], ein monumentales Bollwerk, zu steigen. Den Zugang (Eintritt) findet man gleich neben dem Pile-Tor *(geöffnet im Sommer 8 - 19.30 Uhr, im Winter 10 - 15 Uhr)*.

Über steile Treppen geht es hinauf zum Wehrgang auf der Mauerkrone. Dubrovniks gewaltige Stadtmauer, mit deren Bau im 9. Jh. begonnen worden war, ist insgesamt 1.940 m lange, weist 15 Wehrtürme auf, ist teils bis 25 Meter hoch und an der ehemals offenbar besonders gefährdeten Landseite 4 bis 6 Meter dick. Während der Blütezeit Dubrovniks als Handels- und Seemacht waren die Mauern und Bastionen mit 120 Kanonen bestückt.

Man kann auf der Stadtmauer die ganze Altstadt umrunden.

Außer dem Zugang am Pile-Tor gibt es noch einen Zu- bzw. Abgang am Ostende der Stadt am Ploče-Tor.

Vom Zugang am Pile-Tor kann man links hinab bis zur **Bastion Bokar (5)**

[N42° 38‘ 27.51“ E18° 06‘ 22.58“] gehen, dem Festungsturm am Meer.

Nicht verzichten sollte man auf einen Spaziergang auf der Mauer rechts hinauf bis zum runden, trutzigen **Minčeta Turm (6) [N42° 38‘ 34.30“ E18° 06‘ 30.60“].** Dieser gewaltige Wehrturm entstand in seiner heutigen Form im 15. Jh. nach Plänen des Florentiner Baumeisters Michellozzi und beherrscht nach wie vor uneingeschränkt die Stadtsilhouette. Nicht umsonst wurde er zu einem Wahrzeichen Dubrovniks.

Der wunderbare Blick von oben über die Dächer der Stadt lohnt die kleine Mühe des Aufstiegs. Ein Spaziergang auf der Stadtmauer sollte also nicht ausgelassen werden.

Wir gehen zurück zum Pile-Tor. Direkt neben dem Treppenaufgang zur Stadtmauer steht die **Erlöserkirche Svetog Spasa (7) [N42° 38‘ 30.04“ E18° 06‘ 26.41“]** mit schöner Renaissance-Fassade.

Die Kirche, ebenfalls ein Werk des Brunnenbauers Onofrio, wurde vom Erdbeben 1667 verschont (das den gegenüberliegenden Onofrius-Brunnen dagegen stark in Mitleidenschaft gezogen hatte), ist also ohne wesentliche Änderung aus den Entstehungsjahren des früheren 16. Jh. erhalten geblieben.

Neben der Erlöserkirche erhebt sich der mächtige Kirchenbau des **Franziskanerklosters Franjevački samostan-muzej (8) [N42° 38‘ 29.6“ E18° 06‘ 28.0“].** Nur noch das **Portal** an der Placa-Seite, mit schönem Figurenschmuck und einer Pietá, einem Werk der Gebrüder Perović, stammt aus dem 14. Jh., dem Gründungsjahrhundert des Klosters. Die Kirche selbst musste nach dem Erdbeben 1667 neu aufgebaut werden.

Sehenswert ist der romanische **Kreuzgang** des Klosters *(geöffnet Apr. - Okt. Mo - Sa 10 - 17 Uhr)*. Er stammt aus dem 14. Jh. (Eingang zwischen Erlöser- und Klosterkirche) und beeindruckt durch eine Reihe kapitellgekrönter Doppelsäulen um einen bepflanzten Innenhof.

An der Ostseite des Klosterkomplexes findet man das **Museum** *(geöffnet Apr. - Okt. tgl. 9 - 18 Uhr, sonst 9 - 17 Uhr)*, mit Kunstsammlungen, alten Handschriften und vor allem mit der ersten **Apotheke** Europas, die hier 1371 eingerichtet wurde.

Danach schlendern wir die breite, mit Leben erfüllte Placa (Stradun) hinunter. Kein Auto stört. Die ganze Altstadt ist Fußgängerzone.

Geschäfte aller Art laden zum „shopping“ ein, Restaurants, Kneipen und Weinstuben zum Verweilen. Viele der Gasthäuser liegen in den schmalen Seitengassen rechts und links der Placa.

Wer sich besonders für Kirchenarchitektur und Ikonenmalerei interessiert, sollte auf halbem Wege von der Placa rechts (südwärts) abzweigen und durch die Gasse N. Božidarevića bis zur Gasse Od Puča und zur **Srpska provoslavna crkva (9) [N42° 38‘ 27.91“ E18° 06‘ 31.83“]**, der Serbisch-Orthodoxen Kirche gehen. Der Kirchenbau stammt aus dem Jahre 1877 und beherbergt heute eine hervorragende **Ikonensammlung** *(geöffnet Mai - Nov. Mo - Sa 9 - 14 Uhr, sonst Mo - Fr 9 - 14 Uhr)*. Die Tafeln entstanden in kretischen, italienischen und russischen Schulen und stammen teils aus dem 15. Jh. Außerdem Portraitausstellung kroatischer Maler.

Die Placa, die Hauptader Dubrovniks, endet am **Luža-Platz (10) [N42° 38‘ 27.82“ E18° 06‘ 37.22“],** dem schönsten Platz der Stadt. In seiner Mitte steht die **Rolandsäule [N42° 38‘ 26.9“ E18° 06‘ 37.3“],** oder Orlandosäule, ein beliebter Treffpunkt der jungen Leute, früher Podium zur Verkündung von Befehlen und Urteilen und gleichzeitig Richtplatz. Auf der Säule aus dem Jahre 1418 ist ein gelockter, mittelalterlicher Ritter mit Schwert und Schild dargestellt.

Davor ragt der **Glockenturm (11) [N42° 38‘ 27.84“ E18° 06‘ 38.92“]** mit einer seltenen Monduhr auf. Er wird an der Nordseite von der **Glöcknerloge**, an der Südseite von der **Hauptwache (12)** flankiert.

Die Glöcknerloge stammt aus dem Jahre 1463 und wurde im vergangenen Jahrhundert erneuert. Die Glocken warnten in alten Zeiten vor drohenden Gefahren und riefen den Rat der Stadt zusammen.

Die Hauptwache war ehemals Sitz des Admirals der Flotte Ragusas.

In einer Nische vor dem Gebäude sieht man den **Kleinen Onofriusbrunnen (13).** Er gehörte früher mit zum Wasserversorgungssystem der Stadt und wurde, wie die übrigen öffentlichen Brunnen, über eine 11,7 km lange Wasserleitung versorgt, die das Wasser von sieben Quellen in der Umgebung in die Stadt brachte.

Der Luža-Platz, rechts der Glockenturm, links der Sponza-Palast, davor die Rolandsäule

An der Nordseite des Luža-Platzes erhebt sich der **Sponza-Palast (14) [N42° 38‘ 27.7“ E18° 06‘ 37.8“]** mit Arkadengang, schöner gotischer Fassade und Stilelementen der Renaissance im oberen Teil (16. Jh.).

Über dem durch Säulen und gotisches Maßwerk dreigeteilte mittlere Fenster sieht man in einer Nische eine Statue des hl. Blasius.

Der Palast mit seinem sehenswerten Innenhof diente in früheren Tagen als Zollamt, als Münze, als Schatzamt und als Getreidelager.

Heute ist hier das **Stadtarchiv** untergebracht, das über eine kostbare Sammlung von teils sehr alten, historischen Handschriften, Dokumenten und Drucken verfügt. Insgesamt sollen in dem Archiv 7.000 handgeschriebene Dokumente und annähernd 100.000 Briefe und Schriftstücke lagern, welche die Geschichte des Stadtstaates Ragusa, seine Verträge und Handelskontrakte, Rechtsvorschriften und Gesetze, diplomatischen und seerechtlichen Übereinkünfte etc. etc. vom 12. Jh. bis heute fast lückenlos dokumentiert.

Dem Palast gegenüber, also an der Südseite des Platzes, liegt der Barockbau der **St. Blasius-Kirche (15) [N42° 38‘ 27.13“ E18° 06‘ 37.24“]** mit schöner Freitreppe. Die Kirche, die in ihrem Stil und äußeren Erscheinungsbild nicht so recht zu den umliegenden Gebäuden passen will, stammt aus den Anfängen des 18. Jh. und ist dem Schutzpatron der Stadt Sveti Vlaho (St. Blasius) geweiht.

Innen ist die vergoldete Silberstatue des Heiligen auf dem Hauptaltar zu sehen, der in der linken Hand ein Modell trägt, das die Stadt im 15. Jh. zeigt. Bislang war die Kirche nur während der Morgen- und Abendmessen geöffnet, was sich zwischenzeitlich geändert haben kann.

Südlich der Kirche, in der Straße Pred Dvorum, findet man den **Rektorenpalast Knežev dvor (16) [N42° 38′ 25.1″ E18° 06′ 37.5″]**. Er ist im Renaissancestil erbaut. Der schöne Innenhof mit doppelstöckigen Arkaden ist während des Dubrovniker Sommerfestivals oft Veranstaltungsort von Konzerten.

Der Rektorenpalast, auch Fürstenhof genannt, war Sitz der Regierung des Stadtstaates Ragusa und Wohnung des formellen, aber machtlosen Staatsoberhauptes, des Rektors. Dessen Aufgaben erschöpften sich in Repräsentationspflichten.

Außerdem waren hier auch das Waffenarsenal und das Staatsgefängnis untergebracht.

Das Palais entstand im 15. Jh. auf den Mauern eines befestigten Schlosses, das 1435 durch eine Pulverexplosion zerstört wurde. Auch der Rektorenpalast erlitt gravierende Beschädigungen durch das Erdbeben 1667. Erst 1739 konnte er wieder aufgebaut werden.

Heute ist im Rektorenpalast das **Kulturhistorisches Museum** *(geöffnet 22. März - 2. Nov. tgl. 9 - 18 Uhr, 3. Nov. - 21. März tgl. 9 - 16 Uhr; www.dumus.hr/en/cultural-history-museum/)* eingerichtet. Zu sehen ist das historische Arbeitszimmer des Rektors, Sänften aus einer Zeit, als sich die Edelleute durch die Stadt zu ihren Geschäften tragen ließen, eine kleine Porträtgalerie namhafter Dubrovniker Bürger, die Siegel und Schlüssel der Stadt, eine Münzsammlung, Gemälde u. a.

Links neben dem Rektorenpalast liegt das Palais des Großen Rates, das heute das **Rathaus**, ein Theater und ein großes Café beherbergt.

Gegenüber führt eine Straße hinter der St. Blasius Kirche zum **Alten Marktplatz Gundulićeva Poljana (17) [N42° 38′ 25.45″ E18° 06′ 35.64″].** Morgens findet hier ein bunter Markt statt und mittags um 12 Uhr ist Taubenfütterung.

Das Denkmal auf dem Marktplatz erinnert an Ivan Gundulić, einen der größten Poeten und Freiheitsdichter Dubrovniks. In seinem großen Epos „Osman“ zieht er mit seinen Versen gegen die Machtgelüste der Türken zu Felde. Über die Freiheit schreibt er da sehr patriotisch: „... alles Silber, alles Gold und alle Menschleben können deine reine Schönheit nicht bezahlen ...“.

Wir gehen weiter südwärts, kommen über einen breiten Treppenweg zur Jesuitenkirche **St. Ignatius (18) [N42° 38′ 22.1″ E18° 06′ 33.6″]** und gehen von dort zurück zur **Kathedrale Velika Gospa, Mariä Himmelfahrt (19) [N42° 38′ 24.0″ E18° 06′ 38.5″].** Sie schließt den Luža-Platz nach Süden ab. Der Barockbau der Kathedrale stammt aus dem 17. und 18. Jh.

Daneben liegt die **Schatzkammer Riznica** mit kostbaren Reliquien der Heiligen Blasius und Laurentius und einem Gemälde „Madonna mit Kind“ aus dem 16. Jh., das Raffael zugeschrieben wird *(geöffnet Apr. - Okt. Mo - Fr 9 - 17 Uhr, sonn- und feiertags 11 - 17 Uhr, sonst Mo - Fr 10 - 12 + 15 - 17 Uhr, sonn- und feiertags 11 - 12 + 15 - 17 Uhr).*

Um die Entstehung der Kathedrale rankt sich folgende Geschichte: König Richard Löwenherz soll auf der Rückfahrt von einem Kreuzzug mit seinem Schiff in einen furchtbaren Sturm ge-

Eindrucksvoll, die Fassade des Rektorenpalastes

raten sein und gelobt haben, dort eine Kirche zu bauen, wo er heil an Land gehen könnte. Richard Löwenherz landete auf der Insel Lokrum vor Dubrovnik und gab Auftrag, sein Gelübde einzulösen. Aber die Einwohner von Ragusa überredeten ihn, die Kirche in der Stadt zu bauen. Und so entstand 1190 eine romanische Kathedrale. Aber auch sie fiel dem Erdbeben zum Opfer. Im 17. Jh. wurde mit dem heutigen Bau begonnen.

Durch die schmale Gasse Kneza Damjana Jude kommen wir ostwärts zur **Johannesfestung Sv. Ivan (20) [N42° 38‘ 23.72“ E18° 06‘ 44.41“]** am alten Stadthafen.

Die halbrunde Anlage war lange einer der wichtigsten Bastionen in der Hauptverteidigungsanlage der Stadt, die zusammen mit dem gegenüber liegenden **Revelin Fort (21)** in erster Linie für den Schutz des Hafens zuständig war.

Mit dem Bau der Johannesfestung war bereits Mitte des 14. Jh. begonnen worden. Politische und wehrtechnische Veränderungen machten es aber notwendig, dass die Wehranlage immer wieder verstärkt und modifiziert wurde, bis sie im 16. Jh. ihre heutige Größe und Form erlangte. Heute sind hier ein sehenswertes **Seeaquarium** sowie das **Schifffahrtmuseum** eingerichtet *(beide Museen geöffnet 15. Juni - 15. Sept. Di - So 9 - 20 Uhr; 22. März - 14. Juni + 16. Sept. - 2. Nov. Di - So 9 - 18 Uhr; sonst Di - So 9 - 16 Uhr; www.dumus.hr/en/maritime-museum/about-museum/)*. Das Seeaquarium ist im Erdgeschoss eingerichtet und zeigt eine Ausstellung über die Fauna des adriatischen Meeres entlang dieser Küste. Interessant ist das Schifffahrtmuseum deshalb, gibt es doch Aufschluss über die Entwicklung der traditionsreichen Dubrovniker Marine und die Bedeutung der Seehandelsmacht Ragusa.

In der **Festung Revelin (21) [N42° 38‘ 29.43“ E18° 06‘ 42.46“]** ist im Erdgeschoss das **Archäologische Mu-**

seum untergebracht *(geöffnet ganzjährig Do - Di 10 - 16 Uhr; www.dumus.hr/en/archeological-museum/*. Gezeigt werden Ausgrabungsfunde aus dem Raum Dubrovnik aus der Zeit vom 9. bis 12. Jh.

Die lange, flache **Insel Kaše** mitten in der Hafeneinfahrt war ein wichtiges Glied im Verteidigungsring der Stadt. Sie wurde im 15. Jh. nach Plänen des Dubrovniker Ingenieurs Paskoje Miličević angelegt. Bei drohender Gefahr wurde die Hafeneinfahrt beiderseits der Insel durch mächtige Eisenketten versperrt, die einerseits zur Johannesfestung, andererseits zur Festung Revelin gespannt wurden.

Über den Platz Ponta gehen wir die Kaimauer entlang nordwärts bis zum Bootsanleger vor dem **Platz Ribarnica [N42° 38' 27.64" E18° 06' 40.35"]**. Hier kann man Bootstaxis mieten, oder mit einem Ausflugsboot zur Insel Lokrum fahren. Außerdem legen hier die Boote von und nach Cavtat an.

Schließlich betreten wir am weiter oben schon erwähnten Glockenturm wieder die Innenstadt und gehen dicht unter der Stadtmauer nordwärts bis zum **Dominikanerkloster Dominikanski samostan-muzej (22) [N42° 38' 30.5" E18° 06' 39.4"]** *(geöffnet Mai - Okt. 9 - 18 Uhr, Nov. - Apr. 9 - 17 Uhr)*. Es stammt aus dem 14. Jh. und weist einen schönen **Kreuzgang** auf. Auch das Innere der Klosterkirche ist sehenswert.

Ein Besuch des Klosters lohnt vor allem wegen der bemerkenswerten **Gemäldesammlung**, die für die Stadt um so wertvoller ist, da viele der alten Kunstwerke in den Feuersbrünsten nach diversen Erdbeben untergegangen sind. Hier sind einige der bedeutendsten Werke der großen Dubrovniker Meister wie Uginović, Blaž Jurjev Trogiranin, Lovro und Vicko Dobričrboć, Nikola Božidarević (Mariä Verkündigung von 1512, Maria mit Heiligen u. a.) oder Miho Hamzić (Triptychon von 1512) zu sehen, die alle im 15. und zu Beginn des 16. Jh. tätig waren.

Ein weiteres Kleinod des Museums ist ein Altarbild von Tizian aus dem 16. Jh., das die hl. Magdalena zusammen mit dem hl. Blasius zeigt.

Zwei Gassen weiter westlich, in der Žudioska ulica, findet sich eine **Synagoge (23) [N42° 38' 29.86" E18° 06' 36.82"]** aus dem 15. Jh., die als die zweitälteste Synagoge in Europa gilt *(geöffnet: Mai - Sept. tgl. 10 - 20 Uhr; Nov. - Apr. Mo - Fr 10 - 15 Uhr)*.

Man kann nun über die Placa, den Hauptnerv der Stadt, oder über die nördlich parallel verlaufende Prijeko oder aber auf der Stadtmauer (Zugang am Glockenturm am Ploče-Tor) über den Minčeta Turm zurück zu Pile-Tor gehen.

Der geschilderte Rundgang ist ohne große Aufenthalte in den Kirchen und Museen in einem halben Tag zu bewältigen.

Bei etwas eingehenderem Studium der einzelnen Sehenswürdigkeiten und mehr Zeit zum gemütlichen Bummeln auch durch abgelegenere Winkel der Altstadt, die voller reizender Motive sind, werden zwei Tage für Dubrovnik nicht zuviel sein.

Außer den im vorangegangenen Stadtrundgang beschriebenen Museen lohnt das **Museum Rupe (24) [N42° 38' 25.22" E18° 06' 26.54"]** in der Südstadt im ältesten Stadtteil Sveta Marija Od Rupa 3, einen Besuch *(geöffnet 15. Juni - 15. Sept. Mi - Mo 9 - 20 Uhr, sonst Mi - Mo 9 - 16 Uhr*; www.dumus.hr/en/). Heute ist hier das **Ethnographische Museum** mit Trachten, Kunsthandwerk und landwirtschaftlichen Gerätschaften aus der Gegend um Dubrovnik untergebracht.

Das Gebäude, in dem das Museum untergebracht ist, ist auch als Getreidespeicher Rupe bekannt und an sich schon eine Besonderheit. In dem Gebäude waren 15 brunnenähnliche

Dubrovniks Paradeansicht – die Johannesfestung Sv. Ivan (vorn links) am alten Stadthafen

Schächte in den felsigen Untergrund getrieben worden, die zur Lagerung von Getreidevorräten dienten. In den Schächten konnten bis zu 1200 Tonnen Getreide aufbewahrt werden.

Die Zeit des Poeten Marin Držić beleuchtet das kleine Museum im **Haus Marin Držić (34) [N42° 38' 26.33" E18° 06' 28.63"]** *(geöffnet Juni - Sept. Di - So 9 - 22 Uhr, Mo 10 - 18 Uhr, sonst Di - So 9 - 20.30 Uhr; www.muzej-marin-drzic.eu/en/)* in der Siroka ulica 7. Im 16. Jh. schrieb er satirische Komödien und prangerte darin oft die Obrigkeit an. Die einen nannten ihn einen Verräter, die anderen einen Freidenker.

Liebhaber von Kunstwerken aus dem 19. und 20. Jh. kommen in der **Kunstgalerie (Dubrovnik Galerija Umjetnička)**, put Frana Supila 23, nahe dem Hotel Excelsior östlich der Stadt auf ihre Kosten *(geöffnet tgl. 9 - 20 Uhr; www.ugdubrovnik.hr/en/)*.

Die **Halbinsel Lapad** unweit westlich der Altstadt von Dubrovnik mit ihren schönen Buchten und Stränden (Fels und Kies) ist das Dubrovniker **Tourismuszentrum** schlechthin. Hier findet man eine ganze Reihe von weitläufigen, komfortablen und mit allen möglichen Freizeiteinrichtungen ausgestatteten Ferienhotelanlagen (u. a. Hotel Neptun, Hotel Palace). Lapad ist vom Busbahnhof am Pile-Tor mit Bussen der Linien 4, 5 und 6 zu erreichen.

Wer sich dafür interessiert, sollte den **Friedhof von Lapad** bei der **St. Michaelskirche** besuchen. Es ist der alte Friedhof der vornehmen Patrizierfamilien aus Dubrovnik und heute so etwas wie ein Denkmal an die große Vergangenheit des Stadtstaates Ragusa.

An die große Zeit, als die Handelsfahrer aus Ragusa viele der Handelswege im Mittelmeerraum kontrollierten, erinnern die Votivbilder und Schiffsmodelle in der **Kirche zur Barmherzigen Muttergottes**, die dankbare Seeleute und Kapitäne stifteten.

PRAKTISCHE HINWEISE – DUBROVNIK

Dubrovnik Tourist Board/Turistička zajednica grada Dubrovnika [N42° 38′ 31.36″ E18° 6′ 20.00″], Pile, Brsalje ul. 5, 20000 Dubrovnik, Tel. +385 (0)2 03 12 011; tzdubrovnik.hr. *Geöffnet tgl. 8 - 21 Uhr.*
Turistička zajednica Gruž, Obala Ivana Pavla II, 20000 Dubrovnik, Tel. +385 (0)2 04 17 983; www.tzdubrovnik.hr.*Geöffnet tgl. 8 – 20 Uhr.*
Turistička zajednica Lapad, Masarykov put 2, 20000 Dubrovnik, Tel. +385 (0)2 04 37 460; www.tzdubrovnik.hr. *Geöffnet Mo - Fr 8 - 20 Uhr.*
Hilfreich ist die **Broschüre Dubrovnik Riviera Info**, die mehrmals im Jahr von der Touristenbehörde überarbeitet herausgegeben wird, über Veranstaltungen, Busfahrpläne, Hotels, Restaurants, Museen und Öffnungszeiten, Parkplätze, Autovermietungen, Taxistände, Postämter, Banken u. v. a. in Dubrovnik, Cavtat und Župa unterrichtet und bei Infobüros u. Rezeptionen gratis ausliegt. Das Internetportal www.godubrovnik.guide gibt ebenfalls ausführliche Infos aller Art.

Feste, Folklore
Stadtfest, am 3. Februar zu Ehren des Stadtpatrons St. Blasius (Sv. Vlaho).
Dubrovniker Sommerfestspiele unter freiem Himmel in der Altstadt, Mitte Juli bis Ende August.

RESTAURANTS

Domino, Ulica od Domina 3, Tel. +385 (0)2 03 23 103; www.restaurant-domino-dubrovnik.com. Das Haus zählt zu den renommierten Adressen in Dubrovnik mit entsprechenden Preisen. Spezialität sind Steaks und Fischgerichte.
Klarisa, Poljana P. Miličevića 4, Tel. +385 (0)2 04 13 100; www.klarisa-dubrovnik.com; bei Touristen populäres, alteingesessenes Lokal im Atrium des einstigen Klarissinnen-Konvents.
Nautika, Brsalje ul. 3, Tel. +385 (0)2 04 42 526; www.nautikarestaaurant.com; außerhalb des Pile-Tors, ein recht elegantes Lokal, zählt mit zu den besten Restaurants der Stadt mit herrlichem Meerblick, nicht billig, aber gute Küche, einladende Terrasse.
Rozario, Prijeko 1, Tel. +385 (0)2 03 15 65 50; www.konoba-rozario.hr; nettes Fischlokal, serviert auch leckeres Risotto.
Lokanda Peskarija, Na ponti bb, Tel. +385 (0)2 03 24 750; www.mea-culpa.hr; Fischrestaurant in schöner Lage am alten Hafen, relativ kleine Innenräume in rustikalem Ambiente mit viel Holz, während auf der großen Terrasse davor weit über 300 Gästen Platz finden.

HOTELS

The Pucić Palace Hotel *****, 19 Zi., Ulica od Puća 1, Tel +385 (0)2 03 26 222; www.thepucicpalace.com. Wer sich einmal etwas gönnen möchte, sollte sich in diesem kleinen Firstclasshotel einmieten. Das Gebäude stammt aus dem 17. Jh., liegt direkt in der Altstadt nahe des Rektorenpalastes und bietet geschmackvoll eingerichtete Zimmer, ein hübsches, Restaurant mit Terrasse, Café, Bar und WLAN, aber ohne hauseigene Parkmöglichkeit. Öffentliche Parkmöglichkeit nahe des Ploče-Tores, von hier hoteleigener Gepäcktransfer.
Hotel Lero ****, 155 Zi., Iva Vojnovica 14, Tel. +385 (0)2 03 41 435; ww.hotel-lero.hr; Mittelklassehotel westlich außerhalb der Altstadt, Zimmer teils mit Meerblick. Restaurant mit Terrasse, Bar, Schwimmbad, Wellnessbereich. WLAN. Parkplatz. Zur Altstadt ca. 1,2 km.

Babin Kuk, Halbinsel Lapad

Ariston ****, 115 Zi., Kardinala Stepinca 31, Tel. +385 (0)2 04 40 100; www.hotelaristondubrovnik.com/de/; gutes Mittelklassehotel in schöner Lage am Meer, 2 Restaurants, Privatstrand und Schwimmbad am Meer mit Poolbar. WLAN. Zur Altstadt von Dubrovnik 4,5 km. Bushaltestelle ins Stadtzentrum ca. 500 m entfernt. Parkplatz.

CAMPING

Dubrovnik - Babin Kuk

Camping Solitudo [WP 211 / N42° 39' 42.5" E18° 04' 14.0"], Vatroslava Lisinskog 17, Tel. +385 (0)5 24 08 035; www.camping-adriatic.com/de/solitude-camp-dubrovnik; 1. April – 31. Okt.; 2 km westlich von Dubrovnik auf der Halbinsel Babin Kuk; Zufahrt zunächst Richtung Dubrovnik Centar und weiter Richtung Babin Kuk/Lapad; in 4 Teile aufgeteiltes unebenes, naturbelassenes Gelände mit teils niederem Baumbestand mit nummerierten Stellplätzen, neben Wohnhäusern; ca. 6,5 ha – 370 Stpl.; Standardsanitärausstattung. Nur ein zentrales Sanitärgebäude, daneben V & E für Wohnmobile. Restaurant, Laden, Imbiss, Waschmaschine, Trockner, WLAN, Internetecke. Zum Strand ca. 900 m. Bus Nr. 6 zur Altstadt, Haltestelle am Platzeingang, Bustickets in der Rezeption erhältlich. Mietcaravans.

Mlini/Kupari

Camping Kupari [WP 212 / N42° 37' 26.1" E18° 11' 18.8"], Kupari bb, Tel. +385 (0)2 04 87 307; www.campkupari.com; Mai – Okt.; ca. 5 km südlich Dubrovnik in Kupari Einfahrt von der Straße 8 landeinwärts gegenüber der INA-Tankstelle; ebenes Wiesengelände mit gutem Baumschatten; ca. 6 ha – 500 Stpl.; einfache Standardsanitärausstattung. Restaurant, Laden, Internetecke. Zum Strand 400 m. Mietbungalows.

Camping Kate [WP 213 / N42° 37' 29.0" E18° 12' 29.3"], Tupina 1, Tel. +385 (0)2 04 87 006; www.campingkate.com; 4. Apr. – 28. Okt.; ca. 7 km südlich von Dubrovnik an der Straße 8 am Ortsrand von Mlini, zweigeteiltes Wiesengelände mit mediterraner Vegetation, ca. 1 ha – 40 Stpl.; einfache Standardsanitärausstattung. Restaurant. Waschmaschine, WLAN auf einigen Plätzen. V & E für Wohnmobile.

Ausflüge ab Dubrovnik

Brdo Srđ, Sergius-Berg, 412 m hoch; nördlich der Altstadt gelegen, zu Fuß in ziemlich anstrengenden ca. 90 Minuten zu erreichen.

Auch von einem Parkplatz an der Straße nach Cavtat oberhalb von Dubrovnik kann man auf den Brdo Srđ hinauf wandern. Der Ausblick von oben ist jedenfalls grandios.

Wesentlich bequemer kommt man mit der **Kabinenseilbahn Žičara (25)** auf den Sergius-Berg. Sie wurde nach langjähriger Pause 2010 wieder eingeweiht und bringt in nur 4 Minuten die Besucher hinauf auf 405 m.

Nördlich des **Parkplatzes [WP 209 / N42° 38' 32.6" E18° 06' 40.3"]** an der Straße Iza Grada am Nordrand der Altstadt liegt die **Talstation der Kabinenseilbahn [N42° 38' 35.0" E18° 06' 42.0"]** Žičara Dubrovnik, Petra Kresimira 4, Tel. +385 (0)2 04 14 355; www.dubrovnikcablecar.com.

Die Bahn verkehrt etwa alle halbe Stunde und zwar: Juni - Aug. 9 - 24 Uhr; Mai 9 - 21 Uhr; Apr. + Okt. 9 - 20 Uhr; Feb., März + Nov. 9 - 17 Uhr; Sept. 9 - 22 Uhr; Dez. + Jan. 9 - 16 Uhr. Fahrkarten kauft man in der Talstation, nur in Kuna oder mit Kreditkarte zahlbar.

Zu Fuß geht man von der Altstadt über die Buža Straße zum Nordtor der Stadtmauer. Von dort weiter nordwärts, vorbei am Feuerwehrdepot, dort über die Straße und aufwärts zur markanten Talstation rechterhand.

Oben an der **Bergstation [Parkplatz, WP 214 / N42° 38‘ 58.22“ E18° 06‘ 42.24“]** findet man Panoramarestaurant, Cafeteria, Souvenirladen und natürlich eine Aussichtplattform, von der Sie einen prächtigen Blick auf Dubrovnik und die tiefblaue Adria genießen können.

Ganz in der Nähe, etwas westlich der Bergstation, liegt das Fort Imperial. Dort ist seit 2008 das **Muzej Domovinskog Rata**, das **Museum der zeitgenössischen Geschichte,** eingerichtet *(geöffnet ganzjährig tgl. 8 - 22 Uhr; www.dumus.hr/en/museum-of-contemporary-history/)*. Das Museum informiert über den Kroatienkrieg 1991 - 1995, von dem auch die Stadt Dubrovnik betroffen war. Mit Zeitungsausschnitten, Bildern des Krieges u. ä. wird an das Kriegsgeschehen dieser unheilvollen Zeit, aber auch an die Tage der Befreiung erinnert.

Bootsausflug zur Insel Lokrum

Die **Insel Lokrum** ist mit ständig verkehrenden Ausflugsschiffen ab der Anlegestelle im alten Stadthafen zu erreichen.

Die bewaldete Insel ist zum **Nationalpark** erklärt worden. Herrliche Möglichkeiten zum Schwimmen (felsige Klippenküste) und Spazierengehen.

Fast am Südwestende der Insel stößt man auf die Ruine eines **Benediktinerklosters**. Es stammt aus dem 12. Jh., musste seine Klosterfunktion während der Besetzung durch napoleonische Truppen aber aufgeben.

Danach ging die Insel in den Besitz des habsburgischen Erzherzogs Maximilian über, der aus dem Kloster 1859 seine Sommerresidenz machte und das Kloster zum Schlösschen umbauen lies. Heute sind hier naturhistorische **Ausstellungen** und ein hübsches **Garten-Restaurant** untergebracht.

Aus der Zeit der französischen Besetzung stammt auch noch eine Festung namens **„Fort Royal“**, die heute ein beliebter Aussichtspunkt ist, von dem aus man einen herrlichen Blick bis nach Dubrovnik genießen kann.

Ein anderes Ausflugsziel auf der Insel Lokrum ist ein kleiner See mit dem düsteren Namen „Totes Meer“.

Abstecher nach Cavtat

*ROUTE: Die Adria-Magistrale führt hoch über dem Meer von Dubrovnik über **Kupari** nach **Cavtat**.*

Mein Tipp! Am **Parkplatz [WP 215 / N42° 38‘ 06.3“ E18° 08‘ 09.2“] oberhalb von Dubrovnik** sollte man unbedingt anhalten. Von hier ist ein **herrlicher Blick** auf die sich im Meer ausbreitende Altstadt von Dubrovnik möglich.

Cavtat, das antike *Epidaurum*, könnte als der „Geburtsort" von Dubrovnik bezeichnet werden. Als nämlich Slawen Epidaurum im 7. Jh. zerstörten, rettete sich ein Teil der Bevölkerung auf eine kleine Insel weiter westlich und gründete eine neue Gemeinde mit Namen Ragusa, das heutige Dubrovnik.

Im 14. Jh. wurde Cavtat von den Bewohnern Ragusas neu aufgebaut. Von der antiken Stadt ist nichts mehr zu sehen. Erdbeben versenkten auch die letzten Reste im Meer.

Heute erfreut sich Cavtat größter Beliebtheit als sommerliches Urlaubsziel.

Das kleine Städtchen mit seinen malerischen Gässchen liegt am Ende einer schönen Bucht mit Kieselstränden und palmenbestandener Promenade, und ist umgeben von modernen Hotelanlagen aller Kategorien, einige davon mit Meerwasserhallenbad.

Sehenswert ist die **Rektorenresidenz**, ein Renaissancepalais aus dem 16. Jh., das heute als **Stadtmuseum** dient mit einer bedeutenden Bibliothek und graphischen Sammlungen des Rechtswissenschaftlers Bogišic; dann das **Franziskanerkloster** mit einem Kreuzgang im Renaissancestil (15. Jh.) und dem **Mausoleum** der Familie Račić, ein Werk des Bildhauers Mestrovic.

Leider liegt Cavtat ziemlich genau in der Einflugschneise des Dubrovniker Flughafens Cilipi, was natürlich eine erhöhte Lärmbelastung mit sich bringt.

PRAKTISCHE HINWEISE – CAVTAT

Turistička zajednica [N42° 34' 52.8" E18° 13' 05.8"], Zidine 6, 20210 Cavtat, Tel. +385 (0)2 04 79 025; www.visit.cavtat-konavle.com/de/; www.cavtat.info.

RESTAURANT

Taverna Galija, Vulićevićeva 1, Tel. +385 (0)2 04 78 566; www.galija.hr; beliebtes Lokal an den Kais am Bootshafen, Fisch und andere Meeresfrüchte werden hier fangfrisch serviert.

HOTELS

Hotel Croatia *****, 487 Zi., Frankopanska 10, Tel. +385 (0)2 03 00 300; www.adriaticluxuryhotels.comen/hotel-croatia-dubrovnik-cavtat/; komfortables Firstclass-Hotel auf einer Halbinsel ca. 500 m vom Zentrum Cavtats entfernt. Restaurant, Coffee Shop, Schwimmbäder, Tennis, Sauna. Eigener Strand. WLAN. Parkplatz.

Hotel Cavtat ***, 90 Zi., Uvala Tiha, Tel. +385 (0)2 02 02 000; www.hotel-cavtat.hr; im Ort gelegenes, gepflegtes Haus der Mittelklasse mit gut eingerichteten Zimmer an schöner Küste. Eigener Strand. Restaurant, Café. WLAN. Parkplatz.

Supetar ***, 28 Zi., Obala A. Starčevića 27, Tel. +385 (0)2 03 00 300; ansprechend und zentral gelegenes Mittelklassehotel, Restaurant, Terrasse. WLAN.

CAMPING

Molunat

Camping Monika [WP 216 / N42° 27' 12.5" E18° 25' 43.0"], Molunat 28, Tel. +385 (0)2 07 94 557; www.camp-monika.hr; ca. 40 km südöstlich von Dubrovnik von der Straße 8 Richtung Molunat (meerwärts) abzweigen, gestuftes Gelände, teils Baumschatten und Schotterstellflächen; 1,5 ha – 40 Stpl.; einfache Standardsanitärausstattung. Restaurant, Laden, Waschmaschine, Tauchschule, WLAN auf einigen Stellplätzen. V & E für Wohnmobile. Spezialangebot für Wohnmobil-Stellplätze am Platzrand.

Camping Mini Camp Adriatic II, Molunat, Tel. +385 (0)2 07 94 450; Anfang Apr. – Ende Okt.; ca. 1 ha – 30 Stpl., einfache Sanitärs.

PLITVICER SEEN

Fußgängerstege führen durch den Nationalpark Plitvicer Seen

TOUR 11: DUBROVNIK – SPLIT – NP PLITVIČKA JEZERA

Länge der Tour: Rund 460 km.

Die Route: Straße 8/E65 über **Zaton Doli, Slano, Opuzen, Ploče, Makarska** und **Omiš** bis **Split** – Straße 1/E71 über **Klis, Sinj, Knin, Ostrić, Gračac** bis **Plitvička jezera.**

Abstecher: Nach **Mostar** (Bosnien und Herzegowina).

Reisedauer: Mindestens ein Tag, besser zwei Tage, plus min. ein separater Tag für den Besuch der Plitvicer Seen.

Höhepunkte: Das **Mündungsdelta der Neretva** – die Küste der **Makarska Riviera** *** – ein ausgedehnter Spaziergang oder eine Wanderung durch die **Seenlandschaft des Nationalparks Plitvicer Seen** ***.

*ROUTE: Der weitere Verlauf unserer Reise durch Kroatien führt von Dubrovnik auf der Adriamagistrale 8/E65 entlang der Adriaküste nordwestwärts und über **Zaton Doli, Slano, Opuzen, Ploče, Makarska** und **Omiš** zurück bis **Split**. Teile des Weges sind schon von der Herreise (Route 9) bekannt.*

Rund 12 km nordwestlich von Zaton Doli passiert man den **Grenzkontrollpunkt** zur **Föderation Bosnien und Herzegowina**. Die Ein- bzw. Durchreise durch Bosnien und Herzegowina ist inzwischen problemlos. Man benötigt keinen Reisepass, es genügen die üblichen Personaldokumente (Personalausweis, Fahrzeugpapiere). Man passiert den mit Zoll- und

Passbeamten besetzten Grenzposten, wird in der Regel aber nicht kontrolliert.

Der schmale Landkorridor Bosnien-Herzegowinas, der bei **Neum,** dem einzigen Seebad Bosnien-Herzegowinas, bis an die Küste reicht, ist gerade mal runde 10 km breit.

Wieder auf kroatischem Territorium erreicht man den Ort **Klek** und weiter auf kurvenreicher Straße den **Fluss Neretva**, der hier in einem Delta aus Wasserläufen, Kanälen und verschilften Seen ins Adriatische Meer mündet. In der weiten Ebene entstanden üppige Obst- und Gemüseplantagen.

In dieser Gegend kann man ausgezeichnete Fischgerichte bekommen, vor allem Karpfen und Aale.

Abstecher zum antiken Narona bei Metković

In **Opuzen** zweigt die Straße 9 nordostwärts ab. Sie führt landeinwärts durch das Neretvatal über Metković nach Mostar in Bosnien und Herzegowina und weiter nach Sarajevo.

Es lohnt sich, hier einen Abstecher an der Neretva entlang nach **Metković** und dort nordwestwärts in den kleinen Ort **Vid** zum **antiken Narona** zu machen. Gleich am Ortsbeginn von Vid findet man das moderne Gebäude des **Archäologischen Museums Narona**, das als einziges Museum in Kroatien direkt an der Stelle einer antiken Fundstätte, also ‚in situ', errichtet wurde.

Im Museum sind die erst 1995/1996 ausgegrabenen Reste des römischen Narona zu sehen *(geöffnet 15. Juni - 15. Sept. Di - So 9 - 19 Uhr; 16. Sept. - 14. Juni Di - Fr 9 - 16 Uhr, Sa 9 - 17 Uhr, So 9 - 13 Uhr; www.a-m-narona.hr/en/)*. U. a. können 16 Statuen römischer Kaiser und Tempelskulpturen sowie Keramiken, Schmuck, Münzen und Glas aus der Zeit des 2. Jh. v. Chr. bis ins 15. Jh. n. Chr. bewundert werden.

Falls Sie dem nachstehend beschriebenen Abstechern nach Mostar

Felder im Mündungsdelta der Neretva

nicht folgen, bitte weiter mit **„Hauptroute“** weiter hinten.

ABSTECHER NACH MOSTAR IN BOSNIEN UND HERZEGOWINA

*ROUTE: Von Opuzen bzw. von Metković auf der Straße 9 weiter nach Nordosten Richtung **Mostar**. Schon nach wenigen Kilometern ist die **Grenzstation Kroatien/Bosnien und Herzegowina** zu passieren. Die Grenzkontrollen sind unproblematischen und beschränken sich gewöhnlich auf das Vorzeigen des Personalausweises. An Sommerwochenenden muss allerdings mit Wartezeiten gerechnet werden!*

*Die weiterführende Straße 17 zieht – immer dem Flusslauf der Neretva folgend – landeinwärts über **Tasovčići, Počitelj** und **Buna** nach **Mostar,** das ab der Grenze nach 36 km erreicht wird.*

Das Neretva-Tal stellt seit jeher eine der wenigen bequemen und daher gerne genutzten Passagen ohne hinderliche Gebirgspässe dar, das schon den osmanischen Heeren erlaubte, rasch an die Küste vorzustoßen. Bei **Višići** begegnet dem Reisenden denn auch ein erstes Minarett als stummer Zeuge aus den vergangenen Tagen der Türkenherrschaft.

Wer z. B. besonderes Interesse für die zwischen dem 10. und 15. Jh. in Bosnien und Herzegowina wirkende **Bogumilen-Sekte** hat, zweigt bei **Tasovčići** ostwärts ab auf die Straße 6 Richtung **Stolac**. Nach rund 21 km stößt man auf die **Bogumilen-Nekropole Radimilja stećci [N43° 05′ 32.29″ E17° 55′ 25.71″]**, ein großes Gräberfeld südlich der Straße. Sehenswert sind vor allem die Reliefs auf den Grabsteinen.

Bogumilen waren eine religiöse Sekte, die vor allem um das 10. Jh. lebendig und tätig war, sich aber im 15. Jh. völlig auflöste. Ihren Namen leitet die Religionsgemeinschaft von ihrem Gründer ab, dem Popen Bogumil.

Genau erforscht sind das Wesen und die Ziele dieser religiösen Minderheit bis heute nicht. Ihr Grundgedankengut entlehnten sie wohl von der christlichen Lehre, aber auch von orthodoxen, persischen oder syrischen Religionen. Wichtiges Prinzip ihrer Religion war die gleichberechtigte Anerkennung von Gut und Böse, von Geist und Materie.

Diese Grundeinstellung und vor allem auch die grundsätzliche Ablehnung jeglicher kirchlicher Würdenträger machte die Anhänger der Bogumilen-Sekte zum Ziel grausamer Verfolgungen durch die etablierten Kirchen in Rom und Byzanz. Sicher war diese Verfolgung einer der wichtigsten Beweggründe, warum die Bogumilen nach der Eroberung Bosniens und der Herzegowina durch die Osmanen fast geschlossen zum Islam übertraten.

Ein anderer Abstecher ist von **Tasovčići** aus nach Westen möglich und zwar zu den römischen **Ruinen von Mogorjelo [N43° 05′ 59.90″ E17° 41′ 56.81″]** südlich von **Čapljina** und zu den etwa 12 km westlich von Čapljina gelegenen **Kravica Wasserfällen [Parkplatz, WP 217 / N43° 09′ 29.56″ E17° 36′ 30.29″]**, die der Fluss Trebižat bildet. Vom Parkplatz führt ein Fußweg hinab zu den Kaskaden.

Auf der Weiterfahrt über die Straße 17 Richtung Mostar ist besonders **Počitelj [Parkplatz, WP 218 / N43° 08′ 1.1″ E17° 43′ 51.0″]** sehenswert. Malerisch liegt das sehr orientalisch anmutende Dorf an einem Steilhang. Gerade die geschlossene Gesamtheit der Bauten macht den Reiz des Ortes aus.

Das Jahrhunderte alte Ortsbild wird besonders geprägt von der **Hadži-**

Alijina-Moschee [Parkplatz, WP 219 N43° 8′ 2.21″ E17° 43′ 50.55″] mit ihrem schlanken Minarett aus dem 15. Jh., durch die Medersa oder Medresse daneben, der ehemaligen Koranschule, durch das kuppelreiche Hamam, das öffentliche Bad im unteren Ortsteil und durch eine mächtige Befestigungsanlage mit sechseckigem Turm.

Das landschaftlich anmutige Tal der Neretva verengt sich im weiteren Verlauf flussaufwärts zu einem Canyon. Abrupt ist dieser zu Ende und öffnet sich in ein weites Tal, das man auf schnurgerader Straße durchquert.

Wenig später erreicht man **Mostar**, die orientalisch geprägte Hauptstadt des Kantons Herzegowina-Neretva mit ihrer unvergleichlichen „Türkenbrücke" Stari Most.

Mostar, heute eine Stadt mit annähernd 75.000 Einwohnern, ist übrigens ein „heißes Pflaster". Hier wurden die höchsten Sommertemperaturen des Landes gemessen – 46° Celsius.

Der Stadtname Mostars hängt zwar mit ihren Brücken zusammen, aber er leitet sich nicht ab von der bewunderten Türkenbrücke „Stari Most", was nahe läge. Der Name Mostar taucht schon im 15. Jh. in den Stadtchroniken auf. Die berühmte Brücke aber entstand erst 1566.

Schlüssiger klingt die Erklärung, dass „Mostar" von „mostari" stammt. So wurden die Wächter der Übergänge über die Neretva genannt, die es hier schon seit der Römerzeit gab.

Die historische Steinbrücke entstand einstmals auf Befehl des Sultans Süleyman des Prächtigen. Ihr Erbauer hieß Mimar Hajrudin, ein Schüler des großen osmanischen Baumeisters und Architekten bedeutender Moscheen, Sinan. Hajrudin entwarf die 4 m breite und 20 m hohe Steinbrücke, die in einem einzigen 29 m weiten, kühnen Bogen einen tiefen Einschnitt des Neretwa-Flusses überspannt und an der Westseite von einem runden Pulverturm und einem Brückenhaus bewacht wird.

Neun Jahre dauerten die Bauarbeiten. Als das hölzerne Baugerüst endlich entfernt wurde, soll sich der Baumeister in den Bergen der Umgebung versteckt haben, bereit sich zu töten. Er befürchtete, sein Werk würde nicht halten und er könnte dafür bestraft

Souvenirgasse vor der „Alten Brücke" in Mostar

werden. Als man ihm nach langer Suche erklärte, dass die Brücke ihre Belastungsprobe bestanden habe, konnte es Hajrudin selbst nicht glauben.

Schon bald nach ihrer Errichtung wurde die Alte Brücke Stari Most von Mostar zu einem Architekturwunder der damaligen Zeit. Frühe Reisende ergingen sich in Lobeshymnen. Einer der Namhaften seiner Zeit, Çelibi, schrieb im 17. Jh.: „... Ich bin durch mehr als 16 Länder gereist. Aber nirgends habe ich eine so hohe Brücke gesehen, die wie ein Regenbogen in den Himmel ragt".

Leider ist die Brücke, die Sie heute sehen, nicht mehr die Brücke aus dem 16. Jh.

Während der Kampfhandlungen, die nach der Unabhängigkeitserklärung Bosnien-Herzegowinas vom damaligen Jugoslawien 1992 ausbrachen, wurden nicht nur das Franziskanerkloster, der alte Bischofssitz, diverse Moscheen und historische Stadthäuser zerstört, auch die seit Jahrhunderten berühmte Bogenbrücke Stari Most, das Wahrzeichen von Mostar, stark in Mitleidenschaft gezogen und fast komplett zerstört. Nach fast 5-jähriger Wiederaufbauzeit konnte die originalgetreu rekonstruierte Brücke und die sie umgebenden historischen Bauwerke im Juli 2004 wieder eingeweiht werden. Und schon ein Jahr später stand die Brücke in der UNESCO-Liste für das Weltkulturerbe.

Parken in der Nähe der Alten Brücke stellt ein großes Problem dar. Der nächste zur Alten Brücke gelegene **Parkplatz [N43° 20' 10.55" E17° 48' 48.10"]** war am Rande der Altstadt südwestlich der Brücke in der Straße Gojka Vukuvića zu finden (Weiterbestand fraglich!).

Ein weiterer **Parkplatz [N43° 20' 14.92" E17° 48' 33.59"]** liegt etwas weiter westlich und westlich der Durchgangsstraße Bulevar M-6.1 vor der Kirche Sveti Petar i Pavao, St. Peter und Paul.

Ausflug von Mostar nach Blagaj

Bei ausreichend zur Verfügung stehender Zeit lohnt ein Ausflug nach Blagaj, 13 km südöstlich von Mostar gelegen, und dort zur **Buna-Quelle [Parkmöglichkeit, WP 220 / N43° 15' 24.4" E17° 54' 09.3"]** unterhalb einer Burg aus dem 14. Jh. Attraktion

Stari Most, die eindrucksvolle Brücke von Mostar

ist eine Karstquelle, die aus einer Höhle strömt mit einer Schüttung von ca. 43.000 Liter pro Sekunde. Allerdings sind die Zufahrtswege zur Buna-Quelle recht beengt und Parkplätze dort eine Rarität.

In Blagaj findet man diverse Campingplätze, darunter den **Camping Mali Wimbledon [WP 221 / N43° 15' 50.1" E17° 52' 40.9"]**, Tel. +387 (0)61 204 300; www.campingmostar.ba; 1. Jan. – 31. Dez.; am nordwestlichen Ortsrand von Blagaj; ebene, fast schattenlose Wiese, ca. 1 ha – 60 Stellplätze, einfache Sanitärausstattung, WLAN, Restaurant in der Nähe und den **Camping Autokamp Blagaj [WP 222 / N43° 15' 25.69" E17° 52' 44.88"]**, Tel. +387 (0)6 15 33 771; www.autocamp-blagaj.com/en/index.php; 1. Jan. – 31. Dez.; westlich des Ortes am Fluss Buna gelegen, teils schattig; ca. 2 ha – 25 Stpl.; einfache Sanitärausstattung, Café, WLAN.

Von Mostar fährt man den gleichen Weg zurück bis **Opuzen**.

HAUPTROUTE

ROUTE: ***Weiterreise von Opuzen** auf der kurvenreichen, etliche Buchten umfahrenden, meist hoch über dem türkisfarbenen Meer entlang führenden und von felsigem Bergland begleiteten Straße 8/E65 über **Ploče**, **Makarska** und **Omiš** nach **Split** (siehe auch Touren 9 und 8).*

Schnelle Alternativroute über die Autobahn A1

Wesentlich schneller und bequemer ist der Weg über die relativ neue, gebührenpflichtige **Autobahn A1**, die weiter landeinwärts verläuft.

Man kann bereits nordöstlich von Ploče auf der Straße 425 nordwärts fahren und erreicht dann nach rund 8 km die **Autobahnanschlussstelle Nr. 31 „Ploce"**, bei Mali Prolog.

Nach rund 220 km umfährt die mautpflichtige Autobahn weit im Osten die Stadt **Zadar** und durchquert ein gutes Stück nordöstlich von **Zadar** das 5,7 km lange **Tunnel Sveti Rok**. Einige Kilometer weiter verlässt man schließlich die Autobahn an der **Ausfahrt 13 „Gornja Ploča"**, folgt der Straße 522 und stößt nach 12 km auf die Straße 1/E71, die nordwärts über **Korenica** zum **Nationalpark Plitvička Jezera** führt (55 km).

Hauptroute über die Straße 1/E71

ROUTE: Von der Umgehungsstraße im Norden von Split Abzweig auf die Straße 1/E71 nordwärts und über ***Klis*** *zunächst bis* ***Sinj****, das 30 km nach dem Abzweig erreicht wird.*

Klis verdankt seine Existenz im wesentlichen der mächtigen **Festung**, die in ihren Ursprüngen aus dem 9. Jh. stammt, als Fürst Trpimir hier Befestigungen zum Schutze der Übergänge über das Kozak- und Mosor-Gebirge anlegen ließ. Dieser Weg war schon damals eine bedeutende Straßenverbindung vom Hinterland an die Küste der Adria. Die Türken unternahmen viele Versuche, Klis einzunehmen. Lange scheiterten alle Angriffe nicht zuletzt dank der klugen Verteidigung durch die Kapitäne Petar Kružić und Grgur Orlović. Erst 1537 fiel Klis an die Türken, die dann über hundert Jahre die Herrschaft über die Stadt behielten.

Auch in den Analen von **Sinj,** einem kleinen, recht hübschen Städtchen im kroatischen Hinterland, tauchten Türken auf, aber auch Illyrer, Römer und Venezianer, die hier einstmals sesshaft waren. Lange Zeit, nämlich über 150 Jahre lange zwischen 1524 und 1686, war Sinj z. B. in türkischer Hand. Nach seiner Befreiung widerstand die Stadt 1715 energisch einer zweiten Belagerungswelle durch die Osmanen.

An die Zeit der Belagerung durch die Türken erinnert die jedes Jahr am ersten Sonntag nach dem 15. August abgehaltenen Ritter- und Reiterspiele **„Sinjska Alka“.** Höhepunkt des bunten Volksfestes sind die Wettkämpfe, bei denen Reiter in historischen Kostümen und Uniformen in vollem Galopp mit einer Lanze einen aufgehängten Ring (Alka) treffen müssen.

Die Reiterspiele „Sinjska Alka“ sind übrigens in die UNESCO-Liste des „Immateriellen Kulturerbes der Menschheit“ aufgenommen worden.

ROUTE: Weiter über ***Knin*** *(64 km),* ***Otrić*** *und* ***Gračac*** *(59 km) auf der Straße 1/E71, einer sehr stark befahrenen Straßenverbindung zwischen Zagreb und der Adria, bis* ***Plitvička jezera*** *(85 km), dem* ***Nationalpark Plitvicer Seen*** *.*

Von Sinj führt die Straße 1/E71 nach Nordwesten und hinauf ins dalmatinische Hochland. Die Straße passiert den langgestreckten Stausee **Peručko jezero**, der vom Fluss Cetina gespeist wird, der wiederum einige Kilometer nordöstlich des Ortes **Vrlika** an den Hängen des 732 m hohen Barišića vrh entspringt.

Reiterfest „Alka“ in Sinj

Knin (Touristeninformation, Ul. Dr. Franje Tuđmana 24, 22300 Knin, Tel. +385 (0)2 26 64 819; www.tz-knin.hr) – Markant ist die mittelalterliche **Festung** auf dem Spas-Berg oberhalb der betriebsamen Stadt. Die Burg ist die größte Befestigungsanlage im Hinterland Kroatiens. Die Gegend um Knin ist altes Siedlungsgebiet, wie reiche archäologische Fundstätten aus dem frühen Mittelalter beweisen.

Die Fahrt durch das kroatische Hinterland zu den Plitvicer Seen führt durch die Landschaft der **Kraijna**, die während des Krieges in den 90er Jahren stark umkämpft war und besonders unter den Kriegswirren gelitten hat. Zerschossene, ausgebrannte oder verlassene Häuser erinnerten lange an Kämpfe, Vertreibung, Tod und Elend.

Hier folgt ein **Hinweis** des Auswärtigen Amtes, der auf die Gefährdung durch Landminen in abgelegenen, bzw. vom Tourismus kaum oder wenig frequentierten Gegenden aufmerksam macht (https://www.auswaertiges-amt.de/de/aussenpolitik/laender/kroatien-node/kroatiensicherheit/210072).

„Obwohl seit Ende des Balkankrieges umfangreiche Minenräumungsaktionen in Kroatien durchgeführt wurden, besteht in einigen Landesteilen immer noch eine Gefährdung durch Minen, insbesondere in den bis 1995 umkämpften Gebieten und entlang der damaligen Frontlinien. Betroffen sind folgende Gebiete:

Ostslawonien (30 bis 50 km vor der Grenze zu Serbien und an der Grenze zu Ungarn, insbesondere Gebiete um Vukovar und Vinkovci);

Westslawonien (Gebiet Daruvar, Pakrac, Virovitica); das westliche und südwestliche Grenzgebiet zu Bosnien und Herzegowina (der Raum südlich von Sisak und Karlovac, östlich von Ogulin, Otocac, Gospic, am östlichen Stadtrand von Zadar und im Hinterland der Küste zwischen Senj und Split.

In diesen Gebieten wird davor gewarnt, Straßen und Wege zu verlassen. Achtung: Minen wurden oft dicht am Straßenrand verlegt. Bekannte Minenfelder sind durch dreieckig gekennzeichnete Schilder mit Warnaufdrucken („Ne Prilazite") ausgewiesen. Sie können auch durch gelbe Plastikstreifen abgesperrt oder durch Schilder oder Pfähle mit Plastikstreifen gekennzeichnet sein. Bisweilen fehlt jedoch jede Kennzeichnung. Trümmergrundstücke und leerstehende Gebäude sollten auf keinen Fall betreten werden". (Auszug aus den Reise- und Sicherheitshinweisen des Auswärtigen Amtes).

Das HCR unter https://misportal.hcr.hr/HCRweb/faces/simple/Map.jspx gibt die gefährdeten Gebiete anhand einer detaillierten Karte heraus.

Sollten Sie also in abgelegenen Regionen der genannten Gebiete Wanderungen vorhaben, sollten Sie sich unbedingt vor Ort nach der aktuellen Situation erkundigen. Keine Gefahr besteht lt. diesen Hinweisen in den Nationalparks Plitvicer Seen, Paklenica und Krka".

Nationalpark Plitvicer Seen Information:

Nacionalni park Plitvička jezera, 53231 Plitvička jezera, Tel. +385 (0)5 37 51 014; www.np-plitvicka-jezera.hr/de/.

Die Zugänge zum Nationalpark liegen an der Straße 1/E71. Von Süden aus Richtung Gračac kommend passiert man zuerst den **Eingang 2 / Ulaz 2 („Hladovina") [Eingang 2, Parkplatz, WP 223 / N44° 52' 58.4" E15° 37' 23.9"]** und etwa 3 km weiter den **Eingang 1 / Ulaz 1 („Rastovača") [Eingang 1, Parkplatz, WP 224 / N44° 54' 19.7" E15° 36' 43.6"]**.

Bei beiden Eingängen findet man große, gebührenpflichtige Parkplätze, Souvenir- und Imbisspavillons, Toiletten und Informationszentren, in denen auch die Eintrittskarten zu erwerben sind. Am Eingang 2 liegen darüber hinaus die **Hotels Jezero, Plitvice** und **Bellevue**.

Der Nationalpark ist **ganzjährig an allen Tagen** von 7 bis 20 Uhr geöffnet, Verkauf von Eintrittskarten bis 18 Uhr, Frühling und Herbst 8 - 18 Uhr. Das Park-Reisebüro ist Mo - Fr 7 - 15 Uhr und die Parkplätze Rastovača und Hladovina sind von 7 Uhr bis 20 Uhr geöffnet. Zuletzt kostete eine **Eintrittskarte** pro Person in der Hauptsaison von Apr. - Juni + Sept. - Okt. 150 Kuna (ca. 20 Euro), Juli + Aug. bis 16 Uhr 250 Kuna (ca. 34 Euro), ab 16 Uhr 150 Kuna (ca. 20 Euro) und Jan. - März + Nov. - Dez. 55 Kuna (ca. 8 Euro). Die Eintrittskarten gelten für einen Tag. Zwei-Tages-Tickets gibt es zum ermäßigten Preis von 400 Kuna (ca. 54 Euro) in der Hauptsaison, 180 Kuna (ca. 24 Euro) in der Nebensaison und Kuna 90 (ca. 12 Euro) im Winter. Kinder bis 7 Jahre haben freien Eintritt (Änderungen möglich!). In den Eintrittspreisen sind eine Fahrt mit den Elektrobooten auf dem See „Kozjak", eine Fahrt mit dem Panoramazug, sowie Besucher-Versicherung und Steuer inbegriffen (Infos lt. Parkverwaltung).

Hunde sind im Nationalpark erlaubt, es besteht aber Leinenzwang! Zur besseren Übersicht über die vielfältigen Einrichtungen und Wandermöglichkeiten im Nationalpark empfiehlt es sich sehr, bei den Informationsstellen eine touristische Übersichtskarte des Nationalparks zu erwerben.

Die **Elektroboote** verkehren täglich auf der Kurzstrecke (P1-P2) von 7 bis 20.30 Uhr, auf der Langstrecke (P2-P3) von 8 bis 19 Uhr und auf der Langstrecke (P3-P2) von 8.30 - 19.30 Uhr.

Die **Panoramazüge** verkehren täglich von St2 nach St1 von 8 - 20.15 Uhr, von St1 nach St2 von 8.30 bis 20.30 Uhr; von St2 nach St3 von 8 bis 19.30 Uhr und von St3 nach St2 von 8.30 bis 20 Uhr. Info-Tel. +385 (0)5 37

Wasserfall Veliki Slap, Nationalpark Plitvicer Seen

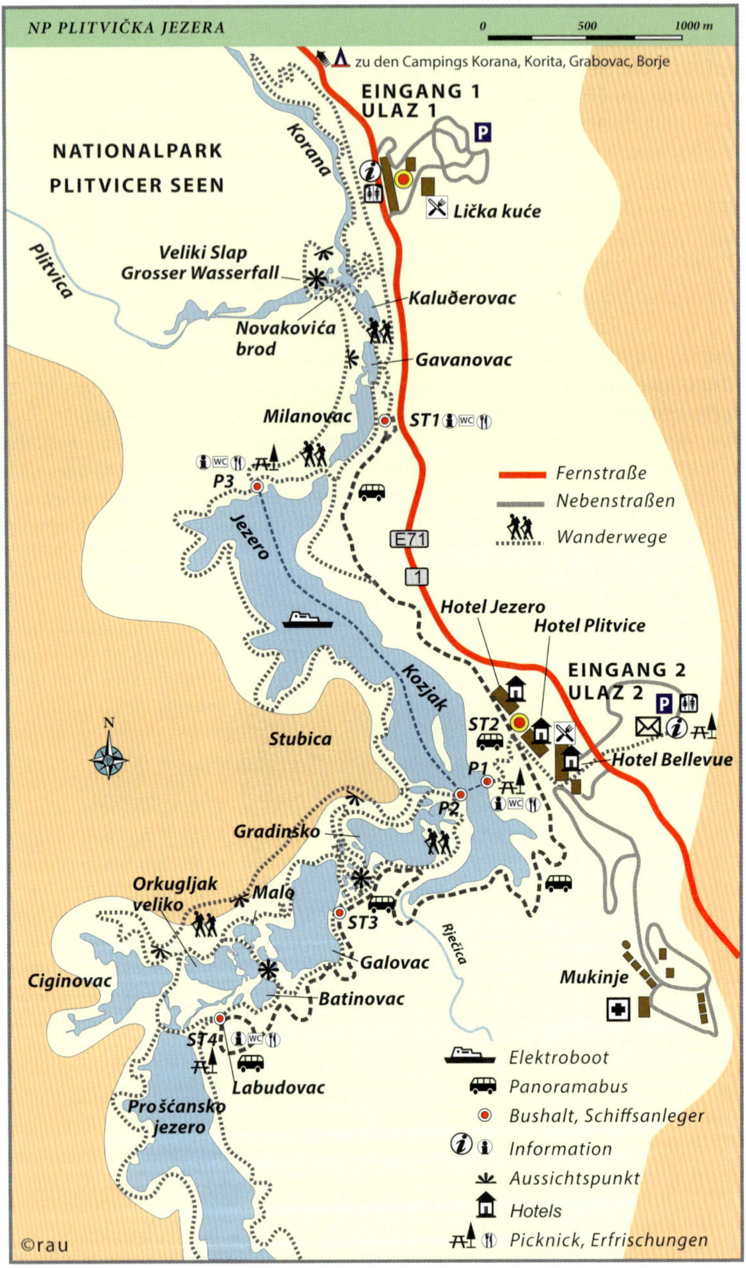

51-014 und -015; www.np-plitvicka-jezera.hr/de/.

Rund 6 km weiter nördlich vom Eingang 1 erreicht man die Zufahrt zum **Campingplatz Korana**, der weiter hinten zusammen mit anderen Campingplätzen genauer beschrieben wird. Ab dem Campingplatz Korana verkehrt morgens um 9 Uhr ein Transferbus (kostenpflichtig, zuletzt

10 Kuna) zum Eingang 1 des Nationalparks, Rückfahrt um 17 Uhr.

Erste Vermerke über die Plitvicer Seen auf Landkarten sind aus dem 17. Jh. bekannt. Bereits 1928 wurde die außergewöhnliche Landschaft und ihre artenreiche Flora und Fauna unter Schutz gestellt.

In der Zeit um 1930 erwarb sich der Naturkundler Ivo Pevalek große Verdienste um die Erforschung der Struktur der Plitvicer Seen und dem Zusammenwirken von Wasser, Algen, Pflanzen und Kalkstein (Travertin).

1948 schließlich wurde ein 266 qkm großes Gebiet um die Plitvicer See und ihre Zuläufe vom kroatischen Parlament zum Nationalpark erklärt.

Heute umfasst die Hügellandschaft des Nationalparks, das mit über 1 Mio. Besuchern jährlich meistbesuchte Naturdenkmal in ganz Kroatien, ein Gebiet von knapp 30.000 ha. Davon entfallen 200 ha auf Seen und 14.000 ha auf Wald, der in seinem natürlichen, urwaldähnlichen Zustand erhalten wird.

Übrigens: Die spektakuläre und imposante Landschaft im Bereich der Plitvicer Seen diente in den 60er Jahren als Naturkulisse für einige der verfilmten Karl-May-Romane wie **„Der Schatz im Silbersee"** oder **„Winnetou"** Teil 1 und 2 (Lex Barker als Old Shatterhand, Pierre Brice als Winnetou). Szenen für diese Abenteuerfilme wurden auch in anderen Teilen Kroatiens, wie bei Rijeka, im Velebit-Gebirge oder am Zrmanja-Fluss gedreht.

Das von der UNESCO 1979 in die Liste für kulturelles und natürliches Welterbe aufgenommene Gebiet des Nationalparks **Plitvička jezera** gehört ohne Zweifel zu den schönsten Landschaften Europas.

In der unberührten Natur abgelegener Teile des Parks leben neben Kleinwild und Rehen, noch Bären, Wölfe, Wildschweine und Wildkatzen.

In einem langen Tal, umgeben von hohen bewaldeten Bergen, reihen sich auf einer Länge von etwa 8 km stufenweise 16 größere und kleinere Seen aneinander. Schäumende Kaskaden und rauschende Wasserfälle (insgesamt sieben an der Zahl) verbinden sie miteinander und überbrücken den Höhenunterschied von insgesamt 156 m zwischen dem 639 m hoch gelegenen **Prošćansko jezero** und dem nur noch 483 m hoch gelegenen Ablauf des Korana-Flusses.

Dazwischen bilden mehrere verschieden hohe Travertinbarrieren zahlreiche größere und kleinere Seen, von denen der weitverzweigte, lange **Jezero Kozjak**, auf dem Elektroboote verkehren, der größte ist.

Interessant ist, wie diese grandiose Seenlandschaft entstand und weiter entsteht.

Kalzium- und Magnesiumkarbonat, vom fließenden Wasser aus dem Gestein gewaschen, lagert sich an natürlichen Barrieren, wie Felsen oder Baumstämmen, ab. Algen und Moosbewuchs tun ein übriges.

Schließlich entstehen Dämme, deren Grundsubstanz Travertin ist. Dahinter bilden sich Seen und das Wasser sucht sich, Kaskaden und Wasserfälle bildend, seinen Weg nach unten. Einerseits wachsen die Barrieren durch Ablagerungen ständig weiter, andererseits zerstört die Wasserkraft die Dämme an anderer Stelle, so dass das ganze Seensystem sich zwar unermesslich langsam, aber doch stetig verändert.

Wanderung ab Eingang 2 („Hladovina")

An großen Tafeln am **Eingang 2 [Parkplatz, WP 223 / N44° 52' 58.4" E15° 37' 23.9"]** kann man sich orientieren und über den Verlauf der gut durch unterschiedliche Farben und Buchstabenbezeichnungen von A bis K markierten Wanderpfade, die meist

Auf gut präparierten Wegen spaziert man durch den Nationalpark Plitvicer Seen

als Rundwege angelegt sind, und die dazu benötigte ungefähre Zeit informieren. Sehr empfehlenswert ist der Erwerb einer Panoramakarte.

Vom Eingang 2 starten die **orange markierten Wege E** (2 – 3 Std.), **F** (3 – 4 Std.) derzeit nicht möglich, **H** (4 – 6 Std.), sowie **K** (6 – 8 Std.).

Einen ersten, sehr schönen Eindruck vom **südlichen Teil des Nationalparks** gewinnt man z. B. auf einer Wanderung auf dem **Weg H** (orange), für den man mindestens 4 Stunden, besser mehr vorsehen sollte, da man unterwegs immer wieder staunend stehen bleiben wird.

Vom Eingang 2 geht man zur Haltestelle der Panorama-Trollybusse, die bis zum Beginn eines Spaziergangs an den „Oberen Seen" fahren. Ab der Anlegestelle (Bistro Kozjačka Draga) weiter mit den Elektrobooten über den See „Kozjak" zur gegenüberliegenden Anlegestelle bei den Wasserfällen Kozjazki slapovi.

Ab hier beginnt der Weg durch eine wahre Wunderwelt aus Wasserfällen jeder Form und Größe, Wäldern, klaren Seen und wassergetränkten Moosteppichen. Auf markierten, gepflegten Pfaden und über Holzstege wandert man durch diese märchenhafte Landschaft.

Schließlich gelangt man hinauf zum **Prošćansko jezero** und hat von dort Gelegenheit, mit dem Panoramabuss zum Eingang 2 zurückzufahren.

Wanderung ab Eingang 1 („Rastovaca")

Um auch den nördlichen Abschnitt des Nationalparks kennen zu lernen, der durch den **Eingang 1 [Parkplatz, WP 224 / N44° 54' 19.7" E15° 36' 43.6"]** am einfachsten erreicht wird, ist mindestens noch ein weiterer halber Tag vonnöten. Wie weiter vorne schon erwähnt gibt es auch Zwei-Tage-Eintrittstickets.

Vom Eingang 1 starten die **grün markierten Wege A** (2 – 3 Std.), **B** (3 – 4 Std.), **C** (4 – 6 Std.) sowie **K** (6 – 9 Std.). Vom Eingang 1 aus sind die

höchsten Wasserfälle im Park zu erreichen, der hufeisenförmige **Sastavci** und der 78 m hohe **Slap Plitvice**. Beide sind prächtige Naturschauspiele.

Vom Höhenrandweg, der vom Eingang 1 ausgeht, bieten sich herrliche Panoramablicke auf den westlichen, eher schluchtartigen Teil des Naturparks.

Die **Rundtour B** (grün, 3 – 4 Stunden) entspricht am ehesten der oben geschilderten Wanderung.

Wer gut zu Fuß ist, kann bis zum Umkehrpunkt der Park-Panoramabusse gehen, mit diesen zum Eingang 1 fahren und dort weitere Wanderungen (s. o.) anschließen.

PRAKTISCHE HINWEISE – PLITVIČKA JEZERA

Nacionalni Park Plitvička jezera [N44° 52' 58.88" E15° 37' 24.22"], 53231 Plitvička jezera, Tel. +385 (0)5 37 51 014; www.np-plitvicka-jezera.hr. Das Büro ist auch zuständig für die Reservierung von Zimmern in den Hotels; Tel. +385 (0)5 37 51 014.

HOTELS

Hotels am Eingang 2 zum Nationalpark Plitvicer Seen:

Hotel Bellevue **, 74 Zi., Plitvička jezera bb, Tel. +385 (0)5 37 51 800; www.np-plitvicka-jezera.hr/de/planen-sie-ihren-besuch/hotels-und-campingplatze/hotel-bellevue/. Einfaches Mittelklassehotel aus den 1960er Jahren nahe des Hotels Plitvice, Garni. WLAN. Parkplatz.

Hotel Jezero ***, 229 Zi., Plitvička jezera bb, Tel. +385 (0)5 37 51 500; www.np-plitvicka-jezera.hr/de/planen-sie-ihren-besuch/hotels-und-campingplatze/hotel.jezero. Das größte der drei Hotels. Restaurant mit Terrasse, Bar, Fitnessraum, Whirlpool, Sauna, Dampfbad. Musik- und Tanzabende. Bowlingbahn, Tennis, Tischtennis. Parkplatz.

Hotel Plitvice **, 51 Zi., Plitvička jezera bb, Tel. +385 (0)5 37 51 200; www.np-plitvicka-jezera.hr/de/planen-sie-ihren-besuch/hotels-und-campingplatze/hotel-plitvice/. Renoviertes Mittelklassehotel aus den 1960er Jahren. Restaurant, Bar, Terrasse. WLAN. Parkplatz.

Hotel Grabovac ***, 31 Zi., Plitvička jezera bb, Tel. +385 (0)5 37 51 999; www.np-plitvicka-jezera.hr/de/planen-sie-ihren-besuch/hotels-und-campingplatze/hotel-grabovac/. Rund 10 km nördlich des Nationalparks an der Straße nach Karlovac und Zagreb. Funktionelle Zimmer, Restaurant. Parkplatz.

CAMPING

Rakovica

Camping Korana [WP 225 / N44° 57' 01.4" E15° 38' 28.3"], Čatrnja 167, Tel. +385 (0)5 37 51 888; www.np-plitvicka-jezera.hr; 1. Apr. – 31. Okt.; an der Straße 1/E71, ca. 6 km nördlich vom Eingang 1 des Nationalparks Plitvicer Seen; sehr weitläufiges, welliges Gelände mit zahlreichen dolinenartigen Trichtern, teils leichter Schatten durch Laubbäume, betonierte Flächen im Eingangsbereich werden als Stellplätze für Wohnmobile benutzt; angelegter Badesee; ca. 30 ha – 500 Stpl.; Standardsanitärausstattung, zeitgemäße, aber zahlenmäßig wenig Sanitärausstattung. Restaurant, Imbiss, Laden, WLAN auf Teilen des Platzes. V & E für Wohnmobile. Mietbungalows. Bustransfer zum Nationalpark Plitvicer Seen.

Camping Bear [WP 226 / N44° 56' 50.85" E15° 38' 14.98"], Selište Dreznicko 52, Tel. +385 (0) 4 77 82 272; www.plitvice-camping.com/

CampBear_deu.html; 1. Apr. – 30. Okt.; an der Straße 1/E71, ca. 6 km nördlich vom Eingang 1 des NP Plitvicer Seen, gegenüber Camping Korona; ebene Wiese mit Obstbäumen; ca. 2 ha – 30 Stpl.; einfache Sanitärausstattung. Waschmaschine, WLAN. Chemikaltoilettenausguss. 4 Fremdenzimmer.

Grabovac bei Rakovica

Camping Korita [WP 227 / N44° 57' 52.0" E15° 38' 37.3"], Grabovac 319, Tel. +385 (0)5 16 45 677; www.camp-korita.com; 1. Mai – 31. Okt.; ca. 8 km nördlich des Nationalparks Plitvicer Seen an der Straße 1 (Karlovac – Plitvice) beim Restaurant Plitvička Vrela. Überschaubare, von Lattenzaun umgebene, unebene, schattenlose Wiesenmulde, Sanitärgebäude im Zentrum; ca. 1 ha – 25 Stpl.; Standardsanitärausstattung. Restaurant, Waschmaschine, WLAN auf Teilen des Platzes. V & E für Wohnmobile. Fremdenzimmer.

Camping Turist Grabovac [WP 228 / N44° 58' 24.7" E15° 38' 52.3"], Grabovac 102, Tel. +385 (0)4 77 84 192; 1. Apr. – 30. Sept.; www.kamp-turist.hr/de/; ca. 9 km nördlich des Eingangs 1 des Nationalparks Plitvicer Seen an der Straße 1 (Karlovac – Plitvice), Einfahrt gegenüber der INA-Tankstelle; hügeliges, parkähnliches Gelände mit Nadel- u. Laubbaumbestand, durch Wacholderhecken parzellierte Stellplätze um diverse dolinenartige Mulden, in den Dolinen für Zelte; ca. 4 ha – 100 Stpl.; Standardsanitärausstattung. Restaurant, Laden, Waschmaschine, Trockner, Fahrradverleih, WLAN auf Teilen des Platzes; Mietbungalows, Indianertipis; V & E für Wohnmobile. Restaurant neben dem Platzeingang. Bus zum Nationalpark Plitvicer Seen.

Korenica

Camping Borje [WP 229 / N44° 45' 57.7" E15° 41' 23.6"], Vranovača bb**,** Tel. +385 (0)5 37 51 790; www.np-plitvicka-jezera.hr; 1. Apr. – 15. Okt.; ca. 20 km südl. des Nationalparks Plitvicer Seen, 1 km nördlich von Korenica beim Restaurant Borje oberhalb der Straße 1/E71 (Bielopolje – Plitvice) am Abzweig zur Straße 52/A1 Richtung Otočac gelegen; fast ebenes, baumbestandenes Wiesengelände; 6 ha – 130 Stpl.; Standardsanitärausstattung. Laden, Restaurant, Waschmaschine, Trockner. V & E für Wohnmobile. Bustransfer zum Nationalpark Plitvicer Seen.

Camping Mini Camp Bistro Marina [WP 230 / N44° 44' 50.0" E15° 42' 14.2"], Zagrebacka 6, Tel. +385 (0)5 37 76 061; Feb. – Dez.; in Korenica an der Durchgangsstraße 1, am Parkplatz des gleichnamigen Restaurants, ca. 20 km südlich des Nationalparks Plitvicer Seen gelegen; 1 ha – 20 Stpl.; Verzehr im Restaurant erbeten. Grauwasser- und Chemikaltoilettenausguss.

Camping Mini Camp Pension Lička Kapa [WP 231 / N44° 42' 41.34" E15° 44' 40.71"], Bjelopolje 54, Tel. +385 (0)5 37 53 004; www. pansion-licka-kapa.hr; 1. Apr. – 15. Okt.; ca. 20 km südlich vom Nationalpark Plitvicer Seen an der Straße 1/E71 (Karlovac – Plitvice) südöstllich von Korenica; 3 ha – 100 Stpl.; große, ebene Wiese mit jungen Bäumen beim gleichnamigen Restaurant.

ZAGREB UND UMGEBUNG

Zagreb, Markuskirche Sv. Marka. Foto: Croatian National Tourist Board, Zagreb

TOUR 12: NP PLITVIČKA JEZERA – ZAGREB

Länge der Tour: Rund 150 km.

Die Route: Straße 1/E71 über **Slunj** bis **Karlovac** – Straße 1/E65 bis **Zagreb**.

Umweg: Durch **Kroatisch Zagorien**.

Reisedauer: Mindestens ein Tag, ohne Abstecher.

Höhepunkte: Die Altstadt in **Karlovac** – **Gornji grad**, die historische **Oberstadt Zagrebs** mit der **Markuskirche** – der alte **Stadtteil Kaptol** mit der **Kathedrale** – die **Museen** der Stadt Zagreb – **Burg Veliki Tabor** – **Schloss Trakošćan**.

***ROUTE:** Weiterreise von den Plitvicer Seen in die Hauptstadt Kroatiens Zagreb. Zunächst über die Straße 1/E71 nordwärts über **Slunj** nach **Karlovac** und von dort über die mautpflichtige Autobahn 1/E65 nach **Zagreb**.*

Karlovac (Touristeninformation **[WP 232 / N45° 29‘ 37.6“ E15° 33‘ 05.6“]**, Trg Petra Zrinskog 3, 47000 Karlovac, Tel. +385 (0)4 76 15 115; www.karlovac-touristinfo.hr/de/) ist das frühere Karlstadt. Der Name der Stadt am Fluss Kupa erinnert

Zagrebs Oberstadt

an den Stadtgründer, den österreichischen Erzherzog Karl. Im 16. Jh. legte er am Zusammenlauf dreier Flüsse den Grundstein zu einer Sternschanze, einem vorgeschobenen Posten an der österreichischen Militärgrenze, um die im Lauf der Zeit die Stadt entstand. Heute ist Karlovac eine Industriestadt.

Sehenswertes findet man allenfalls in der **Altstadt**, wie das ehemalige **Franziskanerkloster [N45° 29′ 33.9″ E15° 33′ 19.7″]** am Jelčića Platz, und die **Dreifaltigkeitskirche** daneben, sowie das **Stadtmuseum Gradski muszj Karlovac [N45° 29′ 37.7″ E15° 33′ 14.7″],** das in einem ehemaligen Barockpalast der Frankopane eingerichtet wurde.

ROUTE: Über die gebührenpflichtige Autobahn A1/E65 erreichen wir rasch ***Zagreb****, das 61 km nordöstlich von Karlovac liegt. Als Fortsetzung der Autobahn führt eine Schnellstraße hinein nach Zagreb.*

Zagreb, Kroatiens Hauptstadt mit rund 730.000 Einwohnern, blickt auf eine wechselvolle Geschichte zurück. Die Ursprünge der Stadt gehen zurück auf eine Römersiedlung, die sich auf Grund ihrer Lage am Kreuzungspunkt von Handelswegen rasch entwickelte. Viel später dann, im 11. Jh., wurde Zagreb zum Bischofsitz erhoben, der aber 200 Jahre später von den Mongolen gründlich zerstört wurde.

Das heutige Zagreb entstand durch die Zusammenlegung des 1242 von König Bela IV. durch Verleihung der Goldenen Bulle zur Reichsstadt ernannten Kaufmanns- und Handwerkersiedlung **Gradec** (Gornji grad) mit dem schon 1094 zum Bistum erhobenen Städtchen **Kaptol**. Der erste bislang älteste bekannte Stadtplan stammt aus dem Jahre 1570 und zeigt zwei benachbarte, aber deutlich getrennte und jeweils mit eigenen Stadtmauern versehene Stadtteile.

Ab dem 16. Jh. – Zagreb wurde 1557 zur Hauptstadt Kroatiens er-

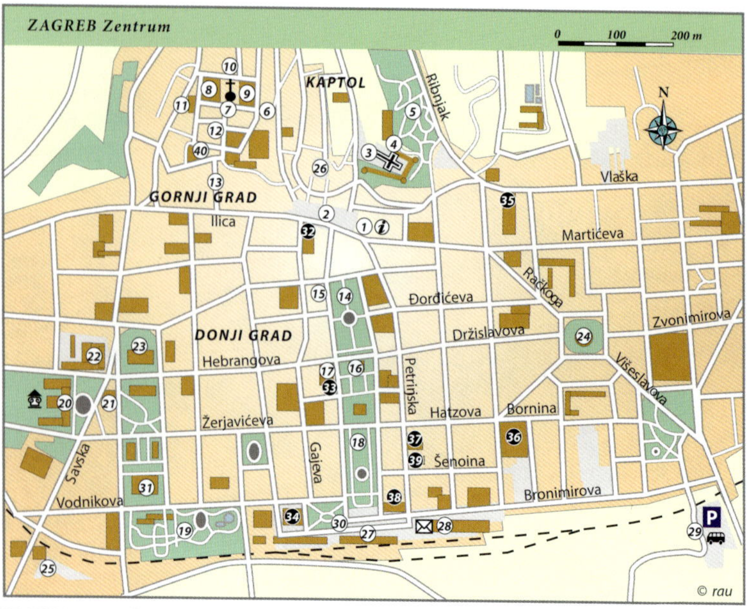

*ZAGREB – **1** Information – **2** Trg bana Josipa Jelačića – **3** Marienkathedrale – **4** Erzbischöfliche Residenz – **5** Stadtpark Ribnjak – **6** Kamenita vrata – **7** Markuskirche – **8** Banski dvori – **9** Parlamentsgebäude Sabor – **10** Stadtmuseum – **11** Naturhistorisches Museum – **12** Kroatisches Museum für Naive Kunst – **13** Schrägaufzug Uspinjača – **14** Park Zrinjevac – **15** Archäolog. Museum – **16** Strossmayer-Galerie – **17** Galerie für Moderne Kunst – **18** Kunstpavillon –**19** Botanischer Garten – **20** Mimara-Museum – **21** Ethnograph. Museum – **22** Museum für Kunsthandwerk – **23** Kroatisches Nationaltheater – **24** Galerie Kroatischer Künstler –**25** Technikmuseum – **26** Dolac Markt – **27** Bahnhof – **28** Hauptpost – **29** Busbahnhof – **30** Einkaufszentrum – **31** Nationalbibliothek – **32** Hotel Dubrovnik – **33** Hotel Palace – **34** Hotel Esplanade – **35** Hotel Jadran – **36** Hotel Sheraton – **37** Hotel Astoria – **38** Hotel Central – **39** Jugendherberge – **40** Kroatisches Museum für Geschichte*

nannt – begann für weite Teile Kroatiens und auch für Zagreb die Zeit der habsburgischen Verwaltung, die Zagreb 1728 als Hauptstadt Kroatiens bestätigt. Eine administrative Vereinigung der beiden bis dahin selbständigen Stadtteile fand aber erst im Jahre 1890 statt. Die Stadt Zagreb, in der 1906 übrigens der Füllfederhalter erfunden wurde, weist eine besuchenswerte **Innenstadt** auf.

Stadtbesichtigung

Wir beginnen unseren **Stadtspaziergang** am weiten zentralen **Stadtplatz Trg bana Josipa Jelačića (2) [N45° 48′ 47.4″ E15° 58′ 37.9″]** zwischen den historischen Altstadtvierteln **Kaptol** und **Gornji grad** im Norden und der Neustadt **Donji Grad** im Süden. Das Denkmal mitten auf dem autofreien Platz erinnert an Josip Jelačić, ranghoher Militär und Stellvertreter der Habsburger in Kroatien, der im 19. Jh. gegen Ungarn zog, um für seine kroatischen Landsleute mehr Autonomie zu erstreiten.

Zagrebs historische Oberstadt

Unmittelbar am Südrand des Platzes liegt das Hotel Dubrovnik und an der Ostseite des Platzes das Büro der **Touristeninformation (1) [N45° 48′ 45.9″ E15° 58′ 42.3″]**.

Dort beginnen wir unseren Spaziergang durch die **Oberstadt Gornji grad,** die schon 1093 urkundlich erwähnt und 1242 vom kroatisch-ungarischen König Bela IV. zur freien Königsstadt erklärt wurde, und gehen durch die Bakačeva ulica nordwärts hinauf bis zum Platz vor der **Marienkathedrale (3) [N45° 48′ 52.3″ E15° 58′ 45.4″]** (vormals St. Stephansdom) mit ihren beiden 105 m hohen Türmen. Das heutige Erscheinungsbild des ehemals romanischen Kirchenbaus stammt aus dem 19. Jh. Damals wurde die etwa 600 Jahre alte Kirche nach einem verheerenden Erdbeben im Jahre 1880 im neugotischen Stil vollkommen restauriert und umgebaut.

Im **Kirchenmuseum** der Kathedrale, der sog. Schatzkammer, werden kostbare liturgische Gerätschaften, sakrale Exponate und Dokumentationen aus der langen Geschichte des Zagreber Bistums ausgestellt.

Umgeben ist die Kathedrale von der **Erzbischöflichen Residenz (4) [N45° 48′ 54.4″ E15° 58′ 44.5″]** mit vier markanten Rundtürmen. Östlich davon erstreckt sich im Schatten der Kathed-rale der **Stadtpark Ribnjak (5)**.

Vom Platz vor der Kathedrale gehen wir nach Westen zum **Gemüsemarkt Dolac (26) [N45° 48′ 51.8″ E15° 58′ 40.2″]** und an dessen Nordseite durch die schmale Skalinska ulica weiter nach Westen, überqueren in der Nähe der Apotheke die von Kneipen und Straßencafés gesäumte Fußgängerzone **Ulica Ivana Tkalčića** und treffen auf die parallel verlaufende Radićeva.

Ihr folgen wir ein kurzes Stück nordwärts und nehmen die nächste Möglichkeit links (westlich). Sie führt zum **Kamenita vrata (6) [N45° 48′ 56.9″ E15° 58′ 31.2″]**, dem einzigen von der mittelalterlichen Stadtbefestigung und Wehranlage noch erhaltenen Stadttor. Es stammt aus dem 13. Jh. Im Torturm ist die Kapelle der Jungfrau Maria von Kamenita vrata, der Schutzpatronin der Stadt Zagreb eingerichtet. Ganz in der Nähe des Tores sieht man das Denkmal des hl. Georg hoch zu Ross.

Wir gelangen zum Mittelpunkt der Oberstadt Gornj Grad am **Markov trg**.

Beherrscht wird der hübsche kleine Platz von der markanten **Markuskirche (7) [N45° 48′ 58.8″ E15° 58′ 24.4″],** die durch die Wappen Kroatiens, Dalmati-

Zagrebs Kathedrale

ens und Sloweniens auf dem Dach auffällt. St. Markus war seit dem 13. Jh. die Pfarrkirche des damals noch eigenständigen Städtchens Gradec.

Die Kirche wird flankiert vom **Banski dvori (8)** (Ban Palais, Palais des Vicekönigs) links und dem **Parlamentsgebäude Sabor (9)** rechts.

Rund 300 m nördlich der Markuskirche findet man das **Museum der Stadt Zagreb (10) [N45° 49' 05.7" E15° 58' 28.9"]**, Opatickha 20. Die Ausstellungen dort geben Einblick in die Stadtentwicklung von der Vorgeschichte bis in unsere Zeit *(geöffnet Di - Fr 10 - 18 Uhr, Sa 11 - 19 Uhr, So 10 - 14 Uhr, feiertags geschlossen; www.mgz.hr)*.

Unweit nordwestlich vom Ban Palais liegt an der Demetrova Straße das **Naturhistorische Nationalmuseum (11) [N45° 49' 01.6" E15° 58' 20.5"]**, Ulica Dimitrija Demetra 1. Neben prähistorischen Exponaten werden hier die Funde aus der Höhle von Krapina ausgestellt *(geöffnet Di - Fr 10 - 17 Uhr, Sa + So 10 - 13 Uhr; www.hpm.hr)*.

Schließlich kann man das **Kroatische Museum für Geschichte (40) [N45° 48' 57.7" E15° 58' 20.5"]** besichtigen, das an der Straße Ulica Artuna Gustava Matoša 9 unweit südlich des Ban Palais liegt *(geöffnet Mo - Fr 10 - 18 Uhr, Sa + So 10 - 13 Uhr; www.hismus.hr)*.

Kunstliebhaber sollten auf einen Besuch im **Kroatischen Museum für Naive Kunst (12) [N45° 48' 55.3" E15° 58' 24.0"]** nicht verzichten. Es liegt unweit südlich des Markusplatzes an der Sv. Ćirila i Metoda 3 *(geöffnet Di - Fr 10 - 18 Uhr, Sa + So 10 - 13 Uhr; www.hmnu.org)*.

Wir gehen weiter südwärts und gelangen mit dem **Schrägaufzug Uspinjača (13) [N45° 48' 52.1" E15° 58' 23.1"]** (Standseilbahn), der schon seit 1888 seinen Dienst versieht, hinab zur Straße Ilica (Fußgängerzone) und ostwärts zurück zum Platz Trg bana Josipa Jelačića, Ausgangspunkt unseres Bummels durch die Altstadt.

Sehenswertes in Zagrebs Unterstadt

Es bietet sich an, den Stadtspaziergang durch die neuere **Unterstadt Donji grad** fortzusetzen und vom Trg bana Josipa Jelačića südwärts durch die Straße Praška (anfangs Fußgängerzone) Richtung Bahnhof zu gehen. Dabei passiert man den **Park Zrinjevac (14) [N45° 48' 40.70" E15° 58' 39.14"]** (trg Nikole Subića Zrinskog) mit einem hübschen Pavillon in der Mitte.

Westlich des Parks liegt das **Archäologische Museum (15) [N45° 48' 39.34" E15° 58' 38.64"]**, Trg N. S. Zrinskog 19, mit frühgeschichtlichen Sammlungen, einer ägyptischen Abteilung und einer Münzsammlung *(geöffnet Di, Mi, Fr, Sa 10 - 18 Uhr, Do bis 20 Uhr, So 10 - 13 Uhr; www.amz.hr)*.

Danach sieht man am Nordrand des anschließenden begrünten Platzes Strossmayerov trg an der Straße Trg N. S. Zrinskog 11 die **Strossmayer-Galerie (16)** mit einer sehenswerten Sammlung alter Meister aus dem 15. und 16. Jh *(geöffnet Mi - Fr 10 - 16 Uhr, Di 10 - 19 Uhr, Sa + So 10 - 13 Uhr; http://info.hazu.hr/en/about_academy/units/the_strossmayer_gallery_of_old_masters/)*. Achten Sie im Innnenhof auf die als **Baščenska Ploča** bekannte Steintafel. Sie stammt aus der Gegend des Hafenstädtchens Baška auf der Insel Krk und ist die bislang älteste Tafel mit glagolitischen Schriftzeichen, die gefunden wurden.

An der Westseite der Praška liegt die Zagreber **Galerie für Moderne Kunst (17) [N45° 48' 32.76" E15° 58' 39.64"]** *(geöffnet Di - So 11 - 18 Uhr, Sa 11 - 20 Uhr; www.msu.hr)*.

Wir gehen über die Straße Trg Josipa-Juri-Strossmayera weiter südwärts Richtung Bahnhof, kommen am Hotel Palace vorbei und erreichen wenig später an der Ecke zur Straße Baruna Trenka den Park Tomislavov trg. Am Nordrand des Platzes findet man den **Kunstpavillon (18) [N45° 48' 26.00" E15°**

Das Kroatische Nationaltheater in Zagreb

58' 43.02"]. Am Südrand des Platzes, dem Bahnhof gegenüber, steht ein Reiterdenkmal König Timoslavs.

Man kann vom Bahnhof am Hotel Esplanade, einem renommierten alteingesessenen Haus, vorbei nach Westen gehen, einen Bummel durch den einladenden **Botanischen Garten Botanički vrt (19) [N45° 48' 19.99" E15° 58' 26.08"]** anschließen und danach am markanten Gebäude der Nationalbibliothek und am Marulićev trg vorbei nordwärts gehen.

Folgt man der nächsten Querstraße Vukotinovićeva nach links (Westen), kommt man kurz darauf zum modernen Hotel Westin Zagreb. Nördlich des Hotels liegt am Platz Rooseveltov trg 5 das **Mimara-Museum (20) [N45° 48' 29.49" E15° 58' 2.35"]** mit Kunstwerken aus allen Epochen *(geöffnet Juli - Sept Di - Fr 10 - 19 Uhr, Sa 10 - 17 Uhr, So 10 - 14 Uhr, sonst Di, Mi, Fr, Sa 10 - 17 Uhr, Do 10 - 19 Uhr, So 10 - 14 Uhr; www.mimara.hr/)*. Großen Anteil an den Exponaten hat die in Fachkreisen weit über Kroatien hinaus bekannte Kunstsammlung mit fast 4.000 Stücken von Ante und Wiltrud Topić-Mimara.

Das Museum ist in einem großen, sehr repräsentativen Gebäude aus dem Jahre 1895 eingerichtet, das ehemals als Gymnasium diente.

Östlich gegenüber liegt das Völkerkundemuseum bzw. **Ethnographische Museum (21) [N45° 48' 30.08" E15° 58' 08.99"]** am Mažuranićev Platz 14, mit Exponaten der jugoslawischen Volkskunst (Folklore-, Kunsthandwerk- und Werkzeugsammlungen) und Ausstellungen über die Kulturen in Afrika, Asien, Australien und Ozeanien *(geöffnet Di - Do 10 - 18 Uhr, Fr - So 10 - 13 Uhr, www.emz.hr)*.

Einen Straßenzug weiter nördlich kann das westlich des markanten Stadttheaters gelegene **Museum für Kunsthandwerk (22) [N45° 48' 33.93" E15° 58' 07.83"]** besucht werden.

Schließlich geht man am Trg Maršala Tita mit dem prächtigen Gebäude des **Kroatischen Nationalthe-**

aters (23) [N45° 48‘ 35.33“ E15° 58‘ 12.12“] vorbei und durch die Straßen Masarykova und Teslina (Fußgängerzonen) zurück zum Ausgangspunkt am **Trg bana Josipa Jelačića [N45° 48‘ 47.4“ E15° 58‘ 37.9“]**.

Mitten im östlichen Teil der Unterstadt Donji grad liegt am weiten Platz Trg Žrtava fašizma (Trg hrvatskih velikana) der Rundbau der **Galerie Kroatischer Künstler (24) [N45° 48‘ 35.93“ E15° 59‘ 13.52“]**.

Technikbegeisterte werden auf einen Besuch im **Technikmuseum (25) [N45° 48‘ 14.26“ E15° 57‘ 50.96“]**, Savska cesta 18, am Südwestrand der Stadt nicht verzichten wollen *(geöffnet Di - Fr 10 - 17 Uhr, Sa - So 9 - 13 Uhr, www.tehnicki-muzej.hr)*. Zu sehen sind Dampfmaschinen und Lokomotiven, ebenso wie Modelle von Raumschiffen und Satelliten sowie eine Ausstellung über das Transportwesen allgemein. Dem Museum ist ein **Planetarium** angeschlossen.

Zagrebs Umgebung

Maksimir [Parkplatz, WP 233 / N45° 49‘ 23.3“ E16° 00‘ 47.5“], nordöstlich von Zagreb, eine der größten und schönsten **Parkanlagen** Kroatiens, wurde bereits 1794 angelegt, mit wunderschönem, alten Baumbestand und lauschigen Seen. Im Park findet man den besuchenswerten **Zoo** Zagrebs.

PRAKTISCHE HINWEISE – ZAGREB

Turistička zajednica / Touristen-Infozentrum [N45° 48‘ 45.9“ E15° 58‘ 42.3“], Trg bana J. Jelačica 11, 10000 Zagreb, Tel. +385 (0)1 48 14 051; www.infozagreb.hr. *Geöffnet Mo - Fr 8.30 - 20 Uhr, Sa 9 - 18 Uhr, So 10 - 16 Uhr.*
Offizielle Vertretung des **Kroatischen Automobilclubs HAK [N45° 46‘ 38.6“ E15° 59‘ 60.0“]**, Avenija Dubrovnik 44, 10010 Zagreb, Tel. +385 (0)1 66 11 999; www.hak.hr/en/. ADAC Auslands-Notruf Tel. +49 89 22 22 22.

Feste, Folklore
Woche des modernen Tanzes, in der ersten Augustwoche.
Eurokaz, ein internationales Festival des Avantgarde-Theaters, in der 3. Juniwoche; www.eurokaz.hr.
Internationales Folklorefestival, Ende August; www.msf.hr/smotra/en/en-index.html.
Zagreber Film Festival, im November.

RESTAURANTS

Kaptolska Klet, Kaptol 5, Tel. +385 (0)1 48 76 502; www.kaptolska-klet.hr; beliebtes Lokal gegenüber der Kathedrale, modernes Ambiente in rustikalen Mauern, Terrasse. Fleischgerichte aller Art vom Rost, hausgemachte Würste sowie regionale Speisen.
Purger, Petrinjska 33, Tel. +385 (0)1 48 10 713; www.purger.hr; Fleisch- und Fischspezialitäten, Terrasse.
Baltazar, Nova Ves 4, Tel. +385 (0)1 46 66 999; gemütliches Ambiente, Terrasse, ausgezeichnete Küche, man serviert Fleisch vom Grill und hausgebackenes Brot, schöner Garten. Sonntags geschlossen.
Übrigens: Ein Menü mit typisch Zagreber Spezialitäten könnte so aussehen – Pilzcremesuppe, mit Hüttenkäse gefüllte Teigtaschen (zagoski štrukli) und Truthahn mit Teigwaren (purica z mlincima).

HOTELS

The Regent Esplanade *****, 215 Zi., Mihanovićeva 1, Tel. +385 (0)1 45 66 666; www.esplanade.hr; eines der besten Hotels der Stadt 1925 im klassischen Stil erbaut, beim Hauptbahnhof, schöne Art Deco-Hotelhalle, 2 ausgezeichnete Restaurants. Wellness- und Fitnesseinrichtungen. WLAN. Garage. Parkplatz.

Hotel Dubrovnik ****, 222 Zi., Ljudevita Gaja 1, Donji Grad, Tel. +385 (0)1 48 63 503; https://hotel-dubrovnik.hr; gehobenes Mittelklassehotel in zentraler Lage, guter Ausgangspunkt zu Stadtbesichtigungen. Zimmer mit zeitgemäßem Komfort und schalldichten Fenstern. 2 Restaurants, Fitnesscenter. WLAN. Café. Garage, Parkplatz.

Hotel Palace ****, 123 Zi., Trg Josipa Jurja Strossmayera trg 10, Tel. +385 (0)1 48 99 600; www.palace.hr; gediegenes 4-Sterne-Hotel, zentral und für Theater- und Museumsbesuche günstig gelegen. Restaurant, Bar, Fitnesscenter, Sauna, WLAN. Café. Parkplatz.

Hotel Jadran ***, 48 Zi., Vlaška 50, Tel. +385 (0)1 45 53 777; www.hotel-jadran.com.hr; Mittelklassehotel in günstiger, zentraler Lage nahe des Platzes Trg Jelačića, Zimmer zur Straße laut. Restaurant. WLAN. Parkplatz.

CAMPING

Rakitje am Rakitje-See bei Zagreb

Camping Zagreb [WP 234 / N45° 48' 07.1" E15° 49' 37.3"], Jezerska ulica 6, Tel. +385 (0)1 33 24 567; www.campzagreb.com; 1. Jan. – 31. Dez.; Zufahrt von Zagreb zur A3 Richtung Jesenice, Ausfahrt Zagreb-Zapad, und auf der Straße 3064 (Zagrebačka ulica) ca. 2 km nordwärts Richtung Rakitje, und weiter zum nordwestlichen Seeufer, beschildert; kreisförmiger, ebener Wiesenplatz mit Hartstandplätzen um den zentralen Sanitärblock, am Nordwestufer des Jezera-Rakitje; 1,5 ha – 50 Stpl.; Standardsanitäreinrichtung. Restaurant, Waschmaschine, Trockner, Sauna, Jacuzzi, Boots- und Fahrradverleih. V & E für Wohnmobile. Mietbungalows.

Lučko, bei Zagreb

Camping Motel und Autocamp Plitvice [WP 235 / N45° 46' 32.2" E15° 52' 36.6"], 60 Zi., Obilazinica Blvd., in Lučko, Tel. +385 (0)1 65 30 444; www.motel-plitvice.hr; 1. Mai – 30. Sept.; ein gutes Stück südwestlich der Stadt an der Autobahn A3/E-70 Richtung Belgrad bei KM 179, zwischen Kreuz Čvor Jankomir und Kreuz Čvor Lučko beim Vorort Lučko. Zufahrt nur in südöstlicher Richtung fahrend (Richtung Belgrad) möglich! **Motel mit angeschlossener Campingmöglichkeit** hinter INA-Autobahntankstelle; ca. 4 ha – 100 Stpl.; Restaurant, Cafeteria, WLAN. Parkplatz.

Tuheljske Toplice

Camping Terme Tuhelj [WP 236 / N46° 03' 57.0" E15° 47' 12.09"], Ljudevita Gaja 4, Tel. +385 (0)4 92 03 000; www.terme-tuhelj.hr/de/; 1. Apr. – 31. Okt.; ca. 40 km westlich von Zagreb Richtung Grenze zu Slowenien gelegen, Zufahrt von Zagreb auf der A2/E59 nordwärts bis Ausfahrt Zabok, weiter ca. 5 km auf der Straße 205, beschildert; beim Terme Hotel Well, parzelliertes Wiesengelände, gut schattig, die Leistungen des Aquaparks „SPAeVITA Centers" mit Fitnesscenter, Sauna, Dampfbad und Innenpool und die Schwimmbäder des „Wasserplanten Vodni planet" können mitbenutzt werden; ca. 1,5 ha – 30 Stpl.; einfache Sanitäranlagen. Nach neueren Planungen soll der Platz erweitert werden auf 150 Stpl. und 50 Mobilehomes; beim nahen Schloss Mihanović. Dort gutes Restaurant.

Nördlich von Zagreb erstreckt sich der **Naturpark Medwednica [N45° 53' 55.4" E15° 57' 14.3"]** (www.pp-medvednica.hr) in dessen Mitte, die man nach einer langwierigen, serpentinenreichen Fahrt erreicht, sich der 1.033 m hohe Medwednica erhebt. Über die bewaldeten Bergzüge verlaufen kilometerlange Bergwanderwege. Im Winter wird das Skizentrum Sljema stark frequentiert.

Bei Interesse für historische Gemäuer bietet sich ein Besuch im alten **Medvedgrad [N45° 52' 12.7" E15° 56' 26.2"]** an. Die 750 Jahre alte königliche Stadt mit historischer **Festung** auf einem grünen Hügel, liegt im bewaldeten Bergland Medvednica unweit nördlich von Zagreb. Heute ist in der Festung u. a. der „Altar des Vaterlandes", eine Heldengedenkstätte, eingerichtet.

Sehenswertes südlich von Zagreb

Ein gutes Stück südlich von Zagreb liegt in der fruchtbaren Turopolje-Ebene am Zusammenfluss von Save und Kupa das historische Städtchen **Sisak**.

Auf dem Weg nach Sisak bietet sich Gelegenheit in **Velika Gorica** (Touristeninformation [N45° 42' 52.9" E16° 04' 24.3"], Kurilovečka 2, 10410 Velika Gorica, Tel. +385 (0)1 62 21 666; www.tzvg.hr) einen Stop einzulegen. Einen größeren, relativ zentralen **Parkplatz [WP 237 / N45° 42' 42.5" E16° 04' 43.9"]** findet man in der Straße Trg kralja Tomislava, nicht allzuweit südöstlich vom Muzej Turopolja. Sehenswert sind die alten adeligen Landhäuser und die Holzkapellen von Turopolje.

Über die lange Siedlungsgeschichte hier im Save-Tal erfährt man mehr im **Muzej Turopolja [N45° 42' 50.3" E16° 04' 33.4"]**, Trg kralja Tomislava 1, 10410 Velika Gorica *(geöffnet Mo - Fr 9 - 17.30 Uhr, Sa + So 10 - 13 Uhr; www.muzej-turopolja.hr)*.

Sisak (Turistička zajednica grada Siska [N45° 29' 21.7" E16° 22' 16.4"], Touristeninformation, Rimska bb, 44000 Sisak, Tel. +385 (0)44 522 655; www.sisakturist.com) mit seiner annähernd 2.500-jährigen Geschichte liegt am Rand der Landschaft **Banovina**, einer Region, die Jahrhunderte lang umkämpft war und immer wieder von Eroberern aus dem Osten bestürmt wurde.

Nicht von ungefähr wurde Sisak schon früh stark befestigt wie die **Festung Okić [Parkplatz, WP 238 / N45° 28' 15.9" E16° 23' 12.6"]** (www.muzej-sisak.hr) an der Mündung der Kupa in die Sava beweist. Im Jahre 1593 verteidigte sich Sisak wieder einmal erfolgreich gegen die Osmanen und schlug die Angreifer so vernichtend, dass die Stadt mit dem Ehrentitel *Antemurale Christianitatis* (Schutzwall des Christentums) in die Geschichte Kroatiens einging.

Durch Kroatisch Zagorien

Die Landschaft nördlich von Zagreb ist bekannt unter dem Namen **Kroatisch Zagorien**.

Während Dalmatien in den Händen Venedigs war und der südliche Rest Kroatiens unter türkischer Herrschaft stand, war Zagorien immer die letzte unbesetzte Bastion, der „Rest der Reste des kroatischen Königreiches".

Zagorien ist noch heute ein bäuerlicher, beschaulicher Landstrich mit über die Hügel verstreuten Kirchen und Schlösser und einer bodenständigen, heimatverbundenen Tradition.

Weit über die Grenzen des Landes hinaus bekannt ist **Holzspielzeug** aus Kroatisch Zagorien. Es ist nicht nur ein sehr beliebtes Souvenir, sondern für die Region so typisch, dass dieses Kunsthandwerk in die UNESCO-Liste des „Immateriellen Kulturerbes der Menschheit" aufgenommen worden ist.

Aber nicht nur Brauchtum und Folklore haben in Kroatisch Zagorien ihren

Veliki Tabor. Foto: Croatian Tourist Board, Zagreb

hohen Stellenwert behalten, auch die Küche Zagoriens hat ihren Ruf als deftige Hausmannskost nicht eingebüßt.

Kulturelles Zentrum Kroatisch Zagoriens ist die 4.000-Seelen-Gemeinde **Krapina** (Turistička zajednica grada Krapine, Touristeninformation [N46° 09' 53.0" E15° 52' 08.1"], Magistratska 11, 49000 Krapina, Tel. +385 (0)4 93 71 330; www.tzg-krapina.hr) an der Straße 1/E59, etwa auf halbem Wege von Zagreb nach Maribor in Slowenien gelegen.

Man hat eine **mittelalterliche Burg**, in der heute das **Stadtmuseum** eingerichtet ist, ein Franziskanerkloster mit der **Katharinenkirche** aus dem 17. Jh. und man hat vor allem die **Höhle „Husnjakov breg"**. Dort fand man Skelettreste eines Urzeitmenschen, des sog. „Homo Crapiniensis", die dem Städtchen Krapina Popularität verschafften.

Erst seit einigen Jahren steht Besuchern in der Nähe der Höhle das **Muzej Krapinskih Neandertalaca**, das **Neandertaler-Museum [WP 239 / N46° 09' 53.2" E15° 51' 50.6"]** offen *(geöffnet Apr. - Okt. Di - So 9 - 19 Uhr, Nov. - März Di - So 9 - 17 Uhr, letzter Einlass 1 Stunde vor Schließung, letzter Einlass 1 Stunde vor Schließung; www.mkn.mhz.hr)*. Das Museum hält vielfältige Informationen über den frühgeschichtlichen Fundort und natürlich eine Abteilung über Neandertaler bereit.

Die Burg Veliki Tabor [WP 240 / N46° 09' 17.3" E15° 39' 03.8"] liegt ein gutes Stück westlich von Krapina im äußersten Nordwestzipfel Kroatiens *(geöffnet Apr. - Sept. Di - Fr 9 - 17 Uhr, Sa + So 9 - 19 Uhr, Okt. - März Di - Fr 9 - 16 Uhr, Sa + So 9 - 17 Uhr, letzter Einlass 1 Stunde vor Schließung; www.veliki-tabor.hr)*. Die alte, trutzige und irgendwie geheimnisvoll wirkende **Festung der Grafen von Ratkay** stammt aus dem 15. Jh. und wurde als UNESCO Weltkulturerbe eingestuft.

Der feudale Landsitz ist Schauplatz einer Legende, die sich um das trauri-

Schloss Trakošćan

ge Schicksal des Burgfräuleins Veronika Desnićka, das einstmals lebendig in die Festungsmauer eingemauert wurde. In der Hofkapelle wird bis heute der Schädel dieser unglücklichen Dame aufbewahrt. Große Ausstellung mittelalterlicher Waffen.

Einige Kilometer weiter südlich, in **Kumrovec**, wurde 1892 Josip Broz Tito geboren. Titos Mutter stammte aus dem benachbarten Slowenien, sein Vater war Kroate. Dem überzeugten Kommunisten gelang es 35 Jahre lang als Staatsoberhaupt die aus sechs Teilrepubliken bestehende ehemalige Sozialistische Föderative Republik Jugoslawien zusammenzuhalten und unangefochten zu regieren.

Besichtigen kann man das **Museum Staro Selo [N46° 04' 34.5" E15° 40' 38.3"]** (www.mdc.hr/kumrovec), ein interessantes Freilichtmuseum mit mehreren bäuerlichen Gehöften aus dem 19. und 20. Jh. Die Ausstellungen des Museums befassen sich mit der bäuerlichen Kultur der Region, mit den Hochzeitstraditionen in Zagorien und mit Themen wie „Vom Korn zum Fladenbrot" oder „Vom Faden zum Leinen":

Auf der Weiterreise von Krapina folgen wir der Straße 1/E59 etwa 10 km nach Norden und zweigen ostwärts ab nach **Trakošćan**. Nach wenigen Kilometern erreicht man den Weiler. Vom Parkplatz an der Straße führt ein guter Fußweg hinauf zum äußerst romantisch und hoch über einem dunklen Waldsee gelegenen **Schloss Trakošćan [Parkplatz, WP 241 / N46° 15' 29.4" E15° 56' 52.2"]** *(ein Handzettel über die Schlossgeschichte in deutscher Sprache war bei unserem letzten Besuch erhältlich, geöffnet 1. Apr. - 31. Okt. tgl. 9 - 18 Uhr; Nov. - März tgl. 9 - 16 Uhr 9 - 16 Uhr; www.trakoscan.hr)*.

Der ehemalige Sitz der Fürsten Draškovic entstand im 15. Jh. und war bis 1945 bewohnt. Seine Glanzzeit erlebte das prächtige Anwesen zwischen 1840 und dem ersten Weltkrieg. 1840 wurde das damals zu zerfallen drohende Schloss so restauriert, wie es der Besucher heute vorfindet.

Die beiden unteren Geschosse sind noch möbliert und vermitteln den Eindruck gemäßigten Wohlstandes des Landadels in Kroatisch-Zagorien (verglichen mit westeuropäischen Fürstenschlössern in Italien oder Frankreich zum Beispiel).

*ROUTE: Weiter über **Bednja, Lepoglava** und **Ivanec** nach **Varaždin**, das von Schloss Trakoscan ca. 40 km entfernt liegt.*

Varaždin, die über 800 Jahre alte, 1181 erstmals erwähnte, Handels- und königliche Freistadt an der Drau mit heute annähernd 50.000 Einwohnern ist das kulturelle, wirtschaftliche und auch touristische Zentrum im Nordwesten Kroatiens. Darüber hinaus ist Varaždin Kreisstadt eines der ältesten Landkreise ganz Kroatiens.

Im 18. Jh. war Varaždin zeitweise Hauptstadt Kroatiens und Sitz des Kroatischen Königsrates und Landtages. Aus jener Zeit stammen auch die zahlreichen schönen **Barockpalais** und **Kirchen**, die das Stadtzentrum so sehenswert machen.

Einen größeren **Parkplatz [WP 242 / N46° 18' 37.8" E16° 20' 14.6"]** findet man zwei Straßen östlich der Stadtfestung Stari Grad am Trg Bana Josipa Jelačića.

In die Stadtbesichtigung sollte auf alle Fälle auch die mit Mauern und Türmen bewehrte, mitten in der Stadt gelegene, markante **Burg Stari Grad [N46° 18' 34.0" E16° 20' 07.7"]** aus dem 13. Jh. mit einbezogen werden. Dort ist heute das **Stadtmuseum** eingerichtet *(geöffnet Di - Fr 9 - 17 Uhr, Sa + So 9 - 13 Uhr; http://www.tourism-varazdin.hr/de/die-stadt/)*.

Der feudale Adelssitz, seit alters her auch als Stari Grad (Altstadt) bezeichnet, ist zweifellos das historisch bedeutendste Anwesen der Stadt und es zählt zu den bedeutendsten gotischen Bauwerken im Norden Kroatiens.

Während der Türkenkriege wurde die von hohen Erdwällen mit Bastionen, Wehrtürmen und Wassergräben umgebene Burg mehrfach bestürmt. Im 16. Jh. wurde die Burg dann von italienischen Baumeistern und auf Geheiß des Kaisers in ein nicht mehr ganz so martialisch wirkende Wasserburg im Renaissancestil umgebaut.

Im Jahre 1925 schließlich traten die Grafen von Varazdin das Anwesen an die Stadt ab.

ROUTE: Von Varaždin gelangt man auf der Autobahn rasch zurück nach Zagreb. Oder man tritt von Varaždin über Maribor in Slowenien und über Österreich die Heimreise an.

PRAKTISCHE HINWEISE – VARAŽDIN

Turistička zajednica [N46° 18' 32.2" E16° 20' 10.0"], Ulica Ivana Padovca 3, 420010 Varaždin, Tel. +385 (0)4 22 10 987; www.tourism-varazdin.hr/de/. *Geöffnet Mo - Fr 8 - 16 Uhr, Sa 10 - 13 Uhr.*

Feste, Folklore

Špancirfest, 10 Tage Ende August.

Varaždiner Barockabende, in der 3. September- und 1. Oktoberwoche.

RESTAURANTS

Zlatne Goricee [N46° 14' 8.98" E16° 24' 8.35"], Varaždin Breg, Tel. +385 (0)4 2 66 054; www.zlatne-gorice.eu. Einladender Landgasthof, ca. 20 km südlich von Varaždin gelegen. Gehört zu den besseren Adressen der Stadt und Umgebung. Regionale, traditionelle und internationale Küche.

Verglec, Ul. S.S. Kranjčevićeva 12, Tel. +385 (0)4 22 11 466; www.verglec.com; regionale Küche.

HOTELS

Hotel Turist ***, 104 Zi., Aleja Kralja Zvonimira 1, Tel. +385 (0)4 23 95 395; www.hotel-turist.hr/de/; modernes 3-Sterne-Haus mit Komfort. Fragen Sie nach Zimmern im renovierten Gebäudetrakt. Internetecke in Lobby und Lounge. Restaurant, Terrasse, Fahrradverleih. Parkplatz.
Hotel Varazdin ***, 27 Zi., Kolodvorska 19, Te. +385 (0)4 22 90 720; www.hotelvarazdin.com. Zentral gelegenes Mittelklassehotel mit schlichtem Ambiente, aber mit gutem Komfort. Restaurant, Bar, Terrasse, Fahrradverleih. WLAN. Parkplatz.

CAMPING

Campingmöglichkeiten gibt es seit den Kriegszeiten der 90er Jahre in der gesamten Gegend um Varaždin nicht mehr. Die nächsten Campingplätze liegen jenseits der Grenze im nahen Slowenien.

Ptuj (Slowenien) – Ptuj liegt nordwestlich von Varaždin Richtung Maribor.
Camping Terme Ptuj [WP 243 / N46° 25′ 21.1″ E15° 51′ 16.3″], Pot v. Toplice 9, Tel. +386 (0)2 74 94 506; www.terme-ptuj.si; 1. Jan. – 31. Dez.; ebenes Wiesengelände mit Stellplatzarealen in Rondells, Schatten durch Laubbäume, neben einer großen Terme mit Badelandschaft, dort Restaurant. Beim Grand Hotel Primus, dort Anmeldung falls Platzrezeption geschlossen. An den zur Verbindungsstraße gelegenen Plätzen laut. Standardsanitärausstattung. Kiosk, Imbiss, Waschmaschine, Trockner. V & E für Wohnmobile.

Lendava (Slowenien) – Lendava liegt nördlich von Varaždin.
Camping Terme Lendava [WP 244 / N46° 33′ 06.8″ E16° 27′ 32.0″], Tomsicenva 2a, Tel. +386 (0)2 57 74 400; www.terme-lendava.si; 1. Jan. - 31. Dez.; stark von Mietbungalows bzw. Dauercampern geprägte, komfortable Campinganlage bei einem Thermalbad; 1 ha – 80 Stpl. Standardsanitärausstattung. Imbiss, Restaurant, Wellnesseinrichtungen, Fahrrad- und E-Bikeverleih. WLAN auf Teilen des Platzes. Mindestaufenthalt von 2 Nächten bei gewissen Preispaketen!

Varaždin, Rathausplatz

PRAKTISCHE UND NÜTZLICHE INFORMATIONEN VON A BIS Z

ANSCHRIFTEN

Kroatische Zentrale für Tourismus

– 60313 Frankfurt/M, Stephanstraße 13, Tel. +49 (0)69 238 53 50; https://de.croatia.hr; e-mail: info@visitkroatien.de.

– 80802 München, Hesseloherstraße 9, Tel. +49 (0)89 22 33 44; https://de.croatia.hr; e-mail: office@visitkroatien.de.

– A-1090 Wien, Liechtensteinstraße 22 a, Tel. +43 (1) 585 38 84; https://at.croatia.hr; e-mail: office@kroatien.at.

– CH-8004 Zürich, Badenerstraße 332, Tel. +43 (0) 3 36 20 30; www.kroatien.hr.

Automobilclub

Hvratski Autoklub (HAK) Kroatischer Autoklub, Avenija Dubrovnik 44, 10010 Zagreb, Tel. +385 (0)1 19 87 in Kroatien, Tel. +385 (0)1 46 93 700; www.hak.hr/de/; e-mail: 1987@hak.hr

HAK Infozentrum Tel. +385(0)1 46 40 800, rund um die Uhr besetzt, auch deutschsprachig.

HAK-Verkehrsinformation, vom Ausland aus: Tel. +385 (0)1 46 64 800

HAK-Pannenhilfe Tel. +385 (0) 1 19 87 innerhalb Kroatiens; Tel. +385 (0)1 46 93 700 vom Ausland.

Euronotruf Tel. 112
Polizei Tel. 192
Feuerwehr Tel. 193
Notfalldienst Tel. 194

Konsularische Vertretungen

Kroatische Vertretungen in der Bundesrepublik:

– **Botschaft der Republik Kroatien** mit Konsularabteilung, Ahornstr. 4, 10787 Berlin, Tel. +49 (0)30 21 91 55 14; http://de.mfa.hr/de/.

Generalkonsulate in Hamburg, Frankfurt, Stuttgart, Düsseldorf und München. Konsulate in Mainz und Dresden.

Deutsche Vertretungen in Kroatien:

– **Botschaft der Bundesrepublik Deutschland**, Ulica grada Vukovara 64, 10000 Zagreb, Tel. +385 (0)1 63 00 100; www.zagreb.diplo.de.

Konsulat in Osijek.

– Österreichische Botschaft, Radnicka cesta 80 (Zagreb Tower), 10000 Zagreb, Tel. +385 (0)1 48 81 050; www.bmeia.gv.at.

Konsulate in Rijeka und Split.

– Schweizerische Botschaft, Ul. Augusta Cesarca 10, 10000 Zagreb, Tel. +385 (0)1 48 78 800; www.eda.admin.ch.

Schifffahrtsgesellschaften

Jadrolinija, Riva 16, 51000 Rijeka, Tel. +385 (0)5 16 61 11; www.jadrolinija.hr.

Kroatiens größte Personenschifffahrtsreederei mit den meisten internationalen und inländischen Fährverbindungen. Buchungsportal: www.jadrolinija.hr/de/faehren-kroatien.

Internetadressen

Campingverband Kroatien: www.camping.hr/de/, vielfältige Informationen über Campingplätze, auch Minicamps, und touristische Aspekte.

Istrien: www.istra.hr, offizielles touristisches Portal Istriens, auch in deutscher Sprache; www.istrien.com;

Kroatisches Außenministerium: http://www.mvep.hr/, allgemeine Infos über Einreise etc.

Informationen über Umwelt und Gesundheitsdienst: www.mzoip.hr/en/, auch in englischer Sprache

Umfangreiche Touristeninformation: www.kroatien-net.de.

CAMPING

Kroatien weist derzeit rund 130 offizielle Campinganlagen auf, die sich verständlicherweise an der Küste, vor allem auf der istrischen Halbinsel konzentrieren.

Mehr als die Hälfte des kroatischen Campingtourismus spielt sich in Istrien ab. Alleine um Rovinj und Poreč findet man fast ein halbes Hundert Campingplätze mit teils über tausend Stellplätzen pro Camp.

Im Inland dagegen ist das Campingplatz-Netz eher dünn.

In den letzten Jahren entstanden vor allem an der istrischen und norddalmatinischen Küste einige neue Anlagen, die sich sehen lassen können, von der Sanitärausstattung wie auch von der Ausdehnung des Geländes her.

Die landschaftliche Lage zahlreicher Plätze ist sehr ansprechend. Die meisten Campings liegen direkt am Meer.

In der Vergangenheit wurden auf den allermeisten Campingplätzen erhebliche Anstrengungen unternommen, um vor allem im **Sanitärbereich** einen gehobenen, zeitgemäßen Ausstattungsstandard zu erreichen.

Waschbecken und Duschen sind auf den meisten Anlagen zwischenzeitlich mit Warmwasser ausgestattet worden.

Fast immer findet man auch Geschirrwaschbecken und Wäschewaschbecken vor.

Woran es aber auf einigen Campinganlagen immer noch hapert, ist die Kapazität dieser Einrichtungen, die bei einer Vollbelegung – und die tritt zwischen Mitte Juli und Mitte August garantiert ein – einfach nicht ausreichen und dann oft überlastet sind.

In kaum einem anderen Land findet man so große Freizeitanlagen mit weit über 1.000 Stellplatzeinheiten.

Fast alle diese großen Plätze bieten ein oder mehrere Restaurants, vielfältige Einkaufsmöglichkeiten, Freizeiteinrichtungen und Wassersportmöglichkeiten, die einen Aufenthalt angenehm machen.

Stromanschlüsse für Caravans und Kühlboxen sind (gegen Gebühr) vielfach vorhanden.

Und auf fast jedem Platz, findet man ein **Restaurant** und, zumindest auf den größeren Ferienplätzen an der Küste, oft zusätzlich eine Imbisstheke und Einkaufsgelegenheiten, die auf großen Anlagen einem Supermarkt nicht nachstehen.

Abendliche Musikveranstaltungen im Freien sind auf Ferienplätzen in der Hauptsaison üblich, aber nicht für alle Gäste die reine Freude. Denn in der Sommersaison schließen viele der Freiluftdiscotheken erst weit nach Mitternacht.

Tennisplätze, Schwimmbäder, Ball- und Kinderspielplätze oder Minigolfanlagen, sofern vorhanden, müssen sich Camping- und Hotelgäste oft teilen. Viele der Großcampingplätze sind nämlich Teil einer touristischen Großurbanisation mit Hotels, Apartment- und Bungalowsiedlungen, Marinas, Bootsverleih, Windsurfschule, Reitstall, Tennisplatz etc.

Bei der **Anmeldung** müssen auf fast allen Campingplätzen Reisepass oder Personalausweis der Reisenden, ersatzweise die Karte Camping Key Europe (CKE) an der Rezeption abgegeben werden. Man bekommt die Dokumente spätestens am nächsten Tag zurück, muss dann aber bei mehrtägigem Aufenthalt die Karte Camping Key Europe oder den Ausweis eines Familienmitgliedes für die Dauer des Aufenthalts hinterlegen. Einige Plätze gewähren gegen Vorlage der CKE in der Vor- und Nachsaison eine Ermäßigung.

Auf jeden Fall sollte man sich – zumindest vor der Anmeldung zu einem längeren Aufenthalt – den genauen Übernachtungspreis angeben lassen, inklusive aller Orts-, Aufenthalts- und Kurtaxen, Versicherungs- und Anmeldegebühren. Und erkundigen Sie sich vorher, welche Kosten entstehen, wenn Sie sich z. B. für einen Aufenthalt von 10 Tagen angemeldet haben, aber unvorhergesehenerweise schon nach sieben Tagen wieder abreisen müssen.

Generell kann zur **Preisgestaltung** der Campingplätze gesagt werden, dass sich Kroatien auch auf diesem Tourismussektor längst dem Niveau anderer Mittelmeeranrainer angeglichen hat. Die Zeiten, als ein Campingurlaub an der kroatischen Küste etwas für Sparsame war, sind vorbei!

FKK-Camping

Unter den Mittelmeerländern ist vor allem Kroatien und hier besonders Istrien das Ziel einer jährlich wachsenden Schar von FKK-Anhängern. Viele der Campingplätze stehen ausschließlich den Freunden hüllenlosen Sonnenbadens zur Verfügung. Andere stellen nur einen separaten Platzteil oder Strandabschnitt für Naturisten bereit.

Campinganlagen, die ganz oder teilweise FKK-Anhängern zur Verfügung stehen, sind: FKK-Camping Kanegra bei **Kanegra**; Naturist Camping bei **Savudrija**; Camping Solaris Naturist, Naturist-Center Ulika und Camp Zelena Laguna bei **Poreč**; Naturist Camping Istra bei **Funtana**, Koversada Naturist Park bei **Vrsar**; Naturist-Camping Valalta und Camping Polari bei **Rovinj**; Camping Kazela bei **Medulin**; Campings Kovačine, Slatina und Camping Baldarin auf der **Insel Cres**; Camping Krk und FKK- Camping Konobe bei **Punat/Krk** und FKK-Camping Bunculuka bei **Baška/Krk**; Camping Straško bei **Novalja/Insel Pag**; FKK-Camp Sovinje bei **Tkon/Pašman**; Autocamping Oaza Mira bei **Drage**; FKK-Camping Nudist bei **Vrboska** und Autocamping Mlaska bei **Sucuraj auf der Insel Hvar**.

Baden und sonnen im Adamskostüm ist an vielen Stränden, auch außerhalb von Campingplätzen und Hotelanlagen, verbreitet und wird toleriert.

Mini-Camps

Ergänzt wird das Angebot an Campingplätzen – die Großanlagen werden fast alle von regionalen Touristikunternehmen kommerziell geführt – von vielen mehr oder weniger kleinen, privat geführten Mini-Camps.

Ausstattung, Gestaltung und Größe der Mini-Camps sind so vielfältig, dass kaum allgemein gültige Kriterien genannt werden können. Man findet Camping-Stellplätze der einfachsten Art im Hof hinter dem Wohnhaus oder dem Restaurant an der Durchgangsstraße ebenso wie Camps in hübschen Obst- oder Olivenhainen am Meer.

Die Preisgestaltung ist so individuell wie die Ausstattung der Plätze, erreicht aber selten einmal die Höhe der Gebühren großer Ferienanlagen. Hier wird man sich also erst eingehend erkundigen und sich ein bisschen umsehen, bevor man sich häuslich niederlässt.

„OK Mini Camps - Kleine Campingplätze für eine höchste Zufriedenheit", eine Auflistung von ca. 30 Mini-Camps, die dem Campingverband Kroatien angeschlossen sind, findet man im Internet unter www.camping.hr/de/ok-mini-camps/.

Wildes Campen „In Kroatien ist es verboten und strafbar, auf freien Flächen außerhalb registrierter Campingplätze oder Parkplätze für Wohnwagen und Wohnmobile zu campen" (Wortlaut der Kroatischen Zentrale für Tourismus). Ist man gezwungen, wegen Überfüllung eines Platzes oder in Ermangelung eines solchen wild zu campieren, ist es dringend geraten, sich *vorher* bei der Gemeinde oder bei der Polizei (milicija) die Erlaubnis dafür einzuholen.

Mein Tipp! Für Zelturlauber: Nehmen Sie unbedingt Stahlheringe und ein kräftiges Schlagwerkzeug mit. Eines dieser gewöhnlich benutzten Gummihämmerchen ist hier völlig untauglich. Der mitunter graslose und meist steinige Boden ist auf manchen Campingplätzen im Sommer hart wie Beton. Aluminiumheringe verbiegen sich da sehr leicht!

Hinweise über Angaben zu Campingplätzen

Die in diesem Reiseführer erwähnten Campingplätze wurden in erster Linie danach ausgesucht, ob sie an oder in der Nähe der beschriebenen Routen liegen.

Unsere Beschreibungen und Einstufungen von Campingplätzen können gar nicht anders als subjektiv ausfallen. Zu viele Faktoren, die auf Grund individueller Vorstellungen jedes einzelnen Reisenden die unterschiedlichsten Stellenwerte haben können, spielen eine Rolle.

Bei der Auflistung der Campinganlagen in den markierten **Info-Blocks „Praktische Hinweise"** folgen dem **Platznamen** meist die **GPS-Koordinaten** des Platzes in eckigen Klammern (die Bezeichnung WP und eine Nummer vor der Koordinate beziehen sich auf die fortlaufend durchnummerierten Wegpunkte auf der Roadbook-CD, sie hat auf die Positionsgenauigkeit der Koordinate keinerlei Einfluss!), weiter die **Telefonnummer** mit Vorwahl, die Internet-Adresse, dann die **Öffnungszeit** (die große Mehrzahl der Campingplätze ist von Mitte/Ende April bis Ende September geöffnet) und die Lokalisierung oder **Zufahrt**.

Bei der **Beschaffenheit des Geländes** wird bei der Beschreibung der Campingplätze in diesem Reiseführer die Art angegeben, die überwiegt, z. B. Wiesengelände, Pinienwald o. ä., ggf. mit weiteren Details wie schräg, terrassiert, steinig, sandig etc.

Die **Größe des Campingplatzes** wird in Hektar (ha.), die **Aufnahmekapazität** in „Stellplätzen" (Stpl.) angegeben. In der Hochsaison hält aber kaum ein Platz die Obergrenze der offiziellen Aufnahmekapazität ein.

Bei unseren **Charakterisierungen** der besichtigten Campingplätze haben wir versucht, die **Platzeinrichtungen** so zu beschreiben, wie wir sie bei unserem Besuch vorgefunden haben.

Außerdem haben wir drei **Kategorien** geschaffen, mit denen grundlegende Merkmale vor allem in der Sanitärausstattung charakterisiert werden – **Mindestausstattung, Standardausstattung** (mit den Varianten einfache bzw. gehobene Standardausstattung) und **Komfortausstattung** (mit der Variante umfangreiche Komfortausstattung), wobei die Übergänge zwischen den geschaffenen Kategorien fließend sind.

Mindestausstattung: Einfacher Platz mit bescheidenen, veralteten oder vernachlässigten Einrichtungen, die außer WC's, Kaltwasserwaschbecken, Duschen, keine oder völlig unzeitgemäße Einrichtungen für Hygiene und Körperpflege aufweisen.

Standardausstattung: Der Durchschnittscampingplatz mit WC's, Kalt- und Warmwasserwaschbecken und Duschkabinen in den Waschräumen, davon auch einige mit Warmwasseranschluss. Engpässe im Sanitärbereich bei Vollbelegung möglich. Einige Stromanschlüsse für Caravans, Restaurant oder Snackbar.

Komfortausstattung: Außer ausreichend WC's, Warmwasserwaschbecken und Warmduschen in zeitgemäßen, gepflegten Sanitäranlagen werden auch Geschirr- und Wäschewaschbecken erwartet, zusätzlich Waschmaschinen, Trockner, ebenso Stromanschlüsse für Caravans in ausreichender Zahl. Das Terrain soll durch

Wege erschlossen und die Stellplätze großzügig bemessen sein, Platzbeleuchtung und im Gelände verteilte Müllbehälter, wenigstens ein Restaurant und Einkaufsmöglichkeiten aufweisen, reichhaltige, moderne Installationen, Sporteinrichtungen (z. B. Tennisplatz, Schwimmbad), Freizeit- und Unterhaltungsmöglichkeiten, sowie Stranduschen und Einrichtungen für Boots- und andere Wassersportarten sollte eine so eingestufte Campinganlage aufweisen sowie touristische Informationen über die Region zur Verfügung stellen.

EINREISEBESTIMMUNGEN

Persönliche Dokumente

Für die **Einreise nach Österreich** ist ein gültiger Personalausweis oder ein gültiger Reisepass notwendig. Kinder benötigen seit dem 26. 06. 2012 (EU-weit) einen eigenen Pass oder Personalausweis. Ein Eintrag des Kindes im Pass des Vaters oder der Mutter ist nicht mehr ausreichend.

Slowenien schreibt für einen Aufenthalt bis 30 Tage den Personalausweis vor. Mit Reisepass darf man sich bis zu drei Monaten in Slowenien aufhalten. Für Kinder gilt das vorher gesagte, also eigener Pass oder Personalausweis.

Zur **Einreise nach Kroatien** und für einen Aufenthalt bis drei Monate ist für deutsche Staatsangehörige ein gültiger **Personalausweis** oder ein gültiger **Reisepass** (bzw. vorläufiger Reisepass oder vorläufiger Personalausweis) erforderlich. Das Einreisedokument muss für die Dauer des beabsichtigten Aufenthalts gültig sein.

Bei einem längeren Aufenthalt über 90 Tagen muss spätestens 8 Tage nach Ablauf der dreimonatigen Frist der vorübergehende Aufenthaltsort bei den zuständigen Polizeibehörden angemeldet werden. Eine Bescheinigung dieser Registrierung wird in Form eines biometrischen Aufenthaltsausweises erstellt mit einer Gültigkeitsdauer von 5 Jahren.

Alleine reisende Kinder, oder in Begleitung von Erwachsenen, die nicht erziehungsberechtigt sind, reisende Minderjährige sollten im Besitz einer schriftlichen Einverständniserklärung ihrer Eltern sein, um bei Ausweiskontrollen Missverständnisse zu vermeiden.

Kroatien ist kein Mitgliedsstaat des Schengener Abkommens, d. h. an der slowenisch-kroatischen Grenze werden noch immer Grenzkontrollen durchgeführt. Ein gültiges Reisedokument ist erforderlich. Ist ein solches Reisedokument nicht vorhanden, kann nach Kroatien nicht eingereist werden.

Bargeld und Schecks dürfen unbegrenzt eingeführt werden, müssen allerdings ab 10.000 Euro schriftlich angemeldet werden.

Einreise mit dem Auto

In Kroatien, ebenso in Österreich und Slowenien, müssen **Führerschein** und **Zulassungsbescheinigung Teil I** (vormals Fahrzeugschein) mitgeführt werden.

Dringend empfohlen wird das Mitführen einer auch für Kroatien gültigen **Internationalen Grünen Versicherungskarte**. Erkundigen Sie sich bei Ihrer Autoversicherung vor Reiseantritt nach ausreichendem Versicherungsschutz. Da die Mindestdeckungssummen in Kroatien (auch in Slowenien) deutlich unter unserem Versicherungsniveau liegen, empfiehlt sich der Abschluss einer Kasko-(Kurzkasko-)Versicherung und einer Insassenunfallversicherung.

Das **Nationalitätskennzeichen „D" („A", „CH" etc.)** muss am Auto angebracht sein. Ein Satz Scheinwerfer-Glühlampen muss als Ersatz mitgeführt werden.

Haustiere

Haustiere (Hunde, Katzen, Frettchen) müssen einen Mikrochip tragen, einen Heimtierausweis oder ein tierärztliches Zeugnis besitzen und gegen Tollwut geimpft sein. Die Impfung darf nicht älter als ein Jahr sein und muss mindestens 30 Tage zurückliegen.

Der Tierhalter haftet für ordnungsgemäße Impfungen und Tierausweise. Falls mitgeführte Haustiere eine der Voraussetzungen beim Grenzübergang nicht erfüllen, kann die Einreise verweigert, das Tier zurückgeschickt oder in Quarantäne gegeben werden. Evtl. anfallende Kosten trägt der Tierhalter.

Hunde müssen angeleint geführt werden und Kampfhunde müssen zusätzlich einen Maulkorb tragen.

Pitbull Terrier und ähnliche Hundearten dürfen nicht nach Kroatien mitgenommen werden.

Es empfiehlt sich, sich rechtzeitig nach den aktuellen Bestimmungen zur Einfuhr von Haustieren bei den Kroatischen Touristenämtern oder Konsulaten zu erkundigen.

Zollbestimmungen

Einfuhr: Für die Reise benötigte persönlichen Gebrauchsgegenstände sowie Reiseproviant können zollfrei eingeführt werden. Dazu zählen auch Campingausrüstung und Bootssportgeräte. Alle Gegenstände, die eingeführt werden, müssen auch wieder ausgeführt werden.

Weiter dürfen pro Person zollfrei eingeführt werden: 800 Zigaretten oder 400 Zigarillos oder 200 Zigarren oder 1.000 g Tabak, 90 Liter Wein davon max. 60 Liter Schaumwein oder 20 Liter Dessertwein bis 22% oder 10 Liter Spirituosen über 22% oder 10 Liter andere alkoholhaltige Süßgetränke (Alkopops) oder 110 Liter Bier.

Bei der Rückreise nach Deutschland dürfen in Kroatien erworbene Zigaretten nur bis 300 Stück zollfrei eingeführt werden.

Elektronische Geräte (z. B. Videokameras, Notebooks, CD-Player, etc.) dürfen nur vom Besitzer genutzt werden und nicht an Dritte ausgeliehen werden. Sportausrüstungen müssen bei der Einreise als Eigenbedarf deklariert werden.

Sport- und Jagdwaffen mit Munition und Funkgeräte bedürfen der Anmeldung bei der Einreise und der Genehmigung zum Betrieb von Seiten der kroatischen Botschaft im Herkunftsland. Die Mitnahme eines Waffenscheins und der Waffenkarte ist dann notwendig; www.zoll.de.

Ausfuhr: Alle Gegenstände, die eingeführt wurden – Reiseproviant zählt verständlicherweise nicht dazu – müssen auch wieder ausgeführt werden. Souvenirs und Waren dürfen ausgeführt werden, soweit die Menge nicht auf einen Wiederverkauf bzw. Handel damit schließen lässt. Sollten Sie wertvolle Gegenstände ausführen wollen, wird eine Kaufquittung und Geldwechselbestätigung verlangt.

Archäologische, kunsthistorische und andere für das Land wichtige und wertvolle Gegenstände, erfordern für die Ausführung eine Genehmigung der staatlichen Organe bzw. des Zolls.

Kfz-Treibstoff darf im Tank und bis zu 10 Litern im Reservekanister ausgeführt werden.

ESSEN UND TRINKEN

So unterschiedlich wie das Land, seine Sitten und Gebräuche sind, so unterschiedlich und vielfältig ist die kroatische Küche. Und es ist ein Glück, dass die Kroaten selbst gerne gut essen und trinken. Und so kann man an der Küste oder im Inland immer mit einem nicht gerade raffinierten, aber schmackhaften Gericht und einem guten Tropfen rechnen.

Natürlich gibt es entlang der Küste vor allem in den Touristenhotels längst auch diese farblose sog. „internationale" Küche. Aber in vielen Restaurants werden auch einheimische Spezialitäten oder Nationalgerichte angeboten. Und die sollte man probieren! Selten wird man enttäuscht sein.

Im ganzen Land ist es noch verbreitet, dass sich zumindest samstags und sonntags vor den Kneipen und Gaststätten (Gostionica oder Konobe) Lämmer, Hammel oder Ferkel am Spieß (janje/odojak na raznju) über dem Holzkohlengrill drehen, und dann mit Tomaten, Zwiebeln, Paprika und Reis oder Pommes frites serviert werden.

Überhaupt weist die kroatische Küche viel Gegrilltes auf, ob Fleisch oder Fisch.

Leider ist durch die Überfischung des Mittelmeeres auch in Istrien und Dalmatien – wie übrigens auch in manch anderen Mittelmeerländern – Fisch gerade an der Küste erheblich teurer, als ein Fleischgericht.

Und immer greift der Koch kräftig nach dem Olivenöl, wenn er seine Speisen zubereitet. Ebenso sind Paprika, Tomaten, Zwiebeln und natürlich der aromatische Knoblauch quasi Standardgewürze, die ausgiebig verwendet werden.

Ganz natürlich ist es, dass an der Adriaküste die Speisen ein wenig an Italien erinnern, waren es doch die Venezier, die lange Zeit die Küste von Istrien bis Dubrovnik beeinflussten.

Die Küche Istriens und Kvarner z. B. bietet feine Fischgerichte, Fischeintöpfe, Fischsuppen, Meeresfrüchterisotto und ähnliches ebenso, wie herzhafte Hausmannskost aus dem bäuerlich geprägten Hinterland.

Eine der Spezialitäten sind Muscheln aus den Gewässern des Limfjords.

Große Tradition haben in den Weinbaugebieten Istriens die Weinsuppe, die ein bisschen an die italienische Minestrone erinnert, oder Risottogerichte mit Trüffeln oder mit Tintenfisch. Die kostbaren Trüffelpilze werden von eigens dafür trainierten Hunden oder Schweinen aufgespürt.

Unter den Weinen aus Istrien werden der Bujer Malmsy, der Porecer Cabernet und Merlot, oder der Terrano aus der Gegend um Buzet gelobt.

Im Norden schmeckt's schon mal österreichisch, aber auch ungarisch. Und im Süden findet man durchaus auch Gerichte, die nicht nur dem Namen nach osmanischer Herkunft sind.

Übrigens: Die erste Rezeptsammlung, die die Zubereitung von nicht weniger als 554 Gerichten beschreibt und die als erstes kroatisches Kochbuch gilt, stammt von einem Herrn namens Ivan Bierlings und wurde 1813 aus dem Deutschen übersetzt.

Außer den bekannten Grilladen **Cevapčiči** (kleine, gewürzte Hackfleischwürstchen vom Rost), **Raznjiči** (gemischte Fleischsorten am Spieß vom Rost) und **Pljeskavica** (kräftig gewürztes Hackfleischschnitzel vom Rost), die auch in jedem Balkanrestaurant zu Hause serviert werden, seien noch einige typische Spezialitäten und Zutaten erwähnt, wie man sie im Land auf den Speisekarten findet. Allerdings sollte man nicht davon ausgehen, dass jedes Gasthaus ein Spezialitätenrestaurant ist.

Leider ist auch Kroatien nicht von dem traurigen Phänomen verschont geblieben, dass die Küche in gleichem Maße schlechter wird, in dem der Tourismus steigt. Dabei liegt die Schuld keineswegs bei den Gastgebern. Man bietet eben an, was die breite Masse auf der Speisekarte zu finden wünscht.

Kleiner Menüpilot

Ajvar – Mus aus Paprika und Eierfrüchten. Als Beilage.

Baklava – orientalische Mehlspeise, süßer Blätterteig mit Walnüssen,

Mandeln, Haselnüssen, Zucker und Honig.

Basa – dicke Sauermilch

Bobići – junger Mais

Bosdanski lonac – Bosnischer Topf. Rindfleisch mit Gemüse, Kartoffeln, Zwiebeln und Knoblauch gekocht und mit Weinessig abgeschmeckt. Wird im Tontopf serviert.

Brodet, brudet – eine Art Eintopf mit verschiedenen Fischarten, Krebsen, Muscheln und Tintenfisch, in einer Sauce aus Öl, Zwiebeln, Knoblauch, Petersilie und Wein gekocht.

Buzara – Meereskrebse oder Muscheln in Sauce.

Ćešnjovke – fein mit Knoblauch gewürzte Schweinswürste.

Čevap – gut gewürztes Hackfleisch, zu mehr oder weniger großen Würstchen oder Klößchen geformt (Ćevapčići) und gegrillt.

Ćobanac – ein Gericht, das aus der rustikalen Küche der Hirten stammt und aus Schweinefleisch, Gemüse und Teigwaren zubereitet wird.

Djuveč – Fleischstücke mit Zwiebeln, Reis und Kartoffeln im Tontopf gegart. Benannt nach dem Tongefäß.

Fiš paprikaš – eine fein gewürzte Suppe aus Süßwasserfischen, kommt gelegentlich in Kroatisch Zagorien und in den nördlicheren Landesteilen auf den Tisch.

Grota – eine Spezialität von der Insel Pag, Rindfleischfilet, gefüllt mit rohem, geräuchertem Schinken und Schafskäse, im Gemüsesud gegart und serviert.

Kajmak – fetthaltiger, gesalzener Käse aus Kuhmilch.

Koruzna potica na opeki – im Ofen gebackene Maismehlspeise.

Mejaš – Schweineschnitzel gut gewürzt und mit Gemüse und Pilzen gefüllt.

Mlinci – ganz dünne gewalzte Teigfladen, die auf einer Platte gebacken, dann zerbrochen und mit kochend heißem Wasser übergossen und gut gewürzt mit Bratensaft und Fett übergossen serviert werden.

Musaka – im Ofen gegartes Schweinehackfleisch mit Kartoffeln, Milch und Eiern.

Pašticada – dalmatinisches Eintopfgericht, Rindfleisch mit Speck, Knoblauch und Nelken gespickt in Wein, und je nach Region zusammen mit Feigen, Rosinen, Backpflaumen, Lorbeerblättern und Rosmarin gedünstet.

Peka – glockenförmiger Deckel, der zur Zubereitung von Gerichten auf der Ofenglut dient.

Pisanika – das beste Stück Fleisch vom Rind oder Schwein, Lendenstück oder Filet.

Podvarek – Schweinefleisch oder Puter mit Sauerkraut.

Pršut – (Prosciutto) geräuchter, luftgetrockneter Schinken aus Istrien oder Dalmatien; wird gerne als Vorspeise genommen.

Punjena paprika – gefüllte Paprikaschoten (Reis und Schweinehack) in Tomatensauce.

Purica s mlincima – Puter mit Mlinci, einer auf der Herdplatte gebackenen Flade.

Rožata – typisch dalmatinische Süßspeise, ähnlich Karamellpudding.

Sarma – aus dem Türkischen, Gehacktes mit Reis vermischt, in Kohl oder Weinblätter gewickelt und gegart.

Šašlik – aus der türkischen Küche stammendes Gericht. Lamm- oder Rindfleischstückchen auf einen Holzspieß, gegrillt und mit Soße, Gemüse, Zwiebeln serviert.

Šiš-Čevap – im Türkischen ‚Fleisch am Spieß'. Kalbfleisch und Zwiebeln am Spieß, serviert meist mit einem Gemisch aus Kartoffeln und Reis.

Sogan-dolma – türkisch, gefüllte Zwiebeln. Rinderhack mit Reis und Pfeffer in Zwiebelhäute gefüllt und gekocht.

Stajerski kostrun – gewürztes Hammelfleisch gebraten mit Zwiebeln.

Štrukli – Teigblätter gekocht, mit Käse gefüllt. Eine Mehlspeise.

Svinjski kotlet na zagorski način – Schweinekotelett mit Würstchen, Sauerkraut und Salzkartoffeln.

Svinjsko meso in klobase v tunki – Würstchen und Schweinefleisch werden mit Sauce in einer Holzterrine serviert.

Teleća pisanica – ein Gericht aus der Feudalküche Kroatiens. Kalbsfilet mit Pilzen und pikanter Tomatensauce.

Zagrebački odrezak – Zagreber Schnitzel nach Gutsherrenart. Paniertes Schnitzel, gefüllt mit Schinken und Käse.

In Fischrestaurants an der Küste serviert man Tintenfische, Makrelen, Gold- und Zahnbrassen, Seeaale, Hummer, Scampi und Muscheln aus der Bucht von Ston.

Und was trinkt man?

Es ist kaum zu glauben, aber Kroatien wartet mit nicht weniger als über 100 **Weinsorten** auf.

Da ist der kräftige rote **Dingač**, der an den Südhängen der Halbinsel Peljesac wächst.

Auf den sandigen Böden bei Lumbarda auf der Insel Korčula gedeiht der bernsteinfarbene, erstklassige **Grk**, aber auch die trockenen Weißweine **Pošip** und **Žlahtina**. Von der Insel Hvar kommt der **Prc**.

Großen Zuspruch finden auch der rote **Plavač** und der weiße **Gastelet**.

Von der Insel Vis kommen der **Opolo** und der **Vugava**.

Beliebte Dessertweine sind der süße **Malvazija** und der **Muškat** aus Istrien.

Und nicht zu vergessen, der Desertwein **Prošek** aus auserlesenen, getrockneten Trauben, der überwiegend an den Hängen zwischen Omiš und Makarska angebaut wird.

Und dies ist erst eine kleine Auswahl. Wer gerne Wein trinkt, sollte ruhig immer nach einem lokalen Tropfen fragen. Die Vielfalt ist groß.

Unter den härteren Sachen ist der **Šljivovica**, ein Pflaumenschnaps, bekannt. Die stärkste Version mit 40 – 55 % Alkohol heißt übrigens „Prepecenica", der „Übergebrannte" (oder Doppelbrand).

Feine **Liköre** sind der Cherry Brandy und der Maraschino, hergestellt aus der dalmatinischen Kirsche, der Maraske.

Auch der **Komovica**, ein Destillat aus Wein und der **Vinjak**, der jugoslawische Weinbrand, sind beliebt.

Weitere hochprozentige Spirituosen sind der **Travarica**, ein einem Magenbitter ähnlicher Kräuterschnaps und der grappaähnliche **Lozovača**. Letzterer wird vornehmlich in Istrien angeboten.

Zum Schluss ein paar Kräuterschnäpse, die auch gerne als Magenberuhiger genommen werden. Zu ihnen zählen der **Pelinkovac**, der **Stari graničar** und der **Vlahov**.

Reichhaltig ist auch das Angebot an Bier verschiedener lokaler Brauereien. Meist wird es in der Qualitätsstufe „Export" angeboten. Bier nach Pilsener Art findet man weniger häufig.

Alkoholfreie Getränke in Form von Obstsäften, Limonaden und Mineralwasser sind überall erhältlich.

Selbstversorger machen es sich am einfachsten, wenn sie vormittags auf dem Markt einkaufen. Hier findet man Obst und Gemüse der Saison, oft Fisch, Eier, mitunter Geflügel, seltener Fleisch.

Außerdem hat jeder Ort seinen Gemischtwarenladen, wo Brot, Wurst, Milch, Käse, Konserven und ähnliches zu finden sind. Zudem hat jede auch kleinere Stadt längst auch ihren Supermarkt, nicht selten Filialen der auch bei uns bekannten Ketten.

Dort findet man fast alle Artikel, wie man sie von zu Hause gewöhnt ist. Die Selbstversorgung stellt also keine Probleme dar.

FESTE UND FOLKLORE

Der Festkalender im kroatischen Alltag wird von offiziellen Festen ebenso geprägt, wie von kirchlichen (Ostern, Weihnachten, Fest zu Ehren eines Schutzpatrons, Prozessionen), bäuerlichen (Getreideernte, Weinlese) und privaten Festen (Richtfest eines Hauses, Hochzeit, Taufe, Geburtstag, Begräbnis) geprägt.

Und viele der lokalen Feste sind fast immer mit Essen und Trinken verbunden, wie das Sankt Martins Fest z. B., das viele Familien mit Freunden in Weinkellern oder Restaurants bei einem deftigen Gansgericht feiern.

Vielfach werden noch die alten Traditionen gepflegt, nach denen zu jedem richtig begangenen Fest das entsprechende Gericht gehört. Nahm man anlässlich eines religiösen Festes, z. B. an Kirchweih, an einer längeren Prozession teil, stärkte man sich nach altem Brauch mit einem Schweinefleisch-Kartoffeleintopf.

An Karfreitagen und an Heiligabend kommt ein Gericht aus Stockfisch und an den Weihnachtstagen Truthahn, Geflügel und Sarma, das sind mit Hackfleisch gefüllte Kohlblätter, auf den Tisch. Und am Neujahrstag gibt es traditionsgemäß Schweinefleisch.

Einige der wichtigsten **Brauchtums- und Folklorefeste,** sowie die bekanntesten **Saisonfestivals** während der Sommermonate:

Baška, Insel Krk – Fischertag, Ende August.

Dubrovnik – Dubrovniker Sommerfestival, im Juli und August. Dramen, Opern, Ballett, Philharmonie- und Kammerkonzerte, Chor- und Folkloreensembles vor der Kulisse der historischen Altstadt.

Jelsa, Insel Hvar – Weinfestival, Mitte August.

Korčula – Moreska, traditionelle Ritterspiele und symbolischer Schwertertanz aus dem 16. Jh., Ende Juli und Wiederholungen im Laufe des Sommers.

Omiš – Festival dalmatinischer Trachtengruppen, im August.

Osor – Musikabende Mitte Juli bis Ende August.

Opatja – Festival der Unterhaltungs- und Volksmelodien, Juli und August.

Plitvice – Plitvicer Hochzeit, Folklore und Trauung von Paaren bei den Wasserfällen, im Mai.

Poreč – Giostra, historisches Festival der Stadt Poreč, 3 Tage Mitte September.

Portoroz – FormaViva, internationales Symposium der Bildhauer, im Juli und August.

Pula – Melodien Istriens, Lieder- und Folklorefestival, im Juni. Filmfestspiele in der Arena, im Juli.

Punat, Insel Krk – Fischertag, Ende Juli. Punater Nacht, Mitte August.

Sinj bei Split – Sinjskaalka, historische Ritterspiele zum Gedenken an die Vertreibung der Osmanen, im August.

Split – Spliter Sommer, Festival mit Theater, Konzert, Folklore und Unterhaltungsmusik, Juli und August.

Šibenik – Šibeniker Sommer, Konzerte und Folklore, Juli und August.

Varaždin – Barockabende, Ende September bis Anfang Oktober.

Zadar – Musikabende in der Donatuskirche im Juli und August.

Zagreb – Internationale Folkloreschau, Ende Juli. Zagreber Sommerabende, Unterhaltung, Folklore, Musik und Kulturveranstaltung unter freiem Himmel, von Juli bis August.

FKK

Die Freikörperkultur und hüllenloses Baden und Sonnenbaden haben in Kroatien eine lange Tradition.

Einer der ersten soll der englische König Edward VIII. gewesen sein, der im August 1934 auf der Insel Rab im Adamskostüm in die Fluten der Adria sprang. Dabei muss man wissen, dass damals auch gekrönten Häuptern das Nacktbaden ohne Genehmigung nicht gestattet war.

König Edward erwarb die Erlaubnis auch gleich für seine Frau. Dadurch ist dokumentiert, dass in Kroatien 1934 erstmals offiziell genehmigtes Nacktbaden stattfand.

Vor allem Istrien hat sich als ein Mekka für textilfreie Sonnenanbeter herausgebildet. Schon 1961 entstand bei Vrsar die Anlage Koversada, damals eine der ersten FKK-Anlagen an der Adriaküste.

Seitdem entwickelt sich besonders Istrien, an dessen Westküste sich die meisten und größten textilfreien Strände und Einrichtungen befinden, immer mehr zur FKK-Hochburg in Europa.

GESETZLICHE FEIERTAGE

1. Januar – Neujahrstag (Nova Godina),

6. Januar – Dreikönigstag (Bogojavljenje),

Ostersonntag (Uskrs), Ostermontag (Uskrsni ponedjeljak),

1. Mai – Maifeiertag, Tag der Arbeit (Praznik rada),

Im **Juni** – Fronleichnam (Tijelovo),

22. Juni – Tag des antifaschistischen Kampfes (Dan antifašističke borbe),

25. Juni – Staatsfeiertag (Dan državnosti),

5. August – Tag des Sieges und der Dankbarkeit (Dan domovinske zahvalnosti),

15. August – Mariä Himmelfahrt (Valika Gospa),

8. Oktober – Tag der Unabhängigkeit (Dan neovisnosti),

1. November – Allerheiligen (Dan svih svetih),

25. und 26. Dezember – Weihnachten (Božić), Stefanstag (Sveti Stjepan).

GESUNDHEITSVORSORGE

Zwischen Deutschland und Kroatien besteht ein Sozialversicherungsabkommen.

„Ausländische Touristen, die in ihrem Land pflichtversichert sind, sind während ihres Aufenthalts in der Republik Kroatien von der Zahlung für medizinische Notfallversorgung befreit, sofern Kroatien mit dem Herkunftsland ein Abkommen über Sozialversicherungsleistungen abgeschlossen hat, d. h. wenn Sie aufgrund dieses Abkommens im Besitz einer Bestätigung über Ihren Krankenversicherungsschutz sind." (Auszug aus einer Information der Kroatischen Zentrale für Tourismus.)

Besorgen Sie sich also bei Ihrem Krankenversicherer ggf. eine entsprechende Bestätigung.

Eine zusätzliche Versicherung für Auslandskrankenschutz ist empfehlenswert.

HOTELS

Vor allem in den bekannten Urlaubsregionen an der Adriaküste sind vielerorts kleine Hotelstädte entstanden, die neben Hotels auch Appartementsiedlungen und Bungalowdörfer aufweisen. Nicht selten ist auch noch ein Campingplatz angeschlossen. Diese Siedlungen haben gemeinsame Restaurants, Unterhaltungsetablissements, Strände und Sportstätten.

Für das Beherbergungsgewerbe in Kroatien ist ein Klassifizierungssystem erarbeitet und definiert worden, nach dem alle Hotels, Appartementhotels, Privatappartements, Ferienhäuser und Pensionen kategorisiert sind.

Die einzelnen Kategorien werden bei Hotels, Appartementhotels und Ferienhäusern mit **ein bis fünf Sternen**, bei Pensionen und Privatzimmern mit ein bis drei Sternen symbolisiert.

Einige der Grundlagen der **Klassifizierung**, die für jede Unterkunftsart eigens festgelegt wurde, sind z. B. Größe der Zimmer, bestimmte Mindesteinrichtungen, über die das Hotel verfügen muss, eine vorgeschriebene Anzahl von Park- oder Garagenplätzen u. ä.

Verfügt ein Haus über Einrichtungen, die über die Mindestanforderungen hinaus gehen, kann es Punkte sammeln, die den Einstieg in die nächst höhere Kategorie ermöglichen. Wie zu erfahren war, soll die Erfüllung dieser Standards jedes Jahr aufs neue überprüft werden.

Innerhalb dieser Klassifizierung gibt es allerdings ein nicht zu übersehendes Gefälle in Ausstattung, Service und Führung der einzelnen Betriebe zwischen den touristisch erschlossenen Regionen an der Küste und dem Hinterland.

Leider entsprechen die Leistungen mancher Häuser in den Fremdenverkehrszentren nicht immer den geforderten Preisen.

Bei der Preisbildung spielen, neben der Klassifizierung des Hotels, auch die Bedeutung des Fremdenverkehrsortes und die Lage des Hotels eine maßgebende Rolle. Erhebliche Preisnachlässe werden in der Vor- und Nachsaison gewährt.

Ohne rechtzeitige Reservierung ist in der Hauptreisezeit oder zu Zeiten von Messen und Festspielen ein Unterkommen in Hotels aufs Geratewohl nur schwer möglich.

Man wird dann auf die überall im Lande angebotenen **Privatunterkünfte (sobe = Zimmer)** ausweichen müssen. Reservierungen dafür übernehmen die örtlichen Touristenbüros.

In nahezu allen Fremdenverkehrsorten wird eine Aufenthaltstaxe, manchmal zusätzlich eine Orts- oder Kurtaxe, erhoben.

Das kroatische Fremdenverkehrsamt (siehe Anschriften) gibt ein **Hotelverzeichnis** heraus.

KLIMA UND REISEZEIT

Kroatien, das landläufig als ausgesprochenes Sommerferienland bekannt ist, weist zwei bzw. drei ganz unterschiedliche Klimazonen auf – **mediterranes Klima** an der Küste, mit sehr milden Wintern und heißen, trockenen, aber durch ständige Meeresbrisen angenehme Sommer und gemäßigtes **kontinentales Klima** im Binnenland. Im Binnenland, das durch die Dinarischen Alpen von der Küste getrennt ist, erlebt man kalte, gebietsweise schneereiche Winter und heiße Sommer. An der Küste dagegen kennt man Schnee so gut wie gar nicht.

Gebirgsklima herrscht in Höhen über 1.200 m.

Die Adriaküste mit den Inseln zeichnet sich durch ihre große Zahl an Sonnentagen aus. Auf der Insel Hvar z. B. soll es nicht weniger als 120 „reine Sonnentage" geben, in Dubrovnik immerhin noch 113.

Die sommerlichen Durchschnittstemperaturen belaufen sich an der Küste im Januar um 5 °C bis 9 °C und erreichen im Sommer bis 26 °C.

Im Landesinneren dagegen pendelt der durchschnittliche Wert des Quecksilbers im Januar um die 0 °C und klettert im Juli bis auf etwa 30 °C.

Die Wassertemperaturen an der kroatischen Mittelmeerküste bewegen sich um Winter um die 12 °C und im Sommer um die 25 °C.

Von den **Winden**, die im Sommer an der Adriaküste mit dazu beitragen, die sommerlichen Temperaturen erträglicher zu machen – z. B. der Südwestwind **„Jugo"**, der Südwind **„Ostro"**, der Westwind **„Punenat"** oder der Nordwestwind **„Maestral"** – verdient vor allem der kalte Nordwind **„Bora"** (burja) Erwähnung.

Durchschnittstemperaturen

Grad C	Jan	Feb	Mrz	Apr	Mai	Jun	Jul	Aug	Sep	Okt	Nov	Dez
Dubrovnik												
min.	6	6	8	11	14	19	21	21	19	14	10	8
max.	12	12	14	17	21	26	29	28	26	21	16	14
Hvar												
min.	6	6	8	11	15	19	21	21	19	15	11	9
max.	12	12	14	18	22	27	29	29	26	21	16	14
Pula												
min.	2	2	3	7	11	16	18	18	15	19	6	5
max.	9	10	12	17	20	25	27	27	24	11	13	11
Rijeka												
min.	3	3	5	9	13	17	19	19	17	12	7	5
max.	9	12	17	20	25	28	26	24	18	13	11	9
Split												
min.	5	5	7	11	15	20	22	22	19	14	9	8
max.	10	11	12	18	22	28	30	30	26	20	15	12

Wassertemperaturen

Grad C	Jan	Feb	Mrz	Apr	Mai	Jun	Jul	Aug	Sep	Okt	Nov	Dez
Dubrovnik	14	13	12	14	20	22	23	25	23	21	20	16
Hvar	14	13	12	13	18	21	23	24	22	20	18	17
Pula	7	6	8	11	15	20	23	23	21	17	13	10
Rijeka	8	7	8	11	15	20	23	23	21	17	13	10
Split	13	12	11	13	19	21	24	24	22	21	17	15

Zwar ist der Bora ein typischer Begleiter des Winters an der Adria, doch tritt er zuweilen auch in sommerlichen Schlechtwetterperioden Mitteleuropas an der kroatischen Küste auf. Dort dann aber so unvermittelt böenartig und mit solcher Vehemenz, dass er für den Autofahrer und vor allem für Wohnwagengespanne auf der Küstenstraße ‚Adria Magistrale' zur nicht zu unterschätzenden Gefahr werden kann.

Am stärksten tritt der Bora-Sturmwind, der oft bei wolkenlosem Wetter und bei schönstem Sonnenschein bläst, an Küstenstrichen auf, an denen die steilen Bergmassive bis nahe an die Meeresküste reichen wie beispielsweise bei Crikvenica oder bei Senj.

Beste Reisezeit

Die beste Zeit für eine Reise nach Kroatien ist zweifellos die Zeit von Anfang/Mitte Mai bis Ende Juni und der September, hier vor allem die erste Hälfte des Monats.

Wer lediglich die Küste und die Inseln besuchen will, kann von Mai bis Anfang Oktober mit angenehmen Voraussetzungen rechnen. Eine Einschränkung muss hier allerdings für die Monate Juli und August gemacht werden. Dann nämlich ist die kroatische Adria das Ziel eines nicht enden wollenden Touristenstromes, was nicht selten eine Überbelastung vieler Ferienorte, ihrer touristischen Einrichtungen und als Folge eine oft erhebliche Beeinträchtigung des Erholungswertes der ansonsten einladenden Urlaubsgebiete mit sich bringt.

Das Reisen im Landesinnern wird im Juli und August durch extrem hohe Sommertemperaturen belastet.

MINIWORTSCHATZ – KLEIN, ABER NÜTZLICH

Um es gleich vorwegzunehmen, großen Verständigungsschwierigkeiten wird man auf einer Kroatienreise nicht begegnen. Deutsch wird fast überall verstanden. Besonders in den vielbesuchten Küstenstädten, aber auch in weniger vom Tourismus frequentierten Gegenden wird immer jemand zu finden sein, der einem in deutscher Sprache weiterhelfen kann.

Im Folgenden also nur einige Worte, die auf Hinweisschildern oder auf Landkarten zu finden sind und einige Begriffe, die von allgemeiner Hilfe sein können.

Zunächst aber eine unerlässliche Hilfe zur Aussprache bestimmter Buchstaben:

c – wie z in Zimmer
č – wie tsch in Matsch
ć – wie tch
Dj, dj, đ – wie dsch (weich)
h – wie ch in acht
s – wie ß in weiß
š – wie sch
v – wie w
z – wie s, stimmhaft (wie Sommer)
ž – wie j in frz. Jour

Allgemeines

Apotheke – ljekarna
Arzt – liječnik
Auf Wiedersehen – do vidjenja
Ausgang – izlaz
Bank – banka
bitte – molim
Brief – pismo
Briefkasten – poštanski sandučic
Briefmarke – poštanska marka
danke (schön) – hvala (lepo)
Eingang – ulaz
Einschreiben – preporuceno pismo
Entschuldigung – izvinite
Ferngespräch – medjugradski razgovor
Frauen, Damen – ženski
Geldwechsel – menjanje novca
geöffnet – otvoreno
geschlossen – zatvoreno
groß – velik
Guten Abend – dobro veče
Guten Morgen – dobro jutro
Guten Tag – dobar dan
Hilfe! – Upomoć!
Herren, Männer – gospodin, muški
Ich verstehe nicht – ne razumijem
Ja, Nein – Da, Ne
klein – malo
Krankenhaus – bolnica
links – lijevo
Porto – poštarina
Postamt – pošta
Postkarte – dopisnica
Quittung – namira, priznanica
rechts – desno
Reisepass– pasoš
Reisescheck – putni ček
Scheck – ček
Theater – kazalište
Toiletten – zahodi
Überweisung – uputnica
Unterschrift – potpis
verboten – zabranjeno
Verzeihung – oproštaj
Wie heißt das? – kako se to zove?
Wieviel kostet das? – koliko to stoji? koliko košta?
wo? – gdje
Zahnarzt – zubar
Zimmer – soba, sobe
Zimmer frei – slovodne sobe
Zimmer belegt – nema slobodne

Verkehr

Abfahrt – odlazak
Achtung! – pazi!
Ankunft – dolazak
Auskunft – informacije
Autobahngebühren – cestnina
Bahnhof –kolodvor
Busstation – autobusna postaja
Fähre – trajekt, skela
Fahrkarte – vozna karta
Fahrplan – red vožnje
geradeaus – pravo

Gleis – kolosek
Gute Fahrt – sretan put
Hafen – luka
links, rechts – lijevo, desno
Polizei – milicija
Schiff – brod
Straße – put, ulica
Umleitung – obvoz
Zug – vlak

Auto

abschleppen – povuči
abschmieren – podmazali kola
Anlasser – starter
aufladen – napunili
Batterie – baterija, akumulator
Bremse – kočnice
Fahrzeug – kola
Getriebeöl, Schmieröl – podmazno ulje
Glühlampe (Birne) – sijalica
Kühler – hladnjak
Kühlwasser – voda zahladjenje
Kupplung – spojka, kvačilo
Ölwechsel – izmena ulja
Panne – kvar
Rad, wechseln – točak, izmijenili
Reifen – vanjski plašt, spoljna guma
Scheibenwischer – brisač stakla
Sicherheitsgurt – sigurnosni pojas
Sicherung – osigurače
Tankstelle – bezinska stanica
Unfall – nezgoda
Vergaser – rasplinjač
Werkstatt – radionica
Zündkerze –svjećice
Zündung – paljenje

Essen und Trinken

Abendessen – večera
Bier – pivo
Braten – pečenje
Brot – hleb, kruh
Ei, gekocht, Spiegel- – jaje, kuvano, prženo
Eintopf – paprikas
Eis – sladoled
Fisch – riba
Fleisch – meso
– Rindfleisch – goveje meso, govejina
– Schweinefleisch– svinjsko meso
– Lammfleisch – janjetina
– Hammelfleisch – ovnonina
Frühstück – doručak
Gabel – vilica
Gasthaus – gostiona, gostionica
Gemüse – povrće
Getränkelokal – bife, kafana
Glas – čaša
Hacksteak – pljeskavica
Herr Ober – konobar, kelner
Honig – med
Kaffee – kavana
Kartoffel – krumpiri
Knoblauch – beli luk
Leber – džigerica
Limonade – limunada
Löffel – kašika
Messer – nož
Milch – mlijeko
Mineralwasser – mineralna voda
Mittagessen – ručak
Obst – voće
Pfeffer – biber
Pflaumenschnaps – šljivovica
Rechnung – račun
Reis – pirinac, riza
Restaurant – restoran
Rotwein – crno vino
Saft – sok
Salat – salata
Salz – so
Schnaps – rakija
Schnitzel – odrezak, šnicel
Schweinekotelett – krmenadla
Speisekarte – jelovnik
Suppe – corba, juha
Tee – čaj
Teller – tanjur
vom Rost – sa rostilja
warm – topao
Wasser – voda
Wein – vino
Weinbrand – vinjak
Weißwein – bijelo vino
zahlen bitte! – da platim
Zucker – šećer
Zwiebel – luk

Im Lande unterwegs

bife – Cafeteria
centra grada – Stadtzenturm
cesta – Straße
crkva – Kirche
dvorac – Schloss
dzamija – Moschee
gora – Berg
grad, grada – Stadt
istok – Osten
izlaz – Ausfahrt, Ausgang
jadran – Adria
jama – Höhle, Grotte
jezero – See
jug – Süden
kapelica – Kapelle
mlinice – Mühle
most – Brücke
muzej – Museum
omladinski dom – Jugendherberge
otvoreno – geöffnet
otok – Insel
put – Weg, Pfad
prirodni park – Naturpark
rijeka – Fluss
sabor – Parlament
samostan – Kloster
sever – Norden
slapovi – Wasserfall
spilja – Höhle
spomanik – Denkmal
stanica – Haltestelle
stari (grad) – Alt(stadt)
sveti (Stefan) – heiliger (Stefan)
televiziski toranj – Fernsehturm
toranj trg ulica – Turm
tisak – Zeitungsstand
toplica – Heilbad, Kurort
trajekt – Fähre
trg – Platz
ulaz – Einfahrt, Eingang
ulica – Straße
usponi – Steigung
uvala – Bucht
vodopad – Wasserfall
vrh – Gipfel, Anhöhe
zamak – Burg
zapad – Westen
zatvoreno – geschlossen

Zahlen

eins – jedan
zwei – dva
drei – tri
vier – četiri
fünf – pet
sechs – šest
sieben – sedam
acht – osam
neun – devet
zehn – deset
elf – jedanaest
zwölf – dvanaest
dreizehn – trinaest
vierzehn – četrnaest
fünfzehn – petnaest
zwanzig – dvadeset
fünfzig – pedeset
hundert – sto, jedna stotina
fünfhundert – pet stotina
tausend – hiljada (tisuca)
Wieviel kostet das? – koliko to stoji?
nichts – ništa
(zu) viel – (pre) mnogo
wenig – malo
mehr – vise

Zeit

Montag – ponedeljak
Dienstag – utorak
Mittwoch – sreda
Donnerstag – četvrtak
Freitag – petnak
Samstag – subota
Sonntag – nedjelja
Ostern – juče
Wann? – kada?
heute – danas
morgen – sjutra
gestern – jučer
sofort – odmah
nie – nikad
Wie spät ist es? – koliko je sati?
Tag – dan
Woche – sedmica
Monat – mjesec
Jahr – godina

Entfernungsübersicht

Städte	Dubrovnik	Frankfurt	München	Pula	Rijeka	Šibenik	Split	Zadar	Zagreb
Dubrovnik	–	1473	1153	711	601	305	216	377	572
Frankfurt	2091	–	396	891	971	1148	1232	195	896
München	1153	396	–	571	651	947	1044	875	576
Pula	711	891	571	–	110	406	503	334	292
Rijeka	601	971	651	110	–	296	393	224	182
Šibenik	305	1267	947	296	296	–	97	72	338
Split	216	1232	912	503	393	97	–	169	365
Zadar	377	1195	875	334	224	72	169	–	288
Zagreb	572	896	576	292	182	338	365	288	–

MIT DEM AUTO DURCH KROATIEN

Straßennetz

Kroatien verfügt über ein Straßennetz von rund 30.000 km Länge. Neben den Autobahnen sind die beiden wichtigsten Hauptverkehrsadern die Straße 4/E70, die den Norden des Landes durchzieht, sowie die Straße 8/E65, die „Adria Magistrale", entlang der Adriaküste.

Das **Autobahnnetz** in Kroatien wurde in den vergangenen Jahren erheblich erweitert.

In erster Linie konnte die **Autobahn A1 (Zagreb - Split - Dubrovnik)** weiter ausgebaut werden.

Seit der Freigabe des knapp 6 km langen Tunnels von Mala Kapela, der Fertigstellung des Teilstücks zwischen Gornjy Ploca und Zadar, inkl. des Sveti Rok Tunnels durch das Velebit Gebirge, der Öffnung des Teilstücks zwischen Pirovac und Vrpolije (Nähe Šibenik) und der Fertigstellung eines 90 km langen Teilstücks ist die A1 über **Šestanovac** (Ausfahrt 29) hinaus weiter bis **Ploče** befahrbar.

Der Bau des letzten Autobahnabschnitts bis Dubrovnik ist geplant.

Die **Autobahn A6** verbindet **Zagreb** mit **Rijeka**, rund 215 km. Und die **A7** stellt eine Autobahnverbindung zwischen **Rupa** (Grenze zu Slowenien) und **Opatija** her.

Wer über Spielfeld, Maribor und Zagreb reist, kann Maribor nun auf einer Ortsumgehung etwas bequemer umfahren.

In **Istrien** kann man auf der rund 77 km langen, zur vierspurigen Autobahn ausgebauten **A9** von der slowenisch-kroatischen Grenze bei Portoroz direkt bis nach Pula fahren.

Und die Schnellstraße **A8** schließlich stellt in Istrien die Querverbindung zwischen der A9 bei Kanfanar und der A7 bei Rijeka dar.

Die Autobahnen sind bis auf wenige Teilstücke (z. B. um Zagreb und Rijeka) mautpflichtig.

Insgesamt beläuft sich die Streckenlänge vom Karawankentunnel an der österreichisch-slowenischen Grenze über Lubljana (A2) und Split bis Dubrovnik (A1) auf rund 740 km. Und obwohl fast die gesamte Strecke zur Autobahn ausgebaut ist, wird man für die Distanz so um die 12 Stunden benötigen (Gespannfahrer vielleicht etwas mehr). Die Strecke ist mautpflichtig – Vignette für Slowenien (30 Euro für einen Monat oder 15 Euro für 7 Tage), Maut in Kroatien rund 36 Euro (Preisänderungen möglich!).

Mautpflicht: Folgende Straßenabschnitte und Tunnels waren bis Redaktionsschluss dieser Reiseführerausgabe mautpflichtig (Änderungen möglich!):

A1 Zagreb – Karlovac – Bosiljevo – Mala Kapela – Zadar – Šibenik – Split - Šestanovac – Vrgorac (Ploče);
A2 Zagreb – Zaprešić – Krapina - Macelj;
A3 Bregana – Zagreb;
A4 Zagreb – Varaždin – Goričan;
A5 Osijek – Đakovo – Sredanci;
A6 Bosiljevo – Vrbovsko – Rijeka;
A7 Rijeka – Rupa,
A8 Rabac – Lovran
A9 Umag – Pula
sowie Učka-Tunnel und Krk-Brücke. Mautgebühren können auch mit Euro bezahlt werden.

Die Straße 4/E70, der ehemals berüchtigte **Autoput**, heute als **Autocesta** bekannte Transitstrecke nach Griechenland, führt durch den Norden Kroatiens und ist auf großen Teilabschnitten zur gebührenpflichtigen Autobahn ausgebaut. Weitere Autobahnabschnitte sind geplant oder im Bau.

Der Verlauf der Straße Autocesta führt – vom slowenischen Ljubljana kommend – südlich vorbei an Zagreb und weiter über Slavonski Brod nach Belgrad, Niš und vorbei an Skopje an die griechische Grenze.

Die Straße 8/E65, die fast 700 km lange **Jadranska magistrala** (Adria-Magistrale), immer noch eine der schönsten Panoramastraßen am Mittelmeer, beginnt in Rijeka und führt entlang der gesamten kroatischen Adriaküste über Senj, Zadar, Šibenik, Split, Makarska bis Dubrovnik und Cavtat und weiter bis Kotor in Montenegro.

Diese Straße, die in der Ferienzeit wegen des immensen Verkehrsaufkommens aber nicht die reine Freude sein kann, ist durchgehend gut und zweispurig ausgebaut. Allerdings lassen eine kurvenreiche, oft unübersichtliche Trassenführung, mitunter langsame Lkws und im Sommer starker Reiseverkehr keine hohen Durchschnittsgeschwindigkeiten zu. Riskante Überholmanöver können gerade auf dieser Strecke schnell das Ende der Urlaubsreise bedeuten.

Besonders tückisch sind der starke, unvermittelt, auch bei schönstem Sonnenschein und klarem Himmel auftretende und sehr böige **Bora-Wind** sowie der Straßenbelag der Adria-Magistrale bei Regen.

Ein relativ dichtes **Tankstellennetz** gestattet ein problemloses Reisen durchs Land.

Nur noch auf einigen wenigen Nebenstraßen, vor allem in abgelegenen, schwach besiedelten Gebirgsregionen, muss man gelegentlich mit Überraschungen, sprich unbefestigten Wegstrecken rechnen.

Äußerste Aufmerksamkeit des Fahrers ist bei Nachtfahrten sehr angebracht.

Verkehrsregeln

Die **Verkehrszeichen** entsprechen den international festgelegten Verkehrszeichen. Die Verkehrsregeln sind denen im übrigen Europa angeglichen.

Die zulässigen **Höchstgeschwindigkeiten** betragen (wenn nicht anders ausgeschildert)

- in Ortschaften 50 km/h,
- auf Landstraßen 90 km/h,
- auf Schnellstraßen 110 km/h
- auf Autobahnen 130 km/h.

Für Kfz mit Anhänger gilt außerhalb geschlossener Ortschaften 80 km/h und auf Autobahnen 90 km/h.

Abblendlicht ist im Winterhalbjahr (Ende Oktober bis Ende März) während der Fahrt auch tagsüber einzuschalten.

Motorradfahrer haben tags mit Abblendlicht zu fahren. Fahrer und Mitfahrer müssen **Schutzhelme** tragen.

Warnwestenpflicht, auch für Motorradfahrer!

Schulbusse dürfen nicht überholt werden, solange Kinder ein- oder aussteigen.

Marschkolonnen, Linienbusse und Schienenfahrzeuge haben Vorrang beim Eingliedern in den Verkehr.

Während des gesamten **Überholvorganges muss geblinkt** werden.

Kolonnenspringen ist nicht erlaubt (offizielle Version, die Realität sieht leider ganz anders aus).

Promillegrenze: 0,5 Promille. Für Fahrer unter 25 Jahren und Fahrer von Fahrzeugen über 3,5 t gilt 0,0%.

Es gilt **Anschnallpflicht**.

Das **Nationalkennzeichen** (A-, CH-, D-Schild) muss am Wagenheck angebracht sein.

Beim **Abschleppen** müssen am Zugfahrzeug an der Front und am abgeschleppten Fahrzeug am Heck Warndreiecke angebracht werden.

Es ist empfehlenswert, sich nur vom Kroatischen Automobilclub (HAK) oder von dessen durch Clubzeichen ausgewiesene Vertragspartner abschleppen zu lassen.

Fahrzeuge mit Anhänger müssen zwei **Warndreiecke** mit sich führen. Ausgefallene Beleuchtung am Fahrzeug wird bei Kontrollen mit Bußgeld belegt.

Vorgeschrieben ist auch, dass **Ersatzbirnen für die Autoscheinwerfer/Rücklichter** mitgeführt werden! Gilt nicht für Xenon-Scheinwerfer.

Handys dürfen offiziell vom Fahrer während der Fahrt nicht benutzt werden (aber fast jeder telefoniert am Steuer trotzdem).

Unfälle müssen bei der Polizei gemeldet werden, die Beteiligten müssen das Eintreffen der Polizei abwarten.

Achten Sie darauf, dass Sie bei Unfällen mit größeren Schäden unbedingt ein **Polizeiprotokoll** (potvrda) erhalten. Ohne dieses Protokoll kann es bei der Ausreise mit einem stark beschädigten Auto zu Problemen kommen!

Caravangespanne und z. B auch **Bootsanhänger** dürfen auf kroatischen Straßen ohne Sondergenehmigung nur verkehren, wenn sie nicht breiter als 2,50 m, nicht länger als 18 m und nicht höher als 4 m sind.

Kraftstoffpreise

1 Liter Diesel – ca. HRK 10,30 / EUR 1,39
1 Liter Superbenzin – ca. HRK 11,04/ EUR 1,49
1 Liter SuperPlus – ca. HRK 10,15/ EUR 1,37

Notrufnummern

Die landesweit einheitliche **Notrufnummer des Kroatischen Automobilclubs (HAK)** ist **Tel. 1987** (innerhalb Kroatiens) oder **+385-1-1987** (per Handy).

Aus dem Ausland erreicht man die Pannenhilfe des HAK unter der Nr. +385 1 4693 700.

Die Notrufnummern soll laut Meldung rund um die Uhr erreichbar sein.

Allgemeine, zentrale Notrufnummer – 112, gilt im ganzen Land, ist rund um die Uhr von jedem Telefonapparat aus zu erreichen.

Über die zentrale Notrufnummer erreicht man: **Medizinischen Notfalldienst, Feuerwehr, Polizei, Bergwacht, den Such- und Seenotrettungsdienst** sowie weitere Notfalldienste.

Anrufe können auch in deutscher Sprache geführt werden.

Verkehrsunfall / Polizei – 192
Touristeninformation – 062 999 999
ADAC-Notrufzentrale in München – +49 (0)89 22 22 22
ADAC-Ambulanzdienst in München – +49 (0)89 76 76 76
ÖAMTC-Notrufzentrale in Wien – +43 (0)1 25 120 00
Universal-Notrufnummer zur **Kreditkartensperrung**: +49 116 116

ÖFFNUNGSZEITEN

Banken

Mo – Fr 8.00 – 19.00 Uhr.

Sa 8.00 – 13.00 Uhr (in großen Städten). So geschlossen.

Behörden

Mo – Fr 8.00 – 16.00 Uhr.

Geschäfte

Mo – Fr 8.00 – 20.00 Uhr, in kleineren Orten evtl. 8 – 12 Uhr, 16 – 20 Uhr.

Sa + So 8.00 – 14.00 Uhr.

In größeren Städten und Touristenhochburgen sind viele Geschäfte bis 22 Uhr und auch an Sonntagen geöffnet.

Postämter

Mo – Fr 7.00 – 19.00 Uhr.

In größeren Orten Mo - Fr 7.00 – 20.00 Uhr und Sa 7.00 – 13.00 Uhr.

Das Postamt in 10000 Zagreb, Branimirova 4, ist täglich von 0 bis 24 Uhr geöffnet.

Tankstellen

tgl. 6.00 – 19.00 Uhr oder 20.00 Uhr, in der Sommersaison bis 22.00 Uhr.

Einige Tankstellen in größeren Städten und entlang der Hauptreiserouten auch rund um die Uhr.

POST UND TELEFON

Auf Postämter wird durch die drei Buchstaben **„PTT“**, was „posta, telegraf, telefon“ bedeutet, hingewiesen.

Außer dem Briefpost- und Paketdienst bieten Postämter auch Geldwechsel, Postsbankdienste und Hauptpostämter auch den Service für „postlagernde Sendungen“ (poste restante) an.

In kleinen Orten weist das Schild **„posta“** auf das Postamt hin.

Briefmarken sind in allen Postämtern und Zeitungskiosken erhältlich.

Kroatien verfügt über ein modernes, überwiegend digitales **Telefonnetz**.

Am günstigsten ist Telefonieren von einem der **öffentlichen Telefone**, die man an allen wichtigen Plätzen findet. Für alle öffentlichen Telefone (Telefonzellen) benötigt man eine **Telefonkarte.** Telefonkarten erhält man in allen Postämtern, in Zeitungskiosken oder in Tabakwarenläden. Allerdings werden im „Handyzeitalter“ öffentliche Telefone immer seltener.

Auf Knopfdruck erscheint die Bedienungsanweisung auf den Displays der Kartentelefone auch in deutscher Sprache.

Telefongespräche innerhalb Kroatiens sind übrigens wesentlich günstiger als in Westeuropa. Auslandsgespräche dagegen teurer.

Das **Telefonieren** ist vom Hotel/Hotelzimmer aus jederzeit möglich, jedoch teurer.

Das **Mobilfunknetz** ist bestens ausgebaut. Wir hatten an keiner Stelle unserer Recherchenreisen keinen oder schlechten Empfang. Wenn Sie sichergestellt haben, dass die Karte in Ihrem Handy für internationales Roaming freigeschaltet ist, wird das Telefonieren mit Ihrem Mobiltelefon keine Probleme machen.

Die Roaminggebühren wurden Mitte 2014 gesenkt. Wer jedoch auf seiner Reise viel telefonieren wird, sollte sich bei seiner Telefongesellschaft nach dem neuesten Stand der Gebühren informieren.

Die **Länder-Vorwahlen:**
Kroatien – **+385** bzw. **00385**,
Deutschland – **+49** bzw. **0049**,
Österreich – **+43** bzw. **0043**,
Schweiz – **+41** bzw. **0041.**

Die erste Null der Ortsvorwahl ist nach der Wahl der Ländervorwahl wegzulassen.

Die **allgemeine Telefonauskunft** erreicht man über die **Nummer 18981**, die **Inlandsauskunft** über **11880** oder **11888**, die **Auslandsauskunft** über **11802**.

Notrufnummern siehe unter „Notrufnummern“ weiter oben.

REISEN IM LANDE

Mit dem Auto – siehe unter „Mit dem Auto durch Kroatien“

Mit dem Schiff – Inselverkehr

Die meisten der Inseln können

vom Festland aus mit mehrmals täglich verkehrenden Autofähren der „Jadrolinija" erreicht werden. Einzelne Inseln sind auch untereinander durch Fähren verbunden.

Porozine (Insel Cres) – von Brestova (Istrien) aus,
Valbiska (Insel Krk) – von Merag (Insel Cres) aus,
Valbiska (Insel Krk) – von Lopar (Insel Rab) aus,
Misnjak (Insel Rab) – von Stinica aus,
Zigljen (Insel Pag) – von Prizna aus,
Preko (Insel Ugljan) – von Zadar aus,
Rogač (Insel Solta) – von Split aus,
Supetar (Insel Brač) – von Split aus,
Sumartin (Insel Brač) – von Makarska aus,
Starigrad (Insel Hvar) – von Split aus,
Sucuraj (Insel Hvar) – von Drvenik aus,
Vis (Insel Vis) – von Split aus,
Orebić (Insel Pelješac) – von Dominče (Insel Korčula) aus,
Vela Luka (Insel Korčula) – von Split aus,
Ubli (Insel Lastovo) – von Split und Hvar (Insel Hvar) aus,
Trpanj (Insel Pelješac) – von Ploče aus,
Sobra (Insel Mljet) – von Prapratno (Insel Peljesac).

STROMSPANNUNG

Auf Campingplätzen und in Hotels 220 Volt Wechselstrom. Es empfiehlt sich die Mitnahme eines Europasteckers mit dünneren Steckkontakten.

WÄHRUNG UND DEVISEN

Die **Währungseinheit** Kroatiens ist die **Kroatische Kuna** (Plural Kune) (HRK). 1 Kuna hat 100 Lipa (lp).

In Slowenien gilt die EURO-Währung.

Wechselkurs:
1 HRK = 0,13 EUR
1 EUR = 7,41 HRK

Geldnoten: 5, 10, 20, 50 100, 200, 500 und 1.000 Kuna.

Münzen: 1, 2, 5, 10, 20 und 50 Lipa, sowie 1, 2 und 5 Kuna.

Ausländische Zahlungsmittel können von ausländischen Besuchern nach Kroatien unbeschränkt ein- und ausgeführt werden – ob in Bargeld, Reiseschecks, Schecks oder Kreditbriefen, müssen allerdings ab 10.000 Euro schriftlich angemeldet werden.

Die Einfuhr von **Landeswährung** ist beschränkt auf 2.000 Kuna (etwa 264 Euro). Dieselbe Beschränkung gilt bei der Ausfuhr.

Der Geldumtausch ist möglich in Banken, in Hotels, bei Campingplatzrezeptionen und auf Postämtern. In Hotels, auf Campingplätzen und in vielen Geschäften werden teilweise auch EURO oder Dollars zur Zahlung akzeptiert. Die Mitführung von kleinen EURO-Scheinen kann hilfreich sein.

Internationale Kreditkarten werden in vielen größeren Geschäften, Hotels, Campingplätzen, Restaurants als Zahlungsmittel angenommen.

Geldautomaten sind mittlerweile in fast allen größeren Städten, oder z. B. auch an den Fährhäfen, vorhanden. Bargeld lässt sich mit der Maestro Bank Card (vormals EC-Karte) oder mit Kreditkarten samt Geheimnummer somit problemlos beschaffen, allerdings verlangen die Hausbanken hierfür eine oft nicht unerhebliche Gebühr!

WASSERSPORT

Sehr empfehlenswert ist die Broschüre **„Wassersport in Kroatien"**, die von der Kroatischen Zentrale für Tourismus in Frankfurt bzw. München (siehe unter Anschriften) herausgegeben wird und über alle wesentlichen Fakten, Einreise- und Schiffsführerscheinbestimmungen informiert. Zudem erfährt man Angaben zu den Küstenfunkstellen, Wetterberichte, Naturschutzgebiete, Fahrregeln, Seenotdienste und Regeln zum Tauchsport.

Eine Liste mit den Telefonnummern aller Hafenämter und genaue Angaben zu allen Marinas vervollständigen die kleine Broschüre.

Falls Sie **mit dem eigenen Boot** in kroatischen Gewässern aufkreuzen, gilt, dass für Boote mit einer Motorleistung ab 3,68 KW ein Führerschein der Klasse B (Küstenfahrt) oder Klasse C (Seefahrt) notwendig ist.

Für die Einreise und Anmeldung benötigen Sie einen Bootsführerschein und einen Registrierungsnachweis bzw. Eigentumsnachweis. Die Anmeldung erfolgt beim örtlichen Hafenamt (Lucka kapetanija).

In Kroatien ist die Klassifizierung der Marinas einheitlich geregelt. Nach dieser Ordnung werden die touristischen Jachthäfen entlang der kroatischen Adriaküste in fünf Hafenarten eingeteilt, und zwar in *Ankerplatz, Liegeplatz, touristischer Hafen, Marina zu Land* und *Marina.*

Marinas wiederum werden in vier Kategorien eingeteilt, die mit zwei bis fünf Sternen symbolisiert werden.

Zur Mindestausstattung von Marinas zählen z. B. ein Strom- und Trinkwasseranschluss für je 20 Liegeplätze, eine Sanitäranlage für je 50 Liegeplätze, Lebensmittelgeschäft, VHF-Seefunk, Telefon, Wechselstube und Rezeptionsdienst.

ZEITUNTERSCHIED

In Kroatien gilt die **Mitteleuropäische Zeit (MEZ).** D. h. es besteht kein Zeitunterschied zwischen Deutschland, Österreich und der Schweiz und Kroatien.

Haftungsausschluss

Alle in diesem Reiseführer gemachten Angaben, sowie Reise- und Sicherheitshinweise sind nach den aktuell erreichbaren und dem Verlag zugänglichen Informationen mit Sorgfalt und nach bestem Wissen zusammengestellt. Eine Gewähr für die Richtigkeit und die Vollständigkeit der Angaben sowie eine Haftung für eventuell eintretende oder daraus entstehende Schäden kann nicht übernommen werden. Gesetze und Vorschriften können sich jederzeit ändern, ohne dass der Verlag davon erfährt.

Die Entscheidung über die Durchführung einer Reise liegt in der Verantwortlichkeit des Lesers.

Verlag und Autor empfehlen, sich rechtzeitig vor Antritt der Reise nach den neuesten reiserelevanten Vorschriften zu erkundigen.

ZEICHENERKLÄRUNG

Hauptstadt
Etappen-Start-/Endpunkt
Orte
Sehenswürdigkeit
Touristeninformation
Museum, Schloss
Rathaus, öffentl. Gebäude
Busbahnhof, Bahnhof
Parkplatz
Tiefgarage
Flughafen
Postamt
Restaurant
Hotel

Campingplatz
Womo-Stellplatz
V & E Station
Kirche, Kathedrale
Burg, Kastell
Wandermöglichkeit
archäol. Stätte
Berg, Gipfel
Rast-, Picknickplatz
Grenzübergang
Pass
Strand, Badeküste
Höhle

Reiseweg, Route

V & E für Wohnmobile – Einrichtungen für Versorgung mit Trinkwasser sowie Entsorgung für Wohnmobilabwässer sind auf dem Platz vorhanden.

Wichtige, am Anfang zu jeder Tour vermerkte Sehenswürdigkeiten sind ihrer Bedeutung entsprechend mit einem, zwei oder drei Sternchen versehen.

* = sehenswert

** = sehr sehenswert

*** = ein „Muss" auf der Reise

INFORMATIONEN ZU GPS-NAVIGATIONSKOORDINATEN

Ein Wort zu den GPS-Daten

Alle unsere GPS-Koordinaten sind im System WGS 84 („World Geodetic System 1984“), einer der beiden internationalen Standards für Koordinatensysteme (neben UTM), erfasst.

Bitte beachten Sie: Die Genauigkeit der Routenführung durch das Navigationssystem hängt auch von der Genauigkeit und Aktualität des in Ihrem Navigationsgerät vorhandenen Kartenmaterials ab.

Minuten/Sekunden ändern in Dezimalkoordinaten

Alle Navigationsdaten in diesem Buch sind im Format Grad/Minuten/Sekunden angegeben. Falls Sie Navigationskoordinaten in Ihr Navigationsgerät evtl. nur als Dezimalkoordinaten eingeben können, ist das kein größeres Problem.

Koordinaten lassen sich von Grad/Minuten/Sekunden – so wie bei uns dargestellt – relativ einfach „per Hand“ in Dezimalkoordinaten umrechnen und müssen dann gewöhnlich auch von Hand in das Navigationsgerät im Auto eingegeben werden.

– Da das Minuten/Sekunden-System in 60er Schritten geht, darf man die Minuten- und Sekunden-Markierungen nicht einfach ignorieren und daraus Dezimalkoordinaten machen, sondern man muss die Daten durch 60 teilen. Umgekehrt ist das auch von Dezimalwerten in Minuten/Sekunden möglich (multiplizieren).

Beispiel: Grad/Minuten/Sekunden-Format: z. B. N39° 29′ 12.6″ wird so zum Dezimalformat: 29 : 60 = 0,48, 12.6 : 60 = 0,21. Das wieder zusammengesetzte Format zeigt nun die Dezimalkoordinate: N 39,4821°.

Oder: E 20° 15′ 34.2″ – entspricht dann E 20,2557° (alle Angaben ohne Gewähr).

Sollten Sie Koordinatenformate konvertieren wollen, können Sie sich eines der **Konvertierungsprogramme** bedienen, die Sie kostenlos aus dem Internet herunterladen können, wie z. B.

GPS Babel http://www.gpsbabel.org (Englisch)
Routeconverter http://www.routeconverter.de (Deutsch)
Garmin POI-Loader http://www8.garmin.com/products/poiloader (Englisch)

Im Reiseführer sind die Koordinaten wie folgt dargestellt:

Beispiel: [N68° 23′ 23.7″ E14° 25′ 20.4″] oder **[WP XXX / N70° 10′ 40.0″ E25° 17′ 49.0″]**. WP XXX ist die fortlaufende Nummerierung wichtiger Wegpunkte (WP oder Points of Interest - POI), so wie sie auf der Roadbook-CD abgelegt sind. Für die Verwendung bzw. Übertragung der Koordinaten aus dem Reiseführer durch Eintippen in Ihr Navigationsgerät ist diese WP-Nummerierung ohne Bedeutung.

Koordinaten in diesem Reiseführer, die in Orten/Städten angegeben sind, und nicht mit dem Zusatz [WP XXX / ...] versehen sind, sind als Anhaltspunkte zur Orientierung mit Handnavigationsgeräten bei Stadtrundgängen gedacht. Sie bedeuten NICHT, dass diese Ziele (Wegpunkte) auch immer (Ausnahme Campings oder Wohnmobil-Stellplätze) mit dem Auto zu erreichen sind! Ortskerne alter Städtchen warten oft mit engen Straßen auf, die für den allgemeinen Autoverkehr ungeeignet oder auch gesperrt sind. Gelegentlich sind die Einfahrten in historische Innenstädte nur für den Anliegerverkehr erlaubt. Sehenswürdigkeiten, Museen, Kirchen etc. sind dort nur zu Fuß zu erreichen!

Mitunter steht im Reiseführer vor der Wegpunktnummer das Wort „Parkplatz“, **z. B. [Parkplatz, WP XXX / N70° 10′ 40.0″ E25° 17′ 49.0″]**. Damit wird darauf hingewiesen, dass sich bei oder ganz in der Nähe des Punktes ein Parkplatz befindet. Die Koordinate bezieht sich dann auf den Parkplatz. Vom Parkplatz können es noch ein paar Meter Fußweg bis zum eigentlichen Ziel sein.

Obwohl wir bei der Erfassung von GPS-Koordinaten größte Sorgfalt walten lassen, können wir für die Richtigkeit der in unseren Reiseführern und auf unseren Roadbook-CDs angegebenen GPS-Koordinaten und Wegpunkte sowie für evtl. daraus resultierende Ereignisse durch Missweisungen keine Haftung übernehmen.

GPS-ROADBOOK-CD

Alle mit WP gekennzeichneten Navigationskoordinaten, die in den Touren dieses Reiseführers aufgeführt sind, können Sie als Roadbook-CD beim Verlag erwerben.

Die Navigations-Koordinaten sind im System WGS 84 („World Geodetic System 1984") entsprechend dem Verlauf der in diesem Reiseführer beschriebenen Routen und Touren angelegt. Sie berücksichtigen wichtige Orte, Sehenswürdigkeiten, Campings, Wohnmobil-Stellplätze und andere Points of Interest (POI's).

Übertragen Sie die Koordinaten von der CD mittels PC oder Notebook und entsprechender Software (z. B. MapSource® oder BaseCamp® für Garmingeräte) auf Ihr Navigationsgerät.

Unsere „Roadbook-CD" stellt Ihnen vor Ort erfasste Original-Navigationsdaten im **Garmin-Format *.gdb** (garmin database) zur Verfügung.

Darüberhinaus finden Sie auf der „Roadbook-CD" alternative Dateiformate wie **GPX** (global positioning exchange), **KML 2.2** (Google Earth [Keyhole Markup Language] – *.kml), **TomTom *.ov2 poi files** (Wegpunkte) und **TomTom *.itn files** (Routen).

Sehr hilfreich kann für Sie auch die ebenfalls auf der CD abgelegte MS-Word-Datei **Info-Doc** sein. Dort wird Schritt für Schritt erklärt, wie GPS-Koordinaten von der CD auf ein Garmin-Nüvi gebracht werden können. Es werden Weblinks zu Koordinaten-Konvertierungsprogrammen angegeben und Sie können erfahren, wie Sie Routen vorab in Google Earth™ ansehen können u. v. m.

Die tatsächliche Lage der Wegpunkte (Ziele/Zwischenziele) kann von den angegebenen Koordinaten ggf. bis zu ca. 300 m abweichen!

Mit entsprechender Software „MapSource®, City Select Europe"® oder „BaseCamp"® des Anbieters Garmin® können die Daten im Garmin-Format oder im GPX-Format über einen PC oder über ein Notebook direkt in viele Garmingeräte eingelesen werden.

Wissen wo's lang geht! Mit den auf der Roadbook-CD abgelegten Dateien im GPX-Format können Sie in Verbindung mit Google Earth® (kostenloser Download) die Reiseroute, sowie alle als Wegpunkt markierten Stationen der Reise schon vorab aus der Vogelperspektive auf Ihrem PC ansehen, oder sich einzelne Abschnitte der Route im Google Earth Routenplaner berechnen lassen. Wie's geht und vieles mehr steht auf der CD.

Für die Richtigkeit der Koordinaten und deren Transformierung in andere Dateiformate kann keine Gewähr übernommen werden!

Unsere Roadbook-CD's können Sie gegen eine Schutzgebühr von EUR 9,90 nur direkt über den Verlag beziehen!

Bestellungen bitte über unseren Webshop: **www.rau-verlag.de**/onlineshop.
Oder per Post an: Werner Rau Verlag, Feldbergstr. 54, D-70569 Stuttgart, Tel. +49 (0)711-687 21 43. E-Mail: info@rau-verlag.de.

REGISTER

Personennamen in kursiver Schrift.

(CP) bzw. (ST) hinter dem Ortsnamen weist darauf hin, dass in oder ganz in der Nähe des Ortes ein im Reiseführer beschriebener Campingplatz und/oder ein Wohnmobil-Stellplatz zu finden ist.

Warum gerade Reiseführer aus dem Werner Rau Verlag?

Ein großes, schier unübersehbares Reiseführerangebot erwartet Sie im Handel. Warum sollten also gerade Reiseführer aus dem Werner Rau Verlag die richtigen für Sie sein? Gute Frage! Hier meine Antwort:

Schon seit den 70er-Jahren fröne ich dem Wohnmobil-Touring und verfasse seit Beginn der 80er-Jahre Reiseführer für alle, die ein Land gerne auf eigene Faust erfahren vollen. Jahrelange Reiseerfahrung in fast allen europäischen und zahlreichen außereuropäischen Ländern, die auf den vielen Reisen gesammelt werden konnte, kommt nun dem Konzept meiner Reiseführer zugute.

Einfach einsteigen, losfahren und entspannt die Wohnmobiltour genießen! Das wäre doch ideal, dachte ich. Und genau das möchte ich mit meinen „MOBIL REISEN"-Tourenbüchern den Lesern bieten.

Ziel ist es nach wie vor, kompetente, verlässliche und vollwertige Reiseführer zu schaffen.

Zusammen mit den bewährten Tourenvorschlägen und Reisetipps bieten meine Reiseführer nicht nur umfangreiche Infos zu den schönsten Reiserouten mit GPS-Koordinaten, sondern zudem eine gelungene Mischung aus zeitgemäßer Informationsvielfalt, Kultur und aktuellen Tipps für täglich neue Reiseerlebnisse unterwegs. Und natürlich fehlen auch umfangreiche Hinweise zu Campings und Wohnmobil-Stellplätzen nicht.

Einer der vielen Vorteile der Reiseführer aus der Reihe „MOBIL REISEN", quasi das „Alleinstellungsmerkmal", wie man heute zu sagen pflegt, ist z. B. der, dass Sie durch die in den Büchern vorgeschlagenen Routen sich Ihre ganz individuelle „Grand Tour" zusammenstellen können.

Fast alle Tourenvorschläge, jeder mit einer eigenen Übersichtskarte versehen, sind so gewählt, dass sie etwa an einem Tag zu bewältigen sind. Und alle beschriebenen Touren sind - wie gesagt - Vorschläge, an die Sie sich aber nicht sklavisch halten müssen. Natürlich haben Sie die Freiheit, Touren ganz nach Ihrem Gusto auszuwählen. Dabei helfen Ihnen die Info-Kästen. Vor jeder Tour haben Sie nämlich einen kurzen Infokasten, der die Reisehöhepunkte hervorhebt, die Länge der Tour und die eventuelle Reisedauer erwähnt. Und wenn Sie diesen Infokasten überfliegen, wissen Sie schon, ohne endlos hin- und her blättern zu müssen, was Sie auf der entsprechenden Tour bzgl. Reisehöhepunkte, Zeitaufwand und Entfernungen erwartet. Und Sie können die Tourenvorschläge nach Ihren Vorstellungen zu Ihrer ganz persönlichen Reise zusammenstellen.

Kurz, Raus Reise und Tourenbücher mit dem neuen Konzept „Mobile Touring Highlights" sind handliche, praktische Reiseführer, optimal geeignet für individuelles Wohnmobil-, Auto-, Caravan- und Van-Camper-Touring.

Also, nix wie raus, einsteigen, losfahren und genießen - mit Raus Reiseführern aus der Reihe MOBIL REISEN.

Zu fast allen meinen Wohnmobilführern können Sie beim Verlag ein GPS-Roadbook auf CD erstehen, mit GPS Koordinaten zu wichtigen Wegpunkten und zu fast allen im Reiseführer erwähnten Camping- und Wohnmobil-Stellplätzen.

Mobil Reisen – Mit Vergnügen Reisen!

Ihr Werner Rau

Mehr über den Rau Verlag erfahren Sie unter www.rau-verlag.de

MOBIL REISEN

NIX WIE RAUS!

Raus Reiseführer – die gelungene Mischung aus kompetentem Reiseführer, Tourenbuch, Camping- und Stellplatzführer.

Erlebnisreiche Reisen mit Auto, Caravan, Van-Camper oder Wohnmobil.

Mobil Reisen: BALTIKUM
Die schönsten Reiserouten, kombiniert zu einer erlebnisreichen Tour durch alle drei baltischen Länder - Litauen, Lettland und Estland. Mit einem Abstecher nach Kaliningrad. Reisetipps in Fülle. Plus Vorschläge zu sechs Radtouren.
Mit Wohnmobil-Stellplätzen u. Campingplätzen.
Von Michael Moll, 288 S., zahlr. Farbfotos, Karten und Stadtpläne.
ISBN 978-3-926145-72-7. € 19,90.
GPS-Roadbook-CD mit Navigationskoordinaten verfügbar!

Mobil Reisen: BRETAGNE
Ein individueller Reiseführer mit Routenvorschlägen, ausgesuchten Touren für eine Reise von Nantes bis ans „Ende der Welt“, der Finistère an die bretonische Atlantikküste. Historisches, Amüsantes, Kulinarisches und natürlich viele praktische Reisetipps. Jetzt mit noch mehr Wohnmobil-Stellplätzen.
Mit vor Ort erfassten GPS-Koordinaten.
336 S., zahlr. Farbfotos, Karten, Stadtpläne, Hotels, Campingplätze sowie viele Infos und Reisetipps.
ISBN 978-3-926145-78-9. € 19,90.
GPS-Roadbook-CD mit Navigationskoordinaten verfügbar!

Mobil Reisen: ENGLAND SÜD
Von den weißen Felsen von Dover über lebhafte Seebäder bis hinaus an die abgeschiedene, wilde Küste von Cornwall. Wandern auf den herrlichen Küstenwegen und Klippenpfaden, den Schauplätzen aus Pilcher-Filmen nachspüren, in prächtigen Gärten schwelgen oder lieber gemütlich in einem uralten Pub verweilen, in dem sich schon die Schmuggler früherer Tage die Klinke in die Hand gaben? Dieser Reiseführer sagt Ihnen, wo's lang geht.
Mit vor Ort erfassten GPS-Koordinaten.
348 S., zahlr. Farb-Abb., Karten, Stadtpläne, Hotels, Pubs sowie viele Infos und die schönsten Campingplätze.
ISBN 978-3-926145-68-0. € 22,90.
GPS-Roadbook-CD mit Navigationskoordinaten verfügbar!

Mobil Reisen: NORWEGEN – Reisewege zum Nordkap
Komplett überarbeitet! Aktualisiert! Noch mehr Womo-Stellplätze! Neue Touren und zusätzliche Routen! Noch übersichtlicher! Jetzt mit praktischen „Tourenpaketen“ zum Kombinieren, wie z. B. „Südnorwegen“, „Gletscher, Fjells und Fjorde“ oder „Finnmark und Nordkap“. Durchgehend farbig und noch mehr Fotos und Karten! Verlässliche Kompetenz aus langjähriger Reiseerfahrung. Mit vor Ort erfassten GPS-Koordinaten.
408 S., Stadtrundgänge, Wandervorschläge, viele Farbfotos, Karten, Stadtpläne, Hotels, sowie Reise-Infos in Fülle, dazu über 200 Campingplätze und zahlr. Stellplätze.
ISBN 978-3-926145-77-2. € 22,90.
GPS-Roadbook-CD mit Navigationskoordinaten verfügbar!

Mobil Reisen: OSTSEE-RUNDE
Auf überlegt ausgesuchten Routen und Touren die schönsten Gegenden Pommerns und Masurens, wunderschöne baltische Städte wie Vilnius, Riga und Tallinn, sowie die russische Perle Sankt Petersburg erleben. Reisen Sie über Finnland, Schweden und die dänische Insel Seeland zurück. Dieser Reiseführer hilft – ob Wohnmobil-Tourer, Caravaner, Autourlauber oder Motorbiker – sowohl bei der Vorbereitung als auch auf der Reise unterwegs. Ein unvergessliches Reiseerlebnis!
396 S., Stadtrundgänge, zahlr. Farbfotos, Karten, Stadtpläne, Hotels, sowie viele Infos und die schönsten Camping- und Wohnmobil-Stellplätze.
ISBN 978-3-926145-75-8. € 22,90.
GPS-Roadbook-CD mit Navigationskoordinaten verfügbar!

Mobil Reisen: SCHOTTLAND
Schottland auf neuen Wegen erleben. Eine variantenreiche Rundreise – von den Borders bis zu den Highlands, von den Western Isles bis zu den Orkneys. Detaillierte Beschreibung von Edinburgh, Glasgow, allen wichtigen Städten, Schlössern und Landschaften.
Außerdem Essen und Trinken, Whisky, Clans, Tartans und Dudelsäcke, Wandern u.v.m.
336 S., zahlr. Farbfotos., Karten, Stadtpläne, Hotels, sowie viele Infos und die schönsten Campingplätze mit GPS-Koordinaten.
ISBN 978-3-926145-79-6. € 19,90.
GPS-Roadbook-CD mit Navigationskoordinaten verfügbar!

Mobil Reisen: SKANDINAVIEN

Reiseziel Nordkap
Die große Tour zum Nordkap in bequem zu kombinierenden Reiserouten. Mit neuen Touren und vielen Streckenvarianten durch alle vier nordischen Länder – Dänemark, Norwegen, Schweden und Finnland. Ausführliche Beschreibung der Hauptstädte. Übersichtlich, informativ, kompetent. Mit vor Ort erfassten GPS-Koordinaten.
408 S., zahlr. Farbfotos, Karten, Stadtpläne, Hotels, sowie viele Infos und die schönsten Campingplätze und viele Wohnmobil-Stellplätze.
ISBN 978-3-926145-71-0. € 22,90.
GPS-Roadbook-CD mit Navigationskoordinaten verfügbar!

Außerdem sind folgende Reiseführer aus der Reihe MOBIL REISEN lieferbar:

DÄNEMARK

FINNLAND

GRIECHENLAND

IRLAND

KORSIKA

LOIRETAL

POLEN

PORTUGAL

SARDINIEN

SCHWEDEN

SPANIEN NORD

SPANIEN SÜD

TOSKANA

UMBRIEN & MARKEN

Weitere Titel sind in Vorbereitung!

Fragen Sie im Buchhandel nach unseren aktuellen Neuerscheinungen.

Oder besuchen Sie uns im Internet:

https://www.rau-verlag.de

http://www.mobil-reisen.eu

VERLAG RAU MOBIL REISEN

WERNER RAU VERLAG, Feldbergstraße 54, D - 70569 Stuttgart

www.rau-verlag.de – e-mail: info@rau-verlag.de

Mobil Reisen: KROATIEN

Vorliegend: 8. Auflage 2019/2020